U0918158

中国社会科学院创新工程学术出版资助项目

政治现实主义的逻辑

“自主性”与“封闭性”缘与由

陈德中　著

中国社会科学出版社

图书在版编目(CIP)数据

政治现实主义的逻辑:“自主性”与“封闭性”缘与由/陈德中著.
—北京:中国社会科学出版社,2015.1
ISBN 978-7-5161-5894-4

Ⅰ.①政… Ⅱ.①陈… Ⅲ.①政治哲学—研究 Ⅳ.①D0

中国版本图书馆 CIP 数据核字(2015)第 069678 号

出 版 人 赵剑英
责任编辑 冯春凤
责任校对 韩天炜
责任印制 张雪娇

出 版 中国社会科学出版社
社 址 北京鼓楼西大街甲 158 号
邮 编 100720
网 址 http://www.csspw.cn
发 行 部 010-84083685
门 市 部 010-84029450
经 销 新华书店及其他书店

印 刷 北京君升印刷有限公司
装 订 廊坊市广阳区广增装订厂
版 次 2015 年 1 月第 1 版
印 次 2015 年 1 月第 1 次印刷

开 本 710×1000 1/16
印 张 22.25
插 页 2
字 数 363 千字
定 价 78.00 元

凡购买中国社会科学出版社图书,如有质量问题请与本社营销中心联系调换
电话:010-84083683

让我们感到神秘的并非世界是这样，而是它居然是这样。

——维特根斯坦

我们的子孙后代冀望我们在历史面前能够担起的责任，并不在于我们留给他们什么样的经济组织，而在于我们为他们在世界上征服了多大的自由空间供他们驰骋。

——韦伯

我的修养，我的偏爱，我对一切柏拉图主义的治疗，始终是修昔底德。修昔底德，也许还有马基雅维里的学说，因其毫不自欺的以及在实在中、而不是在“理性”中、更不是在“道德”中发现理性的绝对意愿，而与我血缘最近。

——尼采

目　　录

中篇 合理性与规范性

下篇　现实感与政治的自主性

导　论

本书从事政治哲学的研究。什么是政治哲学？政治哲学就是以哲学的方式思考政治；因此，政治哲学是哲学的而非政治的。有研究者借政治哲学的研究表达出了个人的政治诉求，然而这样的诉求不过是研究者本人的一种政治追求之表达，无关政治哲学之本义。因此需要正本清源，区分开政治哲学本身是做什么的，以及研究者自己想借政治哲学去做什么。

哲学在传统上被归结为以理性反思为核心的审视活动，它是审视的、反思的、理性推理的，因此也必然是二介的。依循同样的道理，政治哲学就是对人类的政治活动以及人类思考政治活动的不同思维方式的反思。政治哲学通过理性反思，来考察人们思考政治的不同思路的利弊得失，从而在不同的思路之间做出判别，清理出进行判别的思路理由。

传统哲学强调理性反思的作用。但是二介反思与一介的被审视对象是什么关系？二介反思本身的力量和作用何在？对于这些问题，就算是哲学家自己也容易习焉不察，拿着一种得势顺手的传统一路披荆斩棘过去。当代的英伦名家 B. 威廉姆斯很不适应这种状况，于是动心起意，特意对以理性反思为特征的哲学传统提出了批评。他的论断是："理性反思是有其力量的，但是反思的力量是有限的。"①

① 在鲁汶大学的一个讨论班上，威廉姆斯曾就理性力量问题回答了与会者的提问："很明显，人们谈论的是理性的力量的问题，不过我的观点显然不是柏拉图式的。柏拉图的问题是：理性的力量怎么能够成为一种社会的力量？问题即此。答案就是：通过社会权威的运用来达到这一点。舍此别无他途。（单凭）理性自身并不能够改变社会。康德认为（单凭）理性自身就能够改变社会。他的确考虑到了这一点，但是我们说，这一观点并没有得到社会的和历史的支持，如果你明白我意思的话。这一愿望没有能够得到满足。在他之后，又有一位哲学家试图告诉我们说理性能够改变社会，这位哲学家就是黑格尔，但是我们根本不相信他的设想，起码我，我们大多数都不相信。……我可以告诉你我的观点：我认为，将论证的力量与哲学中的理性联姻，并认为这是改变社会的先决条件，这永远是一种

1. 从合理性与规范性入手切入实践哲学

本书作者追踪威廉姆斯的研究大约十年，受其思想熏染，对以理性反思为特征的传统哲学的力量与局限也有了属于自己的不同想法。在阅读与思考的过程中，本人虽追随但也并不局限于威廉姆斯的思路，而是另起炉灶，深入探究。在一般的道德哲学与政治哲学的考量之上，我愿意把人类实践生活作为一个统一的领域来进行统一的思考。本人欲特别追问这样的问题：面对约束人类行为的基本规范，实践哲学诸领域（政治哲学、道德哲学与法哲学）本身是如何解释规范的性质与约束力的？传统解释有着什么样的局限？我们应该追求什么样的一种解释？也就是说，“在特别意义上”，我们是在思考约束人类政治行为的基本规范问题。而为了能够清楚地回答政治哲学的特别问题，我们还需要“在一般意义上”对于约束人类行为规范的性质给出说明。

本书选择从理性与合理性概念群的析分入手，切入对于人类实践规范的性质与约束力的考察。本书的方法首先是概念分析，或者说是对于概念组群或谱系进行考察。[①]这种考察一方面是要对于相关概念既有含义及其稳固性进行质疑反思，另一方面是要考察作为概念群结构中的不同概念之间的关系；尤其注重我们对于一个或一组概念的新理解将如何影响或改变对于谱系中的关联概念的看法。

之所以选择合理性概念，乃是因为这个概念及其关联词汇是哲学中的理性反思传统的核心，而且合理性评价事实上也是我们人类实践生活不可须臾离开的一种核心活动。另一方面，我们已经习惯了让理性带着价值走。而在本书看来，价值与理性的适当分离，将会打开我们对于人类规范性质认识的大门。我们可以在“理性的”与“合理的”之间做出区分，

（接上页）错误的观点。但是进行彻底的还原，并认为所有的理性都只是一种随附现象，以其他方式而为我们所确定的变化是真正的动机力量，这样一种观点也同样是错误的。”

① 概念考察不同于谱系考察。前者被包含在分析哲学传统的语言现象层面，典型的如 J. L. 奥斯汀的工作。后者则包含着一种新的方法论追求，而这种新追求是对分析哲学传统有着批评的。B. 威廉姆斯在其《真与真实》一书中展示了后一种方法，但是他并没有在这本书中系统地区分我们这里提到的两种方法。尽管如此，熟悉威廉姆斯著作的人都很清楚威廉姆斯对于分析哲学传统的态度。

也可以在“个体理性”与“规则合理性”之间做出区分，这种区分将引导我们认识到，所谓的合理性，无非就是合规范性。而理性在人类实践中的作用，终究不过是纯粹形式的能力而不是自带内容的价值。

这种区分还会进一步引导我们思考人类实践的性质。在本书作者看来，“信念意在求真，行动意在求善”。人类实践就是一种追求善改进的活动。在其性质特征上，它完全不同于追求知识与真理的人类认识活动。传统哲学的一大误导，就是把作为反思对象的人类实践活动混同于同样包含反思的人类认识活动。感谢威廉姆斯对于人类反思活动特性的反思，使得我们可以有机会还原人类行动的本原面貌。基于这样的一个区分，本书认为苏格拉底的“德性即知识”① 的论断是对人类实践活动的一个特性误置。而在这个区分基础上，本书把人类实践活动界定为：P = A（s）→E（ig），即“局限条件下的善改进”。（具体分析见下文。）

假如对于人类实践的一般性质的认识的这条路径是成立的，那么我们就可以在一般意义上对于人类规范的性质，在特别意义上对于人类政治活动的性质做出一个不同的说明。这些说明将关联于我们实践哲学所通常使用的能动性、自主性、主权等概念。并且，因为我们对于人类实践的性质作出了这样一种特别的判定，我们就将更加敏感于以合理性为中心的政治哲学反思活动。可以说，本书第一部分的国家概念厚与薄的细致区分，在理论上依赖于我们对于实践哲学一般性质的这样一种判定。

我们对于人类实践性质的认识可以用来批评哲学传统中的道德主义和理性主义，而这也正是威廉姆斯理论努力之所在。本人同样并不局限于威廉姆斯的理论尝试，而是深入一步，对自然法传统提出了批评，并对契约理论的当代发展进行了更为细致的分析。一方面，我们认识到人类实践规范的性质是非自然的，因此，关联于政治制度、政治规范以及与之相关的政治观念需要承认如下三个基本事实：人造物的事实、社会约定的事实和

① 俄罗斯思想家 L. 舍斯托夫对于苏格拉底的这一名言有一个反转性的认识。按照舍斯托夫的解释，苏格拉底教育年轻人从事以概念反思为特征的哲学活动，目的是要他们认识到在这个变动世界的背后存在着一个不变的秩序。而引导年轻人遵循这种不变的秩序去生活，才是苏格拉底的根本目的。因此，在苏格拉底那里，哲学活动不过是屑小技巧。依循秩序的本性生活，才是苏格拉底的根本目的。很显然，假如哲学活动只是技巧，那么德性本身自有其特性，这些特性不会依赖于技巧性活动而所有改变。舍斯托夫的这一分析见其名著《唯凭信仰》。

持续建构的事实 。另一方面，契约理论内部存在着不同区分，如契约论与契约至上论之间需要做出区分，它们二者还需要与传统的康德式建构论做出区分。而这些区分的理由，一方面是由于本书所说的理性概念与合理性概念存在着根本区别，另一方面也是由于这些理论对于人类社会认识的立足点的假设在根本上存在着差异。而这两方面的理由的存在，将对契约理论的稳固性产生冲击。

以合理性概念为核心的规范分析和政治哲学分析高度敏感于人类实际的价值和规范本身得以可能的约束条件。这样一种传统非常符合尼采所说的毫不自欺的，“在实在中、而不是在‘理性’中、更不是在‘道德’中发现理性的绝对意愿”。因此，本书把这样的一种追寻称作是一种“现实主义”的路径。本书致力于梳理开拓这样一种可能路径的理论线索，因而命名为《政治现实主义的逻辑》。

2. 质疑理性设计论与善良意志论

在政治哲学研究中，一直存在着这样两个主题。一个主题认为，人的理性能力是积极活跃的，人类可以通过运用人类积极活跃的理性能力，实现对于人类美好秩序的设计。另外一个附加主题认为，人类本性是具有善良意志的，通过发挥人类的善良意志，人类最终能够实现社会的和谐。这两个主题可以分别称作理性设计论和善良意志论，或者说是理性主义（rationalism）与道德主义（moralism）。

本书无意否定两个主题的积极努力，但是认为这两个主题本身均包含着无法克服的矛盾。他们的共同缺陷就是指望以一种还原论的或基础主义的方式来考察社会政治问题和人类实践问题。而这必然扭曲了人类实践，尤其是政治生活的本然面貌。

的确，个人可以发挥自己的理性能力来思考公共利益问题，也可以运用自己的善良意志来力促公共善的达成。但是，个体的主观意向与公共善的实际结果之间经常出现严重的不匹配，而且个体理性行为导致集体行为不理性的现实，同样预示着这样一种思考路径存在着巨大的局限。也就是说，存在着有理性能力的个体，也存在着个体实现善改进的可能。但是个体的理性与规则的合理性之间存在着性质差异，规则必然是跳出的。而个体所追求之善与公共善之间同样存在着性质上的差异。公共善是与个体善完全不同的另外一种东西。因此，约束公共行为的规则和公共生活所追求的善，它们都与个体本身所进行的理性活动以及个体的善是不一样的。对于前者的研究应该有着不同于对于后者研究的基本方法。否则，我们就会混淆二者的性质，扭曲所研究对象的基本面貌。

本书对政治哲学中的理性主义和道德主义持一种谨慎怀疑态度。这两种传统可远溯至古代希腊，在不同的时代有着不同的表现。因此，它们的继承者中包含着，但是不仅仅限于近代以来的自由主义（却并不包含自由至上主义）。理性主义主张，经由人的理性能力所达成的规则，其本身应该具有一种“普遍无差异”的适用性。基于对理性主义的批评，本书认为人类实践生活，尤其是政治生活本身所获得的规范体系，其规则具有一种“封闭性”的内部适用性。也就是说，政治生活所形成的规范体系只追求，或者说只履行相应规则在体系内的普遍有效性。道德主义主张以政治生活以外的道德考量作为政治规范有效性的可靠来源，这可以被总结为“道德为政治奠基”。我们对于这一源远流长的理论传统作出了批评。作为替代，本书认为政治规范体系本身就具有一种“自主性”，无须“道德为政治奠基”。

“自主性”与“封闭性”，这是人类政治生活真实面貌的两个基本特征。发现这两个特征，可以说是我们对于人类实践生活，起码可以说是我们对于人类政治生活的一种真理性认识。揭示出这两个特征，并就其相关缘由给出交待，这是本书对于政治哲学理论的一个重要贡献。

我们用了整整一本书的篇幅为尼采的那段简短的名言做了一个注释，这无疑彰显了尼采的天才，比照出我们的平庸。但是随着这样一个注释的展开，它的涵盖解释力最终却远远超出了尼采，甚至也远远超出了其追随者威廉姆斯。这些新溢出的思想蕴涵着全新的道理，完全可以用来作为对于当代实践哲学进行重新思考的酵母。但是可以预期，它也必然会招致激烈的理论批评。

道德主义与理性主义可以说是政治哲学史上历史悠久的（伟）“大传统”。政治现实主义在某种意义上可以说是一个“小传统”，但是它同样地伟大，同样地历史悠久。我们以“小传统”来对赌“大传统”，意在彰显人类政治生活的独立性这一真实面貌，并且回答“大传统”一直回避或者否定这样一种基本特征的理论缘由。萦绕作者心头多年的纳斯鲍姆之惑（参见本书第十五章）也随之冰释。

由于本书批评的对象涉及到了整个理性主义传统和道德主义传统，因此，本书的这样一种立论明显扩大了自己的论证责任。不过，非常明显，本书的这样一种立论是在经过了严肃思考后认真确立的。为理论的诚实计，我们愿意承担起这一论证责任。

需要强调说明的是，对理性主义的批评是批评其过于强调理性的积极活跃能力和设计制度的能力，并非批评个人具有理性能力。而对于道德主义的批评，也只是批评认为个人的善良意志与社会的善改进之间具有严格因果的主张，并非批评个人具有实践道德的品行与能力。更为深入地讲，批评理性主义与道德主义，就是批评那种认为单纯依靠个体的理性能力与道德实践能力就可以实现社会的制度设计与社会的善改进的主张。为了批评理性主义，我们会承认个人的理性推理能力，但是认为社会规则的达成以及社会公共的规范性质与个体理性能力之间存在着复杂的断裂与紧张。同样，为了批评道德主义，我们会主张道德不能免于运气，主张个体所追求的善与公共善是两种性质不同的善，公共善需要另外不同的方式来达成。或者说，个体的善改进与公共的善改进之间并无道德主义者所主张的那样一种因果关系。不但如此，个体善在体现为不同的价值后，整个社会的善改进首先要面临的就是一种多元主义的现实。在这样一种现实面前，道德主义与理性主义注定要处处落空，沦为一种哲学家自身的理想。这也是我们经常会将道德主义与理性主义一并称作是理想主义的一个重要原因。

本书批评以上述这种还原论的或基础主义的方式讨论实践哲学问题，自然也批评以这种方式讨论政治哲学问题。作为替代，本书主张政治具有一种自主性，并且以一种自主理论来批评还原理论与基础主义主张。毫无疑问，这样一种批评将包括对于理性主义和道德主义基础的批判，这种批判将不可避免地包括了对于自然法学说、契约理论学说的质疑。质疑同样集中于对于一些支撑这些理论的基础概念的分析。这种质疑的核心是认为理性主义和道德主义都是以一种实在论形式出现。而指导人类实践的基本规范在其性质上应该是一种构成性的，或者说是建构论的。无论从什么样的一种实在论出发，都无可避免地将我们置于以价值多元为论证前提和论证目标的境地，从而危及所论证规范的有效性。

在本书推荐的两种替代还原论的备选方案中，一种是政治现实主义的思考方式。而另外一种是机制论的思考方式。本书认为，前者把人的实践推理收敛于审慎，而后者则让我们有机会避免将人做一种简单的理性人假设，也让我们有机会避免把公共善单一地寄托于个人的善改进。同时，相对于道德主义，本书还进一步推荐多元主义，并且主张将多元主义与现实主义结合，实现一种政治意义上的现实主义。某种意义上讲，机制论同时对政治现实主义是一种替代。不过机制论并没有能够很好地处理政治是一个自主领域的问题。因此，相较于政治现实主义，机制论只具有部分的理论优势，并不能够完全替代政治现实主义的思考方法。在这个意义上，本书的立论主调依然是政治现实主义的。而本书“国家作为分配社会善的封闭单位”这一部分，同样也是运用政治现实主义的思考方法，对本人在《政治现实主义》一书中所做工作进行了更为精致的论证改进和话题拓展。

为了能够进一步弄清传统理论的局限，我们进一步深入到当代元伦理学讨论的核心话题：能动者、能动性、行动理由、自主性、合理性与规范性等等。通过概念含义的辨析，我们触及到了社会规范的来源及其性质等实践哲学的基本问题。在这样一种考察中，本书作者对于我们的实践生活得出了这样的基本表述：实践就是“特定行为体 A（作为个体的能动者 agent，或作为组织或国家的行为体 actor）在约束情景 S 中为追求特定目标 E 而实现善（good）改进 I”，也即：P = A（s）→E（ig）。不难发现，这一表述已经严格蕴涵了本书的实践哲学自主性主张。然而，直观到这一主题相对容易，而要对这一主题做出严谨的演绎与论证，则有漫长的路要走。

另外，当我们将人类实践定义为 P = A（s）→E（ig）时，我们已经将人类实践做了一个敏感于情景的特殊限定。这个限定的理论含义是，起码对于考察人类的实践生活领域的诸理论（道德哲学、政治哲学与法哲学）而言，我们所依赖的一些关键性概念（如理性）和关注的一些核心对象（如道德实践中的人、政治制度、法律规范）本身是受到情景约束的。同样，为了解释这些对象和活动而延伸使用的概念如同一性、自主、自尊、正当性等等，也都高度依赖于情景。一种不依赖于情景而展开的概念可以设想和使用，但是却是扁平与低关联的。这也就意味着，在这样的一个定义之下，我们在沿着一条通往现实主义的路径而展开我们的实践哲学考察。正是在这个意义上，尽管本书的绝大部分篇幅被用来辨析“理性的”与“合理的”、契约理论的局限性、多元主义与政治自主性等概念，我们的主线则是清晰的。我们要回答的就是，以现实主义的方式所看到的实践哲学研究到底在关注什么，抑制什么？为了这样的关注与抵制，一种理论需要拓展出什么样的概念勾连与取舍习惯？为了保持现实主义的现实性不被理论牵着鼻子走，这样的理论又是怎样在同时防止着因自己的取向而远离我们的现实感？或者说，在理论的取舍均衡中，我们以什么样的方式让我们的理论有所落脚，有所作为？

3. 概念谱系与互文现义

本书作者从考察实践哲学（政治哲学、道德哲学与法哲学）所共同需要面对的几个基础概念如规范性与合理性入手，分步展开对于传统政治哲学还原论主张与基础主义主张的批评，完成了对于政治自主性论题的证明。在这样一个分析过程中，为了某些功能性目的而聚集在一起的概念簇系将逐步被展开，并且逐渐将被展示出不同概念在概念簇系中的厚薄轻重。因此，本书首先采用的是基于概念分析的谱系考察的方法。很显然，概念考察与谱系考察的侧重点是不同的。本书大体采用二者的交集，即在语言现象范围内进行关于概念的谱系考察。因此本书的方法是“概念谱系”的方法。但是本书也同情地理解威廉姆斯所重新提倡的“谱系考察”的关切所在。

考虑到实践哲学的慎思特性，本书作者还时时提醒自己在反思性理解与现实性感受之间做出平衡。这样做既是要避免让理智跑得太快，把感受落到身后，也是要避免以即时感受作为理论的立论基础。一种健康的实践哲学旨在以健全的理论构架托举起我们的现实感，把我们带入到一个更为完满的理解中。因此，本书第二个采用的方法可以说是“反思均衡”的方法。不过本书作者更愿意在亚里士多德的意义上称其为“审慎”的方法。这种方法与“概念谱系”的方法相结合，将会产生出一种我们可以称其为“互文现义”的方法。“互文现义”是说，概念谱系中的不同概念，其本身在概念簇系中分居不同的位置，具有厚薄不同的重要性。而这些概念到底应该位居概念簇系的什么位置，以及应该具有什么样的重要性，（首先）不是由概念本身的本质所决定，而是由概念与其他关联概念发生关系的方式所决定。因此，一个概念的规范含义，应该受到与它相互关联的其他概念的功能性质的约束，并且最终是由其本身的性质和关联概念的性质共同来决定。因此，一个概念的规范含义应该且必须通过互文方式，经由借鉴其他概念的功能性质而得到确定。

而且，既然我们是要用理论的火车头拉着实践的现实感向前奔跑，那么我们就不能够不在理论的建构与推导方面小试牛刀，以检验理论的锋利程度与拖曳能力。这是本书写作中第三个关注的方面，建构与推导。而建构与推导方法与“概念谱系”方法和“互文现义”方法同样关联密切。这种关联在于，我们所做的建构推导是基于对于约束条件的敏感性而展开的，因此通常是在“不得不”和“有可能”两个方向展开的，较少的是在理想条件满足后的“应然”角度展开的。因此，我们的规范及规范建构是敏感于环境约束的。我们由此可以说我们的方法是“敏于约束的建构推导”的方法。

总体而言，“概念谱系”的方法，“互文现义”的方法，以及“敏于约束的建构推导”的方法，这三个方面是本书所特别注意到的基本方法论。很显然，我们在这里只是简略地描绘了我们的基本方法。而其中所包含的复杂含义及其包含的对整个实践哲学传统方法的批评，则需要我们另外在合适的地方展开讨论。目前为止，我们可以说这三个方法为本书所首次独立使用。

方法是为论证服务的。在这些方法的使用中，本书反复强调理论思考中的条件约束意识，每每在一些约束条件明晰的关口，将一些问题的讨论收敛于一定的话题领域。这样一种收敛使得实践哲学所面临的不同问题逐步地被分别归入到各自的讨论领域。使得我们不至于将伦理问题与政治问题混淆，也不至于将政治问题与法律问题混淆。这样一种敏感于条件约束的收敛意识使得实践哲学不同领域的特点变得有据可查，从而在方法论意义上为实践哲学不同领域的自主性做出了辅助论证。

本书敏感于所分析的实践问题的约束条件，并把因相关条件的约束而形成的概念含义的收窄过程称作“收敛”或“收敛于”。当一个概念或话题因某些条件的限制而收敛于某个领域时，或者当某些限定考量促成了某些问题思考领域变得具体和界限明晰时，这个概念或话题就获得了相应的严格限定，某些思考领域的约束特性也就得到了相应展示。收敛促成了思考范围的封闭，同时也改进了我们的思考效率。概念或话题领域的收敛现象是由我们所考察的对象本身的性质所决定的。我们思考的是实践问题，考察的是在特定时空中生活的实践中的人，他们的举动受着特定的限制。或者说他们的行为是在一定局限条件下展开的。即便我们并不反对赋予实践中的个人以行动自由，也即接受诸如能动者、意志自由等概念，我们仍然可以说，这些能动者是在局限条件下来进行自由选择活动的。本书的努力，首先是要表明实践生活是人类为追求自己不同的生活目标而进行的善改进活动，在这里，本书将特意强调行动者的情景约束特征和确立善的困难性。

这种收敛的另外一个体现，就是将某些通常被宽泛地理解为伦理领域的问题，通过特定的限定考量，将其限制为政治领域的问题。与“收敛”概念相关的，就是一种反思的均衡。反思均衡要求我们在理论的构造推理与现实的直觉敏感之间反复进行考量对冲。这是一种被现代哲学理论改造后的“审慎”观念。这种审慎一头牵连着我们的理论构造与推理，另一头则牵连着我们对于现实约束的敏感。而在本书的“收敛”的意义上，我们进一步收窄了这样一种审慎活动。

当代政治哲学把本书所强调的条件约束意识称作情境敏感性（context－sensitivity）[①]，这一主张为大卫·米勒（David Miller）所强调，米勒称这种敏感于情境和上下文约束的方法为“情境主义（contextualism）”[②]，并认为这是政治现实主义所特别推崇的方法。霍尔则称现实主义的这样一种敏感意识为“事实敏感性（fact－sensitivity）”[③]。不过本书

① 在文学批评和解释学的背景下，“contextualism”通常被译作“语境主义”，而“context－sensitivity”也相应地被翻译作“语境敏感性”。但是考虑到政治现实主义本身的理论讨论已经超出了单纯的语境考量，因此在本书中我们将两个词汇分别译作“情境主义”和“情境敏感性”。

② David Miller, *Justice for Earthlings: Essays in Political Philosophy*, Cambridge University Press, 2013.

③ Edward Hall, “Political Realism and Fact－Sensitivity”, *Res publica*, vol. 19, no. 2, 2013, pp. 173－181.

只是欣赏米勒等人的这样一种情境敏感性态度，但是并不认为现实主义一定需要把世间的一切规则都拉到一定的情境中去考察。规则跟规则不同，有些规则就是高度敏感于情境的，而另外一些规则则可能就是相对独立的。绝对的与语境无关的规则，可能大都与实践哲学所要思考的问题无关。但是用绝对的情境主义来涵盖所有规范，可能就同样会对规则的深浅分布性质不公，可能会模糊了规范的清晰面貌。

考虑到现实主义最终可以被视作一种敏感于特定情境，并且因而在对情境约束的敏感中将问题进行收敛讨论的方法，我们可以说，本书中所涉及的概念讨论，依据的正是对于情境的敏感性。作者在合适的地方，依据这样一种对于情境约束的敏感，通过问题的“收敛”，得出了一些有意思的政治哲学结论。这些结论表明，作者的这样一种方法在政治哲学讨论中是可以有所收获的，而这些收获是符合逻辑的，并且与现实政治密切关联。

需要特别提醒的是，我们的确有理由把人类实践领域的规范问题以及人们对于规范的遵守问题当作一个相对独立的领域来加以思考。这种思考会有不同的方法路径，也因此带来了不同的问题。这些问题通常以一种非常交错的方式彼此勾连。也就是说，问题的产生与关联方式是异常曲折的。比如说，以现象描述的方式来观察规范遵守问题，我们会考虑到规范、规范空间、规范特性等等，而从遵守者与规范本身的关系入手来考虑，我们又不得不触及能动者、能动性、理性、合理性、自主、个人身份等概念，甚至会曲折地触及性情、认识、认识的自我协调、开放的自我、封闭的自我等观念。

然而目前为止的实践哲学研究，包括被我们密切关注到的政治现实主义的理论研究，尽管也都在不同程度上关注到了实践规范的特殊性质，但是却都存在着一种缺陷。这种缺陷就是，它们没有意识到，要想说明所研究的人类实践所遵循的规范的性质，就不能局限于就着特殊领域的规范来谈论规范。就政治哲学而言，要想理解政治规范的性质，就起码要从三个不同的层面来考察政治规范。首先，要回答政治规范的特性，说明政治规范为什么是自主的、封闭的与内在的。其次，要回答政治与伦理的关系，政治生活与道德生活的关系。最后，要回答政治、伦理与实践合理性的关系。实践合理性概念是高度情景依赖的。这一概念区别于康德式的理性概念，它不以必然性和可普遍化为追求旨归。而一个高度情景依赖的实践合理性概念的建立，就必然要求我们对于自然法、自然权利概念所依赖的理论思路提出严肃批评。而只有在这样三个递进层面逐一得到考察后，才能够真正刻画出政治规范的特征面貌。当代政治哲学讨论的缺陷就在于，多数研究基本上没有意识到这是一个嵌套在一起的系统问题。

4. 书稿内容的构成

本书上篇为“国家作为分配社会善的封闭单位”。该部分内容是在本人 2011 年提交韩国高等教育财团英文研修论文 *A Realist Perspective on Korea—— A Study Based on Political Philosophy*（《现实主义视角下的韩国政治——一种基于政治哲学的考察》）和 2012 年提交首都师范大学哲学系博士后出站报告《政治现实主义的逻辑》（现有书稿即采用本人的该博士后出站报告为专著名称）的基础上修改定稿的。

接受哲学所评审委员会专家的批评建议，目前呈送的书稿对原稿第六章“霸权稳定理论与政治权力的垂直分布”进行了系统修改，删去了讨论东亚地区权力转移与围绕中国外交选择而展开的讨论的内容（原为上述英文研修内容的基本部分），但保留了关于政治权力的垂直分布和主权与自主的讨论。因为后者涉及到主权与自主概念的完整性问题，属于政治哲学概念讨论的有机组成部分。

本书中篇为“合理性与规范性”。该部分内容涉及对于理性概念的分析和对契约理论缺陷的批评。这一部分内容是在本人承担的哲学所青年启动基金“规范性与合理性”以及相关论文的基础上修改定稿的。本书下篇“现实感与政治的自主性”所涉及内容也已经有多篇论文发表，但其中仍有部分内容需要做进一步精细加工。不过整个书稿的论证主线已经明晰。

本书内容大多以不同形式在不同会议与演讲中与学界前辈同仁进行过交流，部分主题此前曾出现在本人其他的专著中，但此次在论证细节上有了很大的改变。学界前辈与同仁给予我的鼓励与刺激，促进了我更为深入地探讨相关问题。在此，我要向所有的前辈与同仁一并表达我的谢意。你们在，故我在！

上篇　国家作为分配社会善的封闭单位

自近代以来，国家逐步演化成为分配社会善的封闭单位，而这也已成为现代政治生活的一个基本现实。如何理解和解释这一现实，注定与我们对政治生活的思考方式相关。要想完整解释这一问题，我们至少需要两步工作。我们首先需要理解国家为什么要作为一个特殊的制度设计而存在，其职责与功能是什么。在这个基础上，我们就可以进一步解释一个更为直观的问题：国家何以是一个封闭的而不是一个开放的单位。

本书上篇讨论现代政治形态为什么收敛于“国家”这种特殊形式，以及在这种收敛过程中，我们日常所使用的一些政治概念如主权、自主等概念存在着什么样的问题和矛盾。因此，该篇呈现的是一个现实主义的国家观与国际关系观。而支撑这些观念的一些基本假设，尤其是这些假设与其他竞争理论间的关系等问题，均留在后边进一步的讨论中去加以处理。

本人此前出版的《政治现实主义》一书厘清了价值多元主义与政治现实主义的关系，认为：1. 价值多元主义在政治生活中必然表现为权力竞争；2. 价值多元主义与政治现实主义共享权力竞争这样一种分析政治的模式。同时，在该书中，本人也提到了分析政治的两个约束空间，这两个约束空间由下述两组要素所决定：1. 霍布斯条件与洛克条件；2. 基本合理的正当性要求与充分合理的正当性要求。

接续前述讨论，本书对两个约束空间做了深入一步的分析。本书将论证，即便是存在着自然正义，我们也倾向于选择政治正义而不是自然正义。因为政治正义有着更强的约束力与稳定性，有利于对于非正义问题做出大规模的系统的矫正。而政治正义的核心在于稳固的政治制度。围绕着政治制度的稳定性与约束力问题，本书提出，现代国家需要满足“霍布斯条件”与“洛克条件”，也即需要满足最低限度的至上权力与最低限度的正当性要求。在这两个条件得到满足之后，我们将获得关于国家的薄版本观念。考虑到对于洛克条件的满足存在着厚薄两个不同的选择方向，当我们引进了合理性概念以后，我们围绕国家正当性的追索就可以从基本合理向充分合理去展开。这样一种追问路径将把我们引向关于国家的厚版本观念。现代研究表明，一个正常的现代国家应该满足三个标准：足够统一、足够强大、足够规范。而一个饱满的成功国家则应该再附加一些标准：拥有动员全体公民持续创新的能力，足以带动相关国家持续走向成功。

我们看到，在国际关系领域，在霸权体系相对稳定的状态下，国际政治其实已经实现了某种程度的“准霍布斯条件”与“准洛克条件”，因而呈现出一定的秩序性。这一结论将部分挑战政治现实主义自身关于国际政治无秩序状态的假设，并且再次验证了本书所总结的“霍布斯条件”与“洛克条件”的现实意义。同时，本书还重点讨论了霸权稳定理论带给我们的概念困扰。一个典型的困扰就在于主权概念的不完备性问题。该概念的不完备是指，在霸权体系下，既有的主权概念所揭示的主权平等观受到挑战，多数国家的主权呈现为一种不完备状态。主权概念的不完备性为本书的现实主义国家观提供了支持。它与现实主义的国家观一起，再次向我们揭示了让我们感到困惑的现实：为什么现代政治倾向于收敛于“国家”这种特殊形态？国家怎么就演化成为了分配社会善的封闭单位？

第一章　战争状态与安全困境

“权力即正义”，这一判断符合我们的现实观察，但是却不符合我们的道德直觉。本书认为，要想维护我们的道德直觉，就必须将正义看作是政治的而不是自然的。也就是说，只有在政治生活的保障下，正义才有可能稳定地得到维护，“权力即正义”的混乱现实才能够得以结束。因此，即便存在自然正义，政治正义仍是我们人类生活的首要选择。

本章基于对霍布斯与洛克理论的对比，首先析分出四种不同类型的战争状态，这其中包括霍布斯式战争状态与洛克式战争状态以及国与国之间的战争状态。本章论述的重心是要分析人类如何走出这几种不同类型的战争状态。

1. 权力与正义

早在古代希腊，从修昔底德的《伯罗奔尼撒战争史》到柏拉图的《理想国》，关于权力与正义的关系问题就一直被人们详细记载和讨论。但是却并没有人去正面回答，为什么会出现我们的现实观察与我们的道德直觉相互冲突的问题。

我们对于现实生活的一个观察是：“权力即正义”，“正义就是强者的利益”。然而我们的道德直觉则告诉我们：“正义有其自身的原则，‘权力即正义’的主张是错误的”。尽管大家一直面对着这样一对基本矛盾，但是却一直没有人去正面回答，如何才能够解决这样一种冲突？

道德直觉与现实观察的冲突将迫使我们做出选择：要么承认我们的现实观察是正确的，而我们的道德直觉犯了错；要么坚持我们的道德直觉，但是要寻求说明，现实观察何以是错误的。本书选择后一条路线，但是将指出道德直觉只是在一定的条件下才是正确的。这个条件一旦不能够成立，则现实观察将依然正确。

这种尝试将正面回答上述这样一个古老而又恒久的矛盾冲突，进而把我们关于正义问题的讨论从伦理学引向政治哲学。这样一种讨论认为，我们所说的正义将是政治的正义而不是自然的正义，因此，正义的政治特性决定了对于非正义所进行的矫正。也就是说，只有在人类的政治生活中，对于非正义的系统矫正才是可能的。而这种把正义视作政治正义的观点为很多的思想家所持有。它与自然正义观相对，并且构成了政治哲学讨论的一个持久话题。

亚里士多德认为，政治学关心人间的至善。“政治学上的善就是正义，正义以公共利益为依归。”[①]亚里士多德的思想可以被延伸表达为：政治社会将正义作为人间的至善来加以对待，政治就是为了实现人间至善。假如亚里士多德的这样一种看法成立，则我们可以得到两个顺延性结论：第一，正义只有在政治生活中才能得到系统有效的解决与保护。第二，政治生活的形成是人类正义能够得以有效保障的基本条件。不但如此，我们可以说，只有在政治社会形成以后，人类才有可能有效地谈论正义问题，有效地形成对于非正义行为的矫正。而在一个政治生活不够成熟发达的“自然状态”之中，权力就会被认为是正义的。而与其说权力就是正义，不如说在权力对抗权力的状态中，正义是不可能的。

有文字记载的关于正义的讨论见于古希腊修昔底德的《伯罗奔尼撒战争史》。在这里，修昔底德记述了一个发生在雅典人与弥罗斯人之间的真实的对话，这个对话可以说是上述问题的现实演绎，它引发了关于何为正义的基本争论。

公元前416年的夏天，雅典人对弥罗斯岛发起了远征。在远征发动之时，雅典已经成为海上的霸主，雅典的同盟遍及基克拉底斯群岛，只有雅典人的宿敌——拉栖代梦人的后裔弥罗斯人和另外一个岛屿的居民仍然拒绝臣服。雅典派出了由38艘舰船，2700名重装步兵，300名弓箭手和20名骑兵射手组成的联合远征军。大兵压境，万事俱备，雅典于是派出了使者来与弥罗斯人进行谈判，力促弥罗斯不战而降。弥罗斯人认识到了入侵

① 亚里士多德：《政治学》，吴寿彭译，商务印书馆1997年版，第148页。

者的实力要远远强过自己，但仍然决定参加这一谈判，尽管他们也并不知道结果将是怎样的。

于是便出现了下边这段至今看来仍颇为经典的对话。[①]

> 弥罗斯人："……我们知道，你们到此地来，已经准备由你们自己作这次辩论的裁判者：如果我们认为正义在我们这一边，因而不肯投降的话，结果就是战争；如果我们听了你们的话，结果就是被奴役。"
>
> 雅典人："如果你们是准备列举你们对将来的猜疑以消磨时日的话，如果你们这次开会另有原因，而不是为着正视现实，不是在事实的基础上设法保全你们的城邦，使之免于毁灭的话，我们继续谈判就没有意义了。"
>
> 弥罗斯人："我们开会的目的是讨论我城邦的安全，这是很对的。如果你们愿意这样做的话，我们愿意按照你们所提出的方式进行讨论。"
>
> 雅典人："既然这样，我们这一方就不只捡好听话说给你们听了，……这些套话都是大家所不相信的……我们建议，你们应该争取你们所能够争取的，要把我们彼此的实际情况加以考虑；因为你们和我们一样，大家都知道，经历丰富的人谈起这些问题来，都知道正义的基础是双方实力均衡；同时也知道，强者能够做他们有权力做的一切，弱者只能接受他们必须接受的一切。"
>
> 弥罗斯人："那么，在我们看来（因为你们强迫我们不要为正义着想，而只从本身的利益着想），无论如何，你们总不应该消灭那种对大家都有利益的原则，就是对于陷入危险的人有他们得到公平和正义处理的原则……这个原则影响到你们也和影响到任何其他的人一样。"

这段对话史称"雅典将军在弥罗斯"，它典型地体现了古代希腊人对于正义与权力之间关系的不同认识。在"权力即正义"与"正义有其自

---

① 修昔底德：《伯罗奔尼撒战争史》，谢德风译，商务印书馆1978年版，第413—414页。

身的原则”这两种观点之间，雅典人与弥罗斯人在这个特殊场景下的特殊论辩引发了极端冲突。任何一个从事或熟悉国际关系事务的人都会对这两个原则之间的现实冲突印象深刻。雅典人以他们少有的坦白给出了他们的回答。修昔底德的这段文字因而也被后人视作国际关系理论的“现实主义的宣言”。

同样的主题在柏拉图的《理想国》与《高尔吉亚篇》中再次呈现。在《理想国》中，苏格拉底与色拉叙马霍斯进行了辩论。色拉叙马霍斯说道：“我说正义不是别的，就是强者的利益……每一种统治者都制定对自己有利的法律，平民政府制定民主法律，独裁政府制定独裁法律，依次类推。他们制定了法律明告大家：凡是对政府有利的对百姓就是正义的；谁不遵守，他就有违法之罪，又有不正义之名。因此，我的意思是，在任何国家里，所谓正义就是当时政府的利益。政府当然有权，所以唯一合理的结论应该说：不管在什么地方，正义就是强者的利益。”①

强者的逻辑是，权力即正义。与它对立的观点是，权力的运用既可能是正义的，也可能是不正义的。事情的正义与否另有其判别基础。苏格拉底就反问色拉叙马霍斯是否承认立法者的立法有对也有错。如果承认，那么我们就会发现强者有时也会颁行出对自己不利的法律。色拉叙马霍斯突出强调了正义原则的政治含义。类似的主题在霍布斯与斯宾诺莎那里以一种稍微不同的语言得到了重复。他们认为正义只适用于文明社会，自然状态之下，强力决定一切，正义无从谈起。霍布斯认为没有国家就没有正义。正义的实质在于有效地遵守契约。休谟也认为自然状态无法现实地存在，因为人必然需要在社会当中才能够生活。而社会生活的核心就是处理与他人的关系，从而树立起各种正义的规则。

存在着与权力即正义这样一种选择相反的另外一种答案，就是认为政治正义由自然正义所决定。而自然正义与自然法的存在，使得个人的自然权利得以可能。从正义的合乎理性与合乎公认的准则等基本原则出发，我们心目中所认为的“正义即合适与合度”等观念将有可能得以展开。而在这个完全不同的思考线索上，讨论将会与我们通常对于正义的认识感受靠拢。

① 柏拉图：《理想国》，郭斌和、张竹明译，商务印书馆1997年版，第18—19页。

这里就提出了一个问题：依照我们的道德直觉，权力即正义的判断是错误的，否则我们也不会敏感于权力与正义关系的问题。但是在我们的现实观察中，在以权力对抗权力的自然状态中，权力大者获胜。有实力者把他们的获胜粉饰为正义的行为。国际关系中永远以实力定结局，弱国本身并无外交谈判能力。道德直觉与现实观察发生了冲突，那些虽然不相信权力等同于正义的人们也不得不发出“正义就是强者的利益”的哀叹。

很显然，权力决定正义的规则乃是自然状态下的稳固规则。在一个无人主宰的世界中，不同的人之间，不同的社会群体之间的相互竞争必然表现为权力竞争。要想改变权力支配正义的逻辑，就必须既走出霍布斯意义上的“自然状态”（在霍布斯那里，自然状态即战争状态。本书后文将析出霍布斯式战争状态与洛克式战争状态），也走出洛克式战争状态。“权力即正义”是霍布斯意义上“自然状态”中的稳定法则，绝对权力的绝对不正义则是洛克意义上“战争状态”的罪魁祸首。人类要想既走出霍布斯式战争状态，同时又要能够结束洛克式战争状态，就需要满足本书所归纳出的两个基本政治条件：“霍布斯条件”与“洛克条件”。也就是“最低限度的至上权力”与“最低限度的正当性要求”①。前者是说，需要一个超越于竞争各群体之上的统一的威慑力量。后者是说，这种威慑力量的使用需要满足基本的正当性要求。

这两个条件分别以霍布斯和洛克来命名，这是因为，正是霍布斯和洛克典范性地为我们分别描述了这样两个基本约束。“霍布斯条件”与“洛克条件”作为政治生活的两个局限条件并提，只有在这两个条件依次得到满足之后，正义才能获得其稳定的制度保障，正义本身才能够得以呈现并得以持续。两个条件同时并举，将为我们勾勒出讨论人类政治生活的局限空间，并因而有望改进政治哲学讨论问题的话域。

自然状态下人们同样有着良好的道德感，但是自然状态下正义缺乏有效保证。正义本身处理的就是人与人之间的关系，正义的出现伴随着一定

---

① 在本人的《政治现实主义》一书以及一些早期的论文中，本人曾经把洛克条件定义为“最低限度的道德”。不过，本人后来认识到，政治规范具有自主性，因此有着与伦理讨论完全不同的处理对象和概念范畴。政治哲学的讨论不能够还原为伦理学或道德哲学的讨论。因此，本人最终选择了“最低限度的正当性要求”这一完全属于政治哲学的基本概念，以区别于原有的伦理学概念。

的制度关系，既不存在天然正义，也不存在天然非正义的自然状态。正义需要制度的保障。而制度，尤其是作为现代国家的政治制度的建立需要具备一定的约束力和稳定性。使得政治生活得以可能的基本条件，也就是使得正义得以可能的基本条件。

由于自然状态就是赤裸裸的权力竞争，所以人们把道德上的正义诉求与现实的观察联系了起来，得出了权力即正义的看法。但这显然是错误的。与其说权力即正义，还不如说权力即意味着非正义。而非正义的现实需要得到矫正，我们就需要建立一个能够有效矫正非正义的制度。因为这种制度是针对着非正义的现实而设计的，所以它就需要满足一定的条件，才能够有效地矫正非正义。而这时我们也就发现，霍布斯所说的“一切人对一切人的战争”，以及洛克所讨论的公民对于最高权力之间的战争状态，是我们首先要克服的基本的非正义状态。对于这样的基本的非正义现实的矫正要求把我们引向了现代政治制度建立的思考。

需要强调的是，本书问题的引入是权力与正义的关系问题，而不是何为正义的问题。因此，本书讨论的话题，在牵涉到正义本身时，也是就权力能够对正义何为而展开的。在引入了对于权力使用的非正义的政治解决维度后，本书的重心集中到了围绕权力而展开的特殊形式的正义问题上来。在本书中，这样一种特殊维度表现为对于几种不同形式的战争状态的描述及解决。因此，本书的讨论从一开始就是围绕权力（power）这个特殊概念而展开的。如前所述，权力与权力竞争被认为是政治现实主义的经典分析模式。本书将坚持这样一种分析模式，并沿着这样一种分析模式，顺次展开对于相关思想流派、思想家与政治哲学概念的深入讨论。也就是说，本书的思考路径是政治现实主义的。

2. 几种不同类型的战争状态

为了说明权力与正义的关系，我们有必要了解一下霍布斯的“自然状态”假设与洛克的“自然状态”假设，在此基础上，我们将析分出两种不同类型的“战争状态”：霍布斯式战争状态与洛克式战争状态。

霍布斯与洛克共享了许多相似的理论概念：自然状态、战争状态、自然法、社会契约理论、人的理性、政治权力等等。但是，两个人分别赋予了这些概念以不同的含义。因此，在政治哲学史上，他们分别被认为是在性质上完全不同的政治思想的代表。霍布斯被认为是政治专制主义的代表，而洛克被认为是政治自由主义的代表。他们知识资源相近，甚至有那么几年，他们在伦敦还是近邻。但是洛克却声称，他根本不知道霍布斯的观点，更没有引用霍布斯。[①]这甚至使得彼得·拉斯莱特主张，洛克的成熟政治理论并不是在回应霍布斯，也与霍布斯的观点没有任何牵涉。[②]而帕金则论证说，洛克已经清楚地表达了他对霍布斯立场的批评，以避免对其作品所可能出现的霍布斯式解读。但是在反对霍布斯的过程中，他的确吸收了霍布斯的一些思想。[③]他甚至认为，洛克对霍布斯思想的吸收源于“霍布斯式解决方案的引力作用”。但是，帕金仍然没有能够告诉我们这两位伟大的英国思想家之间到底存在着什么样的密切关系。

本书基于政治现实主义的立场，主张政治生活重在分析权力与权力竞争。因此，本书认为，之所以说洛克与霍布斯思想关系密切，是因为他们对同一紧迫的政治问题提出了两种不同的解决方案，更因为这两种解决方案之间存在着一种特殊的呼应关系。这一同一紧迫的政治问题就是：如何结束他们所处时代的英国内战。或者，换一句话来说，就是如何处理政治权力的地位问题。政治权力的正当性问题正是吸引这两位思想家的引力和引力作用所在。对于这一同一重担，洛克的确形成了与霍布斯截然不同，但是又相互补充的一套体系。

我们知道，在1640年到1689年期间，英国陷入了长期内战。国内的持续不稳定现状使得政治统治的问题成为人们不断讨论的话题。因此，霍布斯与洛克也就很自然地对内战问题保持了高度关注，麦克弗森甚至称其为“极度关注”[④]。这就使得他们的理论优先关注如何处理政治权力的地位问题，尽管他们通常被认为在理论旨趣上是截然相反的。

---

① W. V. Leyden, “Introduction”, in J. Locke, *Essays on the Law of Nature*, ed. by W. V. Leyden, Oxford University Press, 1954, p. 13, p. 37, p. 38.

② P. Laslett, “Introduction”, in J. Locke, *Two Treatises of Government*, Cambridge University Press, 1988, pp. 67 - 92.

③ J. Parkin, *Taming the Leviathan*: *The Reception of the Political and Religious Ideas of Thomas Hobbes in England*, 1640 - 1700, Cambridge University Press, 2007, p. 211, p. 368, p. 412.

④ T. Hobbes, *Leviathan*, The Penguin Group, 1985, p. 9.

他们的初始假设是不一样的，在霍布斯那里，自然状态就是一种战争状态。“在没有一个共同权力使大家慑服的时候，人们便处在所谓的战争状态之下”，“这种战争是每一个人对每一个人的战争。”[①]在霍布斯那里，人既具有一定的非理性特征，也具有一定的理性特征。更为准确地说，即便人们是理性的，他们生活在一起也是缺乏安全感的。他永远无法准确地判断其同胞将对他有何作为，所以我们就需要一个共同的权力来保障我们的安全，保障基本的秩序。霍布斯论证说，如果一个国家提供基本安全，那它就是正当的。

霍布斯与洛克所使用的大部分概念，如自然状态、战争状态、社会契约等等，都是“本质上可争辩的概念”[②]。这些概念既可以被看作是“一种真实的历史状态”，也可以被看作是“一种理论建构”。霍布斯与洛克都相信他们是在利用相关概念来告诉我们一个基本事实，但是他们也同时视其为规范概念。也就是说，他们都相信，我们应当如是去看待这些概念。不管怎么说，霍布斯从自然状态与战争状态概念出发，推导出了我们应该拥戴一个至上权力（sovereign power）的主张。从外部观之，至上权力表现为主权（sovereignty）。而洛克则在这些概念基础上，为我们提供了更为复杂、更为曲折的推理。

在洛克那里，自然状态就是“一种完备无缺的自由状态，他们在自然法的范围内，按照他们认为合适的办法，决定他们的行动和处理他们的财产和人身，而毋需得到任何人的许可或听命于任何人的意志。”[③]“自然状态有一种为人人所应遵守的自然法对它起支配作用；而理性，也就是自然法，教导着有意遵从理性的全人类：人们既然都是平等和独立的，任何人就不得侵害他人的生命、健康、自由或财产。”[④]简而言之，自然状态是美好的，人运用自己的理性，听命于自然法的支配，每个人都是其个人及其财产的绝对君主。人自为大，无须屈从于其他任何人。

现在，我们将转向洛克的公民政府理论。在这里，我们发现，洛克诉

① 霍布斯：《利维坦》，黎思复、黎廷弼译，商务印书馆 1996 年版，第 94 页。

② W. B. Gallie, “Essentially Contested Concepts”, *Proceedings of the Aristotelian Society*, Vol. 56, 1956, pp. 167 – 198.

③ 洛克：《政府论》（下篇），叶启芳、瞿菊农译，商务印书馆 1996 年版，第 5 页。

④ 同上书，第 6 页。

诸与霍布斯相似的理由，来解释我们为什么需要一个政治社会或政府。"虽然他在自然状态中享有那种权利，但是这种享有是很不稳定的，有不断受别人侵犯的威胁。既然人们都像他一样有王者的气派，人人同他都是平等的，而大部分人又并不严格遵守公道和正义，他在这种状态中对财产的享有就很不安全、很不稳妥。"因此，人们建立政府的目的就是保护其财产。①

和霍布斯一样，洛克认为政治社会的建立需要一个权威，或者说需要一个至上权力。不过洛克声称，这一政治权力应该用于公共善，并且需要得到人们的同意。任何未经同意的权力都是不正当的。因此，"谁企图将另一个人置于自己的绝对权力之下，谁就同那人处于战争状态。"②因此，我们或许可以定义说，洛克所说的战争状态就是"任何人没有正当理由就将我置于其强制之下的状态"。

洛克将战争状态与自然状态区别开来。③不过，与霍布斯一样，他也认为战争状态对于人类来说是一种悲惨状况。二者的差异在于如何设想与如何描述自然状态。洛克相信在自然状态中，人们拥有不可让渡的权利如自由，而霍布斯则认为所有的权利都是由政治秩序所赋予的。

而在霍布斯与洛克各自的战争状态概念中存在着一个细微的区别。在霍布斯那里，战争指的是一切人对一切人的战争。而在洛克那里，战争则是指任何能动者——包括个体、集体与政府——运用绝对权力没有正当理由地将别人置于其强制之下。也就是说，洛克的战争状态概念包含两层含义：

A. 一切人对一切人；
B. 个体公民对政府。

洛克也承认共同权威或共同的至上权力是解决战争状态 A 的基本要求。在这一点上，他与霍布斯几乎毫无二致，只是他强调说人们加入政府

① 洛克：《政府论》（下篇），叶启芳、瞿菊农译，商务印书馆 1996 年版，第 77 页。
② 同上书，第 13 页。
③ 同上书，第 12 页。

的主要目的是保护财产安全。[①]但是考虑到第二种战争状态的情况，尤其是考虑到洛克对于政治思想史的主要贡献，我们在这里可以对他所要解决的问题进行一定的简化与限制。既然在洛克自己的原初描述中，第一种战争状态与霍布斯所描述的战争状态在指涉对象上与解决办法上与霍布斯所描述的战争状态是完全一致的，我们在这里就可以引入一个“洛克式战争状态”（the Lockean state of war）这一新术语，并将其定义为“个体公民对政府”的战争状态，以区别于洛克自己的定义。洛克强调，任何未经同意的权力都是不正当的。所以我们可以说，“个体公民对政府”的战争状态是洛克所认为的一种最为紧迫的战争状态。我们有理由主张，“洛克式战争状态”是洛克本人首要关心的一种战争状态，也是其政治理论所要着力解决的核心问题。

相应地，为了与“洛克式战争状态”这一术语相对应，并且也为了区别于霍布斯自己将“自然状态”与“战争状态”等同使用所可能给我们带来的麻烦，我们也同时引入一个“霍布斯式战争状态”（ the Hobbesian state of war）这一新术语，专门用来指涉“一切人对一切人”的战争状态。

这样，我们就获得了关于战争状态的两个紧致定义。战争状态 A 专指“霍布斯式战争状态”，也即“一切人对一切人”的战争状态。而战争状态 B 则专指“洛克式战争状态”，也即“个体公民对政府”的战争状态。为避免混乱，下文专门针对这两个经过区分后的基本概念进行分析，不再使用霍布斯与洛克各自的“战争状态”概念。

根据国际政治理论的一般假设，在人类创立了国家之后，人格化的国家之间的关系便处于一种自然状态。也就是说国与国之间自然地处于一种战争状态。如吴稼祥所注意到的那样，政治现实主义者通常将国与国之间的这种战争状态称作“无政府状态”。[②]肯尼思·华尔兹称：“国家间的自然状态就是战争状态。这并不意味着战争会经常爆发，而是说由于各国可以自行决定是否使用武力，因而战争随时可能会爆发。”[③]我们把国家对国

① 洛克：《政府论》（下篇），叶启芳、瞿菊农译，商务印书馆 1996 年版，第 77 页。

② 吴稼祥：《果壳里的帝国》，上海三联书店 2005 年版，第 55 页。

③ 华尔兹：《国际政治理论》，信强译，上海人民出版社 2003 年版，第 135 页。

家的战争称作 C 型战争状态。吴稼祥称这种战争状态为霍布斯Ⅱ型战争状态。

事实上，对于我们人类政治生活来说，由于存在着权力的竞争，起码会出现着如下四种不同类型的战争状态：

A. 一切人对一切人的战争。它被我们定义为“霍布斯式战争状态”。

B. 个体公民对政府的战争。它被我们定义为“洛克式战争状态”。

C. 国家对国家的战争。它在现实中表现为国际无政府状态。

D. 独立文化群体对绝对权力的战争。它可以被定义为“为集体权而斗争的战争状态”。

在这四种战争状态中，本章前半部分将集中关注前两种战争状态，在国际关系问题领域将部分讨论第三种战争状态。最后一种暂时未被讨论到的战争状态仍然非常有趣，但那已经属于完全不同的政治哲学话题了。对前两种战争状态的讨论将使我们有望获得一个封闭的规范空间，界定着我们对于正义、国家等问题的理解。

而且，可以认为，前三种战争状态在目前为止的学术研究中都是可以被确认的，但是对于第四种战争状态是否存在，以及是否以本书所描述的 D 型状态而存在，这一点上是存在着争议的。

吴稼祥在其著作《果壳里的帝国》一书中提出，在既有的上述 A、B、C 三种战争状态之外，他的贡献是提出了第四种战争状态假设：其他国家与霸权国之间的战争状态。[①]本人与吴稼祥老师有过交流并且也受到了其相关观点的影响。不过本书并不同意他的第四种战争状态的假设，因此提出了 D 类型的战争状态的假设来替代吴的第四种战争状态假设。本书与吴的另外一个区别，是本人通过对霍布斯与洛克的细致区分，经过重新界定，才重新提出了 A、B 两种类型的战争状态的区分。因此，在吴称为“霍布斯战争状态”的地方，本书称为“霍布斯式战

① 吴稼祥：《果壳里的帝国》，上海三联书店 2005 年版，“前言”第 5 页。

争状态”；在吴称为“洛克战争状态”的地方，本书称为“洛克式战争状态”。我们说一个事情是“某某式”的，是说这个东西是主要沿着这个“某某”而来的，但是中间有曲折，有差别。为了表示对源头的尊重，同时也为了保证叙述的更为准确，我们说它们是“某某式”的。在本书中，这种表达就是旨在强调这些概念源自霍布斯与洛克，但是又与他们不尽相同这一层意思。

本书与吴稼祥老师的另外一个重大差别，是他提出“人权高于霸权”。①不过在本书看来，这并非一种理论上的客观叙述。因为在他的提法中，只强调了权力必须接受权利制约这一层，因此在先地就假定了“人权高于任何绝对权力”。而在本书看来，霍布斯与洛克分别说对了我们政治生活中对于权力要求的一半真相，只有把两个人各自陈述的真相结合起来并且使得它们相互约束，我们才能够得到一种更为接近政治生活的真理性认识。也才能够更为有说服力地解释现代国家的起源。本书认为，权力与权利是政治生活同时要正确面对的基本事实，用任何一种概念来替代对另外一种概念的分析与解释，都将不符合政治之本意。

本书批评吴稼祥老师的另外一个观点，恰恰就是他的第四种战争状态的假设。在本章的后半部分，本人将论证，现代国际霸权稳定理论如果成立，则现代国际无政府状态即 C 型战争状态其实已经能够得到一定程度的缓解。在本书看来，在霸权稳定的状态下，国际社会满足一种“准霍布斯条件”与“准洛克条件”。吴自己的分析其实也趋向于这样一个结论，但是他在情感上更倾向于唱衰霸权。本人认为，他的国家权力平均化趋势的主张只是一种愿望，尚无法成为现实。这种主张仍然只能是扎根于国际政治现实的一种“现实乌托邦”。

因此，在此处，本书把上述 A、B、C 三种战争状态界定为没有争议的三种战争状态，并且作为本书加以处理的对象。本书把上述 D 型战争状态与吴稼祥提出的“其他国家与霸权国之间的战争状态”看作是尚且存在着学术争议的战争状态。因此，本书将暂不处理这两种类型的战争状态。

从逻辑上讲，我们可以析分出更多不同类型的战争状态。析分的基础

① 吴稼祥：《果壳里的帝国》，上海三联书店 2005 年版，第 3 页。

都是一样的，它们分别沿着两个不同的线索而展开。一个线索就是由霍布斯所揭示的，由于权力的分立使用而导致的相互间的不安全状态，其解决趋向就是将权力进行集中使用。另外一个线索就是由洛克所揭示的，权力在集中使用过程中，由于使用的正当性的缺失（包括使用不当、使用过度与使用不足等）而导致的战争状态。所有战争状态的析出都是沿着这两个路线而拓展开来的。

3. 霍布斯式战争状态与“安全困境”

霍布斯认为，在有国家之前，我们人类生活在自然状态中。自然状态中的人们具有同等的自然权利，每个人都是平等的，而且都是自由的。由于能力上的平等，就希望在达到目的时也是平等的。但是由于每个人又都是天生利己的，在《利维坦》中，霍布斯指出：“任何两个人如果想取得同一东西而又不能同时享用时，彼此就会成为仇敌”。[①]于是就有了自我保全的需要。而在危险面前，人们会互相猜忌，“由于人们的互相疑惧，自保之道最合理的就是先发制人，就是用武力或欺诈来控制一切他所能控制的人，直到他看到没有其他力量足以危害他为止”。[②]先发制人有时表现为单纯的防卫，有时又不可避免地形成为没有限度的征服、侵略与扩张。竞争、猜疑和荣誉是造成人类争斗的主要原因。在趋利避害的利己本能的驱使下，人和人之间处于一种绝对的战争状态。自然状态就是“一切人反对一切人的战争状态。”也就是说，在霍布斯这里，自然状态呈现出的就是一种战争状态。如前所述，我们把霍布斯意义上的这种战争状态称作“霍布斯式战争状态”。

在霍布斯式战争状态中，人们缺少基本的安全感，因而陷入相互猜疑，进而引起为累积权力而进行的竞争。当代国际关系理论把这样一种因缺少安全感而形成的对于权力的攫取与占有态势称作“安全困境”，但是更多是用其描述国与国之间的相互竞争。

赫兹首次使用并定义了“安全困境”：“比邻而居的群体或个人，在

① 霍布斯：《利维坦》，黎思复、黎廷弼译，商务印书馆1996年版，第93页。

② 同上。

他们还没有组织成一个更高的统一体之前……注定会关心他们自己的安全，担心被其他的群体或个人所攻击、主宰、支配或消灭。为免受攻击，获得安全，他们将被迫攫取更大权力以逃避他方权力的影响。这种行为反过来会导致他方更加感到不安全，并驱使他们做出最坏的打算。在这样一个由竞争性群体构成的世界里，由于没有任何一个国家能够感到绝对安全，因而就出现权力竞争，从而就出现了安全与权力积累的恶性循环。"①②

赫兹还明确地把自己对于安全困境的分析奠基于霍布斯的"人对人是狼"的丛林法则基础上。"人'生性'是和平、合作还是侵略、跋扈，这并不是问题，……是人对于其邻居意图的不确定与焦虑将人置于这种基本的［安全］困境，使得'人对人是狼'成为人类社会生活的首要事实。从根本上来说，正是这种自保的本能，在［安全困境的］恶性循环中引导人们为争取更多的权力而竞争。"③"对于原本可能根本不存在的东西的相互恐惧可能随之而来会带来最让人恐惧的东西，这是安全困境的悲剧性含义之一。"④⑤

赫兹将体现于国际关系领域的"安全困境"归结为六个方面：1. 安全困境源于无政府——缺少"一个更高的统一体"；2. 安全困境产生的直接原因是国家之间不确定并且彼此害怕对方会在无政府状态下伤害自己；3. 国家诉诸自助——追寻更多的权力以摆脱安全困境——造成了权力竞争的循环；4. 国家通过追寻更多的权力以摆脱安全困境的努力也许根本不能提高安全，它将变成一种自搏行为，乃至成为悲剧；5. 安全困境会导致战争，但它不是任何战争之因；6. 安全困境的动力是自我强化的

① John H. Herz, *Political Realism and Political Idealism*, University of Chicago Press, 1951, pp. 157.

② Shiping Tang, *A Theory of Security Strategy for Our Time: Defensive Realism*, Palgrave Macmillan Press, 2010, pp. 35–36.

③ John H. Herz, *Political Realism and Political Idealism*, University of Chicago Press, 1951, pp. 3–4.

④ John H. Herz, *International Politics in the Atomic Age*, Columbia University Press, 1961, p. 241.

⑤ Shiping Tang, *A Theory of Security Strategy for Our Time: Defensive Realism*, Palgrave Macmillan Press, 2010, p. 36.

“恶性循环”。[①]

杰维斯则强调了“安全困境”的七个方面：1. 从根源上讲，安全困境是结构性的；2. 国家的不确定性以及对现在和未来的意图的担心是形成了维持安全困境的关键；3. 安全困境是由防御行为形成的，因而是无意识的；4. 安全困境将趋于产生无意识的和自搏的后果，也就是说，会降低自身的安全；5. 安全困境将趋于产生无意识的和悲剧性的后果，也就是说，会导致战争；6. 安全困境会导致战争，但是它并非一切战争之源；7. 安全困境将自我强化，螺旋上升。[②]

关于“安全困境”，唐世平尝试给出一个更加逻辑一贯的定义。唐揭示了关于“安全困境”的六种常见的错误理解：1. 忽略了三要素中的一或几种要素，尤其是忽略了不存在明显的恶意（恶意缺失）这一要素；2. 用一些更易把握的概念来代替恶意缺失概念（如寻求安全的动机）；3. 混淆了对安全困境的调整与安全困境的实质要素，从而使用了过度心理学化的概念；4. 混淆了由安全困境导致的结果与安全困境的实质要素；5. 切断了或缩减了从无政府状态到安全困境的过渡链条；6. 不必要地拓展了安全困境的解释范围。[③]在唐的定义中，安全困境包含八个方面的含义。[④]其中，无政府（不确定、恐惧，为了生存和安全而诉诸自助）、不存在明显的恶意与权力（包括进攻能力）的积累最为关键，为安全困境的实质要素。而在更为严格的定义中，会发现无政府与安全困境的关联是曲折迂回的，而不是直接因果的：无政府产生不确定性，不确定性导致恐惧，恐惧引发权力竞争，权力竞争促成安全困境，安全困境以螺旋式上升方式引发战争。从起源上来说，安全困境是结构问题，而不是知觉问题。

因此，在唐的定义中，他认为三个关键含义（安全困境的实质要素）为因，其他则为果。[⑤] 在此严格定义下，唐的结论是：安全困境是有条件

① Shiping Tang, *A Theory of Security Strategy for Our Time: Defensive Realism*, Palgrave Macmillan Press, 2010, p. 36.

② Ibid., p. 37.

③ Ibid., p.60.

④ Ibid., pp. 39 – 40.

⑤ Ibid., p. 41.

的，不是无条件的。从而，安全困境并不是无政府状态的内在特性。[①]在前述三个关键性含义中，不存在明显的恶意是安全困境存在的必要条件。而明显有意的威胁一旦存在，则敌意明确，就不会再形成一种安全困境了。[②]因此，其结论是，和传统的印象不同，安全困境并不适用于所有国家，而只是适用于彼此不能确定对方意图的防御性现实主义的国家。[③]

我们接受唐世平的界定，在安全问题上形成困境，造成恶性循环的关键是意图的不确定。因为在唐世平看来，意图确定的敌意对抗将把对抗双方的关系固定为敌对关系，因此不再会存在因意图不确定而造成的权力竞争。唐的结论是，无政府状态并不必然导致安全困境。而接续赫兹与杰维斯的主张，我们可以认为，安全困境是由于对方意图的不确定而造成的对于权力的竞争性攫取行为。这种行为是由于权力各方的结构性地位决定的。强化自身权力是一种自保行为，它虽然并不必然导致战争，但是却导致了双方或各方自我强化的恶性循环。也就是说，在各方意图不确定（不存在明显恶意）的现实下，在没有一个至上权力可以统一协调各方行为（无政府）的境况下，各方倾向于选择积累自身权力。而人是环境应对型动物，随着环境的改变，人们将相应地改变自身的应对模式。因此，走出安全困境的关键是走出无政府状态，并且尽可能创造条件，使各方意图明朗。因此，接受唐世平分析安全困境问题所得出的结论，就为后文肯定霍布斯至上权力的垄断使用提供了意义支持。正是至上权力的垄断使用，使得人们得以明确彼此意图，不再生活在相互猜疑之中，从而也就避免了主权治下的人与人之间的争斗。

本书认为霍布斯揭示了人的一类畏惧，那就是对“人对人是狼”的丛林法则的畏惧。同样的法则也存在于人类结成社会与国家后，不同群体之间的相互畏惧。而在经典的“安全困境”分析之外，我们同时可以认为洛克揭示了人类的另外一种形式的恐惧。那就是人们对于政府出现之后至上权力使用不当的畏惧。洛克时代的担心，已经从霍布斯对于丛林状态的担心中走出，转而形成了对于政府权力滥用的担心。在下文中本书将提

---

① Shiping Tang, *A Theory of Security Strategy for Our Time: Defensive Realism*, Palgrave Macmillan Press, 2010, p. 47.

② Ibid..

③ Ibid., p. 48.

出，至上权力的存在是人类走出霍布斯式战争状态的基本条件。但是至上权力的存在与处置则成为了洛克的理论针对的核心。这也是洛克唯恐他人将其视为“霍布斯主义者”的重要原因。我们这里要说的，无论是霍布斯还是洛克，他们对于政治生活的分析都可以认为是有明确针对的。这种针对均表现为一种“畏”，只是他们各自畏惧的具体对象不一样。在这个意义上，我们可以笼统地说，他们的政治哲学都是在追求一种政治安排意义上的善改进。鉴于两种不同类型的畏惧对于现代政治制度的建构具有密切的关联，本书主张将两种不同类型的畏惧结合起来考虑，并视这一结合为本书作者的一个重要理论贡献。

第二章　结束战争，构设国家

稳定的政治生活是正义得以稳定维护的前提。而政治生活要想能够得以稳定，就必须既走出霍布斯式战争状态，也走出洛克式战争状态。“权力即正义”是霍布斯意义上“自然状态”（霍布斯式战争状态）中的稳定法则，绝对权力的绝对不正义则是洛克式战争状态的罪魁祸首。人类要想走出两种不同类型的战争状态，就需要满足本书所归纳出的两个基本政治条件：“霍布斯条件”与“洛克条件”。

这两个条件分别以霍布斯和洛克来命名，这是因为，正是霍布斯和洛克典范性地为我们分别描述了这样两个基本约束。而本书首次将“霍布斯条件”与“洛克条件”作为政治生活的两个局限条件并提，只有这两个条件同时满足，我们才有可能保证实现一个既具有约束力又具有稳定性的政治生活。只有在这样的一种政治社会中，正义才有可能获得同样具有约束力与稳定性的系统解决。两个条件同时并举，将为我们勾勒出讨论人类政治生活的局限空间，并因而有望改进政治哲学讨论问题的话域。

1. “霍布斯条件”与“洛克条件”

如前所述，霍布斯认为，既然存在着人性之恶，因而人与人之间的冲突是不可避免的。我们不能够期望通过遵循合乎理性的自然法则来走出自然状态，我们需要一个凌驾于相互竞争的个体之上的绝对的权力。“在没有一个共同权力使大家慑服的时候，人们便处在所谓的战争状态之下”。[①]“这种战争是每一个人对每一个人的战争。”在战争状态之下，产业无法

① 霍布斯：《利维坦》，黎思复、黎廷弼译，商务印书馆 1996 年版，第 94 页。

稳固存在，人们被置于“暴力死亡的恐惧和危险中，人的生活孤独、贫困、卑污、残忍而短寿。”① 在没有共同权力使人畏惧的自己，人人自危，互相提防和戒备，总是生活在一种需要防备不安全状况发生的状态。

施特劳斯是这样评价霍布斯式战争状态的理论意义的：“人出于本性，先在他的幻想世界中生活，然后又在他人的看法中生活，因此，只有通过与他人的冲突，去感受那个完全预见不到的现实世界，他才能开始有现实世界的经验。他开始认识死亡——首要的、最大的、至高无上的邪恶，人类生活惟一的绝对坐标，关于现实世界的全部知识的出发点——最初只是通过暴力造成的死亡来认识的。”②

而结束这种战争状态的方案也已经由霍布斯给出，那就是诉诸一个为大家所共同认可的至上权力（sovereign power）。至上权力的存在就意味着国家的诞生。“如果要建立这样一种能抵御外来侵略和制止相互侵害的共同权力，以便保障大家能通过自己的辛劳和土地的丰产为生并生活得很满意，那就只有一条路——把大家所有的权力和力量托付给某一个人或一个能通过多数的意见把大家的意志化为一个意志的多人组成的集体……象这样统一在一个人格之中的一群人就称之为国家……这就是伟大的利维坦的诞生……这就是一大群人相互订立信约、每个人都对它的行为授权，以便使他能成为按其认为有利于大家的和平与共同防卫的方式运用全体的力量和手段的一个人格”。③在有统治的共处状况下，我们通过契约，授权权威制定法律。至于权力托付之后，公民是否仍然保留有反抗与革命的权力，这在霍布斯思想研究中是一个曲折复杂，充满争议的话题。霍布斯本人在这个话题上表现出了某种程度的含混与模糊。④

霍布斯结束战争状态的方案要求一种可以控制社会基本秩序的至上权力。人类要想真正结束霍布斯式战争状态，就要满足集中和垄断使用最低限度的至上权力这一基本条件，本书将这一条件称作“霍布斯条件”。“霍布斯条件”是人类结束自然状态，进入有秩序社会的充分必要条件。

① 霍布斯：《利维坦》，黎思复、黎廷弼译，商务印书馆 1996 年版，第 95 页。

② 施特劳斯：《霍布斯的政治哲学》，申彤译，译林出版社 2001 年版，第 26—27 页。

③ 霍布斯：《利维坦》，黎思复、黎廷弼译，商务印书馆 1996 年版，第 132 页。

④ Peter J. Steinberger, “Hobbesian Resistance”, *American Journal of Political Science*, Vol. 46, No. 4, 2002, p. 856.

霍布斯条件中的至上权力需要满足最低限度的标准，也就是说至上权力的拥有起码应当能够实现基本秩序。

需要特意指出的是，与后边的洛克条件一样，“最低限度”这一限制是由本书作者特别提出，分别给霍布斯和洛克的相关方案附加上的一个限制。因此，当本书提出“霍布斯条件”与“洛克条件”时，本书已经在霍布斯与洛克基础上进行了必要的限制。两个条件的完整含义不仅包括霍布斯与洛克分别提出的方案，而且还包括本书的谨慎限制以及本书在后文中对于两个条件相互关系的严格说明。在这个意义上，需要提醒大家的是，“霍布斯条件”与“洛克条件”是由本书作者所特意命名的两个基本概念。

在欲望与理性的关系上，霍布斯并不否认人有理性，但是霍布斯式战争状态显然是人性的自利与争斗的阴暗部分超出了理性的积极部分。这一点与柏拉图的激情—欲望—理智的三分说是紧密关联的。只要有欲望与争斗存在，走出霍布斯式战争状态就是需要有条件的。“霍布斯条件”是针对人的消极面貌而给出的。它寻求的是有效的约束力。

我们可以以霍布斯自己的话为证，来表明霍布斯条件旨在寻求有效的约束力。在《利维坦》中，霍布斯分析道：“在单纯的自然状态下，只要出现任何合理的怀疑，这契约就成为无效。但是如果在双方之上有一个共同的并具有强制履行契约的充分权利与力量时，这契约便不是无效的。这是因为，语词的约束过于软弱无力，如果没有对某种强制力量的畏惧心理存在时，就不足以束缚人们的野心、贪欲、愤怒和其他激情。在单纯的自然状态下，由于所有的人都互相平等，而且都自行判断其恐惧失约的心理是否有正当理由，这种强制性权力是不可能设想的。因此，首先践约的人便无法保证对方往后将履行契约，……但是在世俗国家中，由于建立了一种共同权力来约束在其他情形下失信的人，这种恐惧失约的心理就没有理由了。”[①]“不以强力防卫强力的信约永远是无效的，……而且也没有约束力。”[②] 人们可以因畏惧而履约，也可以因骄傲而履约。后者是可遇而不可求的，前者是真正可求得的保证。在有所顾忌的畏惧中，有畏惧鬼神而

① 霍布斯：《利维坦》，黎思复、黎廷弼译，商务印书馆1996年版，第103—104页。

② 同上书，第106页。

履约的，也有畏惧现世的惩罚而履约的。畏惧鬼神同样不可靠。对天地鬼神发誓不能增加约束力。

霍布斯认为这种至上权力的交出是一次性的，一旦交出即不得收回。所以有不少人会认为霍布斯是在为绝对君权制辩护。其实霍布斯的用意比单纯为君主权力辩护要更深远。因为至上权力的存在对外即意味着主权。而主权的存在是确保一个国家不再卷入无政府状态的必要条件。因此，至上权力对内作为合法的垄断暴力使用权结束了霍布斯式战争状态，对外作为主权使得一个国家能够成为独立的政治实体而存在。所以关于至上权力的争议应该是主权正当性的争议，这一点在当代已经有大量的讨论。

在霍布斯看来，自然状态之下的人类无正义可言。只有在霍布斯式战争状态结束，建立了国家之后，有了基本的法律保证，正义才能够真正得到保证。霍布斯在谈到自然状态的后果时讲到："这种人人相互为战的战争状态，还会产生一种结果，那便是不可能有任何事情是不公道的。是和非以及正义与不正义的观念在这儿都不能存在。没有共同权力的地方就没有法律，而没有法律的地方就无所谓不正义。"[①] "在没有国家的地方，就没有什么是不正义的。因此，正义的本质就在于遵循有效的契约；但是，契约的有效性并不是源于其他，而是源于一个足以迫使人们遵守这些契约的公共权力的建立。"[②] 而且，"正义与背义既不是心理官能，也不是体质官能。……它们属于群居的人的性质，而不是属于独处者的性质。"[③]

正义与权力的关系现在变得很明显，而且，由于至上权力的存在需要以国家的形式来表现，所以正义与国家的关系也变得紧密。"在正义与不义等名称出现以前，就必须先有某种强制的权力存在，以使人们所受惩罚比破坏信约所能期望的利益更大的恐惧来强制人们对等地履行其信约，并强制人们以对等的方式来维护通过相互约定、作为放弃普遍权利之补偿而获得的所有权。这种共同权力在国家成立以前是不存在的。"[④] 在现代世俗化社会中，真正有效的威慑力依然是合法垄断了暴力使用权的现代国家。在天地良心人神鬼当中，足可据信的惟有人。

① 霍布斯：《利维坦》，黎思复、黎廷弼译，商务印书馆 1996 年版，第 96 页。

② 同上书，第 109 页。

③ 同上书，第 96 页。

④ 同上书，第 109 页。

“霍布斯条件”意味着政府将合法地垄断暴力使用权。如考林所总结的那样：“自文艺复兴以来，社会以主权国家为中心组织了起来。主权国家内在地拥有了绝对权威。通过运用这一权威，国家可以决定谁是一个具有法定权利的人，国家赋予一个人以权利与义务，建立或终止人与人之间的法律关系，以法律规范的形式规定社会行为。法律规范将社会规范限定在一定的概念范围内。这种限定潜在地无所不包。因此最终，国家这种机关（institution）会强迫人们去遵守规范命令。国家机关的这种强制行为可以行善也可以为恶。就后者而言，人们可以被禁闭，被施以酷刑，被剥夺公民身份，被驱逐出境，被执行死刑；他们的财产可以被充公，他们赖以谋生的手段可以被终止。出版家和教师从国家角度重新定义社会事件，新的政治领袖和法律官员代替了旧的国父，他们的意图让官方政府的所有行为都正当化了。国家法律被说成是约束生活在这个国家疆域内的所有人的。尽管存在着内容上的明显不公，法律的基本内容仍然被认为是权威的。除非国家的法律制度赋予其权威，否则没有一种组织，无论是宗教组织，政党还是公司，能够建立或推行一种具有约束力的法律。国家拥有了对于暴力的垄断使用权，不经国家机关的允许，任何社会组织都不能够使用暴力。”①

“霍布斯条件”改变了人们生存博弈的基本环境。一个可以推导出并可以被我们所共同认可的假设是：人们总是通过审视不同的环境条件，对自己的行为做出相应的调整，因而环境条件的改变将意味着人类行为的相应改变。（这一表述可以说是亚里士多德“实践智慧”概念的基本含义，也是康德“实践理性”概念以及以休谟为代表的苏格兰启蒙运动所主张的“人为社会所型塑”的观念之核心。）霍布斯的“自然状态”中的人们面临着人类合作的“囚徒困境”，而“霍布斯条件”则发挥着规则约束作用，从而使得人类能够走出囚徒困境。

在本书看来，霍布斯条件只是解决了人们如何走出自然状态（即霍布斯式战争状态）的问题。而依照洛克的理论，这样的解决是存在着问题的。在自然状态（即霍布斯式战争状态）下，无明文规定的法律，无

① William E. Collin, *The Invisible Origins of Legal Positivism*, Kluwer Academic Publisher, 2001, p. 1.

公正的裁判者，也无权力来保障判决的执行。但是一切权力都是相互的，即便权力的使用是没有强制的，但是也并不是完全放任自流的。因为“人均有保护自己生命、健康、自由和财产不受侵犯的权利，若谁的权利受到侵犯，谁就有报复、惩罚和反抗他人的权利。”在洛克这里，我们不但要走出自然状态（即霍布斯式战争状态），而且还要走出洛克式战争状态。如上述定义所示，洛克保留了公民的反抗权。

之所以要保留反抗的权力，那是因为权力的不当运用将使我们处于一种战争状态。如上所述，这是一种既包括了霍布斯式战争状态也包括了洛克式战争状态的情况。洛克认为，“谁企图将另一个人置于自己的绝对权力之下，谁就同那人处于战争状态，这应被理解为对那人的生命有所企图的表示。因为，我有理由断定，凡是不经我同意将我置于其权力之下的人，在他已经得到了我以后，可以任意处置我，甚至也可以随意毁灭我。……凡是图谋奴役我的人，便使他自己同我处于战争状态”[①]。“因此凡用语言或行动表示对另一个人的生命有沉着的、确定的企图，而不是出自一时的意气用事，他就使自己与他对其宣告这种意图的人处于战争状态。”[②] 经由上文析出后，我们可以单独分析洛克所描述的这种因权力的不当运用而使人们所陷入的与政府间的紧张状态，也即单独分析“洛克式战争状态”。

在洛克自己的思想中，我们可以看到他认为存在着自然状态，也存在着自然权利。洛克自己对于自然状态的描述不同于霍布斯。洛克在其自然状态的假设中，把人们互相不能伤害，互相尊重他人权利的约束力交付给理性。在《政府论》中，洛克说：“自然状态有一种为人人所应遵守的自然法对它起支配作用；而理性，也就是自然法，教导着有意遵从理性的全人类：人们既然都是平等和独立的，任何人就不得侵害他人的生命、健康、自由或财产。”[③] 而也正是从自然法出发，洛克认为人人都保留有惩罚违反自然法的人的权利。而且这种权利在人们自愿结成政府之后将仍然被保留。本书沿着现实主义的思考线索，对于洛克以自然法来论证公民权

① 洛克：《政府论》（下篇），叶启芳、瞿菊农译，商务印书馆 1996 年版，第 13 页。

② 同上书，第 12 页。

③ 同上书，第 6 页。

利的路径抱着一种否定态度。本书并不否定洛克对于公民权利的主张，只是不认为这些主张非要由自然法来加以说明。

本书也并非不珍视洛克的这些伟大的自然权利思想，不过本书更愿意将问题做进一步的简化，把洛克对于战争状态的担心以及相应的解决方法与霍布斯的方案比照来进行研究。如果把问题放在政治哲学的大背景中来考虑，本书认为洛克其实是贡献了一个更大的问题：他希望通过对权力正当性的质疑和权力分立的安排，来真正实现政治权力结构的稳定性问题。霍布斯的约束力要依靠至上权力的强力约束，而洛克的稳定性则需要依靠人类理性对于权力分配与使用的质疑与安排。其实洛克也承认至上权力的存在是结束战争状态的良好途径，但是他也同时认为权力的让渡不能以丧失生命权为代价。这是人的自然自由，它“不受人间任何上级权力的约束，不处在人们的意志或立法权之下，只以自然法作为它的准绳。”

因是之故，本书特意强调洛克对于权力正当性的考量，并将其称为“洛克条件”。应该说，权力的正当性本身谈论的就是我们所说的政治正义的问题，它是一个政治行为体是否正义的根本评判标准，因而是政治正义的核心问题之一。

洛克式战争状态可以被看作是霍布斯式战争状态（也即霍布斯意义上的“自然状态”）结束以后，自由而理性的个人对于霍布斯条件的一个进一步的理性要求。要想结束洛克式战争状态，我们需要对霍布斯条件中的至上权力的运用进行限制。也就是说，任何权力的运用，即便是在运用霍布斯的意义上为了结束人类的自然状态而不得不交付出的权力，也都需要满足正当与合理的标准。这就是政治权力运用的正当性。相对于对于权力的正当性约束，自由而理性的个人便获得了相应的受到保护的各项权利。而只有在权力受到约束，权利得到保护之后，霍布斯条件中交付出的至上权力的运用才能够不至于被转化为个人与绝对权力之间的战争。至上权力的使用起码要满足基本的正当性要求，我们将这种基本的正当性要求称作“洛克条件”。它是结束洛克式战争状态的充分必要条件。与前述“霍布斯条件”一样，此处的“洛克条件”也增加了“最低限度”标准。两个条件中的“最低限度”标准分别是走出两种状态的起码要求。

2. 两个条件相互约束

霍布斯主张，我们要服从一个绝对的至上权力。其治下的公民不但不能够对至上权力提出异议，而且在任何情况下都不能够反抗该至上权力。他也的确主张，至上权力是不可分割，没有限制的。所以在政治理论史上，霍布斯的理论被认为是某种形式的专制主义。在这里，本书建议我们作出一个选择。我们或许应该遵循理论探讨中的“善意原则”（the principle of charity），善意地去理解霍布斯所提出的至上权力的目的或实际效用。霍布斯提出至上权力，其首要目的是结束战争状态，让人类走出“人对人是狼”的丛林世界。他的所有论证也正是服务于这一主旨。如前所述，“最低限度的至上权力”是结束霍布斯式战争状态的充分必要条件，这正是霍布斯的论证主旨所在，也是他对政治哲学的主要贡献。

依循同一原则，我们可以主张，“最低限度的正当性”要求是结束洛克式战争状态的充分必要条件，也是洛克对于政治哲学的主要贡献。

“洛克条件”是在霍布斯条件得到满足后对于我们政治生活的补充限制，它是围绕国内政治稳定性问题而提出的一个追加条件。也就是说，霍布斯条件的满足结束了霍布斯式的战争状态，赢得了政治和平。但是霍布斯条件只提供了基本的政治秩序，要想同时结束洛克式战争状态，我们就必须限制对于至上权力的使用。因为只有在洛克条件得到满足后，一个拥有至上权力的主权国家才有可能避免陷入无休止的内部纷争，从而实现国内政治的持续稳定。洛克条件意味着我们需要对权力进行分立与制衡，与分立与制衡相伴随的各种权力约束条款最终具体体现为作为公民应该享有的各项权利。

很显然，“洛克条件”的满足要以“霍布斯条件”的满足为基本前提。也就是说，“霍布斯条件”是“洛克条件”得以满足的必要条件。人类只有在结束了“自然状态”（霍布斯式战争状态）之后，才能够进一步考虑摆脱国内战争状态的问题。在洛克这里，人的欲望与争斗同样是促发洛克提出人的基本权利的原始动因。但是当洛克条件被作为一种正当性要求，尤其当正当性要求被置于合理性的省察程序中时，洛克条件具有了某种意义上的现代理性色彩。但是洛克条件仍然是现实的，它是针对现实问题而进行的考量。它与后来以康德为代表的理性主义在根本性质上是不同的。可以说，洛克条件典型地是对非正义现实的遏止条件。在政治上则表现为对绝对权力的反省与不信任。当洛克思想被美国制宪会议的代表们所阐发与采纳时，它所表现出的对于现实的审慎态度同样得到了集中体现。

洛克条件可以看作是自由而理性的个人在霍布斯式战争状态结束以后对于霍布斯条件的一个理性要求。只有在洛克条件满足以后，拥有至上权力的政府才有可能避免持续的纷争。很显然，我们主张，霍布斯条件在逻辑上在先于洛克条件。这一主张背后有着一连串的假设作为支撑。我们在这里暂时不触及这些假设。只有在霍布斯式战争状态结束以后，我们才能够着手处理结束洛克式战争状态的问题。解决前者是解决后者的一个先决条件。而在后者问题上取得进步也许更有利于为解决前者而作出的实质性努力做出辩护，甚至可以说是为前者进行辩护的必要条件。

耐人寻味的是，“霍布斯条件”是权力条件，而“洛克条件”是道义（正当性）条件。两个条件之间也是互相制约的。两个条件并举之后，政治哲学的讨论将被有趣地限定在一个相互约束的规范空间中。

任何现代型的国家都已经基本满足了霍布斯条件与洛克条件。但是国与国之间的关系仍然基本上处于无政府状态，而独立文化群体与绝对权力之间的关系由于其复杂性，至今仍在困扰着现代世界。

霍布斯条件的意义，是说国家要对内维护秩序，对外应对无政府状态的基本现实。而洛克条件的意义，则是说对内实现生活状况的改进，对外改变自身的道义环境。既然道义舆论在国际上也是存在的，一个国家也就不可避免地要应对这样一种外在环境。

目前为止，本书所讲到的“霍布斯条件”与“洛克条件”，均是分别基于霍布斯与洛克各自对于政治哲学的主要贡献，并且在加上了本书的必要限制后而得出的。在本书中，完整意义的“霍布斯条件”与“洛克条件”均应包含这两层不同含义。

关于“霍布斯条件”与“洛克条件”的相互关系，我们持有下述主张：

1. 为了走出“霍布斯式战争状态”，需要满足“最低限度的至上权力”，即“霍布斯条件”；

2. 为了走出“洛克式战争状态”，需要满足“最低限度的正当性要求”，即“洛克条件”；

3. 两个条件都有一个“最低限度”的要求；

4. “霍布斯条件”逻辑上在先于洛克条件；“洛克条件”是对霍布斯条件进一步的理性要求；

5. 两个条件是相互制约的，二者共同构成了现代政治生活的规范空间。

前两条表述是在第一部分分析基础上给出的定义。第五条表述体现了两个条件存在的必要性，但是也同时蕴涵了这样一种思想：需要对两个条件间的关系做一种审慎平衡。也就是说，我们将两个条件放在一起考量，从而要意识到：现代政治需要同时满足“至上权力”与“正当性要求”；这两个要求之间需要有一种审慎考量后的平衡。再明白一点地讲，现代政治离不开以强力做后盾，但是强力的使用需要受到限制。这种限制的极致表达就是自由至上主义者所说的“最小国家”。而第三条表述中所说的这种“最小”（最低限度）有着正反两个方面的含义，其含义与自由至上主义者的主张不尽相同：第一，起码需要有这样一种强力存在；第二，这种强力的存在越小越好。同样道理，现代政治不可能逃离“政治正当性”的考量，但是政治正当性的考量也绝非没有限度。“两个条件之间也是互相制约的。权力条件的无限满足将削减正当性，而正当性条件的无限满足也将削减权力。在约束条件既定的状态下，两个条件之间的关系是一种此消彼长的关系，但是同时也构成了一种相互约束的关系。”[①] 是强力多一点还是正当性多一点，这是一个现代国家运行所需要处理的内在问题。

第四条论述与第五条论述表面上显得相互矛盾。既然第四条表述说“霍布斯条件”在逻辑上优先于“洛克条件”，为什么第五条表述又说两个条件是相互制约的？对于这一表面上的矛盾，上述论证已经部分解释。一个补充解释是：“霍布斯条件”首先是一个政治的开端条件，其次是一个政治生活内部的调整条件。而“洛克条件”在这里则仅仅是一个政治生活内部的调整条件。当我们考虑到两个条件之间的具有相互约束的关系

① 陈德中：“霍布斯条件与洛克条件”，《哲学动态》2011年第2期，第74页。

时，我们也就把“霍布斯条件”与“洛克条件”并列，把二者共同看作是政治生活内部的调整条件。也就是说，“霍布斯条件”比“洛克条件”要更为复杂与根本，它本身具有双重性。我们在说“霍布斯条件”逻辑上优先于“洛克条件”时，其实是在政治开端的意义上表述这个问题的。

在政治哲学讨论中，对于为什么需要垄断暴力，人们的认识存在着盲点。简单来说，垄断暴力是为了以暴力手段为后盾，强制其治理之下的公民以讲理方式和平共处。也就是说，至少在人类政治生活领域，一个强制推行的讲理体系，其背后的基础是暴力垄断。这种垄断形成了主权。只有主权者才可以使用暴力，其他人只能被允许以和平方式解决相互的利益与观念冲突。在这个意义上，“霍布斯条件”意味着政治的开端。这一主张背后有着一连串的假设作为支撑。这里暂时不触及这些假设。

我把现代国家称作是“以垄断暴力为力量后盾，强制推行的说理体系”，简单说来就是“强制说理”。这种话听起来像是一种悖谬，或者像是一种讥讽，但是却的确是我们不得不认真对待的事关人类政治生活实际面貌的真理性认识。一个颇为悲壮的事实就是，生活于现代政治制度的人们，有不少的人仍在无望地多少有些错误地与这个我们人造的“利维坦”进行着抗争。当我们说他们是“无望”的或者是“多少有些错误”的时候，我们不是在批评他们抗争的权利，而是在批评他们据以为这种抗争权利辩护的理由根据。道理将通过一种迂回的方式回到对于人们权利的辩护，但是必然不是以否定这个人造制度为前提。

只有在“霍布斯式战争状态”结束以后，我们才能够着手处理结束“洛克式战争状态”的问题。解决前者是解决后者的一个先决条件。当然，在后者问题上取得进步也许更有利于为解决前者而做出的实质性努力做出辩护，甚至也可以说是为前者进行辩护的必要条件。当两个条件并列成为政治生活的内部调整条件时，二者之间仍然存在着相互约束与相互补充的关系。

政治权力在同时满足了“霍布斯条件”和“洛克条件”之后，我们便获得了韦伯对于国家的基本定义：“国家是这样一个人类团体，它在一定疆域之内（成功地）宣布了对正当使用暴力的垄断权。…… 其他机构或个人被授予使用暴力的权利，只限于国家允许的范围之内。国家被认为是暴力使用‘权’的唯一来源。”[①] 在这里，我们需要再次强调，暴力垄断以及对于所垄断暴力的正当使用，这是韦伯所定义的现代国家的两个根本支柱。

这是一种典型的现实主义的国家定义。权力和权力竞争，政治现实主义的这两个关键要素在这里都可以找到。韦伯强调，政治“意味着为分享权力或者为影响权力的分配而进行的斗争。”在这样一种现实主义的思考路径下，我们对于洛克理论的描述多少都会发生一些改变。

政治现实主义对于国家政治的含义需要有清楚的交代。我们会说美国联邦党人的政治哲学是现实主义的，或休谟政党理论是现实主义的，但是我们一直没有说在什么意义上，国内政治应该是现实主义的而不是理想主义的。

罗尔斯在其《万民法》中称其万民法构想为“现实乌托邦”（realistic utopia）：“一旦政治哲学扩展到人们一般认为是实际政治可能性之限度的时候，它便是现实的乌托邦。”[②]而如前所述，哈贝马斯在其新近文章中，通过分析人的尊严（dignity）的观念在我们政治现实中所发挥的作用，提出“理念和现实之间的这种紧张，随着人权的实定化而进入现实本身它迫使我们今天面对这样的挑战，即以现实主义的态度思考和行动，但不背弃乌托邦的追求。”[③] 两位学者讨论到乌托邦概念时，其思考背景存在着差异，但是二者却共同强调了同一个问题：要在现实的基础上讨论我们的乌托邦构想。罗尔斯强调要以乌托邦提振现实，哈贝马斯则强调要以现实主义的视角窄化乌托邦构想，以期使得乌托邦构想能够真正走进我们的现实生活中。

将霍布斯条件与洛克条件视为两个严格相互约束的条件来谈论，在理论上是为了要反对既有政治哲学谈论方法上的“独视”。如同我们的双眼相互配合扩大了我们的视阈一样，任何单眼“独视”都将损失相应的视阈。传统政治哲学把坚持霍布斯主权至上，国家优先主张的理论家或实践家称作是“霍布斯主义者”或“国家主义者”，而把坚持公民基本财产权

---

① 马克斯·韦伯：《学术与政治》，冯克利译，三联书店1998年版，第55页。

② 罗尔斯：《道德哲学史讲义》，张国清译，上海三联书店2003年版，第6页。

③ 哈贝马斯：“人的尊严的观念和现实主义的人权乌托邦”，《哲学分析》，第1卷第3期，2010年10月，第11页。

与自由权的理论家或实践家称作是“洛克主义者”或者是“公民财产权、反抗权”的主张者。历史地说，的确存在着这样的隔阂与区别。但是逻辑地说，国家主义而无视民权，必然是洛克主义者的讨伐对象，而主张财产权与反抗权至上者也的确无法解释诸如在国际无政府状态的背景下我们仍然首先需要国家存在的问题，无法解释在一些紧急状态下个人权利的暂时退隐。

在实践中，霍布斯主义者不但看到了人对人是狼的现实，而且看到了国家对国家，一种意识形态对于另外一种意识形态是狼的现实。在丛林状态没有结束之前，霍布斯主义者不相信有着天然的，由自然法所护佑的“天赋权利”。而洛克主义者也绝对不对仁慈的君主或者开明的专制抱有幻想。他们相信权力导致腐败，而绝对的权力导致绝对腐败。二者各有其“畏”，却一直以自己的畏惧为理由去忽略对方的畏惧。这就造成了一种脱节，霍布斯主义者嘲笑洛克主义者“政治不成熟”，他们其实是在说洛克主义者无视丛林法则的现实。洛克主义者视“霍布斯主义者”的标签为洪水猛兽，连洛克自己也避之唯恐不及。但是他们其实是害怕自己出让了“权力”，却成为了自己所出让的权力的牺牲品。以己之畏而忽略对方所提出的理由，这样的政治哲学谈论必然落入某种形式的唯我论。本书把两个条件并举来谈，理论上的用意就是要避免长久以来的“独视”，从而让政治哲学平和地看到它应该看到的东西，约束乃至避免不必要的遗失。

本书批评“独视”，不只是为了在关于国家理论的结果问题上主张两者的相互约束，而且是建议我们要对政治哲学的前提假设进行认真检视。

基于政治现实主义立场，本书倾向于认为洛克对于公民权利的自然法辩护是一种随附性说明。这样一种判断是对洛克的自然法思想的一种相对严厉的批评。因为在本书看来，我们完全可以从政治竞争所造成的后果来综合权衡，最后提出对于至上权力的约束要求和对公民权利的保护要求。而诉诸自然法，洛克就必将要么诉诸天然存在的道理，要么诉诸人的理性。而这两者都存在着认识上与推理上的实际困难。[①]当然，洛克诉诸自

① 参见莱登（W. v. Leyden）在为洛克《自然法论文集》所做的编选“导言”。该“导言”见 John Locke, *Essays on the Law of Nature*, Clarendon Press, 1954。

然法之困难，早在休谟那里就已经被反复批评。休谟的语言满含讥诮，但是又不失分析之严谨。麦克里兰说自然法已经被休谟嘲笑死了，说的就是在休谟《人性论》，以及在休谟《道德原则研究》中遍布正文与注释中对洛克思想的各种批评。这里面蕴涵着近代以来关于社会规范性质的一个大转变，我们在后边也将有所涉及。

霍布斯的至上权力的主张蕴涵着这样的一个假设：指导集体行为的原则不可能从个体理性直接推出。这也是本书反复强调的一个主张。霍布斯声称："万物不可自己改变自身。"[①]但是同时，他显然也意识到，人为环境所型塑，所以我们可以设计出至上权力这样的强制性制度，来改变人们的行为模式。"誓约，没有剑，就是一纸空文。根本没有力量去保护人"[②]

与霍布斯相比，洛克则倾向于认为集体行为源自个体行为，并且应该由个体理性来加以判断。集体行为的原则是否可以从个体理性直接推出，这个问题是一个普遍被传统政治哲学讨论所忽略了的问题，它构成了各种不同的契约理论的一大难题。它决定了我们的基本立场：是支持霍布斯还是支持洛克？这个难题的存在使得契约机制更多地沦为一种说明性的而不是一种辩护性的。[③] 看来洛克似乎的确忽略了这一问题，他甚至根本不认为这是一个问题。

3. 约束力与稳定性

霍布斯告诉我们，自然状态下的人们处在利己、猜疑与纷争之中，因此自然状态之下不存在着正义。在自然状态下，只有因不安全感而带来的掠夺性竞争，只有赤裸裸的以大欺小。因而只有在霍布斯条件得到满足之后，才有稳定的人类契约，才能坐下来谈论和评判人与人之间的正义的问题。

洛克敏感于至上权力的滥用，因此可以认为是在逻辑上顺着霍布斯往下说。他认为任何权力的运用都不能以绝对控制对方为前提。任何权力的

---

① Thomas Hobbes, *Leviathan*, The Penguin Group, 1985, p. 87.

② Ibid. , p. 223.

③ 陈德中："规范空间的逻辑与契约论的局限"，《甘肃行政学院学报》2009 年第 3 期。

使用都要以尊重其他人的权利为前提，否则我们即处于一种战争状态。在《政府论》中，洛克指出："人们受理性支配而生活在一起，不存在拥有对他们进行裁判的权力的人世间的共同尊长，他们正是处在自然状态中。但是，对另一个人的人身用强力或表示企图使用强力，而又不存在人世间可以向其诉请救助的共同尊长，这是战争状态。而正因为无处可以告诉，就使人有权利向一个侵犯者宣战，尽管他是社会的一分子和同是一国的臣民。"① 而为了脱离这样一种战争状态，必须满足洛克条件。也就是说，权力的使用必须满足基本的政治正当性。

霍布斯条件使得我们得以脱离自然状态，而洛克条件则使得我们脱离个人与绝对权力之间的战争状态。

自然状态下的人们同样拥有正义感。但是在自然状态下，正义感无法得到落实。因此，正如我们所观察到的那样，自然状态下无正义。鉴于自然状态是人与人之间的赤裸裸的竞争，所以在自然状态下，"权力即正义"。这一点在前述雅典人与弥罗斯人的正面交锋中得到充分体现。

因此，我们就发现，走出自然状态是正义得以落实的必要条件。自然状态下无正义，不是说在自然状态下人们就没有了是非感受。在自然状态下，人们的正义感局限于人们的自然理性判断和自然情感，正义没有可被落实的基础。而只有在一种政治制度建立之后，正义才得以可能。

正义的实现依赖于制度。这样一种看法在某种程度上会强烈冲击一些人的直觉判断，但是也被另外一些人（如休谟）所支持。如果我们说"制度之外无正义"的话，也许我们就能够更好地表达出正义对于制度的依赖性。在这里我们的确仍然需要再次强调，要区分开天然的正义感受与正义的实施保证。某种意义上说，我们关于正义问题的讨论也正是为我们天然的正义感受寻找现实条件。

正义倚赖于制度是关于正义问题讨论的一条现实主义的线索。它不同于脱离开正义得以可能的基本条件的理想讨论。后者从我们的正义直觉出发，讨论正义的性质与正义对于人们的道德要求。但是后者需要面对并且回答的一个问题仍然是，它怎样来理解和解释自然状态下非正义的易循环局面。

---

① 洛克：《政府论》（下篇），叶启芳、瞿菊农译，商务印书馆 1996 年版，第 14 页。

谈论正义问题，我们要区别我们关于正义的直觉即正义感与正义的保证与实施条件，因而还要区别关于正义的性质、关于正义的规范论证以及关于正义的制度约束。前者诉诸于人们的正义感，后者诉诸于制度。但是关于如何区别两种不同性质的讨论，长期以来缺乏一个相对明确的标准。本书在这里建议以讨论结果的约束力与稳定性来进行甄别。

霍布斯强调，至上权力旨在增强契约的约束力，他所说的约束力即一种强制性的政治义务（obligation）。本书的约束力即在此意义上来使用。而洛克的要求在政治学上通常被认为是对政治制度的正当（legitimation）要求，而满足正当性的政治才可能是长期的稳定的，因此本书从洛克条件的效用出发，称洛克条件的满足旨在解决政治稳定性（stability）问题。当然也有学者如罗尔斯会在非限定的意义上将霍布斯条件的满足也视为对于政治稳定性的一种交代。

尽管本书更倾向于选择关于正义的制度约束的探讨路径，但是本书也并不否认对于正义的性质的探讨以及对于正义的规范论证。不过在本书看来，关于正义的制度约束将需要依次满足霍布斯条件与洛克条件。它是人类结束自然状态与战争状态的两个充分必要条件。说它们是充分必要条件，是说它们是政治生活得以可能的限制性条件（condition）。而当休谟谈论正义的主观条件与客观条件时，他谈论的是正义之所以能够成为一个问题的环境条件（circumstances）。这两类条件在性质上是不同的。

满足霍布斯条件，意味着我们共同接受一个最低限度的至上权力的约束，也即意味着我们接受建立国家，并且让国家来合法垄断这样一种暴力使用权。由于暴力使用权的这样一种合法垄断和使用，一个国家的民众将受到较强的行为约束，从而使得我们走出“一切人对一切人的战争”的自然状态。这种以国家合法垄断暴力使用权为条件的制度约束将使得我们关于正义问题的处理有了可靠的约束，我们倾向于认为，这样一种解决方案具有较强的约束力。相反，如果我们在任何时候都拒绝交出一些基本权力，永远寻求通过对正义问题的实质的讨论，通过完全寄托于人的理性来寻求对于非正义问题的解决，则我们倾向于认为它将只具有较弱的约束力。

政治问题的核心是权力，因此权力将在关于政治问题的讨论中占据中心地位。但是这也并不是说政治只能是权力的相互竞争。因为权力的运用也必须满足洛克条件。霍布斯条件以一种强制的手段使得我们走出了自然状态，形成了基本的政治秩序。但是如果政治生活不能够满足洛克条件，则权力使用的正当性将受到怀疑，并因此会影响到政治秩序的稳定性。所以我们说洛克条件意味着政治的稳定性。

约束力与稳定性是我们谈论正义问题时的两个基本的评价标准。有了这样两个评价标准，才能够区分开关于正义的伦理讨论（从道德直觉上认为“权力即正义”是非正义的）与制度讨论（从政治制度的保证条件上讨论如何避免非正义问题）。也即区分开了伦理问题与政治问题。

以约束力和稳定性作为评价标准，本书认为：从制度角度来防范非正义的发生将具有较强的约束力与稳定性。而从伦理角度来探求人们心目中理想的正义标准，并把人们对于正义的追求寄托于人的理性能力这一路径将具有较弱的约束力，其稳定性也相对较差。也就是说，制度的约束是强约束，正义感的约束是弱约束。因此，制度约束有较强的稳定性，正义感的约束具有较弱的稳定性。

更为明确地说，霍布斯条件约束人们的非理性行为，改变人们行为活动的外在环境。作为一种强制约束，它将对人们的非理性自利行为构成威慑。而洛克条件则诉诸人们的理性追求，并且防止因为理性诉求的落空而造成的非理性行动。所以我们说政治路径的两个条件都把抑制恶作为基本诉求。而伦理路径则把扬善作为首要追求。

本书建议读者把约束力与稳定性当作是检验正义解决方案的基本标准。因为，本书认为，以现代国家为代表的政治制度第一次实现了对于正义问题的系统解决，这种解决在涉及人群和事情的规模上非其他解决方案可比。与其他任何方案相比，对于正义问题的制度性解决，其约束力与稳定性都要比任何其他的解决方案更强。

约束力与稳定性标准把对非正义状态的结束收敛于霍布斯条件与洛克条件的满足，也就是说收敛于现代国家这种形式。这一收敛过程不但排除了我们对于自然正义的优先性期望，而且还部分排除了对于演进秩序所承诺的和谐状态的期望。后者是说，有一种观点会认为，人类可以通过理性的运用，自发地演进出自主秩序，实现对于非正义问题的矫正。本书并不排除演进秩序处理正义问题的这种现实的可能，但是会认为它无论在约束力还是在稳定性上都远不及现代国家这种形式。假如这一观点成立，我们也就能够解释，为什么在现代社会中，对于社会非正义的遏止越来越强地收敛于现代国家这种形式。也就是可以解释人类的政治生活何以收敛于“国家”这种特殊的形态。

第三章 国家观念厚与薄

满足了“霍布斯条件”与“洛克条件”之后，一个正常的现代国家就产生了。当我们从“霍布斯条件”入手，来讨论现代国家应该满足的基本要求时，我们就已经对于以洛克理论为基础的自由主义政治观念提出了批评。这种批评背后的基础是政治的现实主义，也就是主张和承认围绕权力而展开的人类活动是人类政治活动的核心。但是本书的这种主张同时也是对于强现实主义主张的一种矫正。因为，在本书看来，人类的理性评价活动，人类的财产权追求，人类为了维护个人的尊严而展开的抗争，乃至人类的信仰与旨趣，所有这些因素都将以不同的形式，或曲折或直接地卷入到人类政治活动中来，这些主观因素与时机、运气、技术、科学等客观因素一起，共同参与到了塑造人类政治生活与政治制度的进程中来。尽管如此，说到政治，权力与权力竞争仍然是其核心的、显明的表现形式。

同样，当一个正常的现代国家产生之后，我们人类似乎也并没有理由停留在这样一种近代以来形成的国家观念层面。人类政治不会驻足停留于某一特殊时刻，完美成型，不再发展。历史将终结于某一特殊形态或某一特殊时刻，这样一种福山式思维其实是一种不严肃的噱头，与严肃的政治哲学反思无关。关于现代国家，我们既要认真反思其成型的基本约束条件，也要进一步反思其可被人们期望和实现的更高形态。现代的人们对于国家自然有着更高的期望，现代国家的功能与形态也的确是在向着更加复杂与不断完善的方向在发展。

1. 关于国家的薄观念与厚观念

在“霍布斯条件”与“洛克条件”同时得到满足后，我们获得了韦伯对于现代国家的基本定义：在一定疆域内正当地垄断了暴力使用权。我们将这样一个国家定义称作关于国家的薄观念。

霍夫曼提出，韦伯所定义的当然是现代国家而非前现代国家。前现代国家与现代国家有别，它缺少诸多功能：公私不分明，缺少至上权力（sovereign power），这些政体不能为其臣民提供普遍保护，它们常以世袭为基础，缺少官僚机构，缺少去人格化的规章，管理臣民与征税方面的能力有限。[①]很显然，前现代国家更多的是一种松散的社会联合体，在很多时候表现为一种自发的演进秩序。

本书提出霍布斯条件与洛克条件，并且认为在这两个条件的相互约束之下，现代国家的基本形态得以构成。在本书看来，现代国家在满足了这两个基本条件之后，逐步演化为人类政治的普遍形态。也就是说，传统的自然秩序即便依然存在，却在稳定性与约束力上远逊色于现代国家。因此，现代人类的政治生活趋向收敛于“国家”这种特殊的政治形态。如一些研究者所指出的那样，这样收敛后的现代国家，起码首先应该满足如下三个标准：足够统一、足够强大、足够规范。

但是本书只是认为这种收敛是一种可能性，却并不认为这种趋势是必然的。即便是在后文中，当我们把这两个条件分别用于“全球正义”问题的讨论与国际无政府状态的讨论时，本书也仍然认为它们是为这些问题寻找出路时的限制性条件。也就是说，它们限制了这些问题的解决可能，但是并没有为这些问题提供解决保证。换句话说，本书在考察这两个条件与我们政治生活的关系时，假设这些条件只是我们的偶然发现，但是却并不假设政治发展存在着“非如此不可”的必然规律。

即便如此，我们仍然可以作出较强的断言，认为现代国家是满足了“霍布斯条件”与“洛克条件”之后的特殊的政治形态。国家成为了分配社会善的特殊的封闭单位，并且进而构成了当代全球政治的基本单元。

与关于国家的薄版本观念相比较，有两个主张将促成我们形成关于国家的厚版本观念。第一个主张就是我们前边所讨论的“最低限度的正当性要求”是结束“洛克式战争状态”的充分必要条件。而第二个主张则由当代英国哲学家B·威廉姆斯所提出。他主张：政治正当性是分级的。

① John Hoffman, *Beyond the State*, Polity Press, 1995, p. 4.

“我们可以接受支持正当性是分级的这样一种主张。在正当/不正当之间做出截然二分，这是一种人为的划分，只能服务于特定的目的。”①

威廉姆斯以对理性主义，尤其是对康德哲学的批评而著称。他是当代政治现实主义的一个关键人物，也是以赛亚·伯林的忠实朋友。他强调说，在政治哲学中，我们必须考虑具体的历史环境，而不是普遍不变的法则。因而他主张，政治的首要问题，用霍布斯式的术语来说，就是保证秩序，保障公民的安全、信用与合作的环境。解决这一问题是解决所有其他问题的前提条件。“国家解决首要问题是正当性的一个必要条件，但是并不能够进而说它是一个充分条件。”②

威廉姆斯相信，围绕这一问题而展开的争论事关自由主义的“基础”。在威廉姆斯看来，首要问题的解决在特定时期受限于特定的历史环境，在不同时代有着不止一套的解决首要问题的政治安排。所以他批评那种认为我们能够一劳永逸地解决政治正当性问题的主张。结束霍布斯式战争状态或许为我们提供了一种形式的政治正当性，我们也可以获得一种洛克式的政治正当性。但是我们并不能够说哪一个是一劳永逸的答案。正当性是分级的，它依赖于不同的历史环境。

可以看到，威廉姆斯在这里提出了两个问题：第一，政治的首要问题是霍布斯问题。这一问题是政治需要反复回答的基本问题。第二，政治正当性是分级的。认为一个政治统治要么是正当的要么是不正当的，这种简单的二分只适用于一些特殊情况。这两个观点对传统自由主义理论基础提出了批评。第一种批评是，政治关心的是现实的冲突与人的基本安全问题，而不是自由主义所赖以论证其政治正当性的自主性等抽象概念。第二种批评是，政治正当性的评价标准内嵌于特定的历史环境中，不存在一个超越时空的无差异的绝对标准。

现在我们或许可以进一步解释，为什么我们前边称结束洛克式战争状态只是满足了“最低限度的正当性要求”。我们可以“在一个国家满足了基本的正当性（BLD）与这个国家具有更多的政治美德（例如，作为一

---

① B. Williams, *In the Beginning was the Deed*, Princeton University Press, 2005, p. 10.

② Ibid..

个自由主义国家）之间作出区分。”① 在威廉姆斯看来，存在着具有正当性的非自由主义国家，尽管我们仍可以设想具有更多美德的政治国家。

考虑到洛克对于自然法，尤其是对于理性在我们政治生活中的作用的强调，我们或许可以假设“最低限度的正当性要求”满足的只是“基本合理的正当性要求”（the rationally basic legitimation demand）。这里，我们把“合理性”视为评价我们政治生活的关键标准。在政治哲学讨论中，它也的确是一个关键标准。那么我们就可以继续追问，满足“充分合理的正当性要求”（the rationally sufficient legitimation demand）的政治生活又当如何？从基本正当到充分正当的考量正是威廉姆斯所主张的。② 威廉姆斯相信，“在正当/不正当之间作出截然二分”，是对正当性的一种贫乏解释。它不能够说明，为什么、什么时候、由谁“来接受或拒绝”这样一种正当性。

如果我们可以基于“基本合理的正当性要求”，进而进一步追问“充分合理的正当性要求”，那么我们就可以对一个现代国家提出更多要求了。当我们说一个国家满足了“基本合理的正当性要求”时，我们是在说，这个国家仅仅是结束了霍布斯式战争状态与洛克式战争状态。而当我们谈论一个国家满足“充分合理的正当性要求”时，我们的要求就远比这些要多。前者仅仅是一个消极国家，符合于自由至上主义者所期望的那样一种国家形态，也即“最低限度的国家”（the“minimum state”）。而后者则对国家提出更多的德性要求，更多的功能要求。后者是一种积极主动型的国家。用现代术语来讲，我们可以称其为“成功国家”。

一种政治制度是否正义，这是一个质的判断。一个完全合乎正义的制度是一种理想，在现实中并不能够得以体现。现实的制度是各种利益的综合，这种制度的正义与否是不同利益集团综合评价的结果。既然众口难调，不同的利益集团存在着对于制度的不同评价，并且不同的利益集团之间存在着利益冲突，那么对于一个制度是否正义的评价就表现为量的差

---

① B. Williams, *In the Beginning was the Deed*, Princeton University Press, 2005, p. 11.

② 威廉姆斯认为“正当性是分级的”。这样一种论断蕴涵了“基本合理的正当性要求”和“充分合理的正当性要求”这样一种区分。而在这样一种区分中，合理性被析分出来，出现了“基本合理”与“充分合理”的概念。正是基于这样的不断析分，本书作者开始追问这种颇具哲学反思特征的“合理性”概念。

异。有的制度相对符合正义直观和正义原则，有些制度则相对并不那么合乎正义。而稳定性是指，在满足一定的制度条件与心理条件之后，维护一种道德或制度的力量足以大过破坏它的力量，从而使得这种道德或政治制度得以相对持续。在罗尔斯看来，“秩序良好的社会是稳定的，……公民对他们社会的基本结构感到满意。”

既然洛克条件的满足需要以霍布斯条件的满足作为前提，那么我们就可以说，政治的稳定性问题永远需要以政治的约束力作为前提。洛克条件是一种底线条件。它可以以我们对于政治秩序的合理性质疑的方式来达到。满足这样一种底线条件的政治秩序，我们可以说它是一种基本合理的政治秩序。但是我们同样可以沿着对政治秩序的这样一种合理性要求继续往下追问。有些政治秩序的确会比另外的一些政治秩序能够更好地满足人们的合理性要求，我们可以称这样一种政治秩序为“充分合理的政治秩序”。假如我们说政治秩序的合理性就是政治学与政治哲学所说的政治正当性的话，则政治秩序的正当性就是分级的，因而政治的稳定性也就是分级的。“充分合理的政治秩序”原则上应该有着最强的稳定性。但是我们也同样知道，稳定性永远都是相对的。不存在一种万世永存的政治秩序。究其原因，恐怕仍需要回到人类价值的多元性这一点上。因为价值是多元的，因而政治是权宜之计。任何的合理性都将是针对现有不同利益集团的利益诉求的相对合理的解决。

如果我们接受上述政治正当性分级的观念，我们就可以在“最低限度的正当性要求”即“洛克条件”与满足了较高程度正当性要求的政治制度之间做出区分。这样，我们的政治哲学讨论就可以有了从讨论满足“基本合理的正当性”要求到讨论满足“充分合理的政治正当性”要求的不同可能性。因而也就可以把政治哲学的讨论目标进一步限定为：探讨从竞争行为秩序化，到竞争秩序复杂化过程（最起码）所需要具备的必要条件，并且探讨是否（有可能）存在导致这种改进的充分条件。这样，我们也就为一个更加正义的社会的可能性讨论预留了空间。

到目前为止，我们获得了讨论政治权力的两个不同的规范空间。霍布斯条件与洛克条件一起构成了第一个规范空间，而“基本合理的正当性要求”与“充分合理的正当性要求”一起构成了第二个规范空间。我们之所以称其为规范空间，是因为它们决定了我们可以推导出什么样的结论，我们又必须拒绝什么样的结论。

迄今为止，国家间的政治却仍然体现为权力政治，不同的国家仍然在为权力而斗争。政治上的无政府状态，无论是发生在国内，还是发生在国际，都会使我们感到焦虑。霸权稳定理论［该理论最早由罗伯特·基欧汉所提出[①]，通常可细分为以奥根斯基（A. F. K. Organsky）为代表的权力转移理论，以莫德尔斯基为代表的长周期理论以及以华勒斯坦为代表的世界体系理论］表明，当一至两个国家居于世界权力的支配地位，或者说是居于霸权地位时，国际体系将有望保持稳定。假如该理论正确，那么当代国际体系就应该是相对稳定的，因为有美国霸权的存在。相对于这一相对稳定的国际体系，一国之内的无政府状态也就成为了我们这个时代重要的安全挑战。前美国国防部长盖茨就认为："在未来的数十年间，对于美国安全的最致命威胁——因恐怖袭击而导致整个城市受到污染或化为瓦砾——有可能来自于那些不能够充分自我管理，不能够充分保障其疆土安全的国家。从许多方面来看，如何应对这些破碎国家或失败国家，这将成为我们这个时代最重要的安全挑战。"[②]

失败国家的概念已经在当代政治理论中得到广泛讨论。从2005年起，美国智库和平基金会与《外交政策》杂志就开始联手，每年发表一份"失败国家指数"报告。尽管围绕"失败国家"这一概念尚存在着大量的争议，但是我们仍然可以说，当一个国家"在一定疆域内成功地垄断了暴力使用权"之后，它就已经是一个正常的，尽管还并非是一个积极的现代国家。而当这一基本功能丧失之后，国家存在本身就成了疑问。

失败国家，就是不能够正常地履行其主权功能，对内既不能保证基本秩序，也不能有效征税，不能为其公民提供正常的安全保护，更不能积极地动员其公民发挥其创造力。不但它自己不能够有效行使这些功能，即便外界力量介入，仍然不能够有效地激发相应功能。

失败国家被细分为诸项基本指标，不同国家在不同指标上的得分是不断变化的。但是作为失败国家划分指标的背后支撑，就是韦伯所说的现代

① 参见 Robert Gilpin, "The Richness of the Tradition of Political Realism", in Robert Keohane ed., *Neorealism and Its Critics*, Columbia University Press, 1986, p. 86。

② Robert M. Gates, "Helping Others Defend Themselves", *Foreign Affairs*, May/June, 2010.

国家基本功能。失败国家由于不能够有效地行使管理功能，使得失败国家所存在的地区，海盗猖獗，恐怖主义盛行，国内混战，经济状况长期恶化，其他不同形式的犯罪如种族屠杀、吸毒贩毒、买卖妇女儿童等经常化，因而如盖茨所说，对地区安全构成了威胁。最为直接的，当索马里海盗盛行时，海上石油运输线路不畅，国际油价应声而涨。

失败国家是指自身缺少基本的管理能力和发展能力，尤其是长期缺乏自我调节能力的国家。这样的国家或者长期停滞不前，没有任何发展的希望，或者甚至长期处于内部变乱状态，尽管外界承认了其作为一个主权国家的存在，但是其行事主权的能力基本丧失，并且没有任何走出这种虚弱状态的迹象或希望。而且，不但这些国家自身缺乏主动调整能力，即便外界某种程度的干预，也仍然不能让人看到改善的迹象。与失败国家相反，一个正常的“成功国家”应该具备韦伯国家定义中的上述基本功能。而一个饱满的“成功国家”则成功地发展出了自我创新能力，不但自身发展充满了动力和延续性，而且能够成功地带领其他国家持续发展。

失败国家意味着其上述基本功能的丧失。但是我们并不能够直接推导说，满足了上述基本功能就意味着是一个成功国家。基本功能的满足仅仅意味着它是一个正常国家。失败国家意味着，这个国家已经不能够对其国内事务进行有效控制，不但其自身不能够进行有效控制，而且即便是有了外在的支持，它仍然不能够行使有效的控制。尽管它仍被承认是一个主权国家，但是它自身却不能够正常地运转。它已经丧失了作为主权国家的基本功能，即便是借助于外在干预仍不能够恢复这样的功能。而一个成功国家则意味着这个国家不仅能够行使韦伯意义上的各项功能，而且具有进一步的创新能力。一个成功国家不仅自身能够持续活跃地发展，而且能够带领其他国家持续发展。所以一个成功国家起码应该包括如下三项明显的功能：保护其公民安全的能力，强大的征税能力以及动员其社会创新的能力。

一个国家的失败必然至少意味着至上权力的功能丧失。也就是说，它意味着甚至连本书所总结的霍布斯条件也已经无法得到满足。而一个国家的成功，必然包括洛克条件的满足，但并不限于洛克条件的满足。也就是说，一个积极作为的成功国家还有更多的考量目标。当本书这样重新表述这两个条件时，其实是部分地在为霍布斯条件需要优先于洛克条件得到满足进行辩护。很显然，本书强调霍布斯条件之于洛克条件的优先性，这一点并不意味着霍布斯条件是可以独立地、无节制地发挥作用的。因为我们同时强调，两个条件是相互约束的，一个条件的过度满足必然意味着另外一个条件的相应削减，我们需要在两个条件的满足之间寻找一种合适的平衡。

上述分析与政治生活的主权维度密切关联。至上权力，一国疆域之内的最高权力被定义为一个国家的主权。博丹认为，君主具有颁行法律的至上权力。霍布斯进一步提出，君主不但具有颁行法律的至上权力，这种权力不可分割、没有限制，而且创造了至上权力。至上权力在一国之内行使，但是也牵涉到其他国家。至上权力的存在依赖于其他国家的承认。后者与民族认同（national identity）概念密切关联。当一国遇到他国的军事威胁或霸权威胁时，这个国家的民族认同将得到强化。外在威胁的存在使得民族归属感变得清晰。

主权国家在特定疆域内拥有有效和独立的政府，该政府有能力保护其公民的利益。独立主权的存在造就了国际关系的基本状况：无政府。它意味着不存在一个超越于国家之上的行为体来指导他们之间的交往。因此，国内的秩序化与国际的无政府状态就构成了现代政治权力的基本样态。

在当代世界，现代国家的存在被认为是保障一国公民安全与福祉的最为有效和最为经济的途径。在可预见的将来，它将继续作为组成国际社会的基本单元而存在。不同国家之间的边界不仅不能够自由穿越，而且还在继续以这样或那样的方式被强化和保护。完全开放的自由边界仍遥不可及。而这也就自然地向我们提出了一系列问题：国家何以得以作为分配社会善的封闭单位而存在？突破国家边界的全球正义是否可能？维特根斯坦曾经说过："（让我们感到）神秘的并非世界是这样，而是它居然是这样。"［Not how the world is, is the mystical, but that it is.（TLP, 6.44）］而这也正是我们对权力世界存在状况的惊讶之处。

2. 权力分配的垂直维度

本书已经论证，存在着厚与薄的两种不同的国家观念。因此，民族国家或者说主权国家依然是构成国际社会的基本单位。但是到目前为止，我们都是内在地假定不同的主权国家是一律平等的。而这就忽略掉了一个关键性的基本事实：在一个等级分层的世界体系中，不同国家事实上是不平等的。因此，我们就需要一个更为复杂的概念框架，来解释在一个世界等级体系中国家是怎样运行的，这种外在力量如何限制了主权。这样一种概念框架不可避免地要牵涉到民族身份、主权与人权、主权与自主性以及地缘政治等概念。在这里，我们需要先简要介绍一下霸权稳定理论，这一理论提供了关于世界等级体系的系统分析。然后，我们将分析该理论所呈现出的权力结构图景与我们前边所论证的国家权力理论之间的矛盾冲突。相应地，我们需要在这一新的图景之下重新思考主权与自主性等概念。

霸权稳定理论这一概念最早由罗伯特·基欧汉提出。它通常可以被划分为 A. F. K. 奥根斯基的权力转移理论，莫德尔斯基的长周期理论与华勒斯坦的世界体系理论。该理论主张，当一个国家成为主导性的世界权力，或者说成为霸主之后，国际体系趋向稳定。当霸主通过外交、强制或说服等手段来行事其领导权时，它事实上是在展示其“权力优势”。这被称作霸权，它是指一个国家能够独立地主导规则，安排国际政治与经济关系。假如该理论正确，那么当前的国际体系就是相对稳定的，因为有美国霸权的存在。这一点也被 W. J. 梅奥称作“美国治下的和平（*Pax Americana*）”。

世界体系理论是由华勒斯坦在 1970 年代和 1980 年代系统阐发的。该理论强调用世界体系而不是用民族国家来作为社会分析的基本单位。华勒斯坦的世界体系是指国际劳动分工，在这一分工中，世界被区分为核心国家、半边缘国家与边缘国家。核心国家的主导地位持续被强化。这是因为核心国家控制着高新技术，提供资本密集型产品，而世界其他地方则只能够致力于提供技术含量低，劳动密集型产品或提供原材料。不过，世界体系被认为是动态的，单个国家在不同时代可能拥有或脱离核心（边缘、半边缘）地位。因此，在不同时代，世界是由不同的霸权国所主导的。

华勒斯坦还在政治与地缘政治之间做出了区分。根据他的看法：“政治是关于既存现状的。地缘政治则是一种结构约束，它决定着国际体系中主要玩家长期政治经济利益的相互作用。”[①] 依照他的分析：“美国可能会

① Immanuel Wallerstein, “Northeast Asia and the World - System”, *Korean Journal of Defense Analysis*, 2007, p. 7.

发现东北亚会欢迎美国的加入，只要它能够作为一个相当正直的新伙伴，而欧洲则不大情愿美国的介入，尽管存在着口头的和长期的历史联系。”①

莫德尔斯基的长周期理论②包括下述假设：“1. 世界政体需要领导者；2. 领导者自全球性的战争中产生，而毫无例外地，其挑战者在与其对抗中失败。过去的领导者通常为其伙伴或同盟者所取代；3. 世界领导者要求海上权力；4. 国际政治的演进呈现出循环模式，期间，领导力量对于国际体系的支配地位通常会持续 100 到 120 年。”③ 和华勒斯坦的世界体系理论一样，莫德尔斯基的长周期理论在20 世纪 90 年代也得到了中国学者的广泛关注和深入讨论。其中，以时殷弘为代表的学者对于莫德尔斯基的长周期理论另有一些精彩的概括与总结，由此引发的这场讨论对于中国外交政策的选择产生了深远影响。

奥根斯基的权力转移理论主张国际政治是一个等级体系，不同的国家分属四个不同的权力等级：一个主导国，数个大国，数个中等国家和其他一些小国。当主导国家或者说霸权国家崛起时，他们会运用他们的权力来创造一套政治经济结构与行为规范，这些行为将提高权力体系的稳定性并且加固其自身的安全。由于这些国家热衷于维持国际体系的现状，所以它们被奥根斯基与库格拉（J. Kugler）称作“现状国家”。而挑战者被称作“修正国家”。当修正国家的国家权力崛起时，他们会对他们在既有体系中的现有位置感到不满。当既有体系的金字塔受到崛起国的挑战时，由于权力转移的需要，战争就极为容易发生。权力转移理论旨在探究导致战争循环发生的条件，以及权力转移如何影响战争的发生。

目前为止，我只是客观地介绍霸权稳定理论的各种分支学说。这些理论在国际关系研究中是极为成熟的理论，对于这些理论本书并无任何贡献可言。不过导入这些理论，将不可避免地使得我们的讨论更加精细、深入与复杂。

---

① Immanuel Wallerstein, “Northeast Asia and the World - System”, *Korean Journal of Defense Analysis*, 2007, p. 21.

② George Modelski, *Long Cycles in World Politics*, University of Washington Press, 1987.

③ Cui Jian - Shu, Cyclical Logic in the Transition of Hegemony: Modelski's Long Cycle Theory in International Relations and its Weakness, *Journal of World Economics and Politics*, No. 12, 2007, pp. 24 - 32.

在《政治现实主义》一书中，本人的研究只是在传统政治哲学研究之外又提供了一套新的国家学说。尽管有价值竞争收敛于权力竞争、“霍布斯条件”与“洛克条件”，“基本合理的正当性”与“充分合理的正当性”，关于国家的薄概念与厚概念这样的理论新贡献产生，不过本书认识到自己当时的理论提供的仅仅是一个平面的、静态的、封闭的权力分析模式。本书现在的一个理论冲动就是：可否以及如何立体地、动态地、开放地分析人类政治权力？

目前的霸权稳定理论可以说是提供了一个实现这种理论理想的合适工具。本书努力的重点并不在霸权稳定理论在传统国际关系研究上的适用性与科学性上，而是在这样一种理论图景能够为我们理解传统政治哲学概念如主权、自主性、民族认同、人权、国家作为社会善分配的封闭单位等等提供什么样的一种可能上。

当我们用主权概念或价值多元理论来讨论不同的权力单元时，我们假定不同的权力单位是平等的和相互独立的。汉斯·摩根索就认为主权即意味着平等与全体一致。[①] 主权总是意味着领土完整，国境不可侵犯，国家具有至上权力，在其管辖范围内，国家是最高立法权威。但是主权是一个很脆弱的概念，它依赖于诸多基本假设。当我们在国际权力体系的背景下同样来讨论这些不同的权力单位时，我们会发现，根据霸权稳定理论，这些不同的权力单位呈现出垂直分配与垂直分层的特点。这与它们在平面静态的政治现实主义国家理论背景下所呈现出的特点大为不同。

因此，在分析权力的分配时，我们获得了两个不同的维度。一个是平面配置维度，另一个是垂直配置维度。前者视不同权力为平等单位，它主张国家主权平等和一国一票。在这样一个平面维度上，不同的权力单位平等地进行竞争与冲突。而后者主张不同的权力单位在国际权力金字塔的垂直体系中处于不同的位置。这意味着，不同的权力单位依照其在权力阶梯中的坐落位置有其不同的相应权重。不同国家之间的主权平等在现实政治的世界中只不过是一个美好的构想。

这种看法主张主权就是权力的配置，它倾向于怀疑和挑战传统的主权概念。1992 年，当时的联合国秘书长加利在其安理会报告中就认为，尽

---

① Hans Morgenthau, *Politics Among Nations*, McGraw - Hill, 1985, p. 331.

管“尊敬（国家）基本的主权和领土完整对于共同的国际进步至为关键。不过绝对的与排他性主权的时代已经一去不复返了；那样一种理论从来都与现实不符。”① 在当今时代，构成主权的主要要素——内部权威、边境控制、政策自主与非干预——已经遇到了前所未有的挑战。美国学者J·杰克逊也警告说，大规模杀伤性武器、种族屠杀、失败国家、流氓国家，凡此种种问题的出现与发生让传统的主权学说面临着重大的概念问题。

国际无政府假设可以说是现实主义思想之基础，这种情况导致了不同国家间普遍面临着安全困境的困扰。新现实主义的制度主义与建构主义都承认广泛存在着的无政府状态是世界政治的基本状况。不过正如我们已经看到的那样，在霸权稳定理论看来，“在国际体系内总是存在着不同形态的等级体系，如帝国、保护国、势力范围、依赖国等等，在这些关系中，次一级政体的主权部分或全部被割让给了主导国。”②完全主权存在于完美的理论构想中。在霸权稳定理论所揭示的现实政治中，只有霸权体系的主导国能够实现完全主权，而处于等级体系中的其他国家将在不同程度上分享并不完全的主权。而且，尽管这样一种等级结构通常被批评为帝国主义或新帝国主义，但是它仍然具有其自身的正当性。尽管这种正当性已经有些支离破碎。雷克论证说，主导国权威的正当性“依赖于为其附属国提供稳定的社会秩序。”③ 按照本书的研究逻辑，一个现实稳定的霸权结构仍然依赖于它在多大程度上满足霍布斯条件与洛克条件。尽管我们发现现实中的国际政治还远远没有能够满足这两个条件，但是凡是稳定的权力等级体系，都在逻辑上部分地满足了我们所说的这两个要件。

当代国际关系中以一个霸权国主导或者以两个霸权国对峙为主导的霸权体系被认为是国家体系的一种替代版本。它部分地实现了稳定功能，并且部分地实现了道义要求，但是无论从稳定性还是从持续性上来看，它都没有能够完全实现自己所说的两个条件，因而仅仅是一种变动过程中的替代版本。

国家政治成功实现了对于暴力使用权的垄断，满足了霍布斯条件。而

① Robert H Jackson, *Sovereignty: Evolution of An Idea*, Polity Press, 2007, p. 787.

② David A Lake, "Escape from the State of Nature: Authority and Hierarchy in World Politics", *International Security*, Vol. 32, No. 1, Summer, 2007, p. 48.

③ Ibid., p. 49.

国际政治是在暴力使用权没有能够成功实现垄断之前的政治状态。在这种状态中，一个稳定的霸权体系是霍布斯条件的一种现实变体形式。由于无政府状态的存在，当不同国家之间的相对力量对比发生变化时，国际政治中的霸权体系将被打破，冲突将发生。

而洛克条件的现实变体则是一系列机制、条约和国际制度框架。但是不管是霍布斯条件的变体还是洛克条件的变体，都是一种稳定性和约束力很差的形式。因此每当新的变量出现，国际政治就会重新陷入争斗。国际政治因此将会是相对稳定与长期纷争的一种交替轮换。为讨论方便，我们不妨把霍布斯条件的变体称作满足了“准霍布斯条件”（Quasi Hobbes Condition)，同时把洛克条件的变体称作满足了“准洛克条件”（Quasi Locke Condition)。

当然，本书是选择性地讨论了以一个霸权国主导或者以两个霸权国对峙为主导的霸权体系。阅读者当然有理由质疑，为什么不讨论多极体系乃至国家间基本势均力敌的情况？这里的一个回应是，我们不是不讨论多极竞争，而是认为多极竞争是标准的国家间战争状态。而我们的理论旨趣在报告的前半部分已经有所体现，那就是讨论结束国家间战争状态的可能条件。本书尽管是从接受霸权体系的既存现状出发来讨论这种可能性的，但是目的仍然是要检验与推论结束国家间战争状态是否同样要接受霍布斯条件与洛克条件。

至此我们发现，传统的政治现实主义理论只为我们提供了既有国际关系的一般地形图，而霸权稳定理论则进一步告诉我们国际权力的地势分布图。因此，如果我们想就某一特定的权力单位作出预测，评估其未来的可能走势与可能选择时，我们就需要知道它在某一特定权力结构中的位置分布，以及它相对于该权力结构的力量变化，也就是需要知道关于该权力单位的新变量。寻求新变量的努力可以认为是追寻国际关系的动力。

本书在构想政治现实主义的一般图景时，就已经对该图景的平面与静态特点感到担忧。它只告诉了我们权力单位之间的地形分布，而没有告诉我们它们之间存在着地势落差。现在当我们不但考虑权力单位的地图地形，而且考虑权力单位的地势落差，并且进一步考虑处于一定权力体系中的不同权力单位的动力改变，则我们所描绘出的权力单位体系将有望呈现为一个完整的图景。如前所述，任一权力单位的政策选择都是敏感于具体的坐落环境的。“人为环境所型塑”，同样，一个国家也为环境所型塑。理解一个国家的历史环境与地理环境，将有利于充分理解约束这个国家的选择变量。而理解一个国家的内在变化，则有利于理解这个国家的未来走向。

3. 主权与自主

反省国际关系的理论与实践，我们会发觉我们的政策选择基于我们对于国际关系情况的基本判断。我们不会从某个抽象的概念出发来作出我们的政策选择，而是从对国际关系的各种现实与理论可能的判断中综合得出。

国际关系理论认为世界是一个纵向分布的权力等级体系，霸权稳定理论从各个不同方面向我们细致描述了这一等级体系的权力分配方式以及随着力量的改变而产生的权力转移方式。随着对于权力分析的纵向化，我们发现原有的政治现实主义基本概念面临着重大挑战。比如国家的主权与自主概念，在这一新的分析框架中就面临着困难。而这样的困难不是以传统自由主义的方式提出的。自由主义传统上从人权与公民同意的角度来阐释主权与国家的自主政治行为，其典型主张就是：政府是公民同意的结果，人权高于主权。

本书的这一分析直接危及的是国家政治的主权与自主性观念。在一个充分的权力等级结构中，只有主导国自身才有可能实现完全的主权与自主。而处于权力结构中间的阶层国，其主权与政治自主性都将依照其本身在权力等级结构中的相对位置而发生着变化。也就是说，当我们把国家利益等作为我们外交政策的基本考虑时，又当我们充分认识到了国际权力等级的面貌、性质与规律之后，我们的政策选择不可避免地是利益目标最优化，但是同时伴随着主权与自主等传统政治价值的损失、妥协与放弃。近代以来民族独立运动时期，各民族独立国内部对于本国外交上的各种妥协都有着不同程度的反弹，甚至引起了后来影响深远的国内运动，如朝鲜半岛的三一运动，中国的五四运动。我们所描述的现象与这些实践中的矛盾冲突相契合。这就把我们引向了一系列新的问题领域：主权与国家利益的关系、妥协与自主、政治家的折中判断与民众的民族自主意识、政治道德与私人道德等等。

在我们这个时代，几乎所有的国家都需要既竞争又合作，所以看起来对冲战略几乎是绝大部分国家的最佳选择。我们相信政治现实主义对于政治现实的敏感，所以我们知道不同的国家为了自身的利益而相互竞争。但是也正是因为我们生活在现实生活中，我们会发现，出于同样的理由，同样是为了国家利益，我们需要紧密合作。当传统现实主义只强调国家之间的权力竞争时，对冲战略则同时提醒我们需要合作。在这个意义上，我们可以认为对冲战略是对传统现实主义的一个改进性选择。由于它同时既强调竞争，又关注合作，所以我们也可以说它是对传统现实主义与传统自由主义的一个折中与妥协。在这样一个新的关注点上，我们得以更多地让我们的理论贴近国家政治生活的现实。

主权概念自出现起就存在着几种不同的论证路线。在主权概念出现的早期，人们倾向于诉诸自然法、神圣法权与世袭继承。到了该概念的中期，人们则倾向于诉诸法律体系或“人民”观念。前者开启了对于主权观念的实证法论证，后者则开启了人民主权学说。人民主权学说可以说是自然法学说的一个变体。自然法的道德理论认为支配人的道德律源于人或世界的本性，而自然法的法律理论则认为道德决定了法律规范的权威。也就是说，在自然法传统中，法律与政治的规范权威来源于道德的权威。实证法则反对这样一种预设。根据本书对于社会规范的规范性问题的考察，在人类社会实践中，社会规范的规范性自身与这些规范所隶属的领域本身的特性密切相关。而任一实践领域本身都具有一种自主特性，这种自主特性决定了这些领域有着独立的研究对象，对于这些领域的研究有着独立的概念范畴，这些概念范畴需要独立地、自足地加以说明。主张实践哲学的自主性，就会反对自然法的基础主义预设。同样，在主权概念问题上，本书将支持引入政治的自主性，批评具有基础主义特色的自然法说明。

霍布斯的绝对主权学说就是一种具备政治自主性的现实主义主张。洛克的主权学说则是人民主权说的一种。霍布斯的主权学说为当代的凯尔森与哈特所支持。凯尔森提出了“根本规范”（*Grundnorm*）的概念，哈特提出了“承认规则”（rule of recognition）的概念，旨在解释主权的终极权威问题。凯尔森的“纯粹法学”认为，法律是一个由规范组成的等级体系，一个规范的有效性（validity）来自于另一个规范的授权（而不是事实)，而所有规范的有效性都可追随到一个最高、最后的规范——基本规范。

如古德斯密思所言："对于凯尔森与哈特，以及对于霍布斯来说，这一终极权威是至上的，在该体系中，任何其他的统治或权威都可以由它(或由它所体现的程序）推翻、废除或更改，而它则不能被任何其他的权威更改或推翻。除它之外，别无诉求之所。"①很显然，凯尔森提出的是一个元规范（*meta*norms）问题。人民主权学说解决不了这一问题。以至于哈丁认为："在典型语境中，大众主权是一个经验上乃至概念上不融贯的观点。"② 大众主权"更多的是用来修饰其正当化，而不是用来描述大众政府。"③ 所以哈丁提出："宪法不解决囚徒困境之类相互作用的问题，而要决定更为长期的行为式样。……宪法不是契约，而是用以设置保证契约的制度的方式，发挥着解决前契约行为的问题的功能"。④

大众主权说诉诸公民同意（洛克）或人民之公意（卢梭），认为人民是政治权威的终极来源。但是它们不能够说明主权的至上性问题，或者说其至大无外的问题。政治现实主义的思考方式打破了这样一种还原与循环，因此在本书看来是思考政治生活的一种更为可取的路径。本书把大众主权学说所诉诸的人民同意与理性概念的界分联系起来，提出传统契约论面临着"个体理性的上行"⑤ 问题。因此，本书的论证对这一政治哲学传统持批评态度。现实主义诉诸国家理由，主张"必要的非道德"（马基雅维里)。从正面来看，它维护了政治的自主性。但是从负面来看，它没有能够很好地安排人们对于政治的道德诉求。

---

① M. M. Goldsmith, "Hobbes on Law," in Tom Sorell, ed., *The Cambridge Companion to Hobbes*, Cambridge University Press, 1996, p. 274.

② Russell Hardin, *Liberalism*, *Constitutionalism*, *and Democracy*, Oxford University Press, 1999, p. 152.

③ Ibid., p. 153.

④ Russell Hardin, "Why a Constitution?" in Bernard Grofman and Donald A. Wittman eds., *Federalist Papers and the New Institutionalism*, Agathon Press, 1989, p. 101.

⑤ "个体理性的上行"是本书作者特别提出并使用的一个概念。这个概念意在说明，通过假定个体是理性的或者说是具有理性推理能力的，并不能够向上追溯，推演出用以指导个体行为的规范或规则。个体具有理性这一特征，与我们所观察到的社会具有规范和规则之间的关系，是一个需要加以认真辨析的复杂关系。具体分析见本书中篇"合理性与规范性"。

杰克逊主张，主权问题事实上是权力分配问题（the allocation of power），它谈论的是政府决策权，它与正当性关联。而权力分配则可在垂直与水平两个方向上进行。[①] 但是政治正当性概念本身也存在含混。是说政权本身正当与否？其实是说政权使用者对于权力运用的正当与否。因为正当性最后的标准仍然是合理性，而合理性针对的是权力运用这一过程，而不是针对具体的权力掌控者的。与此紧密关联的一个问题是，主权到底是人民掌握还是其他形式？卢梭主张主权在民。但是他其实是说至上权力（soverign power）的运用应该是正当的。君主不代表民意，所以是不正当的。但是问题是，即便主权在民思想贯彻了，君主没了，但是民意程序不畅，我们发现仍然存在着正当性不足的“民意”政权。所以至上权力（soverign power）概念应该单独剥离出来，独立于君主或民众。君主或民众与至上权力运用的关系，可在进行了这样的剥离后单独来谈。

尽管主权是至上的，不可分的，但是它本身则体现为内在主权与外在主权。“内在主权是指一个国家在处理其民族国家疆域内诸事务时所拥有的政治与法律的至上权威，而外在主权则包括平等地独立于其他主权国家的国家地位，比如说，体现为加入经济协定，军事联盟，或与其他国家缔约的能力。”[②]在本书看来，外在主权强化了主权的独立特性，再次表明了民族国家作为不可分割的政治单位的现实特性。同时，由于其他外在主权国家的存在，使得一个国家的民族认同进一步得到强化。

主权学说面临的另外一个困境是主权可分割性问题。在观念上，主权是至上的，不可分的。但是在国际关系的现实中，主权则是不完全的，可部分让渡。因此，学者们提出了事实主权（*de facto* sovereignty）与法理主权（*De jure* sovereignty）这样两个概念，以分别解释主权的实践形态与主权的理想形态。但是这两个主权概念均是在传统主权观念下形成的，旨在描述国家作为至上权力这一事实。法理主权主张国家在法理基础上应该是独立的、平等的，而事实主权则向我们指出了诸如前述失败国家、国家联盟、国家分裂以及霸权体系下的不同国家间关系等等主权的实际表现状

---

① John H. Jackson, “Sovereignty - Modern: A New Approach to An Outdated Concept”, *American Journal of International Law*, 2003, 97, pp. 790 - 791.

② Patrick S. O’ Donnell, “Sovereignty Past & Present”, *Globalization*, 2004.

态。一个国家主权的事实表现有着多种变化形态，因而与法理主权所主张的所有主权一律平等之间存在着落差。

在全球化的背景之下，人权观念的压力之下，一种基于公共善理念的新型主权观正在成型。因此，就出现了奥唐奈尔所说的“共享主权”(pooled sovereignty)、复合主权与不可拆分的主权。①但是从政治现实主义的视角观之，“共享主权”仅仅为公共利益的合作提供了可能，在可以预见的将来，仍然无法解释国家作为分配社会善的封闭单位这样的现实问题。民族国家仍将是我们人类的基本的政治单元。但是，毫无疑问，从世界视角观之，一个国家内的政治到底应该是以国家作为一个独立单位来处理，还是应该把国家作为一个人类的想象，把处理的基本单元统一到不同国家内部的单个个人，进而用一种基本的人权观念来统一思考，这两种不同路向的争论已经持续了几十年，并且仍将继续下去。而我们所能够现实地加以关注的，就是希望任何一种解决方案都不至于让我们退回到我们大家所都不期望的战争状态去。然而，考虑到政治本身的复杂性，我们的愿望要想真正地落实，需要我们所做的工作将仍然异常艰巨。

---

① Patrick S. O' Donnell, “Sovereignty Past & Present”, *Globalization*, 2004.

第四章　国家的“封闭性”问题

本章讨论国家的“封闭性”问题，即回答本书“上篇”引言中所提出的另外一个问题：作为分配社会善的特殊政治建制，国家何以是一个封闭的而不是一个开放的单位？也就是说，国家“封闭性”特征是怎么出现的？如何理解国家所具有的“封闭性”特征？

在前边的章节中，我们已经提醒大家注意这样一个基本的政治事实：自近代主权国家出现以来，国家已经逐步演化成为了分配社会善的封闭单位。而且，在当代和可以预见的将来，现代国家仍然是保障一国公民安全与福祉的最为有效和最为经济的途径，现代世界仍将由这样一种基本的单元所构成，不同国家之间的边界仍将以这样或那样的方式被强化和保护，完全开放的自由边界仍遥不可及。对于这里所描绘的这样一个事实，流行的诸多政治哲学理论，尤其是自由主义诸理论（大都视封闭社会①为敌，故而）采取了一种忽视乃至敌视的态度，因此失去了解释这样一个基本政治现实的能力与机会。要想回答国家何以作为分配社会善的封闭单位这

---

① 需要说明的是，本书主张政治治理体制与政治治理规范体系本身具有一种“封闭性”特征，但是并不主张“封闭社会”的概念。即便对应于任意一个文化单位或政治单位，会出现一个具有明显封闭特征的“封闭社会”，本书作者仍然认为一个社会在规范上应该是开放的。也就是说，作为文化单元的社会的事实封闭性并不能够推导出社会在规范上的封闭性。起码本书作者不支持这样一种社会单元的规范封闭性主张。与社会问题不同，政治治理体制与政治治理规范体系，无论其事实上是封闭的还是开放的（这种判断本身就是“本质上有争议性的”），从政治现实主义的立场出发，本书作者都认为他们在规范上必然具有一种“封闭性”特征。也就是说，本书主张其规范“封闭性”。同时，需要注意的是，一个体系在规范上是封闭的，并不影响我们从该封闭体系之外对它们进行认知、评价、借鉴，乃至批评。但是后边提到的这些认知与评价活动将无涉于该体系的“封闭性”。在一个更强的意义上，本书作者会进一步主张，强调政治治理体制与政治治理规范体系本身具有的“封闭性”特征，将使我们获得一种关于现代政治面貌的真理性认识。

样一个现实的问题，最好的方法，还是需要回到政治现实主义的解释路径中来。

我们这里会再次借鉴B.威廉姆斯的几个重要的理论贡献，用来重新理解由马克斯·韦伯这个政治现实主义大家在一百年前所做的关于国家的经典定义。通过这种重新理解，我们将有望得到一个比韦伯自己的原有定义更为丰富的理论解释。在这样一个新的解释中，韦伯国家定义中所包含的“至上性”、“疆域性”与“正当性”这三个要素将被突出和强化，而且将有效解释我们这里所关心的国家的封闭性问题。对应于这三个要素的充分满足，一个饱满意义的现代国家将变得足够强大、足够统一、足够规范。

1. 为什么是“国家”？何以要选择“现实主义”？

本书提出，国家是一个封闭的强制说理体系。强制与说理都是其手段，分配社会善是其必须承担的功能，而封闭性则是其显著特征。国家形成的目的是维护基本秩序，以其可以达成的合适方式调节善冲突。这种善冲突包括善观念的冲突和善利益的冲突。

要想回答国家何以以一种封闭形式分配社会善，我们需要先回答，什么样的一些社会善需要由国家来分配？因为，本章所做出的判断，会让一部分人错误地以为国家以一种封闭的形式包揽了所有社会善的分配。而事实上，诸多社会善是可以通过其他制度或机制来完成分配的，这些制度或机制包括了但不限于家庭、友谊、教会、慈善机构、兴趣团体、市场，以及非政府组织等等。国家则只是通过选择分工，肩负起了它不得不去完成的一些特殊的社会善的分配。也就是说，国家只是承担和完成了那些不得不由它来完成的善分配工作。

正是由于考虑到了这样一种情况，我们前边的追问也就需要进一步转化为对于下述另外一个问题的追问：什么样的社会善是不得不由国家来完成的？这样一种转化后的追问考虑和照顾到了社会善的其他分配形式，但是也以一种倒逼的形式，将一些不得不由国家来完成的社会善的分配形式廓清开来。考虑到国家是政治的一种特殊的制度化产物，因此，上述问题就可以进一步简化成为：为什么政治是一个我们不得不面对的独立领域？

或者说，为什么我们穷尽了各种可能，却仍然不得不将一些问题纳入到政治领域来考虑？这个追问，已经触及到了“政治的自主性”的问题。在本书其它章节，我们将人类穷尽了所有其它可能，仍不得不保留“政治”这样一个独立领域的主张，称作关于政治存在的“硬核论”主张。这种主张认为，政治生活所处理的，就是作为一种硬核被保留下来，无法被人类其它制度建制或其它生活形式来加以有效处理的问题。这些问题因其特殊性而被保留下来，我们只能够通过国家这样一种特殊的建制来处理这些问题。

这也就意味着，我们需要区分开那些“依赖于特殊的政治建制（在本书中，我们特别考虑到通过“国家”）而进行分配的社会善”和“不依赖于特殊的政治建制而进行分配的社会善”。我们因此也就做出判断，主张国家并不就所有的社会善进行分配，但是它仍就相当多的社会善而进行分配。而本书所讨论到的，就是那些不得不依赖于政治而进行分配的社会善。需要特别交待的就是，本书只就这样一种社会善分配得以可能的典型的形式特征即其封闭性展开讨论，而将这里所关联到的善清单问题，政治的自主性问题等等留待其他合适的地方来加以处理。

需要补充说明的是，在当代政治哲学研究中，的确有不少研究者没有能够意识到社会善分配的这样一种多样性。因此，他们经常会拿人类摸索出的其它善分配的形式来否定或诘难政治存在的必要性。比较典型的和为我们大家所熟悉的就是，人们经常会以市场的善分配的有效性来否认政治存在的必要性。很显然，这两种不同的善分配的形式是共生互补关系，并非彻底的相互替代关系。我们有理由选择更少社会代价的善分配形式，但是我们也不得不面对一个“不得不”选择的“国家”这样一种特殊的政治制度形式。而这样一种“不得不”，一方面意味着国家是一种最终必然需要被保留的分配社会善的形式，另一方面也意味着，国家在一定程度上是一种“必要之恶”。但是对于“必要之恶”的传统说法，我们需要加以适当的修正与限制。在很大程度上，国家之存在，是因为某些社会善只能够通过国家这样一种特殊的社会建制来完成分配，是这些社会善本身的性质使然，却并不必然表明国家即“恶”。而且，考虑到国家对于这样一些特殊的社会善具有一种特有的系统改进功能，国家这样一种特殊的社会建制就更不应该被贸然断定为仅仅是一种“必要之恶”了。

就国家治理的封闭性来讲，我们关于国家具有封闭性的这种定义是反对世界主义的。假如国家是一种封闭单位，那么国家边界就是一个事实上的分割界限，跨越国界进行社会善的系统稳定分配，这样一种世界主义的理论构想就将是一个“现实的乌托邦”。说它是现实的，是因为它是基于人们的交往实践而产生的跨越边界的理论构想。而说它是一个乌托邦，是因为它目前只是能够在伦理层面理论地去证明相应的全球化设想是一个比地方化和国家单元化更值得追求的善观念。的确，从伦理的意义上，任何一个健全之人，通过诉诸我们的道德直觉，一般都会承认世界主义的主张要比国家主义的主张具有更大程度上的善性。但是这样一种善构想是乌托邦的，这是从政治可实施性层面来说的。因此，我们需要区分伦理构想与政治构想，或者说区分单一的善构想与复合的政治构想，区分伦理学与政治哲学。一个更好的伦理善追求未必就是一个更为可取的政治构想。不顾人类政治生活得以可能的局限条件，只是基于人类的伦理善追求得出某种推论，这种推论在观念层面会犯下范畴错误，在实践层面会误置人类的现实行为。

本处需要事先加以交待的另外一个问题，就是本书采纳的是政治现实主义的立场。这样一种立场对以理性主义与道德主义为特征的自由主义立场采取一种批评的态度。因为，政治现实主义主张政治要考察“权力”以及其规范对应物如“正当性”等问题。如何看待和处理权力以及权力的冲突与竞争，被现实主义认为是政治的本然之意。而回避谈论这样一种本然之物，转而去谈论理性与道德，或者去谈论如何以一种理性主义与道德主义的方式去消弭权力冲突与权力竞争，在现实主义者看来，都是在用一种“去政治”的方式谈论政治。很显然，政治现实主义持有一种“冲突论”的政治主张，而理性主义与道德主义则持有一种“和谐论”的政治主张。我们采纳政治现实主义的立场，就是要围绕“权力”及其规范对应物“正当性”来展开对于近代国家的理解。

通过后边的分析我们就可以发现，只有采纳政治现实主义的立场，才能够正面去面对和说明国家本身所具有的“疆域性”特征，并且将国家本身同时所具有的“至上性”与“正当性”特征给出一个更为妥善的处理。可以说，近代国家所具有的“封闭性”特征首先需要“疆域性”和“至上性”才能够得到充分说明。而所有的自由主义理论都不愿意面对近代以来所国家所具有的这样一种“封闭性”特征。因此，才出现了“疆域性”特征长期不被理论讨论所重视的情况。[①] 而且，在这样一种现实主义的视野中，传统上特别为自由主义所重视的“正当性”特征，也只有在与“疆域性”与“至上性”嵌套在一起进行理解时，才能够发挥其对现代政治生活的更为充分与更为妥当的解释。

2. 霍布斯与“至上性”，洛克与“正当性”

B. 威廉姆斯提出“霍布斯问题是政治的首要问题”。这样一个判断是一个典型的政治现实主义立场的判断，其目的是要回到谈论政治的本然之物“权力”上来。这样一个判断自然牵涉到复杂的理论争议。我们暂时搁置这些争议，径直运用这样一个判断来理解近代国家。我们首先来看，顺着威廉姆斯的这样一种判断，我们可以如何来重新理解近代以来的政治理论。在前边几章，我们已经花了大量篇幅对于霍布斯与洛克的理论意义进行细致推导。因此，这里的重新回溯，其强调重点将与前边的分析有所不同。

我们已经注意到，根据公认的理解，霍布斯问题即如何解决人与人之间的猜忌与冲突，实现和维护政治秩序的问题，为此，霍布斯理论提出自然状态理论，认为自然状态就是“每一个人对每一个人的战争状态”。为了结束这样一种战争状态，霍布斯提出，需要一个使得大家都慑服的“共同权力”。这样一种共同权力，即“至上权力（sovereign power）”，其最终的抽象物，就是就是我们后来所熟悉的“主权（sovereignty）”。至上权力的基本特点即至大无外，也就是说其威慑能力应该能够覆盖至其所控制范围内的每一个人。在霍布斯这里，这样一种至上权力的存在，是人类

① 阿格纽的文章［John Agnew, “Sovereignty Regimes: Territoriality and State Authority in Contemporary World Politics ”, in Annals of the Association of American Geographers, vol. 95, no. 2, 2005, pp. 437—461, Blackwell Publishing］注意到了当代学者们在讨论“主权”概念时对于“疆域性”分析的严重缺乏。作为地理政治学的大家，阿格纽本人上述文章旨在论证“疆域性”本身并非如传统所假设的那样是单纯空间性的。阿格纽试图以金融主权为例来说明疆域的非边界性。但是如果从政治的核心含义来讲，金融主权也许恰好并非主权概念的硬核，而更多是其外围主张。

摆脱自然状态，进入公民社会的开端条件。但它仅仅是一个条件而不是故事的全部。霍布斯的目的，是要以这样一种非理性的条件为前提，强制推行一套规则体系。他将这样一套规则体系称作“主权者的命令”或“主权者的意志”。我们现代人都知道，他所说的这样一套规则体系，就是一套法律体系。因此，霍布斯完整意义上的政治理论，是要以至上权力为后盾，强制推行一套法律规范。用一句通俗的话来解释，霍布斯给出的政治理论，其基本特征就是“强制说理”。

很显然，这样一种解释违反了我们现代人的基本直觉。我们的直觉通常认为：“强制不说理，说理不强制”。但是霍布斯的理论告诉我们，一套可以推行开来的说理规则，必然是以一个具有非理性特征的强力为后盾。它因此可以说是一套政治制度得以可能的必要条件。霍布斯本人甚至认为它是一套政治制度得以可能的充分必要条件。很显然，为了能够接受霍布斯意义上的对于政治特性的理解，我们就必然需要修正我们的直觉。

以强力为后盾强制推行一套规则体系，这可以被认为是霍布斯对于政治的基本理解。在这样一种理解中，霍布斯的理论具有两个方面的独特贡献。第一，以强力抑制人类激情中可能的破坏力量。在这样一个贡献中，有理论家认为霍布斯需要提供一种关于人性的基本假设，但是也有理论家认为无须这样一种假设。后一种观点最典型地体现在《利维坦》所阐发的“先发制人”的主张中。按照这样一种主张，不是因为人性的恶造成了人与人之间的战争状态，而是由于对于他人行为预期的不确定性造成了个人的恐惧，从而促使每个人不得不预先处于一种防备状态。这样一种主张事关人的心理状态，但是并不需要预设人性的善恶。尽管如此，“先发制人”源于恐惧，恐惧的不当指向造成人与人之间的相互防备。而主权（即至上权力）的出现，就是结束个体的人之间的破坏力量涌现的一种改进方案。因此，在这个意义上说，霍布斯的主权学说是对于人类政治面貌的一种深刻的真理性认识，这一学说的出现为近代以来的政治制度的建构奠定了基石。主权的出现，使得人类生活即便暂时还没有规则，起码已经可以产生基本的秩序。第二，同样深刻的是，霍布斯的主权理论进一步主张了一种“强制推行的规则体系”的主张。这里所说的强制性，已经相当于我们所处理的“任意性”（arbitrary），其重心是要说明规则体系与规则推行得以可能的开端的关系。这种关系是说，以强力为后盾，一套完整的规范体系得以可能构设与推广。这一主张最终促成了霍布斯的法学思想。法律规范是主权者的意志或主权者的命令，就其开端来说，它是任意的，但它显然又不是随意的。

霍布斯的理论自然是自上而观之，重点考察权力的集中使用（即主权）在形成人类政治生活秩序中的作用。而稍后于霍布斯的洛克，则为我们提供了自下而观之的政治理解，也即考察对于权力集中使用的限制，从而提供了一种关于政治的规范物“正当性”的理解。我们也都承认，基于“正当性”来谈论对于政府权力的限制，是洛克对于政治理论的重要贡献。

洛克自身的理论是复杂的。我们都知道，洛克主张一种古典意义的自然法思想，认为自然状态是美好的，认为人类在有政治生活之前，存在着社会生活。这些主张都与霍布斯有所差异。但是，洛克也同样主张应该有政府的存在，主张有权力的集中使用即有至上权力的存在。不过，洛克的对于权力集中的使用给出了诸多限制，比如说他认为这一政治权力应该用于公共善，尤其是需要得到人们的同意。任何未经同意的权力都是不正当的。在本书第二章中，我们将洛克所定义的“战争状态”与霍布斯所定义的战争状态进行对比。我们发现，洛克意义的战争状态起码包含两层含义：第一，每一个人对每一个人的战争状态；第二，个体公民对政府的战争状态。前一种战争状态与霍布斯的战争状态定义外延一致，且解决这样一种战争状态同样需要诉诸霍布斯意义上的“至上权力”。这样，我们就对洛克的理论贡献进行了紧缩，认为他的主张贡献是提出了“个体公民对政府的战争状态”，而其解决方案则是“至上权力”的使用需要“正当性”要求。

在完成了对于霍布斯与洛克政治哲学贡献的重新表述之后，我们要再次提醒大家注意 B. 威廉姆斯的第二个政治判断：政治正当性是分级的。在威廉姆斯看来，“我们可以接受支持正当性是分级的这样一种主张。在正当/不正当之间作出截然二分，这是一种人为的划分，只能服务于特定的目的。”[①]这个主张将人们对于政治正当性的要求进行分级，认为存在着满足“基本合理的正当性要求”的国家，也存在着满足“充分合理的正

① B. Williams, In the Beginning was the Deed, Princeton University Press, 2005, p. 10.

当性要求”的国家。无法想象一种政治制度要么是正当的，要么就是不正当的。一个合理的政治正当性概念应该是一个可以区分为不同等级要求的概念。

用这样一种思想来反观洛克的主张，我们说洛克对于近代的政治制度提出了一个“最低限度的政治正当性要求”。也就是说，洛克实际上是想说，一个政治制度对于被集中起来的权力的使用起码应该满足“最低限度的政治正当性要求”。我们也可称其为“基本合理的正当性要求”。对应于这样一个概念，我们有望设想一种“充分合理的正当性要求”。

而蕴涵在“正当性是分级的”这样一种主张中的分级考察的观念同样适用于霍布斯结束自然状态的方案。也就是说，当霍布斯提出以“至上权力”为手段结束人与人之间的战争状态时，他也首先提出了一个“最低限度”的要求。本人对于这两位思想家的贡献给出的一个基本界定就是，为了分别结束两人所担忧的战争状态，人类政治生活同时需要满足“最低限度的至上权力”与“最低限度的正当性要求”。在其它章节，我已经分别将这两个需要满足的基本条件称作“霍布斯条件”与“洛克条件”。我们还进而认为，“霍布斯条件”是人类政治生活得以可能的开端条件，但它同时也是政治生活内部的调整性条件。而“洛克条件”则仅仅是政治生活内部的调整性条件。这样，我们就有理由主张，“霍布斯条件”对于人类政治生活的可能具有优先性。但是，这两个条件本身应该是相互限制、相互约束的。鉴于这两个条件本身的相互限制与相互约束存在着此消彼长的相互牵制特性，因此，如何审慎地在这两个条件之间寻找合适的平衡，就是一件政治理论家与政治实践家都需要认真处理的技艺性工作。而这样一种审慎特性，也正是政治现实主义所特别强调的政治美德。

总之，从政治现实主义的立场出发，借用威廉姆斯对于政治问题的上述两个判断，我们可以得出一对相互牵制与约束的两个条件，即“霍布斯条件”与“洛克条件”。两个条件一起构成了我们对于近代以来国家观念的底线期许。这样一种期许已经基本符合了后来马克斯·韦伯所定义的国家概念：“国家是这样一个人类团体，它在一定疆域之内（成功地）宣布了对正当使用暴力的垄断权。…… 其他机构或个人被授予使用暴力的权利，只限于国家允许的范围之内。国家被认为是暴力使用‘权’的惟一来源。”[①]但是，上述分析只是涉及到了马克斯·韦伯国家定义三个基本要素中的一些要素，却似乎仍然明显忽略了另外一些要素。在此，我们有必要展开进一步讨论。

3. 借助“此时此地”主张找回“疆域性”

在马克斯·韦伯的国家定义中，集中出现了作为现代政治核心特征的三个关键词汇：疆域、正当性，以及因暴力垄断使用而形成的主权。这三个词汇对应着韦伯对于现代国家三个关键性要素的强调。也就是说，韦伯的国家定义包含着如下三要素：

A. 至上性（Supremacy）；
B. 疆域性（Territoriality）；
C. 正当性（Legitimacy）。

在本书作者看来，只有分别地和交互地理解了上述三个概念要素的基本含义，才能够对于现代国家的封闭性特征给出一个饱满地、充分地理解与解释。对照这三个要素可以看出，我们上述关于霍布斯与洛克理论的分析分别处理了“至上性”问题与“正当性”问题。也可以说，我们是对马克斯·韦伯的国家定义中所包含的现代国家应该“足够强大”与“足够规范”这两点做出了一个交待。但是三个要素中的“疆域性”即“足够统一”的问题并不在我们上述的分析中。如前所述，政治理论与政治哲学研究中对于“疆域性”的忽视乃至回避一直是一个十分普遍的现象。那么，“疆域性”到底哪里去了？是什么样的理论预设造成了我们对于“疆域性”特征的忽视乃至回避？如何才能够从理论的讨论中找回被忽视了的“疆域性”？

本书主张，我们可以从政治现实主义对于理性主义的批评中找回

---

① 马克斯·韦伯：《学术与政治》，冯克利译，三联书店，1998 年，第 55 页。与阿格纽注意到的当代学者们在讨论“主权”概念时对于“疆域性”分析的严重缺乏这一现象不同，韦伯自己对于现代国家的“疆域性”特征非常敏感。紧随上述国家定义，韦伯特意加了这么一句话以表示强调：“请注意，‘疆域’乃是国家的特征之一。”

“疆域性”。与这样一种主张关联，本书认为对于“疆域性”主张的忽视乃至回避，乃是政治理论中的理性主义自身理论缺陷的必然后果。为了找回“疆域性”，我们在这里需要引出威廉姆斯的“此时此地（here and around now）”的主张。①

在回应当代康德主义者科斯嘉关于规范性问题的讨论时，威廉姆斯对其思想中所包含的“康德时刻（Kantian moment）”② 主张提出了严肃批评。这里提到的“康德时刻”，其实说的是理性主义者在思考哲学问题时，尤其是在思考实践哲学的问题时的一种主张。这种主张认为，我们人类都是有理性能力的，即便是某些人在某些时候还不能够就特殊的问题达成理解，但是在抽去了特定人的特定时期的理解之后，我们能够想象，只要人们充分运用自己的理性能力，那么在某个特定的极限时刻，人们注定会就某些问题达成一致的、无差异的结论。

柯斯嘉曾经提出，我们可以设想，在我们的反思平衡中，或者说在经过了人类的多次博弈选择后，我们有希望达到一个相对稳定的平衡点。在现实的人类选择中，任何人都有可能希望得到起码不低于该平衡点的对待。我们把这个起码不能再低的平衡点称作社会公平的观念，也即正义观念。这样一种观念将蕴涵着普遍无差异的道德要求，柯斯嘉把可以通过这样一种推理过程而获得理解的理性观念称为“无条件的理性观”。③

在康德时刻中，我们面临着两种不同的思考方式。当我们去考虑“某些人在某些时候还不能够就特殊的问题达成理解”时，我们是在讨论“此时此地（here and around now）”的状况和问题。而当我们讨论假想中的“在某个特定的极限时刻，人们注定会就某些问题达成一致的、无差异的结论”时，我们是在诉诸一种“彼时彼地（then and around there）”的观点。

在实际的讨论中，所有的康德主义者和理性主义者都会最终诉诸

① T. 内格尔在为威廉姆斯所写的书评中使用了这一术语作为标题。（Thomas Nagel, “The View from Here and Now”, in the London Review of Books, MAY 05, 2006.）

② Christine M. Korsgaard, The Sources of Normativity, Cambridge University Press, 1996.

③ Christine M. Korsgaard, “Internalism and the Sources of Normativity: An Interview with Christine, M. Korsgaard by Herlinde Pauer – Studer”, in Constructions of Practical Reason: Interviews on Moral and Political Philosophy, edited by Herlinde Pauer – Studer, Stanford University Press, 2003.

“彼时彼地”的观点。当有人提出实际的状况是有的人持有某种终极立场，而有些人就是持有现在这样一种立场时，大部分康德主义者就会说，我们讨论的不是这种实际情况，而是某种可以想象的理想状况。在那种状况下，因为人们拥有理性能力，并且只要我们给予他们更多的耐心，让我们多等待他们一会儿，他们早晚都会就这样的一些问题达成一种共同的认识。这里需要注意的是，当代持康德主义立场的人，其立场态度的强弱程度是不一样的。有部分的人持一种强立场，坚持认为人类理性活动最终可以解决所有问题。而另外相当多的一部分人则在康德立场与所观察到的现实的人类实践活动之间犹豫，他们注意到人类实践是这样的，而康德主义的处理方式是那样的。依凭直觉，他们也承认人类实践似乎的确有无法完全通过康德主义加以处理的问题。

康德主义者所坚持的这样一种无条件的理性观对于人的假设就是：人是一种理智的动物。紧随着这个假设的第二个假设就是：理智反思的产物要比不经反思而展开的活动更可取。在这样两个假设的前提下，得出的结论就是：未经反思的生活不是好生活。这是一种在人类思想史上源远流长的“理智主义（intellectualism）”传统。（理性主义则在理智主义的基础上对于人类提出了更为刚性的要求。）正如其名称所体现的那样，它的麻烦就在于，它过于强调了理智在人类生活和理解人类生活过程中的作用，以至于认为所有未经理智审视的生活都不是好生活。并且最终假设，人必有理智，且必然能够通过运用理智达成对于指导人类实践的道德规范与法律和政治规范的根本理解。当然，这种根本理解本身还应该是普遍无差异的。也就是说，从认识者角度来说，每个人都能达到这样一种无差异的统一理解。而从规范的角度来说，这种规范最终也会无差异地同等适用于每一个人。非常明显，这样一种观点预设了人在理智生活这件事情上的地位和能力的平等。柏拉图显然是这种传统的代表。当代持有这种立场的人经常私下会说：不诉诸人的理智或理性，我们又能怎么样呢？这种看法的假设就是，无法想象不运用理智来审视的人类状况。

当然，在实践哲学所触及的问题上，理智主义的确还为其他不同立场的持有者留下了可能讨论的基点。这个基点就是，目前为止我们现实生活中所遇到的理智主义者，还基本上都承认在某个特定的时间地点，人们的实际认识可能是千差万别，参差不齐的。区别在于，理智主义者认为这是一个需要我们最终克服的基本事实。如果连这个基本事实都被否认了，则那样的一种理智主义者就必然生活在与我们的实践观察不相一致的一个特殊空间。而正因为有了这个基点的存在，我们似乎的确还有机会与理智主义者讨论点实践问题。

理智主义对于人的这些假设，再加上前边讲到的站在“彼时彼地”立场而坚持的一种“无条件的理性观”，这就构成了理性主义者心目中讨论人类道德生活与政治生活的基本期许。这个期许的结果，就是设定存在着一种理想主义的道德目的王国或政治理想国。在那样一个时刻，在那样一个地方，人们可以运用自己的理性能力认识到这样一种理想状态的存在，并且可以运用自己的理性能力认识到与理想王国得以可能的配套的规则体系。这些规则体系就是理想王国本身得以可能的基本保证。

很显然，尽管我们在康德那里也看到了关于德福不匹配问题的讨论，不过，在哲学史的讨论中，这种理性主义经常与善良意志论配套运用。它假定人有善良意志，并且假定人们可以通过善良意志的运用达成社会和谐。而人的理性能力则是达成这种社会和谐的另外一种前提保证。

威廉姆斯把这样一种传统所对应的政治主张叫做“柏拉图问题”，并在此基础上提出了与柏拉图问题完全不同的另外一个问题，这个问题可以被称作“马基雅维里问题”：“从柏拉图那里继承下来的好人的概念产生了好人根本上如何才能有所作为的问题，而马基雅维里的现实世界的概念则提出了任何人面对这个世界如何才能有所作为的问题。（‘现实主义’的一个流行含义就是从如下事实中得到了其力量的：即使第一个问题没有答案，但第二个问题是有某些答案的。）”①

威廉姆斯提到的现实世界是一个“此时此地”的世界。这个世界面对的是具有个体差异的个人，是一个既有理性反思能力，也有情感、意志、气质、禀赋，并且生活在一定的文化系统，同时向偶然性洞开的个人。因此，威廉姆斯要处理的是一个并不诉诸理性可达到的极限的、“此时此地”的、现实世界中的问题。

威廉姆斯的主张反对理智主义假设，而且可以说是系统地反对理智主义假设。威廉姆斯认为“马基雅维里问题”才是一种真正的政治问题的

① 威廉姆斯：《道德运气》，徐向东译，上海译文出版社，2007年，第96页。

开端。因为，假如人类真的都能像理智主义者所主张的那样最终都达成一种理性可及的极限状态，则分歧与差异就都会消失。然而，一个无歧异的理智人的世界不是一个政治世界，而是一个哲学王的理想世界。而政治问题要想可能，政治哲学要想可能，就需要抛弃“彼时彼地”的主张，现实地面对“此时此地”的人及“此时此地”的问题。

“此时此地”的主张，不可避免地要让我们面对一个价值多元的世界。而理性主义的“无条件的理性观”必然主张价值的一元化。或者说，理性主义者可以策略性地接受价值本身的多元存在的局面。但是理性主义的假设必然是，这只是我们开始工作的起点，通过运用人类的理智，我们最终可以达到价值和规范的一元。因此我们可以做出判断说，理性主义归根结底是一种一元论。

政治现实主义的“此时此地”主张，其思考问题的方法是描述的、视觉的与当下的。当下感意味着时间与空间双重意义上的承认。当下感也意味着我们首先要处理一个“是”这样的问题，而不是处理一个“应当”如何的问题。当我们在面对一个“当下”的事实，提出一个“应当”的要求时，我们就是在同时否定当下，主张一种超越当下的未来状态。这种否定是时间和空间的双重否定。在时间意义上，“应当”向我们承诺了一个未来，“应当”状态的呈现也只能够在未来得以兑现。因为，现在已经被“是”这样的一个事实占据了。在这个意义上，对于既有状态的否定的方案，注定都只能够是“理想主义”的。“理性主义”和“道德主义”为我们所承诺的解决方案和可解决方案都注定是“理想主义”的。“这里就是罗德岛，就在这里跳舞吧。”面对现实主义者的这样一种嘲讽，理想主义者给出的解决方案注定只能够是指向未来的。

因此，当且仅当在接受了一个可以看到的，作为现状而被观察到的对象时，我们才能够把一个单纯理论的问题与人类实践相关联的问题结合到一起。也只有在这样一个时候，才出现了一个需要且只能被政治地加以解决的问题。这样一种对于现状，或者说对于“既定状态”的接受，被人们称作一种“现实主义”。而当我们“接受了一个可以看到的，作为现状而被观察到的对象”时，我们实际上已经在充分强调了被解释对象的“空间性”与“视域化”特征。或者说，当我们强调“此时此地”的主张时，我们以一种特殊的方式留驻了被解释对象的“空间性”特征与“视域化”特征。

(同样，“他者”概念本身就应该是一个具有“空间性”特征与“视域化”特征的基本概念。)尽管我们还要加上一句，不可过分强调这两个特征的排他性。实际上，对这两个特征的强调改变的是被解释对象的属性假设，但并不影响我们以特殊的方式窄化论题，对之进行理论探讨。

“此时此地”主张在讨论国家问题时的一个重要维度，就是突出主权概念中的“疆域性”。如果不是政治现实主义，那么我们就不可能采取这样一种接受和强调既定状态的主张，也就不可能把“既定状态”作为我们必须严肃面对和接受的政治问题。自由主义不愿意接受“既定状态”，自由主义的世界主义主张甚至非常轻率地无视“既定状态”。(自由主义的世界主义可以认为是理性主义与道德主义的联姻。)因此，受这样一种思维的影响，政治学理论和政治哲学的传统，在讨论“主权”概念时，大都将主要精力集中在了政治权威上。只有在接受了现实主义之后，我们才能将“既定状态”作为一个严肃的现实存在而接受下来，并且进一步将其作为一个严肃的政治问题来加以处理。在这里，我们把“此时此地”的主张作为我们能够理智地接受“国家作为分配社会善的封闭单位”的一个必要条件。

如前所述，“至上性”说明了(在政治意义上的)权力的至大无外，也就是我们所说的至上权力(sovereign power)或主权(sovereignty)，落实为规则体系或治理的原则，就是一套融通的、封闭的、对内普遍适用的法律体系。与霍布斯以来的政治现实主义主张密切关联，法律实证主义(霍布斯本人就是法律实证主义的先驱)对于法律性质的刻画，均是以承认至上权威的存在为基本前提。在法律实证主义者眼里，法律体系是封闭的、自主的与自洽的。因而也就表现为对内的普遍一致性。“至上性”体现了现代国家在法理意义上的封闭性。

而“疆域性”则关联于政治现实主义者所特别强调的“既定状态”概念，是在空间意义上和“此时此地”意义上承认一种既有事实。只有至上性本身虽然构成一个规则封闭，但是并不构成一个有形的具体封闭。一个有形的具体封闭观念源于我们对于政治问题的现实主义方法的植入。这个植入就是把我们在“此时此地”所具体形成的人，以及此时此地具体形成的政治现状加入到我们的考量。只有在接受现状就是如此之后，我们才有了一个可以看到的事实性的封闭单元。这个事实性的封闭单元是一个现实存在的政治的单元，而非一个被窄化后的理性主义的理想单元。

传统政治理论与政治哲学，都忽略了“疆域性”这样一种观念的重要性。我们一直把它作为一个不得已需而提及的底线概念。但是，在经过了适当的关注解释之后，加上在对“至上性”相关的一些概念含义（强制说理）特征作出强调说明之后，就可以将国家定义为一个有地域限制的、封闭的治理体系。或者说，构成一个“现实的”封闭性概念。

4. 国家定义的三要素相互嵌套

本书主张，我们需要用现实主义的视角去提出被传统政治哲学忽略的现实问题，用新近发展的现实主义（以威廉姆斯为例）新主张来重新思考霍布斯、洛克以来的近代国家理论，并且用同样的方法来关照马克斯·韦伯提出国家定义以后的国家理论与实践的新发展。通过这样一种理论与实践的双重新视野，我们得以理解国家的封闭性。而且，只有以一种相互补充、相互约束的方式来理解韦伯国家定义中的三要素，才能够得以更加充分地解释现代国家的基本特性。

在韦伯的国家定义中，“疆域性”这一特征长期为我们所选择性地遗忘乃至回避，这种遗忘与回避是理性主义与道德主义理论假设的逻辑必然。只有重新回到现实主义的立场，通过对于理性主义和道德主义基本假设的批评，我们才可以将“疆域性”的现实性重新光大。韦伯国家定义中的“正当性”，在经过了本书所做的适当解释之后，能够给我们深入理解现代国家提供无穷的动力。韦伯国家定义中的“至上性”，同样需要我们给出新理解和新认识。总体说来，对于韦伯国家定义中的三要素，传统的理解不是过于模糊，就是过于肤浅。本书通过诉诸上述这样一种现实主义的新视野，可以让我们对于国家理论内涵的把握变得更加充实，更加饱满。

在本书看来，“至上性”塑造了现代国家形态，“疆域性”落实了现代国家边界，“正当性”则充实了现代国家观念。或者说，“至上性”提供了现代国家法理意义上的（de jure）封闭性，而“疆域性”则提供了现代国家事实意义上的（de facto）封闭性，这两点合在一起，就已经构成了现代国家的实质性封闭。也即既有一套封闭实行的法律规则体系，通过主权者的至上权力为后盾在一个国家内强制推行；同时也有一个完整清晰的疆域概念，通过一种现实主义的态度，不同国家彼此相互承认。并且也通过主权国家的至上权力来确保这样一种事实上的疆域封闭。一个国家只在其内部行事对其公民社会善的再分配。“法理意义上的封闭性”与“事实意义上的封闭性”结合在一起，就构成了一种独特的政治规则适用特性。在这样一个具有封闭性的国家治理体系中，法律规则与政治规则在这个治理体系内部追求一种普遍无差异的有效性，但是其有效性仅限于治理体系的边界范围之内。出了这个范围，谈论其规则体系中的规则的规范有效性，就成为了一个毫无意义的问题。也就是说，政治生活所形成的规范体系只追求，或者说只履行相应规则在体系内的普遍有效性。这是国家“封闭性”在规范意义上的典型特征。

当然，只有 A ＋ B，我们就只能够说这是一种关于现代国家的消极意义上的封闭性解释。只有当 A ＋ B ＋ C 之后，才能够构成一个关于现代国家的完满意义上的封闭性概念。也就是说，只有加入“正当性”的考量，我们才能够获得对于国家封闭性的一个好的说明，或者说，我们才能够获得一个充实的封闭性。受到马克斯·韦伯的启发，我们都承认现代世界进入了一个自我合理化①的过程。而与合理性概念相关以后，正当性概念可以被看作是一种关联于我们所期望的善清单的概念。被列入清单中的诸善品，既与人类欲望的多样性相关，也与价值的多元性相关。

与国家的“封闭性”特征相关联，这种以“合理化”为特征的“正当性”要求，同样只履行治理体系之内的普遍有效性。也就是说，它同样只是在一定体系内，对制约体系的关键行为本身求索其合理性。而不同规则体系之间的规则可模仿性或可复制性问题，则完全是另外一种性质的问题。与可模仿性或可复制性相关的问题更多的是一个知识问题或认识问题，与

---

① 自我合理化是现代世俗化国家的必然归宿，也是现代国家体系建立和稳固的必然保证。现代国家需要一个自我合理化的过程。不同于传统理解，我们应该认识到，所谓的自我合理化不是一个绝对理性的自我演绎过程，而是一个现代价值观念的不断渗透过程。也就是说，合理化就是一个合乎现代价值规范的过程，以及相互冲突的现代价值规范之间自我妥协、折衷，最终达到自我融通的过程。自我合理化所诉诸的价值是很基础的，比如尊重每个人的生命权，尊重每个人的言论自由和迁徙的权利等等。从某种意义上说，暴力的垄断使用首先就是为了能够创造一个尊重生命权的良好的政治空间。自我合理化的后续工作，当然还包括当这些不同的基本权利相互之间产生冲突时，以及人类在遇到了大规模群居生活和大规模新的生产和生活方式的变化后，如何重新协调和重新界定人们应该得到保护的权利与价值，以及如何以更加有效合理的方式尽可能多地让人民获得自由发展的空间。

我们这里所讨论到的国家规范体系与规则适用性本身所具有的“封闭性”特征无关。令人遗憾的是，传统自由主义，尤其是以理性主义与道德主义为代表的传统自由主义，却将这两类性质不同的问题彻底给混淆了。与“至上性”与“疆域性”相关联，国家的“封闭性”尚容易为人们所理解。而与“正当性”、“合理化”与“合理性”相关联，人们就更倾向于追求一种规则适用的普遍无差异性。破除这种传统误解，我们需要有漫长的清理工作去做。在本书中篇，我们将进一步主张，任意一套规则构成的规则体系，其本身构成了一个封闭的逻辑空间。这种封闭性包括了内部规则的自我合理化。而合理化本身也必然是在一定封闭体系内独立完成的。否定规则体系的封闭性，只会给我们理解实践规则发挥作用的方式造成障碍。

这里需要注意的是，韦伯的“正当性”概念如果与他的“合理性”概念或“合理化”概念结合起来，本身本来就可以构成一种具有动态特性的现代国家概念。但是近代以来的“正当性”概念被不少的自由主义者解释为一种静态的概念，即一种要么正当要么不正当的二分。因此，在这里我们才提出，有必要引入一个 B. 威廉姆斯意义上的“正当性是分级的”这样一种特殊主张。

从文献上看，威廉姆斯这一主张并不直接针对韦伯而发，但是威廉姆斯与韦伯主张关系密切，他对于韦伯见解的赞赏几近于他对尼采的欣赏。因此，我们可以推断说，威廉姆斯的主张是对韦伯合理性主张的明确化。同时，如果把威廉姆斯关于“评价、价值、规范（性的来源）”以及“有历史的哲学”等主张结合起来考量，我们事实上可以得出一个清晰的关于“合理性分级”的主张。而且，一个更为激进的方案，就是将关于人类实践的评价问题全部化解为关于价值规范的来源问题。从而，所谓实践理性问题，不过就是一种合乎人类规范的“合理性”问题。① 而公共生活

① 现代政治的自我合理化依赖于一个根植于人类实践天性的信念机制，这个信念机制就是，相信每个人都是在追求自我的善改进。或者说，相信每个人都有朴素的善观念。当然，当人类进入到群体生活状态后，单纯的善改进冲动本身并不能够包含和容纳复杂社会的善选择要求。因此，在这个基础上，我们还需要更多的必要的实践平衡，比如我们相信每个人都是能动的，乃至都是自主的和自我负责的，但是我们又假设并要求每个人都应该是有同情心的和通情达理的。一个完全封闭的、单子化的、自主的个体必然造成现代社会的冷漠与冲突，而一个完全缺乏自主能力和自我负责精神的社会也同样不是我们我们现代图景中的正常社会。而有了这些更为复杂的假设，现代政治社会的自我合理化就必然顺理成章得以展开，并且逐渐演化成为一个基本的现代精神。

的合理性问题，则其本身就注定是属于特定历史的，因此是分级的和动态变化的。

这说明，威廉姆斯的主张不但与韦伯的主张有关联，而且可以强化韦伯所说的“脱魔世界”中的“合理化”主张与价值竞争主张。可以说，威廉姆斯所表现出的对于韦伯的欣赏与接受是无条件的，他们都主张在一个完全世俗化的世界里，谈论一个价值相互竞争（都接受人类竞争与冲突是永恒的），没有外在评判标准存在的人类状况。因此，他们对于近代以来演化出的这样一种服务于人类自身的制度成果都是接受的。而且，在方法上，他们都是描述的。在结果上，他们都对人类实践合理性这样一种内在化的标准给予了充分强调。而正是这样一些特性，决定了他们是现实主义的而不是理想主义的。

加入威廉姆斯“正当性是分级的”这样一种概念主张，是想要说明上述 A + B + C 是动态的，而如果只有 A + B，则这样一种概念通常容易被理解为是一种静态的。某种意义上，我们可以认为，威廉姆斯通过其这些新近主张，再次挑明了韦伯主张中“正当性”概念与“合理性”概念的关系。威廉姆斯的贡献就在于，既然合理性概念是依赖于人类价值旨趣的评价性概念，则它必然是历史的和分层级的。一种截然二分的正当性概念不过是一些理性主义的自由主义思想家的一种偷懒。

如果合理性是分级的，从而正当性是分级的，那么近代以来的国家概念就应该可以被理解为，它是一种可以从一种薄版本的国家概念向一种厚版本的国家概念滑动（shift）的过程。这样一种滑动，符合我们现代人对于国家的更多要求。韦伯之后一百年以来的现代世界的发展，已经表明我们人类的确是对现代国家应该发挥的功能有了更多的要求。自 1948 年联合国成立以来，联合国大部分的成员国都签署和接受了三个版本的不同的“人权公约”，我们国家更是将“保护人权”写入了宪法。

如果再加入考虑新近为政治理论界所关注的“失败国家”与“成功国家”的概念，我们就可以发现，失败国家就是自身连基本的政治秩序都无法保证。而且，不但其自身无法完成维护其基本秩序的功能，就是在有外力介入的情况下，仍然无法完成这样一种基本要求的国家。也就是说，失败国家就是一个无法满足“霍布斯条件”的国家。而一个正常的“成功国家”应该具备韦伯国家定义中的上述基本功能。一个饱满的“成功国家”则进一步成功地发展出了自我创新能力，不但自身能够持续成功，而且能够带动关联国家持续发展。因此，成功国家实现了包括“洛克条件”但不限于“洛克条件”所提出的诸多现代功能。可以说，我们已经为现代国家的“正当性”注入了越来越丰富的内在含义。而正是“正当性”现代含义的不断丰富，才为我们不断撑开了我们自身对于现代国家应该发挥的功能的理解。

以“至上性”和“疆域性”为特征的现代政治主张，是对以“国家”为基本单位的现实政治所具有特征的一种真理性认识。在可以预见的未来，由这两种特征为代表的现代国家将继续表现为一种“封闭的”治理单元。这样一种“封闭性”仍然是对现代政治现实特征的一种真理性认识。相对于这两个特征本身所表现出的事实性特征，“正当性”特征可以说是现代国家的一种规范性特征。现代国家如果无法满足“正当性”这样一种规范性要求，则其本身一定只能是一种干瘪的，最低限度的底线国家。而只有在不断满足人们对于现代国家的这样一种规范性的要求的基础上，才能够使得现代国家的内涵变得更加地饱满与充实。

大致说来，我们可以把马基雅维里看作是“疆域性”，即“事实意义上的封闭性”主张的代表，把霍布斯看作是“至上性”即“法理意义上的封闭性”主张的代表，而把洛克看作是正当性即我们后来所说的社会通向善改进主张的代表。[①] 只有将这三个基本要素相互嵌套在一起进行理解，我们才能够获得关于现代国家封闭性的充分说明，也才能够获得国家何以通过封闭方式强制分配社会善的完整说明。

在关于国家封闭性的这些说明中，“至上性”问题关联于人类制度规范性质的现代争论，具体表现为法哲学领域的法律实证主义与自然法思想的争论。“疆域性”问题关联于认识人类政治面貌的政治哲学争论，具体表现为理性主义与道德主义路线与多元主义和现实主义路线的争论。而“正当性”问题则关联于人类价值规范的来源以及“现代性”基本特征的讨论。这些主题至深至幽，我们早晚会在那些正面的论辩战场上重新卷入

① 洛克之后的英国功利主义认为，如果一个政府不能够实现整个社会的善改进，那么这个政府就是坏政府。不论功利主义作为一种理论后来被发现存在着多少问题，它在近代所发挥的这样一种特殊功用则是无可替代的。

与这些概念相关的争论。囿于话题的选择与篇幅，本章则只就与我们主题相关的问题展开部分的讨论。

我们提出，现代国家事实上可以从三个方面被我们大家所期望。也就是说，我们期望现代国家应该“足够统一、足够强大、足够规范”①。它们分别对应着我们所分析的“疆域性”、“至上性”与“正当性”。一个理想的现代国家，应该是“大政府、大社会”，而不是“大政府、小社会”。大政府不是臃肿，而是应该拥有与其现代功能搭配精当的强大能力。它应该足够强大，足以保证社会秩序与社会规则体系的推行，同时也足以保证既有领土的完整性。但是它也应该足够规范，足以让其疆域内的公民能够更愿意接受其本身疆域内的现有生活模式，而不是采取以脚投票的方式，另寻他们心目中的希望之乡。

---

① 国内学者任剑涛在其近期的论文中也已经注意到了现代国家的这三个标准。参见任剑涛：“建国三个时刻：马基雅维利、霍布斯与洛克的递进展现”，《社会科学战线》，2013 年第 2 期。

第五章　作为悲剧冲突的政治

从政治现实主义的视角来看，国家政治就是走出无政府状态（自然状态与战争状态）的状态，而国际政治就是在仍然没有能够走出无政治状态的状态：仍处于自然状态与战争状态的状态。国际关系理论就是寻找对这种状态的解释，以及寻找在现有状态下的自保之道（包括冲突与结盟合作之道）。但是，对于人类为何陷入战争状态，以及人类政治生活必然存在的原因，政治理论讨论中存在着争论。争论的话题之一，就是到底把政治看作是善与恶的关系，还是把政治看作是一种悲剧性的冲突关系。本书主张，人类政治是一种悲剧性的冲突关系，而不是一种善与恶的斗争关系。前者坚持政治是自主的，因而前者对于政治问题的看法是非基础主义的。相反，后一种立场，则是一种关于政治生活的基础主义立场。

1. 对“邪恶轴心”理论的批评

本章将批评以“邪恶轴心”说为代表的政治理论。“邪恶轴心”说是关于政治的一种善恶理论，该理论认为人类政治是善与恶的较量。而本书则认为，人类政治是权力的永恒冲突，政治更多地表现为一种悲剧关系而非善恶关系。因此，关于政治的悲剧理论要比关于政治的善恶理论更有利于准确地分析和理解我们人类的政治生活。悲剧理论不认为哪个政治行为体是生而邪恶的，它主张国与国之间的关系在本质上是由权力机构的基本形态所决定的，所以不同国家之间的冲突与竞争注定是悲剧性的，但是这种悲剧并不可被归结为人性之恶。在分析人类政治事务的过程中，邪恶理论、自然正义理论以及进步主义等理论注定是不成功的。

权力与权力竞争是现实主义考察政治问题的核心，因而，竞争模式是现实主义考察政治的核心模式。权力竞争的不可避免性，以及人类由此而不得不处于这样一种竞争结构当中，这一点所体现出的人类的无奈现实，被现实主义认为是“人类永恒的悲剧”。在国际政治理论领域，汉斯·摩根索把冲突看作是政治生活不可避免的一部分，并且从不讳言他对人性的悲观看法。K·汤普森将摩根索的这一人性论假设称作“现实主义的悲剧血统”。

权力、权力竞争，以及由二者所造成的权力结构，构成了人类不得不置身其中的政治现实。这一基本现实呈现出一种“必然性”（necessity）特征。由现实主义所揭示的这种必然性特征为一些学者所质疑。①但是这种质疑要想成功，就必须证明人类除了权力的竞争模式之外另外还有选择，或者是证明人类可以面对权力竞争的基本结构而不受这一结构所束缚。

政治竞争的悲剧特征被现实主义认为是人类所必须面临的一个基本现实。在当代以伯林为代表的伦理多元主义那里，这一点再次为伯林等人以另外一种不同的方式所强调。伯林甚至将重大价值问题上的冲突与牺牲视作人类所面临的深刻悲剧。“于是，选择的需要，为着一些终极价值而牺牲另一些终极价值的需要，就成为人类困境的永久特征。”②

悲剧意识传统已久，并且为诸多理论家所共享。但是将政治的悲剧性突出出来并作为家族遗传的，则非现实主义莫属。古典现实主义对人性表示悲观，进而强调政治的悲剧性。后来的结构现实主义假定人性假设即便去除，政治的结构性特征本身也注定了政治的悲剧性。人性观与结构观只是认识顺序上出现有先后，回到修昔底德的《伯罗奔尼撒战争史》，在所蕴涵的要素层面并无先后之分，而是同时并存的。价值多元主义出现以后，价值冲突的不可避免性被视为一种真理性认识。价值多元主义支持政治现实主义对于政治的看法主张，与政治现实主义共享着对于政治的分析模式，同时也进一步强化了现实主义由来已久的悲剧意识。

9·11 事件之后，美国总统布什在其 2002 年 1 月 29 日发表的国情咨

---

① Nicholas Rengger, Realism, Tragedy, and the anti - Pelagian Imagination in International Political Thought, in Michael C. Williams ed., *Realism Reconsidered: The Legacy of Hans J. Morgenthau in International Relations*, Oxford University Press, 2007.

② 伯林：《自由论》，胡传胜译，译林出版社 2003 年版，第 49 页。

文中，措辞强硬地把伊拉克、伊朗和朝鲜列为“邪恶轴心”。认为他们在大规模地发展和扩散核武器与生化武器。

“邪恶轴心”（axis of evil）一词最早是由布什的御用写手大卫·弗鲁姆炮制出来的。起初名为“仇恨轴心”（axis of hatred），而且仅指伊朗和伊拉克。布什把“仇恨轴心”改为“邪恶轴心”，并顺手把朝鲜列入名单。

这一术语的使用招致了很多批评。有学者认为这一术语措辞不当，认为布什所提到的这三个国家并无任何合作，他们从来没有签署过任何外交条约，无论是公开的还是秘密的。因此，沿用这一容易引起人联想到二战的术语确属不当。把三个国家捆绑在一起容易误导公众。这一术语不管是在理论上还是在事实上都是充满争议的。美国曾指控其伊拉克拥有大规模杀伤性武器，并且指控其暗中支持恐怖组织。这些指控构成了美国发动伊拉克战争并进而推翻萨达姆政权的理由。而事实上，美国参议院特别委员会在伊拉克战争之后经过调查核实，已经证明对于伊拉克的大部分指控缺乏证据支持。

布什将朝鲜列入“邪恶轴心”的做法使得美国与朝鲜的关系急剧恶化，加剧了半岛局势的紧张。半岛局势注定是复杂的，美国的这种武断处理注定要在外交上付出长期而惨痛的代价。也难怪克劳萨默尔（Charles Krauthammer）暗讽美国政府把朝鲜列入名单，不过是为了要表明，美国在穆斯林之外还另有敌人。有学者认为此举不过是为增加导弹防御经费提供支持。①也有学者指出，美国此举是其冷战逻辑的延续：“人们可以清楚地察觉到，其间隐含着一种强烈的愿望，要回归那种大家所熟悉的二元的黩武主义的思维模式，该思维模式曾一直支配着冷战时期的外交政策。新美国外交政策要重建存在于冷战时期的秩序与自信意识：一个内外有别的世界，用布什总统的话来说就是，‘你要么站在我们一边，要么就是反对我们。’”②

作为布什政府外交政策支撑的，是其保守主义的意识形态。这种意识

① Anne Applebaum, “North Korea: Threat or Menace? Does North Korea Deserve its Ranking as a Member of the ‘Axis of Evil’?” *Slate*, 2002 - 02 - 12 .

② Roland Bleiker, “A rogue is a rogue is a rogue: US foreign policy and the Korean nuclear crisis”, *International Affairs*, Vol. 79, No. 4: 719 - 737 , pp. 731 - 732.

形态包含了某种形式的进步主张。该意识形态相信，在我们的政治生活中存在着真理与谬误之分，真理终将战胜谬误。你要么是我们的朋友，与我们一起站在真理一边；要么是我们的敌人，站在与我们对立的错误的一边。二十世纪九十年代后期以来被国内政治哲学界所持续关注的施特劳斯学派即被认为是布什政府保守主义意识形态的理论根源。施特劳斯派主张“封闭社会”，认为在封闭社会中存在着真理与谬误的斗争。但是可以断定，以这种面貌出现的进步主义并不适用于国际关系领域，对于复杂多变的世界而言，这样的一种封闭的理论显得过于简单了。要想准确理解国际关系的复杂事务，诉诸政治现实主义是一个更为明智的选择。

我们可以从两个方面来理解政治现实主义在思考国际关系问题时的开放视野。首先，政治现实主义认为人类的政治生活是一种悲剧关系而不是一种善恶关系，因而，由于这一特性的限制，国际关系领域的进步是异常有限的。其次，政治现实主义支持人类价值领域的多元主义，这就为我们对于政治哲学的研究提供了一种现实主义的解释模式，该模式强烈批评传统的理性辩护模式，认为后者把政治对手排除出了我们的政治考量。

2. 悲剧关系与善恶关系

对于国际关系问题的分析一直存在着一种二元对立，这种对立有时被描述为在恶理论与悲剧理论之间做出选择。在其由莱因霍尔德·尼布尔（Reinhold Niebuhr）作序推荐的名著《纷争与合作：国际政治论文集》一书中，阿诺德·沃尔弗斯（Arnold Wolfers）最早对两种理论做出了区分。[①]随后，学者斯皮塔斯[②]和雷塞尔、汤普森[③]等也都在其文章中分别强调了两种理论之间的区分。

---

① Arnold Wolfers, *Discord and Collaboration: Essays on International Politics*, Johns Hopkins University Press, 1962, pp. 83 - 84.

② Michael Spirtas, “A House Divided: Tragedy and Evil in Realist Theory”, *Security Studies*, no. 5, 1996, pp. 385 - 423.

③ Karen Rasier and William R. Thompson, “Malign Autocracies and Major Power Warfare: Evil, Tragedy, and International Relations Theory”, *Security Studies*, 10 (2001), pp. 46 - 79.

阿诺德·沃尔弗斯提出:“现实主义学者一直在寻求解释国家为什么事实上像被我们所假定的那样去行动,或者为什么它们不得不如此行动。他们给出了两种不同的解释。按照第一种解释,人性如此,作为个人或国家的人受到永无餍足的对于权力的苛求欲或权力欲望(*animus dominandi*)的驱使,会像动物掠食一样去行动。而且,其权力意志,当它们从较小的受挫的个体被转移到国家集体时,就会表现为更大的规模,从而产生无所不在的为生存而进行的斗争。

“按照第二种解释,这种解释已经获得了不少的支持者,对于权力的追求不是由于对于权力的欲望之类的,而是由于人类对于安全的一般渴求。多主权下的无政府体系的不安全使得行为体被迫寻求权力最大化,尽管这样做也许会违背他们的真实愿望。于是,这就构成了一种悲剧性讽刺,所有的行为体发现他们不得不为了安全而卷入为了生存而进行的斗争,而这又导致更大的不安全。这一‘恶的循环理论’(‘vicious circle theory’)要比权力欲望(*animus dominandi*)理论更能让政治家和老百姓显得不那么恶;它所做的,就是用悲剧来替换恶,把‘疯狂的恺撒’——哈罗德·拉斯维尔(Harold Lasswell)称之为纯粹权力模式的人类(学)政治(*homo politicus*)——替换为‘歇斯底里的恺撒’,他为恐惧所萦绕,追求虚妄的绝对安全。”①

按照恶理论,国际关系的窘境源于根植于人性中的恶。一个自然的结论就是:随着恶的消除,国际关系的状况有望改善。这是一种进步主义的思考路径。雷塞尔与汤普森也就性恶说与悲剧说进行了区分。他们指出,摩根索式的解释假定了人缺乏善,认为国际政治所发生的一切是由行为体本身的缺陷造成的,要归结为一个国家的内部结构、制度、意识形态,野心,破坏性的与掠夺性的战略等等。由于对于既有权力的不满而导致侵略以改变不利的现状。雷塞尔与汤普森还说,如果觉得邪恶(evil)这个字眼不好,我们也不妨称之为“坏苹果”说。

而另外一种思考路径为体系说,该学说认为国际无政府状态的系统

① Arnold Wolfers, *Discord and Collaboration: Essays on International Politics*, Johns Hopkins University Press, 1962, pp. 83 - 84.

特征导致了安全困境和不同国家之间的角逐。古希腊人用悲剧来指那些导致意想不到的坏后果的事情，上帝掷骰子以决定人类胜负，而这一切都不在人类的掌控之中。他们无力决定政策，体系使然。[①]与恶理论不同，悲剧理论强调，国际关系的状况是由权力结构的特性决定的。因此，不同国家之间的冲突与角逐可能是悲剧性的，而这并不能够被归结为人性恶。

就结构所造成的安全困境的不可避免性而言，这的确可以被称作是悲剧性的。因为每个行为体都在从事着他们自己认为是正确的事情，而就他们所处的状况而言，这些事情本身也是应该去做的。但是每个行为体本身的合理行为所造成的结果，却是与自己的期望相反。每个国家出于安全而采取行动，结果却变得更加不安全。

恶理论暗示我们存在着善恶冲突，而一个美好的世界依赖于善击败恶。而悲剧理论则只是告诉我们，不同国家之间的冲突是不可避免的，一个更为美好的世界倚赖于我们的选择，而与人性的善恶无关。

恶理论与悲剧理论都承认政治生活的阴暗面，他们甚至共享分析政治生活的互竞模式，但是由于前者相信政治生活就是善击败恶，因而它相信在我们的政治生活中存在着某种形式的进步。而且，既然人性恶理论假定人在本性上是恶的，则它就必然构成某种形式的基础主义立场。而把政治生活还原为某种政治以外的要素，这与政治现实主义的最终假设多少存在着矛盾之处。也就是说，假定坚持某种形式的基础主义，则恶理论本身就会假定对于政治生活中所存在问题的解决依赖于政治以外的因素。而这也是政治现实主义所不愿意看到的。

3. 政治是悲剧性循环还是进步与改良？

在国际关系领域，对于政治的悲剧性特征是否不可避免这一主题，近年来也展开了一场相当热烈的讨论。该话题由伦敦大学的弗罗斯特与剑桥

① Karen Rasier and William R. Thompson, “Malign Autocracies and Major Power Warfare: Evil, Tragedy, and International Relations Theory”, *Security Studies*, 10 (2001), pp. 46 - 47.

大学的梅奥在2003年的争论中被挑明，而在勒博[①]、伦杰[②]、欧本[③]、布朗[④]等人的参与与回应中得到强化。追溯源头，可以说从国际关系领域的新自由主义与建构主义风行开始，就已经埋下了对于政治悲剧性主题的方法论挑战。

伦杰指出，至少在结构性现实主义者华尔兹那里，悲剧不悲。华尔兹认为我们只需要认识到现实主义的选择是由国家间政治的结构特征所决定的就可以了。悲剧像是某种“价值”，而社会科学是主张“价值中立”的。[⑤]不过，同样是结构性现实主义的代表人物，米尔斯海默就并不回避使用和讨论“悲剧”一词。

当代国际关系学者勒博在其《政治的悲剧幻象》一书中，用他所称之为建构主义的方法重新解读了修昔底德、克劳塞维茨与汉斯·摩根索。他对人们自阅读修昔底德起就默会承认的政治的悲剧性提出质疑，认为如果从建构视角来阅读《伯罗奔尼撒战争史》，则这个历史是由对话、身份、荣誉与参与构成的人类的互动史，传统所主张的悲剧感可以在这一新的阅读线索下得到消解。政治并不总是像现实主义者所认为的那样是消极被动的。

伦敦大学的弗罗斯特与勒博持有相同的立场。与二人观点不同，剑桥

① 参见 Richard Ned Lebow, “Thucydides the Constructivist”, *American Political Science Review*, 95 (2001), 547 - 560; Richard Ned Lebow, *The Tragic Vision of Politics: Ethics, Interests and Orders*, Cambridge University Press, 2003; Richard Ned Lebow, Tragedy, Politics and Political Science, *International Relations* 2005 19: 329; Richard Ned Lebow, Lebow, “Texts, Paradigms and Political Change”, in Michael C. Williams (2007) ed., *Realism Reconsidered: The Legacy of Hans J. Morgenthau in International Relations*, Oxford University Press; Richard Ned Lebow, *A Cultural Theory of International Relations*, Cambridge University Press, 2008。

② Nicholas Rengger, “Tragedy or Scepticism? Defending the Anti - Pelagian Mind in World Politics”, *International Relations* 2005 19: 321; Nicholas Rengger, “Realism, tragedy, and the anti - Pelagian imagination in international political thought”, in Michael C. Williams (2007) ed., *Realism Reconsidered: The Legacy of Hans J. Morgenthau in International Relations*, Oxford University Press.

③ J. Peter Euben, The Tragedy of Tragedy, *International Relations* 2007 (21): 15 - 22.

④ Chris Brown, “Tragedy, Tragic Choices and Contemporary International Political Theory”, *International Relations* 2007, 21: 5 - 13.

⑤ Nicholas Rengger, “Realism, Tragedy, and the Anti - Pelagian Imagination in international Political Thought”, in Michael C. Williams (2007) ed., *Realism Reconsidered: The Legacy of Hans J. Morgenthau in International Relations*, Oxford University Press, pp. 120—122.

大学的梅奥认为这种立场无法解释国际关系的悲剧维度，这是其理论的一个弱点。

弗罗斯特指出，我们所熟知的悲剧主人公俄狄浦斯、安提戈涅、阿伽门农、哈姆雷特以及浪漫悲剧罗密欧与朱丽叶，其基本特征均为，一些本身很好、值得赞美的人，遇到了一些特殊问题，他们依照自己惯有的核心伦理原则而行事。而他们如此行事的结果则既伤害了自己，也伤害了他人，而且还同时破坏了他们所一直坚守的伦理原则。"在戏剧中，使得行为成为悲剧的，是主人公发现自己处在这样的处境中：做伦理上正确的事情，却给自己和关联者带来了伤害。"[①] 做正确的事情，却带来了痛苦的后果。这是我们所熟悉的这些悲剧的共同特点。有时，主人公只是事后才知道，自己所做的认为是合乎伦理的行为，却是伤害的肇因。在这里，主人公在行事时并没有看到悲剧性的后果，而观众却看到（或料想到）了。而在另外一些时候，在主人公做出决定与付诸行动时，悲剧性已经展现。

弗罗斯特的总结多少有点将古代希腊人物进行道德化的缺陷。古代希腊悲剧更多地展现的是自由行动与命运的悖谬关系，讲述的是在不可抗拒的命运面前的人类的无奈抗争。只有近代如莎士比亚的悲剧，才是他所说的这样一种纯粹的伦理冲突。而弗罗斯特这么做，就必然把悲剧一词刻画为指涉为了某种伦理理由去行动而造成相应的消极痛苦的后果。他进而认为，所有悲剧的核心都是伦理竞争（agon）[②] 很显然，这种归结是错误的，起码是片面的。悲剧体现的是冲突（conflict）的不可避免性、选择的困境（dilemma）以及前行与后效的反差（irony）。这是悲剧的三个基本构成要素。不过它包含着伦理的冲突，但是绝对不限于伦理的冲突。古特布罗德在其作品中已经很好地阐释了这三个要素及其相互关系。[③]

关于国际政治中的悲剧事件，弗罗斯特列举了很多。本书在这里补充两个：一个例子是本·拉登及其基地组织。本·拉登是当年美国中央情报局一手扶持起来的，在完成了抵抗苏联的任务后成为了美国最为头痛的敌

① Mervyn Frost, "Tragedy, Ethics and International Relations", *International Relations* 2003, 17: 477 – 495, p. 480.

② Ibid., p. 482.

③ Hans Friedrich Gutbrod, *Irony, Conflict, Dilemma: Three Tragic Situations in International Relations*, University of London Press.

人。第二个例子，中国与越南。在中国长期支持下独立的越南，很快成为中国最难对付的邻邦。这两个例子全都符合前述的悲剧三要素。要说明的是，这里的冲突是因应当时环境本身时在不同的选择之间的冲突。

弗罗斯特在自己的文章中提出一个值得我们思考的现象。在国际研究中，我们教导学生阅读柏拉图、亚里士多德、马基雅维里、霍布斯、康德、黑格尔、洛克、边沁、密尔、罗尔斯的著作，分析诸如正义、平等、自由、人权等概念，但是却并不要求他们讨论悲剧话题。为什么不要求，难道说这是当代政治学教学研究的一个缺陷吗？①

弗罗斯特的问题的一个变换说法是：悲剧传统能否有助于国际关系伦理领域的规范研究？②在本书看来，弗罗斯特这一提问是对问题的一个再次误置。他自己也意识到，悲剧无助于回答规范伦理问题，因为规范伦理是指向未来，而悲剧则是刻画过去。但这并非问题的关键。问题的关键是，古代希腊以来的悲剧传统在国际关系领域有着特殊的含义。作为一种戏剧艺术的悲剧只是一种文学表达形式，而沿着这一传统引申出来的悲剧意识在国际政治领域的体现，讲述的是某些要素决定了政治本身的冲突的不可避免，选择的困境（如伯林在描述价值的多元冲突时所强调的那样，选择某种价值本身就意味着必然要牺牲另外一些价值）的存在充满了悲剧色彩，而这种有代价的选择也就注定了后效的反差。这种反差强化了整个事态的悲剧感。

如果是这样，则国际政治领域的悲剧意识（汤普森所说的现实主义的悲剧血统）表现为一种关于人类政治状况的真理性认识。说它只是表现为一种真理性认识，是说对于它的证明或证伪都是一件非常复杂的事情。选取任何一个方向去努力，都需要有大量的基础假设要澄清。但是假如这种悲剧意识被证明为的确是一种真理性认识，则它对国际关系的研究的首要贡献，不是提供一种规范性选择，而是提供一种范围的界定与澄清。简单说来，这种悲剧意识所指涉的对象一旦被确证，即宣告政治只能以某些形式来谈论。原因很简单，它所揭示的是人类不可避免的某些行为

① Mervyn Frost, “Tragedy, Ethics and International Relations”, *International Relations* 2003, 17: 477–495, p. 480.

② Ibid., p. 485.

或事态或生存结构。既然它宣称了这些行为、事态或结构是人力所不可及的，则这种发现本身就自动成为了人类进行选择的局限条件，而不再成为人类可以有所作为的对象。而所有反对悲剧存在的主张都是想表明，这种悲剧意识所指涉的对象并非人类不可控制，因而也就是想证明，人类在所谓的悲剧意识所指涉的对象面前是可以有所作为的，因此，所谓的悲剧不应该再成为悲剧。它所指涉的对象不应该成为我们的限制条件。到了这一步，就必然要在对这种悲剧意识所指涉的对象抱着乐观态度还是抱着悲观态度之间进行选择了。如勒博所言，人类必须承认其局限，并在此局限范围内生活。①

弗罗斯特认为戏剧中的人物不可能通过行动来改变悲剧结果，因为这一结果是悲剧本身所要求的。因此，悲剧只是一种可能，“通过行动来改变悲剧结果”是一种无意义的说法。而“悲剧传统教育可以帮助我们认识伦理问题，也能帮助我们理解这些问题的某些关键要素。”②也就是说，他认可悲剧教育展现伦理困境，但是并不认为对规范伦理能够起到什么实际的促进作用。悲剧展现了我们伦理实践的复杂性，但是仅此而已。伦理问题的解决需要规范伦理学。弗罗斯特甚至意识到，即便悲剧向我们展现了伦理决定的社会环境条件，实际的伦理问题仍然需要另外展开。③ 不过，基于其建构主义的理论观念，弗罗斯特最后仍然把问题拉回了改变造成悲剧的环境的问题。“在传统社会中，制度结构在本性上被认为是由众神（或一个神）给予的，或者被认为就是‘给定的’，不可改变的。也正因为这样，人们认为从悲剧出发并不会得出制度改革的思想。但是现在我们不再认为社会实践是静态的、稳定的，一劳永逸给予的。相反，我们充分意识到转换的可能性。简而言之，我们充分意识到，既有的社会实践在广泛的意义上是处于社会建构中的。”④

在这种建构意识的支配下，问题的争点从悲剧意识指涉对象是否可能

① Richard Ned Lebow, *The Tragic Vision of Politics: Ethics, Interests and Orders*, Cambridge University Press, 2003, p. 366.

② Mervyn Frost, “Tragedy, Ethics and International Relations”, *International Relations* 2003, 17: 477 – 495, p. 486.

③ Ibid., p. 488.

④ Ibid., p. 489.

为真的问题直接跳跃到了能否改变社会结构，消除产生悲剧的制度因素的问题。我们不会否定社会建构的积极作用，但是这种跳跃留下了一个很大的待讨论的问题空间。这种跳跃直接就否定了在我们政治生活中悲剧意识指涉对象作为一种真理性认识的可能。它的假设是：所有的悲剧的产生都源于相应的体制框架，而所有的体制框架都是人类实践范围内可加以重新塑造的。但是它没有给出论证：假如有些悲剧意识指涉对象是一种真理性认识，怎么可能就认定这些悲剧的存在就是可以消除的？怎么可以相信所有的体制框架都是可以重新构造的。况且，悲剧并不全都产生于某种体制框架，它可能表现为某些行为，可能表现为某种事态，也可能表现为某种生存结构。即便某些生存结构表现为体制框架，但是仍然有某些生存结构注定要落在体制框架所能关涉的范围之外。而对于某些转瞬即逝的事态或行为，我们就更无法以体制框架来框定它们了。我们为某个事物惊鸿一瞥之美而触动，但是转瞬之间这种美就惨遭破坏。我们在既定时间空间中的这种悸动，因为它的转瞬即逝而展现为悲剧。即便你能向我解释它部分地关联于某种或某些体制框架，但是你却不能说在既定时空条件下其悲剧性可以逆转。建构主义的信心在弗罗斯特这样的表述中显得过满。它忽视了：1. 一些存在特性乃至存在结构是复杂的和难以控制的；2. 某些行为和事态不在某些体制框架的范围内；3. 特定时空条件下的悲剧性是无法用建构的承诺来兑现的。

尽管如此，我们仍然可以收缩范围，把建构主义的承诺集中在事态稳定的，关联于某些体制框架的，大概率事件的范围内。在这些限定的领域内，如果充分发挥人类的建构本领，我们也许的确会收获颇丰。但是，我们仍然需要建构主义来说明，现实主义所提出的悲剧性事实在什么意义上是可以被否定的？只有在这个问题得到严肃的厘清说明以后，我们才有可能谨慎地提出，某些悲剧性冲突是可以避免一再发生的。①

弗罗斯特用南非废除种族隔离政策和欧洲走出两次大战的阴影，构造一个欧洲公民社会的例子来表明社会建构的巨大力量。②这些例子说明了

---

① Mervyn Frost, "Tragedy, Ethics and International Relations", *International Relations* 2003, 17: 477–495, p. 492.

② Ibid., p. 493.

建构的可能与现实，是一个鼓舞人心的状况。但是它并没有能够正面回答现实主义的悲剧担忧。不过这些例子中一些事态的变迁的确表明，有时，在一些事关体制约束的问题上，我们过于悲观地把既成事实当成了真理性的悲剧存在。社会建构主义者为我们能够打破这些偏见而欢欣鼓舞。而这对于现实主义的提醒则是：哪些事态只是一种悲剧性现实，我们如何避免把既成事实描述成为不可更改的真理性认识？或者，如何在可以更改的既成事实与不可更改的真理性认识之间做出区分？这种区分的界限与标准分别是什么？

在回应弗罗斯特的文章中，梅奥指出，“悲剧不是错误的结果，也不是没有能够准确地计算出特定政策的相应后果。相反，悲剧是这样一种结果：当遇到两个同时正确的观念时，只有其中的一个能够占上风。这之所以是悲剧的，部分地是因为，一种正确观念的失败并不自动就表明它是错的——即便胜方试图这样认为；不过，部分地还因为，失败方别无选择，只能承受这样一种结果。这也是我们会典型地把悲剧性选择描绘为互竞的之原因所在。”① 这一表述，与伯林关于价值多元主张的表述共享着相同的结构。

梅奥批评弗罗斯特试图用部分成功的例子来引申出普遍结论，认为即便个例成功，仍然无法表明这种成功能够适用于其他的政治情景，更不能改变国际政治的悲剧性结构。梅奥提出，国际政治的复杂性使得采用统一的道德判断标准来衡量政治变得不可能。如果世界的确如人们所抨击的那样是一个帝国主义统治的世界，则政治道德必然起码存在着二元标准。在当代世界中，要想评价国际关系，我们必须具体说明生活于其中的秩序。梅奥认为这个世界存在着三种可能的秩序：“1. 帝国秩序，如罗马帝国统治下的和平（*Pax Romana*），大英帝国统治下的和平（*Pax Britannica*），以及可能的，在当代，美利坚帝国统治下的和平（*Pax Americana*）；2. 基于尊重主权，不干涉内政，领土完整，权力平衡的国家社会；以及 3. 基于平等权利的世界主义的人类社会，要么废除国家与政府，要么所有国家

① James Mayall, “Tragedy, Progress and the International Order: A Response to Frost”, *International Relations* 2003, 17: 497 - 503, p. 498.

都采取相似的政体与价值。”①

梅奥认为，只有在最后一种秩序中，才有弗罗斯特所期望的进步可言。这种进步基于对于人权的保护和生活质量的改善。这是一种自由主义的进步观。即便如此，世界秩序仍然是脆弱的，且不说末世论进步说可能会攻击这种自由主义的进步观，单是要取得这种进步观所赖以成立的压倒性共识这一点，就足以让这样一种进步观承载过多的——近乎不可能完成的——任务。而且，梅奥认为，在现实操作层面，要想用自由主义的共识来取代权力政治，需要的是一系列大国的艰苦努力。但是不管是二十世纪七十年代的卡特政府还是二十世纪九十年代的布莱尔政府，在他们推行其自由民主的价值观时，无不遭到指责，被认为是采取双重标准，打着民主自由的幌子谋取自己国家的利益。怨恨与不满从不缺乏。在现实世界中，某些大国内部确实存在着自由主义的进步，但是在主权与人权的关系问题上，在超越不同秩序构造进步的问题上，迄今为止，我们遇到更多的是分歧和争执，而不是共识和进步。

梅奥也提出，这种价值观背后是以康德永久和平思想为依托。但是以这样一种民主模式来解决政治问题是充满争议的。在本书看来，这种争议主要还不是梅奥所说的在现实实践中遇到的困难，而是体现在康德式理性主义世界观本身的困难。对于理性主义世界观与政治的关系，以及采用理性主义的建构模式构造人类伦理生活与政治生活规范可能遇到的理论困难，我们将在另外的章节中加以讨论。

4. 修昔底德与悲剧传统

由修昔底德而引发的话题无疑是非常丰富的。他注意到，战争开始时的希腊城邦国家是一个有着等级区分的国家体系。在这些体系中，强国比弱国要对体系的改变具有更强的影响力。“使战争不可避免的真正原因是雅典势力的增长和因而引起斯巴达的恐惧。”当代现实主义理论家在讨论霸权体系的产生与变迁，单极与两极何者更为稳定等问题时，他们会从修

① James Mayall, “Tragedy, Progress and the International Order: A Response to Frost”, *International Relations* 2003, 17: 497 - 503, p. 500.

昔底德的作品中汲取资源。而关于因竞争而产生的安全困境，国内政治与国际政治的不同特点等问题，国际政治的非道德性等问题，在修昔底德的作品中也都有着具体直接的历史实例。现代国际政治的基本格局，其轮廓依然与修昔底德时代无异，人们对于这种格局的认识似乎是更加精细与深入了。但是在面临这种大的格局变动时人类所能够介入干预的程度，起码在性质上并没有前进太多。而这一点，体现出的也许正是人类政治的永恒悲剧。

修昔底德把注意力集中在描述人们在政治社会中实际上是怎么做的，而不是去讨论人们应该怎么做。《伯罗奔尼撒战争史》与《理想国》对照阅读，前者描述“是如何”，后者讨论“应如何”。这是两种风格截然不同的讨论路径。我们通常把前者称作经验的，而把后者称作规范的。而正是这种对真理与事实的客观性的追求，使得《伯罗奔尼撒战争史》成为了可以引起各种不同解释的典范文本。

当代国际关系理论有三个大的理论流派：现实主义、自由主义和建构主义。修昔底德历来被现实主义者奉为鼻祖，但是也有学者对于这一看法提出了质疑。康诺尔就认为我们可以从后现代立场来看待修昔底德①，而近来则更有人主张修昔底德应该被视为建构主义之父。②

《伯罗奔尼撒战争史》中的“弥罗斯对话”（或称“雅典将军在弥罗斯”）被现实主义者视作“现实主义的宣言”。③自霍布斯起，修昔底德看重权力和利益的算计在政治行为中的作用就被人们所特别强调。当代的新现实主义者起码在如下三个方面挖掘和继承了修昔底德的贡献：第一，修昔底德强调权力体系的分析，认为在国际无政府状态下，规范和公约不能

---

① W. R. Connor, “A Post - Modernist Thucydides?” *Classical Journal* 72 (1977): 289 - 298; W. R. Connor, *Thucydides*. Princeton: Princeton UP, 1984.

② Richard Ned Lebow, “ Thucydides the Constructivist”, *American Political Science Review*, 95 (2001), 547 -560; Richard Ned Lebow, Lebow, “Texts, Paradigms and Political Change”, in Michael C. Williams (2007) ed. , *Realism Reconsidered: The Legacy of Hans J. Morgenthau in International Relations*, Oxford University Press.

③ Beate Jahn, ed. , *Classical Theory in International Relations*, Cambridg University Press, p. 30; Robert Gilpin, “The Richness of the Tradition of Political Realism”, in Robert Keohane ed. , *Neorealism and Its Critics*, Columbia University Press, 1986, p. 306.

保证和平;[①]第二,“使战争不可避免的真正原因是雅典势力的增长和因而引起斯巴达的恐惧。”这一经典表述被当代权力转移理论视为该理论之鼻祖。第三,这一表述被视为当代国际关系理论中“囚徒困境”说的最早表达:国际无政府状态使得国家为其安全而担忧,并促使他们采取行动,消除恐惧。[②]

勒博另起新说,主张我们应该视修昔底德为建构主义之父。不过,勒博的论证与其说是驳斥了对于修昔底德的现实主义的解读,不如说是开启了解读修昔底德的一个新维度。在勒博看来,“修昔底德乃建构主义之父。其历史(《伯罗奔尼撒战争史》)的潜在目的,是要讨论 *nomos*(风俗、习惯、法律)与 *phusis*(自然)的关系,以及这种关系对于文明的发展与保持的含义。他的作品不仅表明了语言与风俗如何构成了身份,以及这种身份的构成如何使得权力能够转化成影响,而且同时也表明了权力的运用如何能够破坏语言与风俗。”[③]

如果把勒博的建构式解读与既有的现实主义解读参照对比来阅读,我们会发现一个阅读修昔底德的新思路。我们会追问,为什么由斯巴达和雅典这两个集团的权力不均衡所导致的战争是必然的和悲剧性的,是我们不得不接受的?而像一个国家参战的速与迟、面对事件与事态变化时的作为与不作为、勇敢与鲁莽、灵敏与愚钝、理由的充分与否、荣与辱、利益与牺牲等等,诸如此类的问题,我们会认为当事方有着进行选择与决断的责任与义务,我们会对其选择的理由、选择的敏锐程度、选择的姿态等等有所臧否?

或者说,为什么有这么一些事情,它在我们的责任与义务的范围之内?是什么使得当事方在这些事情上的作为与否、如何作为,构成了我们的责任与义务?

修昔底德与古希腊三大悲剧家生活在同一个时代,同一个城邦。修昔底德的《伯罗奔尼撒战争史》被认为不乏悲剧意识与悲剧性的结构叙述,

① Kenneth N. Waltz, *Theory of International Politics*, Addision - Wesley Press, 1979, p. 186.

② Richard Ned Lebow, *The Tragic Vision of Politics: Ethics, Interests and Orders*, Cambridge University Press, 2003, pp. 66 - 67.

③ Richard Ned Lebow, " Thucydides the Constructivist", *American Political Science Review*, 95 (2001), 547 - 560, p. 547.

现实主义传统在奉其为鼻祖的同时也把现实主义自己认为的政治的悲剧感作为一种传统追溯至修昔底德。但是修昔底德自己并没有在行文中直接使用悲剧一词，因此修昔底德与悲剧的关系需要通过我们的阅读，通过文学评论家、哲学家与国际关系理论家的分析来得到证明。修昔底德与作为戏剧的古代希腊悲剧是什么关系？修昔底德自己在《伯罗奔尼撒战争史》中的叙述可以被认为是承载着这样一种悲剧叙述风格，传达着这样一种悲剧意识吗？修昔底德自己相信政治就是一种悲剧吗？修昔底德真如后来的国际关系中的现实主义理论家所说的那样，在自己的文字中传达了一种关于政治的悲剧意识吗？

目前为止，这些可能的疑问似乎都被不同的理论家所分析，并被不同的理论家以不同的方式所证明。下边我们就需要做一个基本的回溯，以考察这些证明的线索、可靠性及其意图。其中，借助前边已经讲到的一些当代学者如沃尔弗斯、斯皮塔斯和雷塞尔、汤普森就现实主义的罪恶传统与悲剧传统所做的区分，我们可以对修昔底德进行恰当定位。若再结合梅奥关于观察国际关系三个层次的划分，我们就能够清楚，修昔底德与现实主义悲剧血统的关系，呈现出的是我们对于政治的一种理解框架。修昔底德被称作这一理解框架之鼻祖，当之无愧。

把修昔底德列入悲剧传统而非人性论传统，意味着有些前提假设是修昔底德与当代的结构现实主义所共有，而与被称作古典现实主义的如尼布尔和摩根索所提出的一些假设不同。这种不同影响着我们对于政治的判断。在被共同认可的权力竞争模式中，我们似乎的确已经发现，人性是善的还是恶的，人的认识能力是完美的还是欠缺的，甚至人到底是理性的还是非理性的，其本身与政治所可能呈现出的竞争形态已经没有什么相互影响的关系了。那也就是说，在结构现实主义者看来（假如我们现在以倒叙的方式把修昔底德也列入结构现实主义行列的话），人性的善恶状态本身与政治的现实主义竞争模式无涉。

这个结论的一个重大麻烦就是，我们在诸多思想家那里，看到把人性的局限当成是理解政治局限性的原因或由头。尼布尔和摩根索的人性不完美说就是一个典型。我们能够这么强烈地接受结构现实主义的论断，否定人性假设以及否定由此路径来推断政治局限性吗？

这当然是一个重大的争论点，需要我们去权衡比较。对于这一问题，此处尚无定论。

那么，什么是现实主义意义上的人类的“永恒的悲剧”？什么又是我们必须尽到的责任与义务？勒博强调通过城邦内部的讨论对话来体现城邦与公民的身份互动，通过身份的确认来确定我们的责任与义务。他的这个结论是可以得到文本支持的。但是似乎只有把现实主义所考虑到的悲剧现实——用新现实主义者的话来说，是结构决定了悲剧的必然性——容纳进去，我们才能避免遗漏修昔底德作品展现的不同主题。同时，两个线索对照，我们会对人类所处的必然结构与人类积极活动的可能与边界的问题保持敏感。而在这个边界两端，密集着一些与人类群体生活密切相关的话题：运气、偶然、灾难、抗争，选择、意志……

勒博的解读还有另外一个缺陷，这个缺陷对于马克思主义者来说是很容易避免的。勒博所说的公民对话是在有参政权的公民之中进行的。马克思主义者很容易说这是代表着统治阶级的利益，而被统治阶级则被忽略了。不过马克思主义者的一个麻烦是，有人会认为政治决定权永远是掌握在统治阶级手中的，根据这一点，他们会认为马克思主义者的质疑对于解读修昔底德并不构成威胁。

勒博所处理的文本特征还可另外作解。那就是，国内政治与国际政治存在着相互影响。这一研究是当代国际关系领域的一个新主题，打破了国际关系研究中国际政治与国内政治井水不犯河水的旧传统。①

本书欣赏勒博新解对于阅读修昔底德的意义。不过本书倾向于认为，勒博的新解反倒是给何为政治的悲剧性划定了界限。在悲剧框架既定，且这一框架成为一个思考背景的情况下，勒博的工作提供了新理解。由于勒博的新理解牵涉到政治义务、政治规范与身份问题的关系，本书认为这一主题值得在后文展开讨论。但是就勒博所批评的现实主义解读，就后一解读所浸淫的悲剧性主题而言，本书认为勒博的解读对于该主题并没有丝毫触动。相反，由于他自己所展开主题的生动性，由于城邦各阶层所参与讨论的战与和、牺牲与迁就等主题的丰富性，反而方便我们在一个更为真实的背景下理解现实主义所强调的悲剧性。悲剧性主题也因为勒博所揭示主

① Fareed Zakaria, *From Wealth to Power: The Unusual Origins of America's World Role*, Princeton University Press, 1999.

题的展开变得更加清晰。

不过勒博的一个重要贡献是，他指出，在现实主义与悲剧作家那里，言与行是一种互为反馈的关系。“悲剧提示，古典现实主义者断言，所有的知识都是地方的（local），由于言（*logos*）与行（*erga*）的反馈循环，因而是暂时的和转瞬即逝的。”[①]言与行构成一种反馈的循环。[②]

尼采主张修昔底德是形而上学意义上的现实主义者，而不是政治意义上的现实主义者。[③] 这个区分很有意义。因为这个区分既肯定了修昔底德的现实主义面相，而且是在更为根本层面上的肯定，同时也敏锐地指出了修昔底德在政治层面的复杂性。目前的争论，修昔底德一方面在书中让雅典人反复重复自己的现实主义观念（第一次是在一次演讲中，第二次就是著名的弥罗斯对话），另一方面也让斯巴达人以一种解放的面目出现。由于力量、心理与形势的对比，我们经常会感觉到雅典人远离了慎思与正义，或者说他们以一种蛮横与鲁莽将自己与他人置入一种不义的境地。

“对于现实的修昔底德式揭示不可能被柏拉图主义者所接受，因为这是一个没有潜含观念的现实。”[④] 与此主张相关联，海德格尔提出：“不过修昔底德，《伯罗奔尼撒战争史》的思想者，并不能够克服支配尼采思想基础的柏拉图主义。因为尼采的哲学是形而上学，而所有的形而上学都是柏拉图主义，作为形而上学的目的，存在必须被视作价值；也就是说，它必须被看作是一种完全被限定的存在条件。”[⑤]在海德格尔看来，尼采不过是把柏拉图主义的形而上学来了一个颠倒，但是并没有颠覆形而上学本身。不过海德格尔并没有就修昔底德何以是尼采对于一切柏拉图主义的一种治疗直接发表看法。

对于海德格尔的辩白，我们也许可以做一个修补。我们应该看到，尼采反对柏拉图主义，其着眼重心是在价值问题上。也就是说，即便尼采同

---

① Richard Ned Lebow, *The Tragic Vision of Politics*: *Ethics*, *Interests and Orders*, Cambridge University Press, 2003, p. 306.

② Ibid., p. 41.

③ Darien Shanske, *Thucydides and the Philosophical Origins of History*, Cambridge University Press, 2007, p. 131.

④ Ibid., p. 132.

⑤ Ibid..

样注意到理念论本身对于世界的颠倒，但是尼采更为介意的，是伴随这种世界观而造成的道德主义后果。因此，即便海德格尔对于尼采在形而上学问题上的提醒与辩白是正确的，这也不影响尼采在价值问题上所聚集的对于柏拉图主义的憎恶与批判。引起尼采对柏拉图理性主义与道德主义——尤其是其道德主义——产生厌恶的东西，在修昔底德那里则完全不存在。

尚斯克称修昔底德的笔下的世界是一个“剧场的世界”（The “world of the theater”），而不是一个物理的世界。[①]尚斯克认为修昔底德走的是赫拉克里特的路线，就流变谈流变，就发生讲发生，认为就着世界上的万事万物，如其所是地去描述生灭变化，复杂关系。修昔底德通过外展而不通过演绎来描写事物，不去试图超越所是而追求其所应是，不去追问流变世界背后是否还存在着静止的，不动的，超越时空而变得永恒的东西。而这些修昔底德并不试图追问的东西，柏拉图则将其全部展开，因而也就呈现出了二者的重大差别。修昔底德是一个形而上学的实在论者，他就世界展现给我们的样子来一一叙述。而柏拉图是一个形而上学的观念论者，他要追究使得这个世界是这样的支配因素，他要给世界的现有样态一个超越的说明——即便这个说明有可能仅仅是他自己的发明。[②]

尚斯克认为，“由于其方法论上严格的非还原主义，修昔底德发现了一个领域，这个领域透露了我们这个世界的如如特征。”[③] “the world as it is”，佛教中称为“如如”，也就是“如其所是”。“如其所是”何以会让我们产生悲剧感？那是因为有时间的流逝而造成的无常（temporality）印象。一个流变的观念本身并不会带来悲凉情绪。但是当我们把具体的人物与事件嵌入这样一种流逝的过程中以后，物是人非就是一个必然。而这一点，尚斯克并没有能够向我们展开。同样，站在修昔底德的立场去看，一个没有流变可能的世界，就是一个虚假的世界。人有生老病死，城邦体制有成坏损灭。这样看到的世界再自然不过了。忽然间给我们构造出一个永恒不变的模式来，那显然是不自然的，也不属于我们这个具有流变特性的世界。而后一点，当然是指向任何形式的柏拉图主义的。

---

① Darien Shanske, *Thucydides and the Philosophical Origins of History*, Cambridge University Press, 2007, p. 9.

② Ibid., Chapter 4.

③ Ibid., pp. 132 - 133.

修昔底德寻求人类境遇在时间中的实现（a realization of the human predicament in time），因而表现了人类的无常（temporality）。弗斯特批评尚斯克在试图将 deinon 概念与 logos 概念关联时，分析维度过于狭窄。言外之意，我们并不能因为人类对于可怕事物的恐惧本身那么自然地推导出 logos 的存在。要想做出这种推论，还需要更多的铺垫。① 本书接受弗斯特的这一评价。尚斯克这本书在讨论修昔底德与赫拉克里特形而上学的关系的问题上是成功的。但是在分析修昔底德与希腊悲剧，在分析悲剧意识与 logos 的关系问题上，却都显得有些粗线条。

苏格拉底与修昔底德活跃在同一年代，修昔底德的《伯罗奔尼撒战争史》的成书时间还略早于《理想国》。在修昔底德那里，修昔底德对于属人世界之外的东西，除了命运之外，基本都采取回避与简化态度。他本人未必就是无神论的（霍布斯在其翻译的《伯罗奔尼撒战争史》后记中就不认为修昔底德是无神论）。但是他既然记述人间的战争，则对迷信传说采取一种“未知人，焉知天”的悬搁态度，努力去挖掘与人间事务直接发生关联的因素。以现代世俗眼光观之，修昔底德是简化的与朴实的，而柏拉图则是烦琐的与神秘的。整个《伯罗奔尼撒战争史》读下来，除了命运作为一个限制因素是人类所无法控制的之外，其他的记述都是关于人如何行为，如何对时局环境做出反应，这种反应的后效是如何被验证的。某种意义上，修昔底德甚至采取科学主义的态度来记述人。他愿意将事情极简化，“如无必要，毋增实体”。相比较之下，柏拉图的《理想国》则反其道而行之，力求以一种烦琐的思辨来评判这个世界。

① Edith Foster, “Review on Thucydides and the Philosophical Origins of History”, *Bryn Mawr Classical Review*, 2007. 07. 08.

中篇　合理性与规范性

实践哲学关心的核心话题是社会规范。任一社会规范均可表述为“某一原则P具有规范特征N”。围绕社会规范基本原则及其相应效力的来源问题的讨论一直是实践哲学（道德哲学、法哲学、政治哲学等）的一个关键性话题。自二十世纪七十年代以来，对于该话题的讨论逐步集中到了“合理性与规范性”（Rationality and Normativity）的关系问题上来。原因在于，从合理性出发解释规范性是一个非常强势的哲学传统，但是如果缺少对以“合理性”为中心的理性（reason，在具体的讨论中又作“理由”解）、推理（reasoning）、合理性（rationality）等相关概念的细致区分，我们的讨论将会疑窦丛生。因而，围绕这组相关概念（我们可称之为理性概念群）的考察将有利于我们明晰规范问题讨论的基础，从而为实践哲学的深入讨论奠定基础。

本书上篇提出“霍布斯条件”与“洛克条件”，并顺着“正当性与合理性是分级的”这样一个思考线索，进一步提出了关于国家的厚概念与薄概念。如果合理性是分级的，那么对于人类实践规范的评判就应该有另外一些不同的思考面貌。我们在人们通常所使用的基本概念如“理性”“合理性”“理性推理”等概念之间做出区分，逐渐把属于价值和规范评价范畴的“合理性”概念独立出来。经过了这样的抽离，我们的注意力将被收敛于人类主观价值和约束人类社会实践行为的客观规范。而约束人类行为的基本规范是有其基本特征的。规范问题的规范性注定具有社会性和持续建构性，它是人类自己构造和文化演化等因素的混合物。单一的意志论、单一的情感论、单一的实在论和单一的康德式建构论，多少都会让我们自身的理论陷入窘境。而规范就在那里，规范的约束力就以那样的方式在发挥着作用。人类实践面临着规范自在的现实，我们努力要在能动的个体、个体的理性能力与规范所发挥的约束力这样一些奇妙的现象之间寻找通道与平衡。但是假如能动者的理性能力注定是由内而外推演的话，那么它注定就会被笼罩在自在规范的实践现象世界之中。能动性具有封闭性，而这样一种特性注定会使我们从能动性入手来思考规范性的路线面临尴尬。本书只是部分揭示了这种尴尬，并且主张我们要把人们努力认识规范性这样一个问题，转变为人们自然践行规范的问题。也就是说，我们要认识到，人类实践是一种与人类认识不同的特殊活动。规范性在这样的特殊活动中将会很自然地得以展开。

将合理性评价与理性推理抽空分离，并将合理性视作是人类的一种价值评价活动。这样的一种结论目前为止仍然是“本质上有争议的”。但是本书特别愿挑起这一争议，以便于人们在规范性与能动性、理由与动机、契约论与契约至上论、规范的约束力量与人们相对于规范所可能保持的自由度等关键问题上展开认真讨论，从而让实践哲学所讨论的人类实践的实际面貌能够真实地得以展现。我们对于约束人类行为的道德规范、政治规范与法律规范有着太多的随附性说明，这些说明不是澄清了我们对于这些规范及其实际展开形式的认识，反而是混淆了不同性质的问题。因是之故，我们需要一种非常切实的全新理解。

第六章　理性的与合理的

在这一部分，我们将区分理性与合理性概念。本书认为，合理性是实践哲学的一个关键概念，合理性意味着对于事务的评价是参照特定约束环境的。因此，我们对于实践哲学的考察应该敏感于约束环境。区分理性与合理性概念，有利于我们揭示契约理论（契约论与契约至上论）的理论困境，并有利于重新思考政治哲学对于约束条件的敏感特性，罗尔斯在其《政治自由主义》《道德哲学史讲义》《政治哲学史讲义》中已经特别关注到了这一点。本书将合理性与特定环境联系到一起，将凸显实践哲学的环境约束特性。我们同时也可在理论上上溯，将合理性概念与合宜性概念（休谟、斯密）及审慎概念联系到一起。而当合理性概念与审慎概念的关系确定之后，我们就获得了我们所讨论话题——政治现实主义——所追求的一个重要美德。很显然，本书认为，政治现实主义对于审慎概念有着特殊的偏爱，二者之间的联系是一种逻辑必然，而非一种偶然事实。

实践哲学研究社会规范（政治规范、道德规范与法律规范），而社会规范终究需要能够有效地约束能动者（agent）个体。因此，具有理性能力的能动者与具有合理性评价与约束功能的社会规范之间的关系，就成为了实践哲学无法绕开的一个重要问题。由于能动者与社会规范之间存在着显而易见的张力，所以我们有必要导入一个中间概念即“合理性”概念，从而把“能动者、规则与规范（agent - rule - norm）”的关系关联起来，用以研究经过了哲学抽象后的“理性、合理性与规范性”

之间的关系①②。从“理性与合理性”概念的区分入手，我们可以发现以能动者为中心的个体理性与规范所发挥的合理性功能之间存在着巨大的鸿沟，从个体的理性能力无法直接导出规范所发挥的合理性功能。换句话说，在社会规范的义务体系与能动者遵守规范的动机体系之间存在着鸿沟。我们可以尝试多种新的方案以跨越这一鸿沟。新方案之一，就是从能动者出发，让能动者实现一种“认识的协调”。新方案之二，就是寻找一个不以理性能动者善端为先决前提的“成善机制”。

1. 理性、推理与合理性

围绕合理性（rationality）有两条思考线索，一条是康德主义的理性解释的线索，另一条则是通过休谟、斯密的“合宜性”通达亚里士多德的“审慎”“明智”的线索。本书将论证合理性概念关联于合宜性与审慎，是一个具体的内嵌的规范概念。而审慎是现实主义推崇的至上德性。也就是说，本书要论证，合理性概念与审慎观念紧密关联。将合理性与审

① 在实践哲学领域，最为关心“规范性”问题的不是伦理学家或传统意义上的哲学家，而是法理学家或者说是法哲学家。凯尔森是研究这一问题的代表，他对规范性问题的研究远早于哲学界。他的专著《关于规范的一般理论》（Kelsen，*Allgemeine Theorie der Normen*，Manz，1979）早在1979年就已经出版，而在1990年就已经被翻译成为英文（*General Theory of Norms*，Oxford University Press，1990）出版。相比较而言，根据芬利的统计，在哲学领域，1980年之前，以规范性为标题的哲学研究文章近乎为零，1980年代为3篇，1990年代为76篇，而2000年代到2010年为止为218篇。［Stephen Finlay，“Recent Work on Normativity,” *Analysis*，April 1，2010，70（2）：331－346.］最为有代表性的哲学专著当属哈佛大学的科斯嘉（Korsggard，*The Sources of Normativity*，Cambridge University Press，1996）。科斯嘉对于挑起当代规范性问题的哲学讨论功不可没。不过本书完全同意T. 内格尔对于其工作的评价：“柯斯嘉成功地挑起了关于规范性问题的哲学讨论，但是她并没有成功地解决规范性的来源问题。”鉴于科斯嘉在讨论规范性问题时所遇到的巨大困难，本书为自己的工作设定了一个更为谦虚的目标：致力于理清规范性概念与与之相关的其他哲学概念之间的关系，探索不同概念之间可能存在着的关联障碍，构设消除障碍的可能方案。

② 多托里提醒我们说：“有两个关键概念可作为法兰克福学派思想与多数美国哲学交锋的基础，这两个概念同样可能在美学、逻辑、语言哲学、认识论、伦理学、权利哲学及政治哲学领域得到深入的讨论和发展。这两个概念就是：规范性（Normativity）与正当性（Legitimacy）。它们也展示了两个不同面向的当代哲学之基础，一个是处理历史正当性的解释学哲学，另一个是处理规范理性限定性的分析哲学。”（Riccardo Dottori，*Normativity and Legitimacy*：*Proceedings of the* Ⅱ *Meeting Italian－American Philosophy*，Transaction Publishers，2001.）

慎关联起来的路径不同于将合理性与康德理性观念联系到一起的路径。这个差别有利于展开我们研究实践哲学的新路径。在本书中，我们称这样一条路径为现实主义的思考路径。

我要做的第一个重要申辩是：理性（reason）与推理（reasoning）概念，不同于合理性（rationality）概念。为了考察这几个概念的差异，我们在这里先提供三个与此争论相关的知识线索。这三个线索分别涉及关于上述概念的当代讨论。它们分别是：罗蒂的合理性概念，罗尔斯对“理性的”与“合理的”这两个概念的区分，以及伯林、威廉姆斯对克劳德的批评。

罗蒂对哈贝马斯所使用的相关概念进行了批评，他认为哈贝马斯的“合理性”概念含义模糊。[1]罗蒂一向认为，语言、自我与社会都是历史偶然的产物，不存在任何超越时间和机缘的基础。

在“合理性的含混性”一文中，罗蒂批评了以哈贝马斯为代表的合理性观念。哈贝马斯认为这种观念是在理想的认知情景中做出具有普遍性与客观性的真理性判断。而罗蒂则主张一种实用主义的理性观，怀疑哈贝马斯理性观念中的语境独立主张与真理符合论主张，认为这种主张是在真理客观指向说与真理的主体间互动说之间摇摆。假如真理是客观的，那它就是被发现的而并非哈贝马斯所说的主体间互动的结果，而假如真理是主体间互动的，那它就是被创造的而不是被发现的。这一“被找到还是被创造”“被发现还是被建构”的问题，是美国哲学界反复争论的一个老问题。意识哲学的这一老问题“在科学主义和浪漫主义之间制造了一个钟摆运动。”而在罗蒂看来，起码在实践哲学的具体领域如政治哲学中，我们可以使用那些具体的与情景密切相关的词汇来分析问题。

罗蒂认为，哈贝马斯本来也是想避免在交往理性中“恢复纯粹理性的纯正”性的，但是他所采取的路线，“恰恰完成了他希望避免的那个恢复。因为这一主张恢复了无条件性的念头。如哈贝马斯所言：‘为命题和规范所要求的有效性超越了空间和时间、‘抹去’了空间和时间。’”而实用主义者则恰恰怀疑这样一种无条件的语境独立说张与真理符合说，任何

---

① 参见 Richard Rorty, “The Ambiguity of ‘Rationalitiy’”, in Willianm Rehg & James Bohman ed. , *Pluralism and the Pragmatic Turn*, The MIT Press, 1992（朱松峰译，下同）。

实践生活中的词汇都是高度语境化的。

罗蒂这样描述他心目中的合理性观念：

> 我们不是在说，关于合理性和真理，我们拥有客观的、可普遍化的、可合理辩护的观念。我们是在说，我们认为，通过把客观性和真理移交给像布兰登和戴维森这样的语言哲学家和像拉图尔这样的科学社会学家，并把合理性移交给麦卡锡所谓的“合理性的偶然统治”的研究者们——像福柯和哈金一样研究规训的历史学家，人类的幸福可能会更好地得到满足。这就等于说，我们对像“真的”和“客观的”这样的形容词的使用，可以从语义上得到解释，而不使真理或客观性成为探究的目标。再者，我们对形容词“合理性的”的使用可以从社会历史的观点被理解，而不形成一种关于合理性之本质的理论。①

因此，罗蒂赞成伽达默尔的主张：“一个语境的统治就是另一个语境的解放，而摆脱统治的完全自由和对语境的完全独立的观念是空洞的。”而“任何要赋予它们以独立于语境的意义的企图，都会把我们直接赶回意识哲学、主体与客体的难题和真理符合论的怀抱。”

罗蒂批评批判理论含混地使用合理性一词：

> 在诸如认识论、语言哲学、心灵哲学和科学哲学这样的领域中的讨论，不容易对侦察社会政治趋势产生重大意义，也不容易对针对这些趋势所预示的危险而建构防护措施产生重大意义。但是，我们这些哲学教授们依然愿意认为，我们在研究生院里学到的各种各样的东西以某种方式构成了一个自然的种类。把他们全部聚合在一起的一个速成办法就是去说：作为哲学家，我们从专业上关注合理性。但是，在我看来，这是一个空洞的言辞上的花样。如我已经说过的，我认为，这一口号掩盖了如下的事实：“合理性”可以或者意指一种认知能

① Richard Rorty, “The Ambiguity of ‘Rationalitiy’”, in Willianm Rehg & James Bohman ed., *Pluralism and the Pragmatic Turn*, The MIT Press, 1992.

力，或者意指一种政治德行。在我看来，“批判理论”这个词的流行是这一含混性的结果。①

很显然，罗蒂明确了理性概念使用上的情景性特征，因而也就强调了概念使用的时空约束特性。但是他的概念使用本身也存在着含混性。我们能够说理性是依据情景而变化的吗？假如理性是一种能力，则它应该不是依据情景而变化的。在情景 A 中适用的理性能力，在情景 B 中应该同样保留不失，否则我们会说这个人在情景 B 中丧失了推理能力。但是为什么罗蒂还强调理性使用中的情景性呢？本书认为他误把对具体事态的情景约束与理性能力的普遍性问题混到一起了，因而也就混淆了理性与合理性。理性推理能力是一，但是进入推理的具体事态各异。理性能力本身是空的，它是否具有普遍性本身没有任何具体的意义。但是进入具体事态的推理后，对于不同事态的判别构成了合理性。如本书前边所言，合理性判断本身是情景依赖的。因此，我们说对于具体事态的合理性判断是依赖具体情景的。我们能够想象的具体事态，尤其是实践哲学中的具体情景与具体事情本身，对于这些事情是否合理的判断，其标准只能够是依赖于事态本身的构成性目的而产生。所以我们区别理性与合理性。由于理性概念，或者说理性能力本身被假定为是时空无差异的，且考虑到其本身的空洞特性，我们把注意力集中到了对于具体事态进行考察的合理性概念。而理性与合理性概念的区别，也就符合了康德对于纯粹理性与实践理性的区别。不过，如果罗蒂是在批评批判理论将时空无差异的理性概念与依赖特定时空条件的合理性概念混淆使用的话，我们认为他的批评依然是对的。其中的误解，也正是在对相应概念挑选使用上的误解。我们认可罗蒂批评的指向，但是仍然需要辨析区别他自己对于不同概念的具体使用。

实践哲学所涉及诸问题具有明显的情景依赖性，其原因在于实践哲学考察的是人类本身的合目的的活动。这种活动是人类自我设定目的，自我权衡判断的，其一般形式是“特定行为体 A（作为个体的能动者 agent 或作为组织或国家的行为体 actor）在约束情景 S 中为追求特定目标 E 而实

① Richard Rorty, “The Ambiguity of ‘Rationalitiy’”, in Willianm Rehg & James Bohman ed., *Pluralism and the Pragmatic Turn*, The MIT Press, 1992.

现善改进 I”，因此它才具有了情景依赖特征。但是如果我们把依赖于特定行为者的目标追求特性去掉，把考察对象设定为非目标性的知识对象，则对这些知识考察后果的评价就无须严格依赖特定情景了。也就是说，在我们合乎特定善改进目的的实践推理与去目的化的客观观察之间存在着细微差别，在把观察对象当作与切身利害无关的反思对象与把它作为切身利害权衡的目标之间存在着差别。而罗蒂则完全否认这些差别，表现出了对于知识过程复杂性的不公态度。

需要说明的是，在实践生活领域，承认一切依赖于主体间互动也并不必然否认伦理与政治生活的客观性。某种特殊形式的实在论是可以在承认主体间知识与实践的非本质主义基础上成立的。这种温和的实在论①可以让我们避免实践问题上的相对主义。

因此，即便罗蒂对于合理性概念的情景约束特征的洞察是正确的，我们仍然可以对于因此而产生的可能推论保持审慎。在本书看来，罗蒂对哈贝马斯以及批判理论合理性概念使用的批评是正确的。之所以说它是正确的，是因为哈贝马斯以及批判理论没有注意到实践哲学领域的评判标准是合理性而不是理性。合理性是一个公共概念，而理性是描述一个个体或一个流派团体推理行为的非公共概念。公共概念是情景依赖的，因而是时空有差异的。但是，如果认为理性概念因此也全都像合理性概念那样高度依赖于特定情景，这样的推论也就太过极端了。

2. 罗尔斯区别“合理的”与“理性的”

以形容词形式出现的“The Reasonable and the Rational”，是罗尔斯《政治自由主义》第二讲第一节的标题。他在该节的注释中提到了西布里（W. M. Sibly）1953 年的文章“The Rational versus the Reasonable”，而且早在《政治哲学史讲义》② 与《道德哲学史讲义》③中已经提到了区分二

---

① cf. Stephen Darwall, Allan Gibbard, Peter Railton, ed. , *Moral Discourse and Practice: Some Philosophical Approaches*, Oxford University Press, 1997.

② John Rawls, *Lectures on the History of Political Philosophy*, The Belknap Press of Harvard University Press, 2007.

③ 罗尔斯：《道德哲学史讲义》，张国清译，上海三联书店，2003，第 223 页。

者的意义。这两个讲课稿件对于该问题的讨论均早于《政治自由主义》，并且为后来他在《政治自由主义》一书中的观点做出了细致的准备。在《道德哲学史讲义》中，罗尔斯专门就 reasonable 与 rational 进行了区别。他倾向于认为康德所使用的理性观念可能包含着比理性（reason）更多的含义，并认为“这是一个深刻的问题。”但是鉴于做出这样的区分需要专门的深入论述，罗尔斯在此对该问题存而不论。尽管如此，他仍然认为，“用‘合理的’（reasonable）和‘理性的’（rational）作为方便的术语来表示康德在两种实践理性形式——纯粹实践理性和经验实践理性——之间做出的区分是有用的。”①

罗尔斯用合理而理性的（reasonable and rational）来刻画实践中的个人。他设想了一个情景来区分这两个概念：我们可以设想各方都持有很强硬的协商立场，他们的提案可以是非常理性的，但是却也可以是非常不合理的，甚至可以说是无法接受的。② 也就是说，每一方都理性的做出自己的提议，但是就达成公共认可的意见而言，这些提议是不合理的。“合理的是作为公平合作体系的社会观念的一个要素，其公平条款可为所有的人所合理接受，这也是相互性观念的一个部分。”③ 在这里，罗尔斯已经把合理性看作是公共评价标准的一部分，而理性则是在公度问题出现之前的个体或团体自身的推理算计活动。相互性意味着无偏私与互惠。这里的无偏私不是只为他人考虑的利他主义，而是汉语世界中的“要得公道，打个颠倒”的公道，它是基于对多次合作情景的考量而做出的立场调整。如果一个人打算与他人长期合作，但是却一直不愿意遵循基本的公平原则或标准时，我们会倾向于评价说，这个人的行为是不合理的。

理性的主体通常会缺乏道德敏感性，但是在事关公平合作的问题上，假如他们迟迟不能发展出合理的评价体系，罗尔斯倾向于认为他们的这种理性状态是一种病态。④ 在接下来的文本中，罗尔斯特别强调，理性的与合理的是不能够相互推导的。“尤其是不能够认为可以从理性的（观念）

---

① 罗尔斯：《道德哲学史讲义》，张国清译，上海三联书店 2003 年版，第 223 页。

② John Rawls, *Political Liberalism*, Columbia University Press, 1996, p. 48.

③ Ibid., 1996, pp. 48 – 49.

④ Ibid., p. 51.

推导出合理的（观念）”，两个概念是需要相互补充的。[①]在本书中我们也将特别强调这一点，那就是，我们不能够从个体的理性能力直接推导出评价集体行为的规则来——尽管我们也不会否认理性能力本身在参与合理性规则的评价与构建中的作用，但那已经是在另外一个特别限制的情景中的特别的推理活动了。

罗尔斯最后评价说，因此，“合理性是公共的，而在某种意义上说，理性则不是。这也就意味着，正是通过合理性，我们才作为平等的人进入他人的公共世界，并且准备好提出或接受可能的与他人合作的公平条款。”[②]在罗尔斯看来，正是有了可公共度量的合理性标准，我们才可以创造出公共世界并且相互信任。缺少了这样的公共合理性，我们就有可能非理性地行事——即便我们行为者个体是理性的。

在《道德哲学史讲义·康德讲座》中，罗尔斯给出了他对“合理的与理性的”这两个概念的更为详尽的分析与解释。他认为，“康德用 *vernuenftig* 来表达一个完整的理性概念，这个概念包括了我们通常所使用的术语‘合理的（reasonable）’与‘理性的（rational）’（这两个）含义。”[③]罗尔斯提到，在英语口语中，“合理的”也意味着“明白事理的”“乐意倾听意见的”。不过他没有提到，其实在英语世界中，尤其是在一些口语中，这个词汇甚至还意味着“马马虎虎的，说得过去的”。不管怎么说，合理的是一个评价词汇，它是不同于“理性的”这一词汇，后者单独指涉行为者推理与算计活动本身。“在德语中，*vernuenftig* 具有相同的含义，它可以具有‘合理的（reasonable）’这一广义含义，也可以具有‘理性的（rational）’这一［通常为经济学家（所使用）的］狭义含义，（后者）大体是指以最为有效的手段推进我们的利益。康德（对这个词汇）的使用是变化的，但是在用到人身上时，*vernuenftig* 通常既包括合理的又包括理性的。他在使用理性（reason）一词时则往往充满更多的哲学传统含义。想一想在《纯粹理性批判》中的 *vernuenftig* 的含义吧！在狭义上，我们生活在一个远离‘理性的’世界中。康德的理性观念是否包

① John Rawls, *Political Liberalism*, Columbia University Press, 1996, p. 51.

② Ibid., p. 53.

③ John Rawls, *Lectures on the History of Moral Philosophy*, Harvard University Press, 2000, p. 164.

含着比理性（reason）（概念本身）更多的含义，这是一个更为深入的问题（我在这里存而不论）。"①

罗尔斯显然认为自己需要认真区分这两个词的含义。这一工作后来体现在了他的《政治自由主义》一书中。"用'合理的'与'理性的'作为方便的术语来标示康德在两种实践理性形式——纯粹实践理性与经验实践理性——之间所做出的区分是有用的。纯粹实践理性表现在绝对命令中，经验实践理性表现在假然命令中。实践理性的这些形式也必须与特殊形式的绝对命令与假然命令（正如我们随后在步骤［Ⅰ］的特殊公理中所看到的那样）区别开来，后者满足了在特定条件下实践理性的相应要求。术语'合理的'与'理性的'让我们看到了康德实践理性概念以及它所包括的两个理性形式的丰富含义。"② 这种区分自然同时应该体现在他的《作为公平的正义：正义新论》一书中。因为在那里，他必须并且必然谈到"公共理性"③ 的概念。

在《政治哲学史讲义》霍布斯讲座第三讲第一节中，罗尔斯再次谈到了"合理的与理性的"，并且同样是以"合理的与理性的"为该节的标题。他在谈到霍布斯的实践理性概念时，认为该概念包括了一种合理性，并认为我们的确有必要在"合理的与理性的"之间做出区分。"也就是说，这是我的观点，我们可以区分两种形式的实践推理。"④

理想的行为者尽管受到自然欲望和嗜好的影响，但是他们不受这些自然欲望和嗜好的摆布，总是按照纯粹理性原理的要求来行动。在考察康德这样的理想人假设的过程中，罗尔斯逐步走出了康德这种以单个道德行为

① John Rawls, *Lectures on the History of Moral Philosophy*, Harvard University Press, 2000, pp. 164 – 165.

② Ibid., p. 165.

③ 康德在讲到"理性的公用"概念时，他的理性公用观来源于英国经验论的"常识"（common sense）概念，他将这一常识概念改造成为了"共通感"概念［the "idea of a communal sense"（Idee eines gemeinschaftlichen Sinnes）］。而一个经验论的常识观怎么就成为了充满先验色彩的理性观，这中间的曲折值得深究。相关讨论可参见策勒的研究（Günter Zöller, Kant's Contribution About Enlightenment, in *The Fate of Reason: Contemporary Understanding of Enlightenment*, ed. by Hans Feger, Wanag Ge, Königshausen & Neumann, 2009）。

④ John Rawls, *Lectures on the History of Political Philosophy*, The Belknap Press of Harvard University Press, 2007, p. 54.

者的行动为中心的考察，转而从社会合作的结构入手，探讨社会合作得以可能的个人行动的基本条件。就是说，在考察具体的道德实践与政治实践的过程中，罗尔斯已经意识到了康德的进路所存在的困难。对照“康德讲座”第二讲最后一节，我们已经可以看出端倪。而“合理性”概念的析出及其在《政治自由主义》一书中所占据的特殊位置，正式表明了罗尔斯这一新想法成熟落地——尽管他对能否以及如何从康德哲学中析出“合理性”概念仍抱着一种审慎的态度。

说其态度是审慎的，是因为罗尔斯承认康德对于纯粹理性与实践理性的区分，但是他是站在社会实践的角度反过来关注这些区分的。对于道德命令的假然特性与非假然特性，罗尔斯也是站在政治实践的公共领域角度来关注的。公共生活或者说公共合作要想可能，在逻辑上就需要一种共同遵守的法则。个体行动者在公共合作可能性问题面前必须做出选择。不管个体是多么理性的与多么道德的（或者相反），但是在公共生活领域，我们需要的是一个可公共度量的合理性的标准。一个理性而不合理的个人行为在这一问题面前需要被合理地加以调整。而与此同时，罗尔斯也就在先地强调了具有主观欲望的个人及其愿望与偏好的多样性。但承认这一点，只是我们思考公共生活的前提准备。最为关键的问题，就是一个合理的社会规则体系应当如何建立。

我们可以说罗尔斯的这一新思考模式是对康德思考模式的反转，我们也可以从假设前提上说罗尔斯更多地把具有不同价值观和不同欲望的封闭的个人作为基本前设而接受了下来。从后一个角度来说，我们可以说罗尔斯不得不逐步远离康德。

罗尔斯远离康德是一个逐步完成的过程。《正义论》时期的罗尔斯是一个标准的康德主义者。他的康德主张在其发表于 1980 年的“道德理论中的康德式建构”① 中仍然可以得到明显表现。不过正如我们上述讨论所注意到的那样，在其《道德哲学史讲义》以及后来的《政治自由主义》时期，罗尔斯的理论思考中明显增加了对实践哲学特殊性的关注。这起码体现在如下几个方面：把具有不同欲望的个人作为基本事实而接受下来，把人类生活的多元特性作为基本基本事实接受下来，接受政治生活的封闭

① John Rawls, *Collected Papers*, ed. by S. Freeman, Harvard University Press, 1999, p. 303.

特性，接受在“理性的”与“合理的”之间做出区分，从而把人类政治生活的公共空间与个人生活领域区分开来。罗尔斯的考察越来越远离康德的“普遍无差异”的规则追求，越来越主张封闭空间中的决策机制的达成。康德从纯粹理性出发，为伦理的先验特性辩护，认为道德行为的基本原则及其辩护不包含任何经验内容。康德在理论理性与实践理性之间做出了明确区分。而很显然，罗尔斯拒绝了康德哲学以及其他传统哲学家身上所体现出的这种二元分立，他的理性概念独立于传统的形而上学和认识论。①

罗尔斯的考察与康德的考察还存在着一个重大差异。罗尔斯的思考中出现了“他者”。他所思考的是，要想与他人共同生活，我们起码应该具备什么样的合理评价能力，起码应该具备什么样的道德敏感性。因此，罗尔斯思考中的人是以他人存在为前提的关系人。而康德思考中的人则是以自我的主观审慎为基本模式的理性人。这个差别意味着什么？我们似乎需要更多的思考。但是最为起码的，罗尔斯的思考具有了更多的公共特性，而康德的思考则更多地呈现为个人的自我拷问。如果说政治思考的对象必然是公共性的话，那么康德的思考则具有更多的私人特性，或者说它是一种唯我论的思考。在这个意义上，我们似乎可以说，康德的思考可以部分地是伦理的，但是却完全不是政治的。当康德思考政治问题时，他甚至不是在动用一般的理性人，而是在动用具有理想特征的哲学家自身。

3. 伯林—威廉姆斯对乔治·克劳德的批评

本人曾在《政治现实主义》一书第二章第二节等处讨论到了伯林—威廉姆斯对乔治·克劳德的批评。

乔治·克劳德一直积极致力于探讨从多元主义来为自由主义进行辩护的可能性问题。他的探讨引起了几次比较集中的争论。而在本书看来，他与伯林和威廉姆斯之间的争论最为具有代表性，因为该争论牵涉到了对于

---

① Samuel Freeman, “Constructivism, Facts, and Moral Justification”, in Thomas Christiano and John Christman ed., *Contemporary Debates in Political Philosophy*, Blackwell Publishing Ltd, 2009, p. 41.

理性相关概念的细分。

克劳德在其1994年的文章中曾经提出了关于多元主义和自由主义的三个假设[①]：1. 把多元主义与自由主义联系在一起的所有现存的论证，包括伯林的论证，都是经不起推敲的。2. 价值多元主义并不支持自由主义。3. 多元主义正面地削弱了对自由主义的任何理性的辩护。

伯林和威廉姆斯曾经就克劳德的这三个假设做了答复[②]。克劳德承认，伯林和威廉姆斯的回答富有说服力地改变了他对于假设3的看法，但是，综合考察多年来的各种争论，他“仍然相信迄今为止把自由主义奠基于多元论之上的论证都是不成功的，但并不能由此得出不可能有任何成功的论证。实际上我相信能够做出这样的论证，本书就是进行这种辩护的努力。”[③]

克劳德所做的这样一种辩护努力致力于解决多元主义的核心难题，但是仔细考察他的工作，我们会发现他很明显地仍然是单纯地从理性辩护入手。但是正如威廉姆斯所说，理性辩护单一手段存在着很大的缺陷。伯林和威廉姆斯对克劳德的论证进行了批评，批评的核心集中在对于“理性”一词的理解上。

多元主义在道德理论和政治理论中有着多重含义。经验层面的多元主义认为不同的人有着不同的信念和价值，规范层面的多元主义认为这种多样性是可欲的。在政治的意义上，多元主义意味着这样一种观念，即认为政治权力是，或者应当是在一些竞争的群体或制度间进行分配。克劳德把自己的讨论集中在“元伦理多元主义”。元伦理多元主义是关于价值本性的讨论，它认为不同的价值不可能被归约为某种单一的等级体系或者某种没有摩擦的体系，不同的价值有着不可归约的多样性，永远有可能彼此冲突。伯林在“两种自由概念”一文中认为，接受元伦理多元主义这一真理就意味着有理由接受自由主义。克劳德认为这一看法是错误的。“仅凭

---

① 乔治·克劳德：《自由主义与价值多元论》，应奇等译，江苏人民出版社2006年版，第2页。

② Isaiah Berlin & Bernard Williams, “Pluralism and liberalism: A reply”, *Political Studies* (42): 306—309, 1994.

③ 乔治·克劳德：《自由主义与价值多元论》，应奇等译，江苏人民出版社2006年版，第2页。

价值的终极多元这一事实，假定它是一事实，并不倾向于得出自由主义或任何其他可能的政治原则的规范主张。”

克劳德对于伯林在“两种自由概念”一文中表达出的关于多元主义与自由主义关系的主张提出了正面质疑。我们也可以在格雷关于“竞争的自由主义”和作为权宜之计的自由主义的主张中看到类似的疑问。但是格雷与克劳德关于多元主义与自由主义关系问题考察的出发点是不同的。格雷是站在多元主义的角度，去重新理解和诠释面对多元主义冲击的自由主义的可能出路。克劳德是站在理性主义的立场上，旨在为多元主义通达自由主义提供合理的辩护。①而克劳德关于“理性”与“合理”等相关概念的理解在伯林—威廉姆斯看来存在着问题。

克劳德并不准备对多元主义或自由主义主张本身提出批评，他的文章旨在厘清二者之间的关系。他要追问的是，对于自由主义来说，多元主义意味着什么？或者说，多元主义是否能够相融于自由主义？或者说，是否能够像传统的政治哲学那样，为从多元主义通达自由主义给出一些理由？也即可否从多元主义的立场出发给出一些可为自由主义进行辩护的理由？直白地讲，就是从多元主义出发能否合理地为自由主义进行辩护？

在考察了多元主义的价值的不可通约性概念之后，克劳德提出：“既然对所讲到的价值不存在共同的权衡与排序标准，随之而来的结论就是，这些选择起码在某种程度上就肯定不是理性的（non - rational）。在不可通约的价值之间所进行的选择是‘不能由理由来说明的’（underdetermined by reason），或者说是包含着理性的‘不确定’（indeterminacy）。毫无疑问，人们会设法在真实存在的多元价值之间进行选择，而且毫无疑问他们可以为其选择提供种种理由，但是这些理由不能够‘决定’或授予他们权利做出选择。”②

克劳德将多元主义的价值选择与罗尔斯“支配性目的”下的伦理选择进行比较，认为在后一种情况中，如果我相信某种善总是高于其他善，那么我对这种支配性目的的承认就可以为我的每一次行动提供一个决定的

① George Crowder, “Pluralism and liberalism”, *Political Studies* (42): 293—305, 1994, p. 304.

② Ibid., p. 295.

理由，也即为我的行动在原则上提供了一个决策程序。克劳德也承认：“我的选择绝不需要完全不是理性的；我所加诸的考量构成了选择的理由。但是如果目的是不可通约的，我能提供的理由就会枯竭，不足以决定选择某一目的而不选择另一目的。”所以，克劳德认为，当不可通约的价值之间相互冲突时，在这些价值之间的选择就会是“不能由理由来说明的”。①

伯林—威廉姆斯回应说，克劳德所说的一种更强的冲突形式不仅是指人们不可能推行或尊崇一种价值时而丝毫不损失其他的价值，而且是指，不存在“共同的衡量或排序”标准。这一方面意味着，“不存在像功利主义所承诺的那样的共同的比较尺度，”另一方面，在更为广泛的意义上也意味着，“也不存在着诸如词典优先规则那样的解决冲突的确定的一般程序。”正是在后一种更为广泛的意义上我们可以说，不同的价值之间是“不可通约的”。② 很显然，伯林—威廉姆斯在这里明确把密尔式的功利主义效用计算和罗尔斯式的词典优先规则作为必须反对的度量方式加以排除。伯林和威廉姆斯认为，那种主张站在整个人类的角度，从人类总体出发运用理性，通过某种公共的算法原则来完成对于不同价值的总体排序的做法是错误的。“指望着一种算法模式的实践理性观肯定是错误的。”③ 伯林—威廉姆斯也承认理性的作用，但是认为理性必须是基于行动者自身的（本书称之为 agent - based，这一方向与古代希腊人考察德性问题时的考虑问题的方法一致），而不应该是基于抽象的人类总体的。所以，在伯林和威廉姆斯看来，对于不同价值优先顺序的理性选择只存在于生活在某种特定环境中的个人，个人根据具体的生活环境，做出自己的理性评估。

伯林—威廉姆斯的回应重点在于何为“理性的行动”，何为“进行说明的理由”。伯林—威廉姆斯不会认为存在着绝对的优先规则。同时，如果一个人在某个环境中合乎理性地选择了两个冲突价值中的一方，而当他在另外一个环境中又选择了两个冲突的价值中的另外一方，伯林—威廉姆

① George Crowder, “Pluralism and liberalism”, *Political Studies* (42): 293—305, 1994, p. 296.

② Isaiah Berlin & *Bernard* Williams, “Pluralism and liberalism: A Reply” *Political Studies* (42): 306—309, 1994, p. 306

③ Ibid., p. 307.

斯也并不会因此认为这个人的后一种选择就一定是不合乎理性的。也就是说，多元论与人们理性地去行动是可以兼容的。伯林与威廉姆斯并不反对每一个人在具体环境中的理由排序，但是认为在总体上列出价值清单，并一劳永逸地完成清单上的所有价值的固定排序是不可能的。也就是说，他们会认为，一个为所有人的价值进行统一排序的整全的政治合理方案是不可欲的。

在本书看来，伯林—威廉姆斯的回应包含着对于理性概念的这样一种区分："理性行动"不同于"理性反思"。我们在哲学反思中通常会运用到"理性"概念。但是理性反思事实上更多地关联于合理性，它是一种评价性的推理活动。在理性反思中尽管也有作为推理活动的理性行动，但是这种推理活动最终必然指向对于被反思对象的一种合理性评价。而作为理性反思的反思者同样可以反思到非反思的行动者（agent）的推理活动。这些在反思中被认识到的行动者的合乎手段—目的的推理活动被我们称作人的"理性行动"。

理性反思本身尽管也是一种具有明显推理活动特征的理性行为，但是反思活动，尤其是传统上被大家所共同承认的哲学反思活动更主要的目的则在于反思评价。因此，我们会说，"哲学反思"是一种追求合理性的理性行为。或者说，它是一种特殊的理性行动。

在经过这样的区分之后，我们可能就更容易明白伯林—威廉姆斯与克劳德之间的争论分歧所在了。伯林—威廉姆斯认为人的理性行动与对该行动的评价理由之间的关系并非是一一对应的，而是一种复杂的关系。评价理由是什么样的，通常并不影响行动者如何行动。或者说，即便理性反思依照一定的标准评判说该行动者的行为是不合理的，这也不影响该行为者的行为本身是一种理性行动。

有学者认为，给出理由表现出一种"理由"意义上的普遍主义，它不同于以各种普适价值名义出现的"实体"意义上的普遍主义。选择者就其选择的必要性与合理性给出评价，展开辩解。而这样一些能够针对不同的一介价值而展开共同考量的理由，一定是超越了当事人自身独立持有的理由。本书则认为，给出理由并不表明它就是共同考量。伯林—威廉姆斯上述的给出理由更多的是关于所独立持有价值的解释性理由而非规范性理由。我爱吃辣，所以我选择川菜馆。举出的理由构成对自己所选择行动的推理，但并不构成与他人共享的理由。作为一个经验论的信徒，伯林会接受契约至上论者所坚持的自然的理性观念，却不会接受契约论者所坚持的规范的理性观念。在给出理由并且据此行动的意义上，人当然是理性的。但是在政治生活中，给出的理由缺乏规范的指导意义，所以，人与人之间的政治生活必然是一种竞争关系。

罗尔斯在这个问题上与伯林存在着差异。《政治自由主义》时期的罗尔斯也承认多元现实，也承认一种整全的人生观念无法统摄所有人。但是他依然相信不同的人，由于其理性评价能力，从而能够就政治生活的一些基本安排达成交叠共识。

当然，在这样的争论中，我们发现了伯林—威廉姆斯与罗尔斯的共同点与分歧点。二者的共同点，就是区分开了为行动者自身的推理活动的理性与作为反思评价的合理性。这也是本人在本节着力完成的任务。二者的分歧则在于，在伯林—威廉姆斯看来，个体是可以理性地行动的，但是以一种统一的合理性标准来评估集体行为，进而得出一个约束所有人的共同规则是不可欲的。而在罗尔斯看来，这正是我们讨论公共政治生活的基本前设。二者的这一分歧将导致他们对于何为政治哲学产生看法上的分歧，并将具体化为“价值多元主义与自由主义是否兼容”这一传统问题。本人在《政治现实主义》一书中已经处理过这一分歧，但是看来需要在合适的地方进一步论及该问题。

4. 对相关概念的深入细分

在前述三个知识线索的基础上，本书倾向于把 rational 翻译作“理性的”，而把 reasonable 翻译作“合理的”，并且认为，理性活动属于个体的非反思推理，合理评价属于反思活动。

我们可以把反思活动中的推理称作合理推理（reasonable reasoning），而把个体的非反思的推理称作理性推理（rational reasoning）。合理推理是规范的，它的展开参照一定的公共评价标准。而理性推理是经验的，它的展开是行动者个体自身设定目的。因此，罗尔斯的正义理论构建乃是一反思性的规范活动，遵循一定的公共评价标准，相应的推理为合理推理。

当我们说个体理性不可上行至规则合理性时，是说服务于个人目的的理性推理不可上行至规则。规则可以由合理推理得出，但不限于由合理推理得出，但规则不可直接由理性推理得出。围绕规则合理性所进行的评价活动属于合理推理。

囚徒困境出现于理性推理中，消除囚徒困境的解只能以合理性的形式表现出来，不能通过囚徒自身的理性推理直接推及。解决囚徒困境的规则必为一跳出的规则，它在我们关于何为合理性的反思评价中得以被估量。

在这一事例中，合理评价（reasonable evaluation）不同于理性推理。这一差异如此重要，以至于不能相互混淆。基于这样一种区别，对于制度规则的论证只能是反思性的合理评价，是一规范活动。而规范论证与实然之别将意味着规则的跳出是有意义的。而若不加区别，我们就有可能得不出这种意义。

在涉及自然科学的知识中，我们以行动者的身份进行理性推理（rational reasoning），我们推理说 2 + 2 = 4，一般我们不会说这个推理是合理的。我们只说我们的推理是理性的。但是在涉及实践哲学如伦理学、政治哲学的知识中，我们会进行理性推理（rational reasoning），同时会对推理的结果进行评价，说它是合理的或不合理的。原因之一——如果我们暂时不能肯定说它就是根本原因的话——就是，实践哲学中的推理是关联于主观价值的。这些价值架构于一定的人为条件或人为制度之上。它既在人为因素的集合中，则其评价标准是内在于人的。内在于人的最为稳定的标准就是合理性。因此，适用于评价个人推理的价值构架不同于适用于评价公共行为推理活动的价值构架。或者说，公共评价是独立的和自足的。

这些区分特别烦琐，但是有着非常重要的理论意义。当然，不是所有的哲学家都赞同在二者之间做出这样细致的区分，也不是所有哲学家都认识到这种区分对于实践哲学的可能含义。布莱克本就并不看重在“理性的”与“合理的”之间的所作出的这种区别。他借用克雷格（Edward Craig）的话说：“合理的仅仅意味着是合理地理性的”。[①] 本书同意，合理的推理就是参照一定的合理性程序与标准而进行的理性活动。我们并且也可以说，在日常的词汇使用中，这些词汇是混淆在一起，不加区别的。

---

① Simon Blackburn, “The Majesty of Reason”, *Philosophy*, vol. 85. no. 331, January, 2010, p. 13.

但是本书显然不同意布莱克本的看法。本书认为在二者之间做出区分对于实践哲学来说意义重大，理由在前边的叙述中已经分步给出。

同样的，合理性（rationality）概念也是因为它被使用在我们的公共评价实践中，而使得它的含义脱离了我们前述的狭义的理性概念范畴，而构成了具有独立含义的“合理性”范畴。合理性（rationality）这一词汇是顺着狭义的理性推理概念而来的，但是它在近代以来被应用于评价人类实践活动，因而它的含义开始转折，成为了具有公共评价特征的“合理性”概念。马克斯·韦伯可以说是这一概念使用的现代代表。

需要提醒的是，对于这一转折的认识，还需要从合理性的评价标准方面来考虑一下。近代以来的合理性概念在形式上被赋予了公共评价特征，但是合理性概念的使用过程却充满了不同哲学家自身的主观特性。哲学家们在使用合理性概念时，他们诉诸的合理性评价标准经常是哲学家自身的。他们甚至没有认识到，私见与公见需要作出严格区分，并且需要谨慎地区别开来。

如果这些区分逐步被证明是成立的，那么，当我们使用合理性（rationality）的概念时，我们已经赋予它不同于理性选择理论所使用的含义。以 rationality 为代表的“合理性”概念是一个规范概念或评价概念。而何为“合理的”，这本身是一个镶嵌于特定评价标准框架内的事情，而并不是理性创设出的律令与标准。关于后者，正如达沃尔所说：“除了最热情的康德主义的支持者之外，这样一种努力普遍认为是失败的。”①

也就是说，关于合理性（rationality)，有两条线索，一条是康德主义的理性解释的线索，另一条则是通过休谟、斯密的“合宜性”通达亚里士多德的“审慎”“明智”的线索。

中间的许多细节在此省略。但是本人认为本书的这一理解在当代实践哲学讨论的文献中可以逐步得到印证。当这些论证过程逐步完成后，我们得到的是一个休谟式，或者说苏格兰启蒙传统所认可的世界观：“人为社会所型塑。”在这样的一个表述中，人是“嵌套”在具体的社会文化情景中的。“具体的、内嵌的个人”，这一主张与“人为社会所型塑”一起，

---

① Stephen Darwall, “Moral Obligation and Accountability”, in Russ Shafer – Landau ed., *Oxford Studies in Metaethics*, Vol. 2, Oxford University Press, 2007, p. 111.

共同构成了苏格兰启蒙传统的世界观。而合理性与合宜性，以及相关的审慎概念，都只能够在这个世界观中得到适当的解释。

理性概念的判别标准依赖于合宜性与审慎，但是合理性本身则是缺乏规范性的。关于合理性概念是否具有规范性的讨论，或者说合理性本身是否就是我们进行思考的一个规范要求，可参见围绕布鲁默“合理性的规范性”问题展开的相关讨论。[①]

就“合理的”与“合理性”作为一个评价词汇而言，我们说它们是规范的。就是说，它们参照一定的规范标准对行为进行修正，并且把我们的行为引导到可公共度量的基本规则的方向。接受合理性的评价，意味着充满主观意愿的个人，无论其自身的行为特性如何，都应该有一个向公共度量标准的妥协与转化的过程。这一过程被雷尔顿称作“认识的协调”（*episemic attunement*）。[②]“人类本性与善不和谐”，且“只有通过理性对于感性的支配”才能与善协调。[③]主观心灵的这种转向，是和平稳定的公共生活得以可能的基本条件。缺少了这样一种心灵的协调，我们将生活在一种非理智的与暴戾的世界中。而这样一种协调与转向，必然需要一种“自我约束的德性”。

在伦理研究的传统中，我们过多地围绕着行动者打转，因而过多地把伦理规范问题转化为行动者的行动理由的问题。这种思考方式不但把诸如

---

① John Broome, “Is Rationality Normative?”, *Disputatio* 23 (2007): 161 - 78; John Broome, “Reply to Southwood, Kearns and Star, and Cullity,” *Ethics* 119 (October 2008): 96 - 108; Nicholas Southwood, Vindicating the Normativity of Rationality, *Ethics* 119 (October 2008): 9 - 30; Stephen Kearns and Daniel Star, “Reasons: Explanations or Evidence?” *Ethics* 119 (October 2008), 31 - 56; Garrett Cullity, “Decisions, Reasons, and Rationality,” *Ethics* 119 (October 2008), 57 - 95. 除了第一篇文献外，其余文章是《伦理学》期刊为布鲁默关于“合理性的规范性”问题所做的专栏。笔者在这里提供思考“合理性的规范性”问题的一个思路。这个思路是这样的：假设价值源于我们人的旨趣、偏好，那么，我们可以把合理性看作是一个“理性 + 价值”的推理活动。而“合理性”作为价值，同样可以是我们的“偏好”之一。因此，寻求以合理的方式探询价值的排序，就是我们所说的“合理性”评价活动，也就是我们常说的说理活动。这个解释的一个重点，在于把追求“合理性”看作是我们人的稳定偏好。这个解释的优点，在于可以把“合理性”这样的价值看作是人类诸善之一种。而行动指向善，追求善回避恶是人的本能冲动。因此，用这样的方式解释“合理性”作为规范，就可以让我们避免在“说理”与“权力”之间进行选择。后者是一种行为，前者则是一种说明。

② Peter Railton, “Normative Force and Normative Freedom: Hume and Kant”, in Jonathan Dancy ed., *Normativity*, Blackwell Publishers Ltd, 2000, p. 27.

③ Ibid., p. 24.

友爱、同胞感这样的伦理问题排斥在了我们的合理解释之外[1]，而且被引申到了我们对于政治规范的考察，使得我们的思考被限定在了行动者自身对于外界的选择性评价上，从而使得像公共生活如何可能的问题被遗弃在了我们的视线之外。从行动者的角度来看，行动者与规范之间总是存在着矛盾，行动者需要调整和解决规范矛盾。自我在面临他者（无论是假想的还是实际的他者，包括面临更大范围的生活现实）时，都需要校正自己的信念、理由、推理等等。这是能够在较大范围发挥作用的规范得以可能的必要条件。没有行动者的规范是死的，囿于行动者的规范是要产生矛盾的。行动者必然要面临他者，因而也就必需一种协调行动。不管是在康德那里还是在休谟那里，调整机制都是有的。但是过去的研究没有把它突出出来。突出"心灵协调"，将可以让我们把对行动者的实践推理活动研究顺理成章地当作是一个重要的哲学研究内容。

威廉姆斯提出内在化的"他者"的观念以调整自己。[2]斯坎伦提出我们彼此负有义务，"修正我们的私人需求以寻求一个其他人也有理由接受的正当性证明的基础"[3]。而列维纳斯关于"他者"的观念则更是把人的心灵的自我调整问题突出出来，构成了伦理学的重要考量。尽管都有与他者协调的问题，但是在强调"主体间性"与强调考虑他者的存在之间仍然存在着差异。

事实上，前述分析隐含了一个"公共合理性"的概念。可以肯定，"公共合理性"直接关联于"公共理性"概念，这一概念是以罗尔斯为典型代表的当代政治哲学所讨论的一个核心概念。但是"公共理性"最终谈论的无非是"为了我们的公共生活得以可能，理性而合理的个人不得不列举出来的基本理由"。因为这些理由是公共生活得以可能的必要条件，所以在公共生活得以可能的意义上，这些理由是合理的。很显然，"公共合理性"仍然不是"公共理性"。因为后者是支撑规范框架的诸实际理由，前者则是评判诸理由成立与否的规范约束。可以想见，在公共理由与公共合理性之外，大量存在着可以被陈述的私人理由与私人的合理性评价。因为公共理性与公共理由的"公共性"而否认私人理由与私人的

① Michael Stocker, "The Schizophrenia of Modern Ethical Theories", *The Journal of Philosophy*, Vol. 73, No. 14, "On Motives and Morals", Aug. no. 12, 1976, pp. 453 - 466.

② B. Williams, *Shame and Necessity*, University of California Press, 1993, p. 54.

③ T. M. Scanlon, *What We Owe to Each Other*. Harvard University Press, 1998.

合理性评价的可能，显然是一种经过过度剪裁的思想主张。

如果我们承认私人理由与私人的合理性评价，并将其与另外一类关键词如“旨趣”、“品位”、“偏好”等紧密联系起来，我们就会发现，人类对于世界的评价规范恰好就来源于“旨趣”、“品位”、“偏好”等所指向的个人选择。这种选择可以被认为是具有某种生物性、自然主义特性、心理特性、传统养成特性等等。或者说，我们不管它是一种什么样的来源特性，总之，它们是人类价值选择与价值评价的起源。[①] 因为这些来源的存在，我们才能够真正讲清楚人类实践的规范性的来源。而与公共理由和公共合理性相关的价值体系和规范体系的稳定性讨论，则不过就是对人类业已存在的诸多价值的一种社会剪裁。很显然，这样一种重新解释需要部分修正休谟关于人类价值的惯习说，同时也需要对于我们所习以为常的“私人语言”论证给出一个更为复杂的深入辩证。

合理性蕴涵着一簇指向理由的价值。或者说，合理性就是一个由价值判断所构成的理由空间；依赖于这个空间，我们意图说服他人。当我们这么说时，我们首先就认定合理性完全依赖于价值。但是合理性同时希望通过说理来与他人交流价值的评判。这就意味着合理性是向他者开放的。但是这种开放是有限度的，其限度边界就是说理所依赖的不同价值。合理性具有有限度的开放性。正因为如此，我们会说合理性是一个被一组经过了适当协调后的价值判断所托举起来的公共概念。它隐约曲折地与个体、自我、能动者、能动性、理性、自主、价值等概念关联。说它是曲折关联，是因为它与这些其他不同价值的关联关系是复杂的。比如说，价值如果被认为是可以适度排序的，则合理性就是与这样的价值兼容。然而，当我们在多元而冲突的意义上来讨论价值时，则合理性概念将会变成一个可疑的

① 在这里，我们应该在“价值的来源”与“价值的实现（the realization of values）”之间做出区分。（或者，更为严格地，在价值与规范之间做出区分。）在威廉姆斯的意义上，我们肯定价值源于每个人特殊的旨趣偏好。但是在思考伦理问题与政治问题时，我们仍然会面临着实现了的社会价值。这些价值以某种方式稳定地存在。我们可以承认它就是一种二介的，但是不得不承认它是我们需要处理的价值现象。当然，我们也并不鼓励像科斯嘉那样持一种“无条件的理性观”。因为，如果那样的话，我们就会将价值最终收敛于“价值的实现”。这样的处理是不公平的。相反，我们认为，价值的不同来源与实现都应该被作为基本的反思对象加以同等的尊重和恰当的处理。在不同讨论论域中，二者之间呈现出不同形式的紧张关系。这种紧张正是我们从事哲学反思所需要敏感地加以甄别处理的。

概念。在一种强的价值多元主义的立场看来，我们原则上只能观察到个体的理性算计能力，而无法承认一个公共的合理性评价标准。这个时候，能动的自我是封闭的而不是开放的。而我们的分析则认为，合理性具有有限度的开放性。有理由认为，罗尔斯已经认识到了这一点。但是罗尔斯直到八十年代后期以前的康德主义背景，强化了人们对于罗尔斯思想中理性主义因素的印象。

5. 个体理性与规则合理性之间存在着鸿沟

上述三个知识线索凸显出一个断裂：个体的理性能力与规则的合理性功能之间存在着鸿沟，或者说，个体理性与规则的合理性之间存在着断裂。我们无法指望通过理性的个体运用自己的理性能力就直接得出具有合理性特征的规则。规则本身一定是跳出的。能动者对于规则的认识一定是在反思性评价中展开的。也就是说，能动者必然需要在一合适的评价框架中对于规则的规范理解。

个体理性与规则的合理性之间的断裂，可以被认为是个体理性能力与规范的规范性之间断裂的特殊形式。因为，规范本身就是一种规则，只不过是一种特殊意义上的普遍规则。规则必然具有规范向度，但是在许多时候，规则只具有较弱的规范要求。生活实践中的诸多规则只具有规范向度，我们并不直接称之为规范（Norms）。

能动者（agent）的概念包含着两层含义：符合理性（being rational）和具有能动性（agency）。符合理性，就意味着对于特定的理由做出反应，或者依照一定的规则来进行推理并指导自己的行为。具有能动性，则意味着具有主动自发地完成某件事情的意向。能动者的意向发出可以是自动自发的生物行为，然而能动者的依理由或依规则而行动这一特性则内在地将能动者的行为指向了规范与规范性。同时，在能动者的行动意向与其所依据行事的理由与规则之间仍然存在着巨大的张力。

比如，在元伦理学讨论中，激发理由（motivating reason）、辩护理由与规范理由之间就存在着这样的张力，这样一种张力是上述断裂在人类伦理实践中的一个特殊体现。激发理由是说，能动者（agent）是受到什么因素的激发而去遵守一个道德规范；辩护理由是说，能动者自己或者是作为一个外在于能动者的旁观者如何为一个能动者的遵守规范的行为寻找理由。而规范理由则是说，一个规范本身提供了什么样的理由或规则要求我们去遵守之。三种理由可能存在着重合，但是在通常情况下都处于一种分裂状态。

类似的断裂张力同样出现在对于社会实践其他规范的遵守中。在《霍布斯》一书中，作者马蒂尼奇回应了沃特金斯关于霍布斯理论中存在着的分岔问题。“我自己的观点是，所谓的分岔只不过是反映了霍布斯自然法理论两个不同部分。他分别回答了不同的问题：‘是什么使得自然法具有规范力量？’（答：是神的命令。）以及‘是什么促使一个人去遵守自然法？’（答：是自保的欲望。）”①正是基于这样一个区分，马蒂尼奇认为，瓦伦德对相关问题的看法（比泰勒）要更加清晰。“在自然法和促动霍布斯的自然人的诸原则之间存在着巨大的鸿沟。”②霍布斯有两套体系，“一套动机体系，一套义务体系。动机体系止于自保的最高原则……义务体系止于遵守自然法的义务，自然法可以被看作是神的意志。”③

在《论主权》中，博丹提出要区别自然法（the law of nature）与契约（contract）。他认为主权由自然法而定，独立于臣民的意见（opinion）以及在意见基础上而形成的契约（contract）④，不可因个人意见而被随意剥夺。“因此，关键的是不要混淆法与契约。法依赖于有主权者，他可以［依据法而］强制所有臣民，但是却不能够强制自己。君主与臣民的契约则是相互的；它交互地强制双方，一方不能够未经另一方同意而违背契约，对另一方造成伤害。”⑤ 法（law）乃立国之本，也就是说是前设条件，一旦设定成立，就不可更改。契约（contract）则只能是不同意见集团与利益集团的交互同意条款，是随双方互动的意愿而成立或废除的。法构成了一种无条件的义务，而契约则是一种有条件的规则让度。遵守契约规则依据于能动者的善取舍，而遵守法，则需要比遵守契约规则具有更强

① A. P. Martinich, *Hobbes*, Routledge Press, 2005, pp. 210 - 211.

② H. Warrender, *The Political Philosophy of Hobbes*, Clarendon Press, 1957, pp. 274 - 275.

③ Ibid., p. 213.

④ J. Bodin, *On Sovereignty*, Cambridge University, 1992, p. 15.

⑤ Ibid., p. 15.

的普遍性与稳定性。遵守法具有了超越能动者善推理能力的更高要求。

如果个体理性与规则合理性之间是一种断裂，我们同样可以进一步得出结论说：在由社会规范所构成的义务体系与能动者遵守规范的动机体系之间存在着鸿沟。而如何跨越这个鸿沟，就构成了实践哲学不得不关注的一个重要问题，或者说是不得不关注的问题的一个重要方面。

然而，并不是所有的理论构想都意识到了这样一个鸿沟的存在。也不是所有的理论都意识到这个鸿沟的弥合方式是跨越的而不是消弭的。在有些传统理论看来，只要发挥个体的理性能力与道德能力，就能够构造出一个和谐美好的世界。或者说，社会的规范体系要接受我们个体的理性能力的检阅，并且可以通过个体发挥理性能力而得到很好的遵守。这样一种判断显然是过于乐观了。既然社会规则是跳出的，则社会规则与能动者之间的关系就要比这些理想理论所设想的更加复杂。

义务体系要想得到践行，一个可以构想的方案就是能动者自身需要实现一个跳跃，不能单纯依赖于主观能动性来完成对于义务体系的遵守。如前所述，这样一个跳跃，被雷尔顿称作“认识的协调”。

也就是说，能动者个体需要能够意识到围绕自我善（good）而进行的理性算计与围绕公共善而展开的合理性评价之间存在着鸿沟，并且因是之故，能动者个体发展出接受公共合理性评价的能力。这种能力被罗尔斯在《政治自由主义》中狭义地称作“道德能力”。自我在面临他者（无论是假想的还是实际的他者，包括面临更大范围的生活现实）时，都需要修正自己的信念、理由、推理等等。这同时也是规范得以可能在较大范围发挥作用的必要条件。①

可以看出，动机体系与义务体系的张力关联于我们前边讲到的个体理性与规则合理性的差别，两种体系之间存在着巨大的鸿沟。而社会生活如何可能的问题，则端赖于这种鸿沟的跨越或消弭。考虑到义务特系的跳出特征，本书倾向于认为这种鸿沟只能通过某种合适的方式加以跨越或跳

① 用一种社会学或心理学常用的术语来说，这种过程就是一个人的“社会化”过程。或者说，一个人天生具有理性能力，但是并不保证他天生能够接受和认知社会评价体系和社会规则。而对社会评价体系和社会规则的接受和认知过程，是这个人得以完成社会化，并且最终健康地融入社会生活的基本前提。但是我们的确也看到，存在着大量的对于社会规则及其评价体系的排斥与不健全认知的状况。

跃，而决不能够消弭。跨越这种鸿沟的一种方式，就是需要能动者完成“认识的协调”，以克服能动者在面临社会规则时的遵守困境。但是这也许并不是唯一的跨越方式。为了完成这种跨越，我们起码还可以进一步设想，是否存在着某种成善的自动自发机制。

第七章　规范空间的逻辑

上述讨论表明，当代实践哲学的讨论中存在着，并且也需要对于“理性的”与“合理的”概念以及与其相关的“理性”、“合理性”，“理性推理”、“合理推理”等概念的区分。这种区分的背景，在本书看来，对应着我们所说的实践哲学的复兴。而深究其理论根据，则在于我们对于实践哲学的考察是一种特殊形式的考察，不但对实践哲学的考察本身需要新模式，而且实践哲学的特性本身也要求我们对相关概念作出细分。简单来说，人类实践活动是“特定行为体 A（作为个体的能动者（agent）或作为组织或国家的行为体（actor）在约束情景 S 中为追求特定目标 E 而实现善改进 I”的特殊活动。在此基础上，本书将进一步就相关概念进行细分，并且进一步揭示这些概念对于传统契约理论所构成的概念障碍。

本书认为，辨析规范空间的逻辑特征，有利于我们认识传统契约论的基本逻辑。而这首先可以从两种理性的关系开始。我们要问，假如存在着个体理性与规则理性的区分，从个体理性是否可以上行至规则理性？毫无疑问，这一追问构成了契约论的核心努力。

本章将给出作者自己对于社会规范基本特征的理解，并在此理解的基础上指出传统契约论的缺陷。本书对于规范空间逻辑特征的描述将包括，但不限于契约论所讨论的基本规范。因此，从考察逻辑上讲，关于规范与规范空间的思考是先于契约论的。本章的基本结论就是：一个规范的集合就是一个封闭的规则体系。规范空间具有“封闭性”特征。

1. 规则理性与个体理性之分

所有的契约论都假定了人的理性。但是理性与合理性存在着差异，个体理性与规则理性又存在着差异。我们可以先在这两组概念之间做出区分。

首先，理性与合理性之间存在着区别。

理性是对人的行为活动的描述，合理性是对人的行为活动的评价。只有行为个体才有理性与否的特征，而合理性则是在反思当中的。任何的合理性都将是一种反思中的评价，因而是不同于理性本身的。坚持以个体行为的理性行为作为我们观察和描述的起点，这将使得我们能够坚持以行为者为中心来考察理性活动。但这同时也意味着我们需要在理性行为与对理性行为的反思之间做出区分。传统哲学思考一直没有能够有意识地在可观察与可描述的个体理性与相对于反思评价的行为合理性之间做出有效区分，因而导致了对于理性活动与对活动的合理性评价的混用。而且，本书认为，理性推理是人的一种计算能力，而合理性评价是人的一种合目的性评估活动。合理性的目的性由人类不同活动本身构成性地形成。

需要指出的是，我们观察到一个人的行为是“合理的”，并不表明这个人一定就是在理性地行动。对于我们所观察到的人们的合理行为，可以作出很多不同的解释。一个清醒的人头撞南墙是不合理的也是不理性的。一个醉酒的人头撞南墙尽管是合理的，但是却是不理性的。在两个概念之间进行类似的细致甄别将有利于我们谨慎对待为我们所频繁使用的“理性”概念，减少我们在使用“理性”与“合理性”等概念过程中的过多的含混。（对相关概念使用含混性的一个当代讨论见诸哈贝马斯与罗蒂等人的争论。①）

其次，规则合理性与个体合理性之间存在着区别。

设定规则合理性与行为合理性有别：

（R1）规则的合理性（Rationality of rule）/规则理性

（R2）个体行为的合理性（Rationality of individual action）/个体理性

① Richard. Rorty, “The Ambiguity of ‘Rationalitiy’”, in Willianm Rehg & James Bohman ed., *Pluralism and the Pragmatic Turn*, The MIT Press, 1992.

在对两组概念做出了上述明确区分后，为行文方便，在本书中我们仍然将规则合理性与行为合理性分别简称为规则理性与个体理性。但是我们要明白，完整无歧义的理性概念指的就是个体的理性，除此之外的理性概念均应是一种合理性概念。毕竟，从构词上来讲，rationality 是指具有理性特征的，正如 modernity 是指具有现代特征的。

由于理性是对人的行为本身的描述，合理性则是对人的行为的外在评价，所以只有个体行为本身才可能是理性的（同时也可以是合理的），我们将关联于个体行为的合理性称为个体理性。而规则理性则只能是规则本身具有合理（性）的一种简便表述。因是之故，我们将发现，所有契约论都将具有两个基本假设。

契约论的两个基本假设：

> 假设一：理性人假设；
> 假设二：个体主义假设。

如上所述，个体主义假设包含在我们对于理性概念的理解中。规则理性不能被称作理性，它只是合理性的一种简便表述。只有能动者个人才可能进行理性活动。因此，任何形式的契约论都将是个体主义的。

规则理性与个体理性的区别为多数的社会思想家所接受，可以说这是一个可以被我们所有人所观察到的基本事实。在当代，我们可以在哈耶克等人的思想中看到对于这一思想的特别强调，而现代博弈论也以更加简练的方式指出了二者之间的区分。以下引用杨小凯文章中的观点，以说明该划分的含义以及当代学者对于该划分的关注：

“一些经济学家指出个体理性和社会理性是两个不同的概念，所有个人的个体理性可能产生社会无理性的后果，而缺乏个体理性的决策的交互作用之演化有可能产生从全社会而言看似理性的后果。而颤抖之手对策模型预见个人非理性策略有可能在均衡中占优势。

“古斯（Guth）等人（1982）①，宾默尔（Binmore）等人（1985）②和奥曼（Aumann）（1997）③ 将游戏规则理性与个人行为理性相区别，他们认为规则理性是一种有限理性。他们用社会实验证实人们追求规则理性的行为（例如追求“玩的就是公平”，fair play）看似像是个人行为的非理性，但却可能导致规则理性。而规则理性往往不能由个人行为的理性产生。”④

本书认为规则理性可经由“囚徒困境”的例子推导得知。逻辑地讲，规则将发挥理性作用，并克服个体理性所面临的“囚徒困境”。本书的这样一种看法也反映在高蒂尔关于该问题的相关论述中。本书与高蒂尔在个体理性面临“囚徒困境”，因而需要一个超越的规则理性这一看法上的思路是完全一致的。和杨小凯一样，本书认为，规则理性是否可从个体理性而来不得而知。个体理性可以洞见到规则的作用，但是并不保证规则和规则有效性的达成。在个体理性与规则的合理性之间存在着一个巨大的跳跃。在这一点上，本书与高蒂尔又是观点迥异的。而且，本书进而认为，这以看法差异恰好是理解契约论局限性的一个恰当的出发点。

2. 两种理性概念：契约论与契约至上论

只是在非常晚近的时期人们才意识到，契约理论存在着两种不同的潮流，一种叫契约至上论（contractarianism），另一种叫契约论（contractualism）。在当代，高蒂尔（D. Gauthier）与斯坎伦（T. M. Scanlon）分别是这两种契约论形式的典型代表。两种类型的契约论尽管共享着上述两个基本假设，但是二者各自的理性假设有着完全不同的特征。我们可以区分出这两种契约论不同的理性假设，其表现特征有着很大的差异。

---

① Werner Guth & Rolf Schmittberger & Bernd Schwarze, (1982), “An Experimental Analysis of Ultimatum Bargaining”, *Journal of Economic Behavior & Organization*, Elsevier, vol. 3 (4), pages 367 - 388, December.

② K. Binmore, A. Shaked and J. Sutton, “Testing non - cooperative bargaining theory”, *American Economic Review*, 1985, 78, 837 - 839.

③ Robert J. Aumann, “Rationality and Bounded Rationality”, *Games and Economic Behavior*, Vol. 21, Issue 1 - 2, October 1997, pp. 2 - 14.

④ 杨小凯：《杨小凯谈经济》，中国社会科学出版社 2004 年版。

契约至上论者假定人的理性（RⅠ）：

a. 基于从事理性思考的个人；

b. 服务于从事理性思考者的自身利益，追求个人利益最大化；

c. （无论是其理性思考能力，还是其对利益的关心程度均）以思考者为中心，由内而外递减。

而契约论者则假定人的理性（RⅡ）：

d. （理性而自律的主体）具有同等的道德地位；

e. 可向他人辩护我们所追求东西的同等合理性；

f. （因而无论是其理性思考能力，还是其对利益的关心程度均）要求可普遍化与均等无差异的合理性。

（对这两种契约论理性假设的差异可部分参见 Ashford & Mulgan①。）

本部分最后一节的分析将表明，RⅡ是一个规范性的理性概念，从而，RⅡ本身将是一个二介的概念，与RⅠ并不处在同等的地位上。相应的，RⅠ则是一个可以被观察到的关于合理性的自然概念。现在，存在争议的就是，作为一种规范性概念，RⅡ所主张的普遍性是否可能？

在这里，我们需要注意到，除了人的理性行为外，我们还具有理性不及的行为，如下意识的行为，无意识的行为，通过文化传统习得的行为等等，甚至也包括我们经常所说的非理性的行为。而规则理性只是一种可重复的，有规律可以寻找的行为。

RⅠ是经验论以来典型的理性人假设，它同时还关联着多元主义问题以及个体之间的冲突问题。RⅡ则是典型的康德式假设，它同时关联着平等（的道德）观念和普遍理性，由于它本身关联着人的自主性与自由意志等假设，因此有时它还部分关联着卢梭式的公意观念。可以说，RⅡ明显地体现出了康德主义的卢梭传统。本书区分理性与合理性，并且把合理

① Elizabeth Ashford & Tim Mulgan，“Contractualism”，*Stanford Encyclopedia of Philosophy*，2007.

性置于实践理性的范畴，从而突出强调合理性概念的情景依赖和时空依赖特性。因此，本书将断言，任何的实践问题，其实质有效的判别都将是合理性概念而不是理性概念。理性概念本身是一种空洞的——尽管依然有意义的——概念。在区分了这两个概念之后，我们将发现，大多数的康德主义者后来都混淆了理性与合理性概念的区分，从而把属于实践哲学领域的合理性概念与理论理性的理性概念混同使用了。如果这个区分成立，我们会发现RⅠ是一个高度依赖于具体情景的合理性概念，而在其中同时预设了人的理性能力。而RⅡ是一个追求理性能力一般特征的理性概念，但是其表述本身蕴涵了对于具体情景的敏感与关注。

从RⅠ出发，我们可以对休谟所指出的“公共财产的悲剧”问题进行演示性的推导并解释。当斯密在其《道德情感论》中所揭示出的行为合宜性评价机制发挥作用时，具有RⅠ的人多会在该机制的指导下，产生对他人财产的尊重，以合理地处置他者的问题。但是当面临的是无主财产时，也即在可形成有效障碍的他人缺失时，合宜性评价机制将失效，RⅠ将最大限度地发挥作用，“公共财产的悲剧”将发生。

与RⅠ形成对照的是，RⅡ具有明显的可普遍化追求，因而具有RⅡ的人将会是我们通常意义上的具有平等道德感的人，并且也更愿意寻求无差异的解决问题的方案。

RⅠ与RⅡ之分有着悠久的传统。除了在契约论中的这种区别之外，这样的区分也反映在政治思想领域中的自由至上主义与自由主义的差异，哲学中的经验论与理性论的差异中。这种差异的政治哲学含义有时显得异常清楚，大部分的情况下则又显得非常含混。把握RⅠ与RⅡ之分切实含义的最好的办法不是对二者进行确定不移的定义，而是在与之相关的概念讨论中逐步展开。

3. “个体理性的上行”问题是契约理论的核心问题

几乎所有关心人类社会生活的思想家都认识到了个体理性的不足，起码是认识到了规则理性有着个体理性无法替代的作用。所以许多思想家都把注意力集中到了个体理性与规则理性的关系问题上来。

对于个体理性与规则理性的关系，存在着两种不同的假设。

一种看法认为，我们可以从个体理性的不足推导出规则的必要性，并进一步指出通过个体的理性活动，可达成构建规则的一致意见。其结论就是：从个体理性可上行推演出约束规则。

另一种看法认为，我们可以从规则理性的效用，指出规则理性与个体理性的区别，并认为个体理性不可能通达规则理性，我们应对规则保持尊敬。其结论则是：从个体理性不可上行推演出约束规则。

我们把能否通过个体理性的某种活动实现规则理性的达成或把握的问题称作“个体理性的上行的问题”。从个体理性能否上行至规则理性，这一问题可以说是契约论的核心问题。

上行问题本身包含着某种程度的含混。下文的分析将表明，含混起码表现在两个方面：首先，上行是指个体理性本身能够设计出规则吗？其次，上行是指个体理性本身能够赋予规则以规范效力吗？契约论自其被设计出来以来，似乎就是想同时完成这两个方面的任务。在到目前为止的讨论中，规则本身与规则的效力都是被混在一起讨论的。但是很显然，二者是不同的。一个社会规范既是一基本原则，又是具有某种规范效力特征的原则表述。社会规范具有自身的逻辑特征。

在实践哲学中，鉴于合理性本身对于具体情景的高度依赖，具体情景本身的目的性又是由具体情景本身构成性地形成的，因此，指导群体行为的规则的评价标准取决于群体活动的具体情景。也就是说，指导群体行为的规则本身具有自主性，单凭个体的理性能力本身不足以构成规则，用以指导个体行为的合理性也将不同于评价群体行为的合理性标准，因此，我们会说，从个体理性不可上行至规则。

4. 规范空间的逻辑特征

任何的契约论都是为了追求具有规范特征的基本原则，因而契约的结果将是：某一特殊的原则 p 具有相应的规范特征 n（即 p 具有 n，本书将其标记为 $p \wedge n$）。而“p 具有 n”这一结果同样适用于人类社会生活的任何规范原则，即便这些规范原则本身并不经由契约论而获得。契约只是人类为改进自身生活状况，运用理性慎思而进行的一种决断，社会规范包括但不限于以理性慎思为基础而建立起来的规范。

抛开规范原则的具体来源不论，我们可对规范空间的逻辑特征做出如下界定和描述。

1. 所有具有同源关系（家族特征）的规范原则 p∧n 构成一个规范原则集 P（p，n），我们称该规范原则集为一个规范空间。该空间的各规范原则 p∧n 共同指向这个被规范原则所对应事态构成性地约束着的规范空间。（如具有某种明显规范取向的道德体系、政治体系或法律体系。）

1—1. 具有相似特征的规范原则 p∧n 彼此之间是自洽的，否则将被剔除出 P（p，n）。（合理性标准）

2. 相对于任一规范空间 P（p，n），必有一约束事态 S。

2—1. 任一 p∧n 代表了具体规范，而 A 则代表了使得规范空间得以可能的在先约束。

3. 约束事态 S 是规范空间 P（p，n）得以成立的逻辑条件。

4. 个体理性只是 p∧n 得以形成的或然要件（既不充分也不必要的条件），但是个体理性必然不是约束事态 S 的任何条件。

5. 约束事态 S 只能被直陈，而不能被辩护。

6. 一切形式的政治契约论均指向了 p∧n，并且经常也指向了对于约束事态 S 的探讨。但是约束事态 S 事实上并不在契约论努力探讨的任一契约结果 p∧n 之中。

一个规范空间集 P（p，n）由一系列的基本规则所构成。它所发挥的合理功能就是我们第一节所说的规则理性。

约束事态 S 具有超越的特征。（在本书中，我们说某一原则具有超越特征，就是说该原则是它所约束的其他原则得以可能的逻辑条件。）约束事态 S 的超越特征不但可能关联于个体理性，同样也可关联于其他类型的人类行为。但约束事态 S 本身永远都是一个超越的要求。

P（p，n）与个体理性的关系是社会契约论考察的核心。传统契约论大都推举从个体理性上行至具体规范 p∧n 乃至约束事态 S 的方案，这一方案需要重新思考。本书认为，从个体理性上行至规范空间集 P（p，n）本身具有很大的困难，而从个体理性上行至约束事态 S 的方案则是根本行不通的。

约束事态S承诺了一个规范空间，它是改变¬ P（p，n）的逻辑要件。约束事态S的超越特征意味着我们可以将人的行为仅仅看作是人的行为，而不必特别突出其理性特征。经验上讲，它可以有多种形成的可能性。但是正是因为经验可能的多样性，使得任何一种形式的形成方案都不会影响约束事态S的逻辑特性。同时，也正是因为经验可能的多样性，使得我们可以改进作为思想实验的社会契约论机制，以容纳更多的逻辑可能性。

斯坎伦主张对于规范原则的拒绝的合理性（reasonableness of rejection）而不是接受的合理性（reasonableness of acceptance），这是目前为止对于个体理性与规范原则关系的最为优美的表达方案。但是这个方案仍然预设了许多理性主义的和道德主义的前提。对于P（p，n）的这种传统理性辩护有时会受到人们的质疑，认为这种辩护是一种循环或一种冗余。①

① Elizabeth Ashford & Tim Mulgan，"Contractualism"，*Stanford Encyclopedia of Philosophy*，2007.

第八章　契约理论的局限

规则理性不同于个体理性，这一区分以特殊方式嵌含在个人与社会的关系这一古老话题中。作为一种高度理性化的思考模式，我们会发现，契约论，尤其是考察政治生活规范的社会契约论自其诞生以来，就被设计者用作检验两种不同理性关系的一种机制。早先的契约论者希望把契约过程当成具体规范得以产生的来源力量（洛克的同意说），后来的契约论者，尤其是当代的契约论者发现这一期望过高，于是就有了理性检验说（罗尔斯的合理同意说与斯坎伦的合理拒绝说）。

在本书中，我将给出自己关于规范空间逻辑特征的界分，通过对比分析，表明契约论者的部分努力是不可能的（从个体理性不可能上升至规范有效性），部分努力是思路混乱的（例如没有能够明确区分规范原则与规范有效性），而部分努力具有明显改进（例如，与罗尔斯的合理同意说相比，斯坎伦的合理拒绝说就具有明显的改进）。但是契约论改进的努力本身表明，契约论已经在很大程度上脱离了其设计初衷，表现出对完成自身任务的力不从心。契约论更多地发挥着一种（随附性的）解释功能，而非一直被人们寄予厚望的辩护功能。

1. 传统契约论混淆了规范原则与规范有效性

在传统契约论的讨论机制中，缔约各方在经过一定的程序进行约定之后，缔约各方的约定结果必然有一个强制执行者或者强制执行的规范。

这样，我们就有了：

A. 缔约各方；

B. 缔约结果；

C. 对缔约结果的强制执行。

我们所说的约束事态 S 毫无疑问是 C，也就是说是使得规范有效的约束条件。而同样具有规范特征的原则 B 则是具体的缔约结果，也即各种具体的契约结果 p∧n。

另一方面，所有的契约论，其意图均直指 C，即规范的有效性。而传统上并没有能够在具体规范 p∧n 与约束事态 S 之间进行区分。有了这样的区分，我们就可以重新反思契约机制。就是说，契约机制有利于我们达成规范空间 P（p，n），但是使得规范空间各项规范得以可能的约束事态 S 是在具体的规范原则集之上的，它是规范原则集 P（p，n）得以可能的逻辑条件。

可以看出，传统契约论同时在下述两个方面进行工作：

1. 从个体理性到规范原则本身

   追问 R2 → p 的可能性

2. 从个体理性到规范有效性

   追问 R2 → n 的可能性

我们在前边关于规范空间的逻辑特征的讨论中对约束事态 S 与具体规范 p∧n 进行了区分，并且（也将在部分契约论者关于规范有效性的特殊地位问题的讨论中）对契约活动得以可能的超越规则与规范空间得以可能的超越规则进行区分。

传统契约论既讨论规范原则 p，也讨论规范原则 p 所具有的规范特征 n。我们有理由认为，1 和 2 所描述的两项工作代表着传统契约论基于个体理性 R2 向规则理性 R1 上行的努力。但是很明显，这种努力同时在追求两种不同的规范原则与两种不同的规范有效性。

然而约束事态 S 与具体规范 p∧n 又是不同的。一般来说，契约论的传统努力既承诺了 R2 → p 的可能性，也承诺了 R2 → n 的可能性。也即既承诺了达成一定的原则的可能性，也承诺了达成相应的规范有效性的可能性。但是本书倾向于认为，R2 → p 本身就是一条并无明确保证的道路，而 R2 → n 的承诺就更是极难兑现。而且，即便我们接受了传统契约论的 p∧n 的努力，使得规范空间 P（p，n）得以可能的约束事态 S 也注定是外在于规范空间 P（p，n）本身的。因此，我们可以总结说：

> 规则的效力（n）不由个体理性给出，个体理性可直陈规则，乃至洞察规则，但是无力赋予规则以规范有效性。规则的规范有效性在其自身。是由约束事态 S 构成性地决定的。

个体理性洞察、直陈规则（规范）与规则的效力（规范要求），并约束个体理性自身的传统行为（即约束 RⅠ与 RⅡ），促使个体遵守规则本身，并因遵守而获得规则理性的效用。

目前看来，传统的契约论研究起码部分混淆了规范原则的来源与对规范有效性的理性反思，将理性的反思能力看成是规范有效性的来源。最突出的就是表现在“人为自然立法”的表述中。而事实上，理性的反思仅仅是理性对于规范已经具有有效性这一现象的思考与限定，但是并不能直接干预规范有效性本身。

不但如此，传统契约论还经常混淆通过契约机制达成的实际契约（具体的规范原则）与发挥最终规范力量的根本规范（通常也被错误地认为是契约机制达成的结果）。比如，在政治生活中，使得规范空间集 P（p，n）得以可能的根本规范相当于国家所合法垄断的暴力使用权。而被合法垄断的暴力使用权只可以被直陈，而不可以被辩护。

当我们从道德角度谈论政权的合法性时，我们谈论的是对暴力使用权的限制，而不是暴力使用权的来源本身。在政治哲学讨论中，我们可以说“最低限度的至上权力”与“最低限度的道德”是我们走出自然状态的两个条件，这两个条件是逻辑条件，是通过逻辑假设而推知的，不是经过我们的个体理性的反思而给出的。对于人类的政治生活来说，权力的使用是天经地义的，权力的削减才是需要理由的。契约论把问题设置为“寻找权力使用的理由”是一种严重的误置。

契约论的一个传统努力旨在说明规范有效性的来源（source），柯斯嘉的建构论①就是旨在将理性反思视作规范有效性的来源。起码洛克的同意说与卢梭的公意说均有向这个方向进行努力的企图。但是同意说也可以被看作视规范是否可以被遵守的检验标准。同意说与公意说显然试图从个体理性进行上行，希望通过契约或建构来形成根本规范 P∧N（而不仅仅满足于形成具体的规范 p∧n)。《正义论》时期的罗尔斯主张理性是规范的来源说，《政治自由主义》时期的罗尔斯则主张一种检验说（合意的标准)。

从个体理性上行来讨论规范来源是一条崎岖险途。个体理性与规范的关系极具偶然性，理性不及、非理性、传习等也都可能是规范性同等可能的来源。即便我们承认契约机制是一种理想的思想实验，我们也根本无法从个体理性直接上行而达致根本规范 P∧N。而且，正因为是一个理想实验，被我们所强调的个体理性与被我们所直陈的根本规范 P∧N 之间的冲突就显得越发明显。

从个体理性的反思，通过追问对约束事态 S 接受的合理性来对规范 p∧n 进行检验（而不是寻求来源）则是一种相对进步的方案。斯坎伦在经过改进后，来追问对任一规范原则 p∧n 拒绝的合理性，又是比追问“接受的合理性”更为技巧的设计。然而这一切必定是在人的反思中完成的。因此，这样的追问也就出现了由传统的从个体理性的上行向反思人类行为的合理性的细微转变。尽管仍有大量的细节尚需讨论，我们前述关于理性与合理性的区分已经有利于我们深入观察和评价契约论的这样一种转变。

社会契约论的一大困难，就是从个体理性无法上升到规范原则 p。在当代，从把契约机制看成是规范有效性的来源，到把契约机制当作一种检验机制来使用，人们对契约论机制到底发挥什么功能，在看法上不断有改变，这种改变本身也可以让我们看到契约论所面临的困难。洛克的同意说显然是把契约论机制当成了规范有效性的来源（注意区分规范原则的来源和规范有效性的来源)。康德的人为自然立法表明他会把理性既当作是规则的来源，也当作是规范有效性的来源。《正义论》时期的罗尔斯继承了这一原则，希望通过建构来推导出正义原则。而在《政治自由主义》时期，多元主义和 RⅠ的采用，使得罗尔斯部分放弃了 RⅡ，从而使得理

① Christine M. Korsgaard, *The Sources of Normativity*, Cambridge University Press, 1996.

性从立法角色向检验角色转换。

2. 部分契约论者注意到了规范有效性的特殊地位问题

不过，的确有一些契约论者至少部分地注意到了我们上述所努力作出的种种区分。最为典型的分裂发生在关于法律规范的讨论中。当代法律实践在很大程度上支持着法律工作者对于契约机制的同情与采纳，他们认为契约机制能够很好地说明法律规范的合理来源。但是一当法律体系完备之后，在面对作为一个完整的规范空间的法律规范的规范有效性问题时，也即在考虑法律体系得以可能的基本条件时，多数法律工作者又多表现出了清醒的现实态度。

拉塞尔·哈丁就主张宪法先行于契约，他认为："宪法不解决囚徒困境之类相互作用的问题，而要决定更为长期的行为式样。……宪法不是契约，而是用以设置保证契约的制度的方式，发挥着解决前契约行为的问题的功能"。①

契约至上论者高蒂尔则区分了契约性社会的两个不同方面："一是市场，它是将人们作为商品生产者或分配者联系在一起的特殊契约的场所；二是强制性秩序，或者说国家，它将确保市场不再退化为自然状态中的战场。"②

这些学者的工作揭示出了契约活动本身得以可能的超越规则与契约规范原则本身（规范空间）得以可能的超越规则，我们称这些超越规则为契约活动与契约原则得以可能的逻辑条件。进而，我们将可以区分出契约活动得以可能的超越规则与规范空间得以可能的超越规则。

高蒂尔指出，作为契约活动得以进行的超越规则③起码有如下两条：1. 非强制，非欺诈；2. 必须同意正义规则。契约要想达成，就需要遵守这些基本的超越规则。而高蒂尔与哈丁也都分别将强制性秩序（Gauthier）与宪法（Hardin）看作是规范原则本身（即规范空间）得以可能的超

① Russell Hardin, "Why a Constitution?" in Bernard Grofman and Donald A. Wittman eds. *Federalist Papers and the New Institutionalism* , Agathon Press , 1989, p. 101.

② 莱斯诺夫：《社会契约论》，刘训练等译，江苏人民出版社 2005 年版。

③ Ann Cudd, "Contractarianism", *Stanford Encyclopedia of Philosophy*, 2007.

越规则。

因此，使得规范空间得以可能的超越规则即根本规范 P∧N 不在规范空间集 P（p，n）中。在社会契约论中，根本规范 P∧N 是规范空间得以可能的逻辑条件，因而是一种强制性的政治约束。

3. 作为一种机制的社会契约理论

本章将检视当代契约论者罗尔斯和斯坎伦所进行的论证改进。这些改进表明，契约论原来为自己所设置的辩护任务过于艰巨（我们可以通过一个基本的评价原则来检测一个契约机制在某个契约论者那里是辩护型的还是解释型的），契约机制更多的是发挥着一种对于规范空间的解释功能。契约论所面临的困境源于契约论对于个体理性能力的不当期望。通过考察我们还将发现，RⅠ与 RⅡ并不是一个同等层次的概念，RⅡ包含了过多的规范假设，因而在使用中将可能受到更多的质疑。

阿戈斯蒂诺与高斯指出，契约的结果将是：某一特殊的原则 p 具有相应的规范特征 n（即 p 具有 n）。①社会契约一直被作为一种机制，用来说明社会规范原则与规范有效性的来源。设定 p∧n（特定原则 p 具有相应的规范特征 n），则契约论或建构论均是对 p∧n 的一种解释设施。

社会契约活动有着两个最为基本的要素：

> 1. 初始条件。在不同地方分别被称作“自然状态”，“原初地位”（罗尔斯）或“原初的讨价还价地位”（高蒂尔）。
> 2. 契约各方。尤其是其达成一致的理性与动机。

我们对于社会契约的所有考察，包括对于社会契约的种种疑问，首先都是从检验和质疑这两个基本要素开始的。不过本书的重心显然不在已经为学者们所广泛关注的初始条件方面。但是对于理性与动机的考察则的确是本书的出发点之一。前述几章从不同侧面辨析理性概念就是这种努力的

---

① Fred D' Agostino, Gerald Gaus, "Contemporary Approaches to the Social Contract", *Stanford Encyclopedia of Philosophy*, 2008.

一部分。

除了要考虑社会契约活动的基本要素外，我们还可以对社会契约本身的基本含义进行不同方面的考察。在“契约之喻”一节中，卡德[①]指出，我们可以从三个方面来理解社会契约的隐喻：

1. 社会契约是对什么的一致？存在着不同的答案：正义原则（卢梭，罗尔斯），基本社会制度的设计（罗尔斯），承诺向至上政府交出全部或部分权利（霍布斯，洛克），采纳一种约定的道德（高蒂尔，汉普顿）（而如果引进道德最小化原则，则卢梭和罗尔斯的正义原则就可能被剔除出备选项）。

2. 会是什么样的一致？是假然的一致，实际的历史的一致，还是说是一种隐含的历史条件？

其中，隐含契约说将可以使得我们能够用契约论机制来解释实际存在的剥削，妇女实际上的地位不平等等问题。[②]

3. 契约机制是用来辩护（证明）还是用来解释？契约至上论者高蒂尔等是用这套机制来进行辩护，而在霍布斯或洛克那里，它可能是被用来进行解释。本书倾向于认为霍布斯如果是契约论，那也是一种解释型的，而不会是一种辩护型的。

契约机制本身能够发挥什么性质的作用，对于这一问题，存在着不同的看法。阿戈斯蒂诺与高斯认为，对于契约的最弱解释就是，契约结果仅仅是对辩护问题正确解决的直陈。而强的立场，就是认为契约机制本身是对辩护问题的建构性解决。罗尔斯在其《正义论》中就存在着这样两个相互冲突的立场。在弱的立场中，直陈意味着我们可以展示解决结果本身而无须承担通过建构直接达到结果这样一种方案。而强的立场将对人们的建构能力做出更多承诺。

本书倾向于认为，我们所谈论到的结束自然状态的条件就是典型的一种可以被直陈而不可以被建构的规范原则。个体理性可以对该条件做出评价并做出行动选择，但是该条件的逻辑必要性并不能够从个体理性出发通

---

① Ann Cudd, “Contractarianism”, *Stanford Encyclopedia of Philosophy*, 2007.

② Ibid..

过建构而获得。正如卡德[1]所言，必定存在着一些超越的道德规范（也就是本人所说的逻辑条件）的来源，不论这种来源是自然的、理性的还是传习的。

这个问题也可以倒过来进行叙述：我们已知特定原则 P 和相应的规范特征 N，但是我们不知道“P 具有 N”是否可以通过建构，或者是否可以通过某种契约机制来完成。这种疑虑起码部分地奠基于对于人性、对于人的理性能力的不同假设。充分考虑这些不同假设，将有利于我们对于契约论本身做出更为深入的反思。

4. 罗尔斯方案与斯坎伦方案

传统的公意说与同意说都面临着我们前边所指出的诸种逻辑矛盾或逻辑混乱。因此，在当代契约论的重新复兴中，不同学者都不同程度地对于契约论所能够讨论的问题进行了重新的表述。罗尔斯主张对于规范原则的接受的合理性（reasonableness of acceptance），而斯坎伦则主张对于规范原则的拒绝的合理性（reasonableness of rejection）。[2]

由于规范原则 p（P）的存在，斯坎伦方案认识到我们并不可能为我们直接合理地达到一种规则 p（P）进行辩护，因此对于规范原则 p（P），我们应当从相反方向进行考量。也就是说，除非我们能够提出合理地反对原则 p（P）的理由，否则原则 p（P）将被遵守。在这样一个思路中，我们可以搁置规范原则 p 的来源问题，而只就我们与规范原则 p 的可能关系进行考量。这样一种搁置避免了建构论或契约论本身对原则 p 构造与建设努力，起码在逻辑上摆正了个体理性与超越原则之间的关系。

可以以一个经验的例子来说明这个问题：假定某个公司的老总意识到员工之间就日常事务的具体细节进行争吵不利于公司正常业务的开展，于是该老总制定了一个行为规范细则。我们把这个规范细则所表达出的意图称作原则 p。原则 p 是用来克服员工之间可能存在的潜在冲突的，它结束了冲突。这个时候，我们不能说公司的原则一定就是根据员工个人的理性

① Ann Cudd, “Contractarianism”, *Stanford Encyclopedia of Philosophy*, 2007.

② T. M. Scanlon, *What we Owe to Each Other*, Bellknapp Press of Harvard University Press, 1998.

要求或利益要求而制定的。逻辑上说，它甚至可能与员工（上行）的理性要求无涉，但是它也的确兼顾到了员工的利益。在这种情况下，罗尔斯的路径是该原则 p 需要经过员工的合理的同意。斯坎伦的路径则是除非我们能够提出合理地反对原则 p 的理由，否则原则 p 将被遵守。那么在这两种方案中，我们将优选斯坎伦方案。因为我们认为它既维护了原则 p 得以存在的逻辑原则，又为原则 p 的被理性质疑留下了空间。在斯坎伦方案中，我们可以首先是一个理性不及的行为者，同时又为合乎理性的行为乃至理性的作为预留空间。回头再看罗尔斯方案，在面对原则 p 时，我们首要的工作就是寻找可理性的辩护。很显然，罗尔斯方案直接把我们带进了人的理性作为的活动中，同时也对原则 p 的超越性缺少合乎情理的预留。

斯坎伦的方案①（合理拒绝说：除非能够提出合理的反对理由，否则将遵守）逻辑上蕴涵了对于规则的事先默许，它符合“如无必要，勿增实体”的奥康原则。而传统的合理接受说（除非能够提出合理的接受理由，我们才接受）则显得很突兀，它直接把人们带进了理性反思活动中。这几乎可以说是传统契约论强调理性作用的直接劣势，因而支持者见其明快，反对者直陈其短。

这样的一个理解再次需要强调一个基本前提，那就是具有根本规范特性的原则 P 是逻辑上先于我们的理性行为的，因此起码存在着一种超越的要求 P。

由于约束事态 S（不同于具体的原则 p）是一种逻辑在先的超越要求，所以它只可以被直陈，而不可以被我们通过我们的理性能力辩护得出。对于一个只能被直陈的原则，斯坎伦的方案体现了对于它的尊重。该方案为理性不及预留了空间。

说一个原则首先需要征得个体理性的同意（罗尔斯式的契约论），或者说这个原则是个人在权衡了自己利益后的让渡权利的结果（高蒂尔式的契约至上论），这种说法既不合乎经验也不合乎逻辑。因此，约束事态 S 必定是一个在逻辑上在先于个体理性的东西。它是结束我们所能够设想

---

① 在 B. 威廉姆斯看来，斯坎伦方案依然有着过强的理性化色彩。威廉姆斯称这种方案同样犯下了“想多了”（One thinks too many）的毛病。威廉姆斯打比方说，在你纵身跳船去营救你落水的妻子时，难道是因为你认为没有合理的理由拒绝去做这件事情吗？显然不是。

的各种“自然状态”的逻辑条件。考虑到它自身起码需要具备两个条件(最低限度的至上权力和最低限度的道德),所以它本身应该是自足的。约束事态S提供了一个承诺保证某种理想结果的规范空间A(p,n),在这样的一个空间中,如果¬A,则¬A(p,n)。

鉴于霍布斯与洛克均是用社会契约机制来解释政府权威性原则,所以他们不会像高蒂尔或罗尔斯那样寻求从个体的理性能力辩护出超越的规范原则来。而罗尔斯自己的后期方案也修改成为了合理的同意说,而且把契约论机制欲达成的规范原则从道德领域的正义观念转换成为了政治领域的社会根本制度。尽管如此,如果想从个体的理性能力来正面达成根本制度原则,仍然面临着极为不确定因素的干扰。最为重要的干扰之一,是罗尔斯在承认了多元主义的政治现实之后,他的理性人假设将不可避免地从RⅡ向RⅠ退让。也就是说,他不得不承认人们对于个人利益的关心,人与人之间关于一些原则问题的考量也存在着差异。

本书认为,从罗尔斯方案到斯坎伦方案,我们可以明显看到一种提问技巧的改进。这样的改进本身意味着这些学者对于规范空间逻辑特征的复杂性的敏感,也是对理性能否上行问题的敏感。因此改进本身就是在以一种更为合乎情理的方式回避掉正面回答理性与规范关系的问题。但是这样的一种改进起码部分表明,传统契约论的问题设置需要加以重新改写,传统契约论所承诺完成的辩护任务同样也需要加以重新考量。

5. 辩护问题与解释问题

传统契约论承诺对社会规范及其有效性的来源进行辩护。但是现代契约论对能否完成这项任务表现出了犹豫。一个社会契约论机制是被其理论创立者用来辩护一种社会契约的生成还是用来解释社会契约的规范有效特性,我们可以根据下述评价原则进行区分。一类是用来辩护一种社会契约的生成(I),另一类是解释社会契约的有效性(Ⅱ)。

评价原则:

Ⅰ. 假如契约机制C是辩护的,则如果没有辩护过程J,则p∧n不能成立或不被遵守。

Ⅱ. 假如契约机制 C 是解释的，则无论有无辩护过程 J，p∧n 都成立或者都需要被遵守。

一般认为，霍布斯与洛克都是把契约机制 C 当成了一种解释机制。[①]而罗尔斯则把契约机制 C 当成了一个辩护机制。

也有人认为契约机制 C 在霍布斯与洛克那里都是辩护机制，但是我们可以通过上述原则将霍布斯、洛克与罗尔斯加以区分。在罗尔斯那里，没有辩护 J，则没有 p∧n。而在霍布斯与洛克那里，尤其是在霍布斯那里，无论是否存在辩护 J，p∧n 都必须被遵守。

即便是在霍布斯与洛克那里，契约机制也具有辩护功能，那也是他们主观如此，或情势所迫促使如此，没有辩护过程，不影响其理论的根本预设。

麦克论证说，斯坎伦的契约论事实上基于一种自然权利理论，在这种理论中，人们所享受到的诸种权利先于契约而存在。当然，假设这一论证成立，也并不影响斯坎伦作为一种社会契约理论家。[②]但是，假如这一论证成立，根据本书上述评价原则，我们就会发现，契约机制在斯坎伦那里就转而成为了一种解释机制而不是一种辩护机制。

契约论更多地发挥着一种随附性的解释功能，而非一直被人们寄予厚望的辩护功能。这将有利于把传统契约论与规范空间的基本关系进行重新定位。当代契约论的辩护功能虽然还被部分学者所坚持，但是其逻辑上的困难却使得坚持这一立场的任何学者都将面临着更大的论证困难。从个体理性上行至规则的契约论讨论路线无法解释这样一个现象：为什么一些没有为个体理性所理解的规则依然被我们广泛地认为是必须遵守的？契约论上行路线本身的探索一直面临着不得其果的困境。

① Fred D' Agostino, Gerald Gaus, "Contemporary Approaches to the Social Contract", *Stanford Encyclopedia of Philosophy*, 2008.

② Eric Mack, "Scanlon as a Natural Rights Theorist," *Politics, Philosophy & Economics*, 2007, vol. 6 (February): 45 – 73.

6. 两种理性概念与“个体理性的上行”

尽管存在着RⅠ与RⅡ之别，但是在处理“个体理性的上行”问题时，契约论与契约至上论都遇到了麻烦。所有的契约论一般都会假设：

1. 可从个体理性上行，通过反思得知约束事态S；
2. 个体理性是形成具体规范p∧n的充分必要条件。

假设1处理根本的约束条件，假设2处理具体的规范原则。

但是我们在规范空间的逻辑特征中又指出：

1a. 个体理性不可上行而超越约束事态S；

2a. 个体理性只是形成具体规范p∧n的或然要件。

则1a与2a将有可能会对契约论本身的假设构成威胁。正如我们前边所提到的那样，理性上行问题是所有形式的契约论所遇到的基本难题。

即便抛开个体理性能否最终上行这一难题不论，在契约论假设的传统内部，个体理性能够在契约机制中发挥什么样的作用，契约论与契约论至上论的看法也是非常不同的。

契约至上论者的契约参与方是自利的个人，契约结果是自利的个人基于相互的利益而达成的合作行为。而契约论者的基础则是不同个体平等的道德地位，不同个体都有理性自主的行为能力。基于对理性自主的行为者的同等尊重，我们达成具有约束力的契约。契约至上论旨在利用契约机制实现个人利益的最大化，契约论则在寻求向追求各自利益的各方提供同等有效的辩护理由。[①] 二者事实上已经为检验契约结果分别设定了参照标准。

在1a与2a的面前，契约至上论者看来要比契约论者面临着更大的挑

① Elizabeth Ashford & Tim Mulgan, “Contractualism”, *Stanford Encyclopedia of Philosophy*, 2007.

战。因为契约至上论的理性假设是RⅠ，而RⅠ天然具有效力递减的特性。所以契约至上论者所达成的契约更像是“碰巧达成的约定”（happen to lead to agreement）[①]。契约论者的理性RⅡ假设寻求普遍有效性，因而在对1a与2a的批评上应该要比契约至上论者更为强硬。

但是，尽管契约论者一直强调他们的平等的道德人的假设和可普遍化的无差别的理性人的假设指的是人的能力上的无差异，而不是实际上的无差异，但是批评者还是可以指出，这样的假设必将使得他们需要预设一种无时间意识的，匀质化的讨论环境。在这样的一个讨论环境中，个体禀赋的实际差异将要求被无限期地拉抻，直至达到一种均匀无差别。而这必将意味着我们人类具有一个关键性的认识时刻，在这一认识时刻之后，RⅡ将得以成立。现在，反对者起码可以质疑：我们为什么相信我们的认识将会停留在这样的一个时刻？由RⅠ所揭示的效力递减特性为什么就不可以作为我们达成契约的初始出发点？

一个可以辩解的方案就是，我们可以设想，通过反思的平衡，或者是通过人类多次的博弈选择，我们有希望达到一个平衡点。在现实的人类选择中，任何人都有可能希望得到起码不低于该平衡点的对待。我们把这个起码不能再低的平衡点称作社会公平，也即正义。假如该测试方案成立（柯斯嘉称可通过这样一种推理过程而获得理解的理性观念为“无条件的理性观”。[②]），则RⅡ可以被看作是RⅠ经过了社会博弈或社会契约后可能达成的结果，起码是一个中间结果，而并非是假设的人类社会博弈或社会契约的出发点。但是这必将意味着，RⅡ是以某种形式的R1为基础，而不是以基于个体行为的R2为基础。然而，如果RⅡ是某种形式的规则合理性，则它必将是某种形式的合理性概念而不是理性概念。也就是说，RⅡ本身是一个规范概念，而不是一个对于个体行为进行特征刻画（描述）的概念。假如是这样的话，持有RⅡ理性概念者在进行契约之初就首先预设了一种规范，因而就不可避免地面临着进行契约建构时的尤息弗罗

---

① Onora O' Neill, " Constructivism vs. Contractualism", *Ratio* (*new series*) XⅥ4 December, 2003.

② Christine M Korsgaard, "Internalism and the Sources of Normativity: An Interview with Christine M. Korsgaard by Herlinde Pauer - Studer", in *Constructions of Practical Reason: Interviews on Moral and Political Philosophy*, edited by Herlinde Pauer - Studer, Stanford University Press, 2003.

困境（Euthyphro dilemma）①。

契约至上论面临着遵守问题，也即需要论证理性能够遵守规范。但是很显然，个体理性在没有契约时面临着“囚徒困境”，因而最多能够取得相对于个体理性的次优选择。在契约制定之后，契约结果将发挥着不同于个体理性的规则理性的作用。但是规则理性不同于个体理性，没有理由表明个体理性能够在契约结果达成之后能够继续发挥作用。所以，有学者指出，如果像契约至上论所假设的那样，每个人都只是为了自利，那么契约至上论就不能成功解决规范遵守的问题。②与之相对，契约论则提供了一个貌似合理的规则遵守问题的解决方案。契约论者将自己的契约基础奠定在RⅡ之上，因此缔约各方将会为自己所结之约提供一种“可普遍化与均等无差异的合理性”。但是这显然是在以削平R1与R2的区别为前提。契约论者需要回答的是，人类生活是否面临着“囚徒困境”。假如承认“囚徒困境”的存在，则人类的理性必定是RⅠ而不是RⅡ。假如不承认存在着类似于“囚徒困境”的人类合作困境，则R1与R2是没有差异的，在R1与R2之间进行区分也就失去了意义。但是很显然，起码在考察人类政治生活的过程中，罗尔斯就明显地倾向于从RⅡ后退。因为只有后退至RⅠ，“囚徒困境”的存在才是顺理成章的。从R2上行至R1才是有必要的。

在霍布斯那里，激情（passion）与理性都是促使人们缔结契约，走出自然状态的原因。③因为个体理性存在着局限，故而我们采用规范来归导个体行为。假如规范已然是正当的，则它必然是超越个体理性的。

同意说把个体的认可当作规范正当与否的来源，它恰好就颠倒了规范与个体理性的关系。规范之为规范，是因为它轨导了个体行为。同意说反让个体理性回头来决定与判别规范，其方向必然是错误的。同意说从权利让渡角度来说明规范的来源，其实是虚拟的。规范只决定行为的正当与否，不关涉谁出让权利。

合理接受说就从具体的接受与否入手，突破了传统的权利具体让渡的

① Russ Shafer-Landau, *Moral Realism: A Defence*, Oxford University Press, 2003.

② Cf. Ann Cudd, “Contractarianism”, *Stanford Encyclopedia of Philosophy*, 2007.

③ Ibid..

说法，把问题统一到了人的理性的范围。合理同意说的不当，就在于它仍然继承了同意说从个体理性上行的路线。所以对同意说的前述批评仍然适用于对合理同意说的批评：规范本身既然正当，就是因为它已经超越了个体理性的思考范围。

合理拒绝说的改进，是既为个体理性的适当参与留下了空间，又对规范与个体理性的判然有别表达了尊重。合理拒绝说有可能为我们开辟这样一个选择可能：对于从个体（理性）上行判断权力正当性的路径提出怀疑，至少是提出修正，即：个体可提出正当的拒绝理由，但无正当理由前，则遵守之。合理拒绝说逻辑上为权力行使的正当与否在其自身而不在个体理性这样一种观念预留了空间。

辩护就是提出适当的理由，但是对规范的辩护应该就规范本身而展开，而不是从个体的角度来进行。契约论把辩护的重心完全放置到了个体理性这一边，这显然构成了一种颠倒。契约论所面临的难题是由契约论者自己所制造的，因而对于契约论局限性的认识将有利于契约论者重新设置自己的任务。契约论者与其把个体理性的上行问题当作自己首要关注的问题，不如把个体理性与规则理性的关系问题当作自己的考察重点。在后一种方案中，个体理性将约束自己的解释能力，把注意力转移到对于约束人类现实生活的规范空间的认识上来。

第九章 能动性与规范性

如前所述，道德规范首先表现为一种强制力量。任一社会规范均可表述为“某一原则P具有规范特征N”。规范性N向我们提出了一种“应当”要求。而这种不可抗拒的“应当”特性因何而来，应如何理解，就成为了当代规范性（normativity）问题讨论的中心话题。[①] 与当代其他学者只关注对于规范力量（本书用“力量”或“约束力量”来翻译force一词）的探讨不同，美国哲学家P. 雷尔顿（Peter Railton）不但介入对规范性不可抗拒力量的解释，而且敏锐地把握到人们对于这种不可抗拒的力量存在拒斥心理。所以他的讨论主题有二：规范何以拥有约束力量？规范面前我们何以能够保持相对自由？也就是说，他不但关注规范的约束力量的问题，而且同时关注我们相对于规范的自由选择权的问题。而后一关注维度直指我们对于规范约束力量产生畏惧的日常直觉。

1. 关联于规范的三种权威力量

雷尔顿的论证路径也有些独特。一般认为他是一个休谟路线的自然主义者，但是他自己认为自己兼顾了休谟与康德，而不是用休谟来反对康德。他的这种看法表现在他的论证主题中。在论及规范性时，雷尔顿的确持一种自然主义的实在论立场，但是他认为我们应该同情地理解康德的先验命题。与菲里帕·福特在“作为假然命令的道德体系”一文[②]中所宣示

① Stephen Finlay, “Recent Work on Normativity”, *Analysis*, April 1, 2010; 70 (2): 331 - 346.

② Philippa Foot, “Morality as a System of Hypothetical Imperatives,” *Philosophical Review*, 1972, Vol. 81, pp. 305 - 316.

的（当代伦理学研究中）对康德路线的强反叛不同，雷尔顿在自己的论证中一直注意不但要为道德规范寻找假然基础，而且要为其寻找非假然的逻辑基础。而且，他也主张，关于规范性基础的讨论，如心灵协调问题，我们同时可在休谟与康德那里寻找到相应的依据。

雷尔顿关于规范力量与规范自由的论证以自主（autonomy）、能动者（agent）与能动性（agency）等概念为基础。在他对这些问题的新解之中，这些概念的规范特征得以凸显，但同时我们也看到了存在着自主性缺失或选择性地放弃自主性的可能性。在能动性的问题上，现实生活的人们其实有更多的表现形式。而这也正是人们在面对规范问题时，得以可能自由选择的现实基础。

在雷尔顿看来，人们的规范实践并不诉诸系统的规范理论，因而我们不能把规范的道德理论对于人们的实践活动的影响刻画成一种内在化的“决策程序”性的东西，而应该把它看作是一种评价图式。我们据此得以在实践中能够对我们的动机、策略、技巧、习惯、实践、规则等作出评价。①雷尔顿还有一种观点，他认为：“不管先验的规范概念可能是什么样的，它们在行为中的指导作用则会变得非常后验。”②

顺着这个线索，他建议我们从功能、作用的角度来看待规范问题。从功能角度，我们可以把我们通常所谈论的规范性拆分为“规范”部分与“指导”部分，或者是“规则”部分与“指引”部分。前一部分外在于行动者，它表现为一种独立于行动者意志的规范或规则。而后一部分内在于行动者的意志或意愿，但是遵守活动本身表现为一种经验感受而不是人的意志的产物。③雷尔顿认为自己的这种划分结合了康德的规范刻画与休谟关于规则遵守的道德心理学。通过这样一种区分，可以破除我们对于规范性概念的神秘感，我们不必再去把规范性看作是“伦理学中真的有这么样的一个东西”了。

雷尔顿在“规范力量与规范自由”一文中区分了关联于规范的三种权威力量。1. 不可抗拒的外在强制（irresistible coercive）；2. 关联于自然

---

① Peter Railton, *Facts, Values and Norms*, University of Michigan, Cambridge University Press, 2003, p. xvi.

② Ibid., p. xvii.

③ Ibid., p. xviii.

律的自然力量（natural force）；3. 论证的力量（the force of argument）。[①]

卢梭曾对第一种力量提出过质疑："如果以强力进行强制，那就没有必要诉诸可遵守的义务。"雷尔顿借用卢梭的这一质疑，表明第一种权威并非道德哲学意义上可以接受的权威。

自然力量是不可抗拒的，因而也是不存在争议的。不过在谈及第二种力量时，雷尔顿提醒我们不要把规范指导与自由意志混同。理由有二：第一，许多规范行为的态度并不完全在意志范围之内。第二，我们无法用自由意志的概念来解释规范指导现象。因为，道德律的神圣性谈及的是规范的"不可侵犯"，而不是实际的"不可侵犯"。"如果规范必须（*must*）在这个世界中有其独特的位置的话，这种必须既不是自然律的必需，也不是概念必然性的必需。即便是我们倦怠、意志薄弱、懒惰、不服从、邪恶、无知，自然律与概念必然性也'总是在起作用'。我们不必担心谁会违反自然律与概念必然性。但是规范指导要求我们有所作为，在这个领域中，在'非规范'的意义上，自由要求一点必要的机警或努力。"[②]

在谈及第三种力量时，雷尔顿首先区分了两种不同的"理性选择"的概念。第一种是完美推理（well - reasoned）的观念。第二种是对于理由的合适反应（appropriately responsive to reasons）。规范概念存在着两种因素，一是自由因素，二是力量因素。"我们想发现解释规范性的自由因素与力量因素得以合一的秘密。或许我们可以通过理解论证的力量（*the force of argument*）模式来理解规范力量。"[③] 雷尔顿认为，论证的力量不同于外在压迫，也不同于自然力量。"论证的力量与信念之间的联系是一种规范必然，而不是一种普通的必然或一种概念必然。"[④]

雷尔顿先是否定了外在压迫的力量，然后又否定了自然力量，从而把讨论的范围限定在了对论证力量模式的考察上。而论证的力量又与我们的信念密切相关。当我们追问规范性时，首先是在追问一个规范陈述的约束力量是如何产生的。而当我们把规范陈述的约束力量转换为人们对于规范

① Peter Railton, "Normative Force and Normative Freedom: Hume and Kant", in Jonathan Dancy ed. (2000), *Normativity*, Blackwell Publishers Ltd, 2000, pp. 3 – 7.

② Ibid., p. 4.

③ Ibid., p. 6.

④ Ibid., p. 6.

的认识与信念，进而通过论证的力量来向认识者与相信者证明规范陈述的约束力量时，我们已经是在围绕对于规范陈述的认识者与相信者来进行思考了。因此，我们可以说，这里产生了一个真正严格意义上的“认识转向”。雷尔顿把问题的这一转向称作“认识的协调”。

我们可以有两条研究规范指导的路径。第一条路径外在于行动者，第二条路径自行动者内部，由内而外展开。在内在路径中，“规范指导问题变成了这种指导如何在行动者之内发生的问题，是什么赋予了规范以生命，以及它们如何介入行动者的经验、思想、感情以及行为的形成及其意义”。①很显然，在上述的三种规范力量中，我们只能求助于论证的力量，而且是由内而外的自我说服的力量。哲学研究倾向于寻求论证的力量。“在道德领域，人们经常诉诸推理和规则的至上权威。或许起码在道德问题上，我们会发现有可能借助论证的力量来说明规范的力量。”②

雷尔顿建议从信念理由出发来考察行动理由。这一转换的好处是，基于信念理由，我们可以把问题转换为行动者与规范陈述的关系。在此基础上，雷尔顿先给出一个关于规范普遍性（非假然基础）的构成性论证。随后，雷尔顿分别用就高（The High Brow）与就低（The Low Brow）两个标准对此论证进行了限制性考察。

2. 信念指向真

实践理性是人类因应具体的实践目的而做出的理性推理活动。实践理性本身受特定时空和特定环境限制。但是的确存在着作为一种理论理由的非假然理由。那么，在我们的实践领域，是否也同样存在着类似的非假然基础？雷尔顿认为是存在的，我们可以通过构成性论证（*constitutive* arguments）来证明其存在。

雷尔顿所设计的构成性证明其起点是假然的。在任一假然的实践活动评价中，我们都可以看到相对于行动者的实际裨益（benefits）之存在。

① Peter Railton, “Normative Guidance”, in Russ Shafer - Landau ed., *Oxford Studies in Metaethics*, Vol. 1, Oxford University Press, 2006, p. 3.

② Peter Railton, “Normative Force and Normative Freedom: Hume and Kant”, in Jonathan Dancy ed., *Normativity*, Blackwell Publishers Ltd, 2000, p. 21.

这种实际的裨益构成了相信它存在者本身的实践理由。这种单独的个人目标与环境集构成了一种反认识的规范，它是依赖于具体环境的，因而是时空有差异的。但它同时也构成了一种很强劲的假然的实践辩护。不管怎么说，这种假然辩护并不能够被行动者自发地相信为是时空无差异的非假然理由。因是之故，我们得到一种极端的“摩尔悖论”：

(1) h是真的，但是我不相信它。

在这种悖论中，支持h的证据与能动者的信念几成反比。因此，我们得到一种反认识论的说法：

(2) 我认识到支持h的证据确凿无疑，但是我丝毫不相信h。

这是两个奇怪的结论。

对这一现象，存在着一种伪装论的解释。

(3) h是真的（或者：我认识到证据h为真已确凿无疑），但是我假装它不是这样。

(4) 进一步假设了对h的信念对应着h为真，如果h为假，但假装h不为假，则对h的信念就必然脱靶。据此：

(5) A相信h就必然支持：如果h本身是错误的，他对h的信念也就是错误的。

而这一结论显然已经是过分夸张了。雷尔顿指出，在这里，信念与真之关系其实在于“事情是什么样”与信念持有者认为“事情应该是什么样”的关系。因此，这一点也不奇怪：

(6) h是真的，但是我那时错误地不相信其为真。

雷尔顿指出，(1) 与 (2) 的悖论“不是因为所述信念是错的或者它与世界的不一致，而是因为信念与能动者的一些既有想法不一致。”①

我们的信念经常是不一致的，但是我们没有认识到这种不一致。雷尔顿通过上述分析表明，我们关于信念的命题态度不仅表达了命题内容为真的问题，而且也表明它不是对命题之真的迟钝或免责。“要想让命题态度成为一种信念态度，就不能让命题态度完全与真或证据无关。”②

在这里，雷尔顿提出，我们需要承担“承认的代价”（*price of admission*）。就是说，相信某一命题态度，就得承担它与命题之真的关系。拒绝承担这一代价，就根本不能成功地相信这些命题。“信念与真的特殊关系构成了信念域，因而也就不再是信念者任一偶然目标的假然关系。”③当然，“表明一个规范或理由是非假然的，并不是要表明它完全是无条件的。而只是要表明，无论其偶然的个人目标为何，这些规范和理由都可必然地适用于任一能动者。”④

能动性的观念与信念有千丝万缕的联系。能动者有意向有计划的行动本身就构成性地包含了行动，并且部分地是以信念为基础形成的。若根除信念，就无法形成有意向的行动。而且，我们作为能动者的这一观念的历时延续也构成性地包括记忆与期望。而这也同样包含着信念。如果从心灵图景中剔除信念，就不可能拥有可识别的身份（同一性）概念。也就是说，信念是能动性的前提条件。“在类似的意义上论证是非假然的：作为一个行动者，你必须拥有信念；作为信念，你必须表达某种可说明其真的陈述态度，这种陈述态度必须（起码有限地）受制于真之导向的规范；因而，作为一个能动者，你起码必须这样表述你的一些态度，而无论它是否可能还服务于其他一些目标。”⑤

“为信念而付出承认代价对于形成能动性（的观念）是必要的。关于某种‘指向’真的态度的自我表述部分地构成了信念，而它转而又部分

---

① Peter Railton, *Facts*, *Values and Norms*, University of Michigan, Cambridge University Press, 2003, p. 296.

② Ibid., p. 297.

③ Ibid..

④ Ibid., p. 298.

⑤ Ibid., pp. 298 - 299.

地构成了能动性（的观念）。"[①]雷尔顿把他所表述的这种从信念到能动性的构成关系称作关于规范非假然特性的"构成性论证"。在构成性论证中，我们的信念指向了真。

3. 行动指向善

不同于上述依赖于实际裨益的假然论证，构成性论证并不关注能动者对规范的实际遵守，它只提供了一种自我表述的结构。尽管它仍然只具有一种貌似的稳定性，但是它毕竟为我们提供了认识意义上的非假然情形。因而为我们提供了在理论推理意义上对于规范的忠诚。在《规范性的来源》一书中，科斯嘉诉诸自我同一性论证，[②]她追求的也是这样一种构成的稳定性。不过很显然，基于自我表述的自我同一性只是解决了行动者的规范诉求问题，却同样没有能够解决规范客观性的问题。科斯嘉的论证就存在着这样的缺陷。

围绕这一问题，雷尔顿建议我们进一步从客观面和主观面来考察规范实践活动。如果一个行动者实际地成功遵守了规范要求，我们就说他在客观上遵守了规范。但是这也并不必然表明一个行动者在主观上认可这一规范。在直觉反应和经验推理之间存在着反差。也许我们在通过实践推理的反思活动在客观上遵守了规范，但是这种意义上的反思平衡并没有解决主观与客观之间的反差。我们如何能够在实践推理的意义上证明我们对于规范的忠诚？

在这里，为了从哲学上说明行动者意向行为的性质，雷尔顿进一步提出了就高与就低两个标准来加以讨论。简单地说，就高就是看到行为之善，因而促使行动者择善而从，就低则是强调行动指向的是人的当前欲求（desires）的满足。前者可远溯至古希腊哲学传统，强调德性的吸引特性。后者以休谟理论为典型代表。休谟的理性与激情关系说可以说是当代道德行动理论的讨论母基。

---

① Peter Railton, *Facts, Values and Norms*, University of Michigan, Cambridge University Press, 2003, p. 299.

② Christine M. Korsgaard, *The Sources of Normativity*, Cambridge University Press, 1996.

雷尔顿没有简单接受休谟的主张，而是对休谟的看法提出了批评。休谟认为人的能动性只不过是指向当前欲求的满足。休谟这种信念/欲求观被看作是就低说的典型表述。雷尔顿认为，休谟只是强调了就低行为在实践活动中的一般特征：行动者必有一目的，并依目的而行动。它既是表述的也是动机的，但是二者都不指向善。雷尔顿则认为行动者择善而从是天经地义的，人们并不会像休谟所认为的那样，永远只追求人的当前欲求的满足。“正如信念必然指向真，行动也必然指向善。”[①]实践慎思识别善，行动接受善的指导。行动意味着给出选择对象以积极评价，并认为是值得选择的。

“信念指向真，行动指向善”[②] 的结构存在于在我们的规范实践中。这相当于说我们有求真的意志（will to truth）和求善的意志（will to good）—— 如果你不反对使用意志这一词汇，并且能够对其保持适当警惕的话。但是意志这个词汇在使用的过程中会对相关概念进行强化，当我们说有求真意志或求善意志时，我们几乎会把他们当作人的心理属性来看待。说它们是心理属性会让人认为是既定存在着的。但是，我们需要强调的是，“信念指向真，行动指向善”其实是人的心理状态，而不是心理属性。它不是既定存在的，但是它是我们常常展现出来的一种状态。

相信某件事情为真，表达的是人的主观意愿。但是这个判断马上面临着一个是否能够兑现的问题。信念要落实为对真的客观认识，就有一个真之客观性问题，同时也有一个对客观真的认识兑现问题。因为如果相信为真的陈述并非真，而行动者如果也并不介意陈述非真，则相信为真的活动就会被锁定为信念（faith）。要想使相信某件事情为真这一点不单单是人的一种信念，就需要进一步追问真之客观性，以及行动者如何认识到真的问题。

类似的情况同样发生在“行动指向善”的行为中。在这两种行为中，我们都可以去说服行动者，如果不想让自己的认知活动和行动选择囿于主

---

① Peter Railton, *Facts*, *Values and Norms*, University of Michigan, Cambridge University Press, 2003, p. 302.

② 拉兹（Joseph Raz）认为道德行动的理由是由行动产生价值的这个事实所提供的，科斯嘉将这样的事实称作“行动的成善（good - making）属性的事实”。（Christine M. Korsgaard, *The Constitution of Agency*, Oxford University Press, 2008, pp. 209—210）

观信念的话，我们就需要进一步思考行动所指向的标准的客观性问题。反思均衡最终把社会规范的客观性问题收敛于社会生活本身，并且呈现为某种改良了的、温和形式的实在论。

尽管就高的内容有别，不过其一般特征是，能动者自己认识到自己所选择的行动或目的是好的。雷尔顿提出，这种“自认感”决定了能动性是否能够成立。动物和婴儿正是因为缺少了这种“自认感”，我们不称其为具有能动性。而且，即便是在成人中，如果一个人有潜在能力去辨识善，但是他却没有或者却拒绝去辨识善，我们也会说这个人缺少能动性。尽管他们也是动机驱动的，但是在某种意义上他们仍然是没有目标的。一个人的行动指向了善，但却同时声称他不承认善，这实际上是一种自欺。

这样，作出判断与作出行动选择之间就有了某种关联。尽管做出判断并不必然意味着选择某种行动，但是选择某种行动则必然意味着作出了判断。对于善判断的慎思介入我们的行动，它部分地构成了我们的能动性。一个人如果完全无视善，毁掉的是他的行动慎思能力，他将仅仅依赖欲望而生活。雷尔顿把就高的择善而从的能力作为一种构成条件，我们据以辨识我们规范推理中的非假然成分。

雷尔顿诉诸能动者的能动性，形成了一个关于规范性问题的构成性论证。在构成性论证中，能动性就其论证出发点来说是经验的，但是就其论证结果来说是规范的。构成性论证用我们所观察到的能动性实践来支撑起了一个规范的能动性概念。

这种论证的优点在于，能动性是一个日常生活中已经见到的现象，也是我们日常实践的一部分。因此，规范以及规范实践是一个已经存在于我们生活中的基本事实。在诉诸人的能动性时，设定能动性的既成事实也就设定了规范性的既成事实。而另一方面，既然规范性是一个既成事实，则诉诸构成性论证就是一个对我们日常道德实践能动性加以理解的活动，而不是一个论证规范性之规范效力从何而来的活动。也就是说，构成性论证是一种说明而不是论证。如果运气不好，不排除这种说明仅仅提供了一种随附性的解释，也就是说，不排除它还有沦为貌似符合能动性实践的“伪”说明的可能。

另外，构成性论证诉诸自主性。其基本含义是：在如此这般被认可的完整自主的状态下，我们是这样协调我们的个人行为与规范关系的。而当我们把自主性看作是构成的，尤其当我们看到存在着自主性缺失或选择性地放弃自主性的状态时，我们会说自主性只是一个规范，而不是一个完整的经验存在。也正是在这个意义上，雷尔顿提出，从一个能动者具有某种意愿，到其形成严格的自主性行为，这是一个开放的连续体。这种开放性的完整性只有由内而外观之①，才能得以充分理解。也正是在这个意义上，对某一规范持有怀疑立场者有权选择成为一个能动者，履行该规范；或者选择放弃，从而拒绝履行相应规范。也正是在这个意义上，我们拥有了相对于规范的自由立场。即便承认了能动者的地位，一个人仍然有选择的权利。可以设想的是，他的一些非常规选择未必就不合情合理。在围绕能动性而展开的规范实践的问题上，人们的现实生活其实有更多的表现形式。②

尽管有如此种种担心，构成性论证所诉诸的能动性活动本身却似乎并不为我们大家所否认。这样，我们对于构成性论证的担心也就仅仅局限在理论上，并不能够危及我们对于道德实践的观察。同时，这也牵涉到对于哲学活动目的的反思。我们总是想把规范性证明给人看，而并不满足于仅仅把规范性演示给人看。我们希望道德命令不仅是非假然的，而且应当是普遍无差异的。这一冲动在多大程度上是合理的，本书虽有质疑但并无定论，这是一个值得商榷的思考路径。如B·威廉姆斯所言，循此路径，传统的道义论已经将规范性研究引入了“义务进，义务出”的狭窄胡同。现在，雷尔顿将规范力量与规范自由紧密地联结在了一起，他的论证有望为我们走出“义务进，义务出”的道德规范解释模式提供一种可能。

综上所述，在如何研究规范性的问题上，我们可以雷尔顿这里获得某种告诫：“处理道德推理的规范性权威的过程，不在于去建立一种无可逃避的概念必然性或理性必然性，而在于理解我们道德实践的自由愿望。斯蒂文森对道德推理‘魅力’的认同是很恰当的——我们应当寻求道德推

① Peter Railton, “Normative Guidance”, in Russ Shafer - Landau ed., *Oxford Studies in Metaethics*, Vol. 1, Oxford University Press, 2006.

② Peter Railton, *Facts*, *Values and Norms*, University of Michigan, Cambridge University Press, 2003, pp. 311 - 313.

理对于我们的吸引力，而非其对于我们的不可避免的约束力量。”[①]在规范面前，我们是自由的。但正因如此，规范是我们自己生活的一个组成部分。是善特性本身吸引了我们，但是看来它并不非要表现为我们无可逃避之义务。

① Peter Railton，“Pre'cis of Facts，Values，and Norms”，*Philosophical Studies* 126：429－432，2005，p. 431.

第十章　社会规范的建构特性

以罗尔斯为代表的新康德路线是当代英美道德哲学和政治哲学研究中的显学。在过去三十多年中，罗尔斯及其哲学同仁的作品大大推进了众所周知的康德式建构论，并使建构论成为该流派在研究道德哲学和政治哲学时所依据的主要理论方法。

围绕建构论在道德哲学和政治哲学中的基本功用和理论特点，持新康德路线立场的哲学家和坚持其它理论立场的哲学家（如：持实在论立场的哲学家及传统契约论立场的哲学家）之间展开了多轮系统深入的讨论。这些讨论大大丰富了最近三十多年来的英美实践哲学的研究，并在基本理论方法上对当代道德哲学和政治哲学研究起到了强化和推进作用。

经过了二十多年的译介与研究工作，国内对于英美哲学研究的实践哲学转向已经有了比较深入的认识。但是，国内的研究主要地还集中在伦理学和政治哲学主要理论架构及其社会现实意义的探讨上，而且主要地只是集中在对罗尔斯和斯坎伦（T. M. Scanlon）等建构论开创者和主要阐释者[①]的部分主要作品的介绍和研究上，而对于作为核心方法的建构论以及由此所引发的理论论争，国内学界尽管早有耳闻和关注，但是却一直缺乏系统深入的介绍。弥补这种缺憾将有利于我们准确把握当代英美实践哲学的发展主流，并将有利于国内实践哲学研究的深入。

---

① 在《政治自由主义》第三讲中，罗尔斯对他构思建构论理论时期的主要思想伙伴和理论批评者已经有所交代。但这一文献并不全面，而且仅仅局限于该书出版之前的情况。本书所涉及的参考文献收入了此后十几年来的主要讨论文章与著作。

1. 围绕建构论的主要讨论

康德道德哲学要求道德规范满足可普遍化的要求，所以它必须回答道德规范的普遍有效性从何而来，如何才能得到保证的问题。康德对待这一基础问题采取了一种建构论的方案，承诺能够通过理性建构来解决规范有效性来源问题。罗尔斯突出强调了康德的这一建构论方案，认为理性的行动者能够借助合理的建构程序，在实践理性和合理慎思的原理指导之下，建构出用以指导行为的一般行为准则。以罗尔斯对于康德哲学中的建构思想的重新发掘为肇始，建构论在当代的发展已经经历了数十年的时间，围绕建构论意义与局限也引发了一系列哲学讨论。

罗尔斯的“康德式建构论”的基本观念初成于《正义论》，后来在其一系列的文章中得到了进一步的阐释。其中，他于1980年哥伦比亚大学杜威演讲中，首次系统全面地检视了他所遵循的“道德理论中的康德式建构论”这一主题。同名文章见于1980年9月《哲学杂志》第77期，后收入其《论文集》一书中。[①] 另外，在《作为主体的基本结构》、《作为公平的正义：政治的而非形而上学的》以及《道德理论的独立性》和《一种康德式的平等观念》等文章[②]中，罗尔斯也都从不同角度对建构论进行了阐释，从而奠定了当代建构论的理论基础。罗尔斯的工作不但丰富了我们对于康德哲学的理解，而且大大推进了建构论在当代实践哲学中的应用。而在其1993年出版的《政治自由主义》一书[③]中，罗尔斯更是单列一讲，提出了“政治建构论”的主张，从而完成了他从道德建构论到政治建构论的理论蜕变。

以《政治自由主义》为代表，当代政治哲学明确提出，政治哲学的讨论不同于伦理学和其它任何形式整全学说的讨论，它必然是政治的而非整全的，是理性建构的而非形而上学的。德沃金、威廉姆斯等人在对政治哲学研究的性质、方法和完成途径的探讨中，也都大体上坚持了这样一个

① John Rawls, “Kantian Constructivism in Moral Theory”, Collected Papers, Harvard University Press, 1999.

② John Rawls, Collected Papers. S. Freeman ed., Harvard University Press, 1999.

③ John Rawls, Political Liberalism, Columbia University Press, 1993.

立场。

在罗尔斯之外，哈佛大学的斯坎伦教授在其《契约主义与功利主义》《承诺与契约》等文章以及《我们彼此负有什么样的义务》一书中，发展了他称之为契约论的特殊形式的建构论。该理论进一步推进了建构论在当代实践哲学中的应用，并且引发了诸多争论。《推理》（Ratio）杂志还于2003年特意推出了《论〈我们彼此负有什么样的义务〉》的专号，其中收入了奥诺拉·奥尼尔（Onora O' Neill）的《建构论对契约论》[①]，约瑟夫·拉兹的《数目，契约论的和非契约论的》，马克·蒂蒙斯（Mark Timmons）的《道德建构论的局限》等六篇批评文章和斯坎伦本人对于这些批评的回应文章。这些文章就斯坎伦式的契约论与建构论，以及与契约至上论的关系等进行了质疑与探讨。

奥诺拉·奥尼尔是目前英美哲学界公认的康德哲学研究专家。她在其1989年出版的《理性的建构》一书[②]的第11章《伦理学中的建构论》中讨论了《正义论》时期罗尔斯建构论的基本构想，在其1997年的《罗尔斯和康德思想中的建构论》一文[③]中检视了罗尔斯和康德二人在建构论观点上的根本差异。罗尔斯的学生，哈佛大学哲学系教授科斯嘉（Christine M. Korsgaard）在其《规范性的来源》一书[④]中，尤其是在其《二十世纪道德哲学中的实在论与建构论》一文[⑤]中，对于建构论及其在当代实践哲学中的意义做出了清楚的阐释，是非常值得一读的研究建构论发展的文章。

大卫·布林克（David Brink）的《道德实在论与伦理学的基础》[⑥] 与

---

① Onora O' Neill, "Constructivism vs. Contractualism", Ratio (new series) XVI4 December, 2003.

② Onora O' Neill, Constructions of Reason. Exploration of Kant's Practical Philosophy, Cambridge University Press. 1989。

③ Onora O' Neill, "Constructivism in Rawls and Kant", in The Cambridge Companion to Rawls, 2003.

④ Christine M. Korsgaard, The Sources of Normativity, Cambridge University Press, 1996.

⑤ Christine M. Korsgaard, "Realism and Constructivism in Twentieth Century Moral Philosophy," Journal of Philosophical Research, APA Centennial Supplement, 2003.

⑥ David Brink, Moral Realism and the Foundations of Ethics, Cambridge University Press, 1989.

沙弗尔—兰道（Russ Shafer - Landau）的《道德实在论：一种辩护》[①] 两本著作，是从实在论立场检视建构论的典范作品。两位作者把握问题准确，推理细致严密，文笔简洁清晰。它们与马克·蒂蒙斯的《道德建构论的局限》[②]、托马斯·希尔的《康德式建构论中的假然承诺》[③] 一起，构成了对于当代建构论的反诘与批评。麦金农的《自由主义与政治建构论的辩护》则对建构论在政治辩护中的作用进行了探讨。

另外，克里斯蒂娜·拉方特的《道德客观性与合理的同意：实在论能够与康德式建构论调和吗?》[④]、托马斯·希尔的《伦理学中的康德式建构论》[⑤]，斯蒂芬·达沃尔、阿兰·吉巴德和彼特·瑞尔顿合写的《走向世纪末的伦理学：某些趋势》[⑥]，罗纳德·米罗的《契约至上论的建构论》[⑦] 等文章，以及德沃金的《认真对待权利》，巴里的《正义理论种种》[⑧] 等著作，也都是值得参阅的重要文献。尤其是拉方特的作品，致力于平衡康德建构论中规范有效性来源的实在论解释和反实在论解释这两种相互冲突的解释要素。

以罗尔斯和斯坎伦为代表的康德式建构论旨在基于既有的道德基础为

---

① Russ Shafer - Landau, Moral Realism: A Defence, Oxford University Press, 2003. 沙弗尔—兰道是当代英美元伦理学研究领域的活跃人物。他在威斯康星大学举办的元伦理学年度讨论班迄今已经走过了十余个年头，以该讨论班论文为基础，由他所主编的《牛津元伦理学研究》（Oxford Studies in Metaethics）迄今也已出版了九卷。2015 年，沙弗尔—兰道教授受聘北卡罗莱纳大学，任帕尔伦理学研究中心主任。

② Mark Timmons, "The Limits of Moral Constructivism", Ratio (new series) XⅥ4 December, 2003, pp. 391—423.

③ Thomas E. Hill, "Hypothetical Consent in Kantian Constructivism", Social Philosophy & Policy, vol. 18, 2001, pp. 300—329.

④ Cristina Lafont, "Moral Objectivity and Reasonable Agreement: Can Realism Be Reconciled with Kantian Constructivism?" Ratio Juris, vol. 17, no. 1, March, 2004, pp. 27 - 51.

⑤ Thomas E. Hill, "Kantian Constructivism in Ethics", Ethics, vol. 99, 1989, pp. 752 - 770.

⑥ S. Darwall, A. Gibbard, P. Railton, "Toward Fin de Siècle Ethics: Some Trends", in S. Darwall, A. Gibbard, P. Railton ed., Moral Discourse and Practice: Some Philosophical Approaches. Oxford University Press, 1997.

⑦ Ronald Milo, "Contractarian Constructivism", The Journal of Philosophy, vol. 92, no. 4, Apr., 1995, pp. 181—204.

⑧ B. Barry, Theories of Justice, Hemel Hempstead: Harvester Wheatsheaf, 1989.

社会构造一个可以共同遵守的道德体系。有人将这一形式的当代建构论流派称作契约论，而将以大卫·高蒂尔（David Gauthier）和詹姆士·布坎南为代表的另外一种形式的当代建构论称作契约至上论[①]。大卫·高蒂尔致力于从一个非道德的来源即霍布斯传统进行道德建构，其工作见于其著作《约定的道德》[②] 和文章《政治契约至上论》。[③] 在前一本书中，他把道德视作出于理性的订约（讨价还价）与同意而进行的建构，这种订约与同意首先假定了满足先在的个人偏好为基本的价值追求。在后一篇文章中，他明确地将他自己的立场贴上了“建构论者”的标签。而奥尼尔的《建构论对契约论》一文[④]以及她的另外几篇文章分别对（包括高蒂尔在内的几位学者所宣称的）建构论与契约论的关系进行了甄别。

2. 道德建构论的理论诉求

建构论在作为实践哲学的道德哲学和政治哲学以及法哲学中得到了广泛的应用。罗尔斯、斯坎伦等人的工作奠定了当代建构论的基本主张，科斯嘉、奥尼尔等人对于这一主张的阐发和内部批评进一步厘清了建构论在哲学史上的地位和功用，而来自蒂蒙斯、布林克、沙弗尔—兰道等人的外

---

① 我将英文的 contractualism 译作“契约论”，而将 contractarianism 译作“契约至上论”，并将两者统称为“契约理论”（contract theory）。一般认为，两个流派都是契约论在当代的新发展。而奥尼尔《建构论对契约论》一文则正是针对这种概念混用的情况，试图从学理层面区分不同理论。不过本章将不过多涉及与契约至上论有关的讨论。需要指出的是，契约论假定人是理性的，并且具有平等的道德地位，从而能够运用理性达成可普遍适用的道德规范。契约至上论则假定人是理性自利的，它们运用自己的理性算计能力，最终达成共同认可的道德约束。当代契约论支持者大都是从康德式建构论演化而来，所以他们自己有时会追求所达成规范的普遍可适用性。但是，与建构论相比，事实上任何的契约理论都是一种相对的可普遍化。因为任何的契约理论都不过是“碰巧达成的一致”。只有建构论才假定人是理性的，人们能够运用自己的理性形成可普遍化的无时空限制的道德规范。罗尔斯在《政治自由主义》时期，已经认识到了人们达成的政治规范或规则只能是政治的而非整全的，因而只能在一定的限定范围内适用。但是他似乎仍在犹豫自己到底是一个建构论者还是一个契约论者。

② D. Gauthier, Morals by Agreement, Oxford University Press, 1986.

③ D. Gauthier, “Political Contractarianism”, Journal of Political Philosophy, vol. 5, no. 2, 1997, pp. 132—148.

④ Onora O’Neill, “Constructivism vs. Contractualism”, Ratio (new series), XVI 4, December, 2003.

部批评则构成了对于建构论理论局限性的检验。

道德建构论认为，指导我们行为的道德准则可以通过一定的建构程序来获得。建构论提供一种建构标准或建构程序，倚赖此标准或程序，理性的行为者，在一些限定的条件下，就某些原则寻求达成一致。根据这些达成一致的原则，行为主体得以解决在现实生活中所遇到的道德问题。建构论需要具备这样三个基本要件：1. 理性的行为者（rational agent）；2. 一些特定的（或理想的）条件（specified circums*tances*）；3. 达成调节行为关系的基本原则（basic principles）。

在生活实践中，我们遇到的分歧事关“要做什么”（what is to be done）的问题，而不是什么样的知识或理解是正确的问题。举例来说，两个小孩想要同一块儿巧克力，或者两个英雄想要同一匹骏马，这样的分歧与人的愿望和行为紧密关联。而这时不同的愿望不能同时相容地得到满足，我们又很难评价说谁的愿望是对的，谁的愿望是错的。在不能相容地得到满足的时候，假如双方又并没有打算诉诸武力去解决问题，他们就需要一个决断标准以决定如何分配才是公平的，或者以什么样的优先顺序去分配才是双方都接受的。而建构论就是为了寻找这样一个公平的决断标准而设计出来的一套合理的程序。

建构论者所提出的建构，意味着理性的行为者运用自己的理性能力，接受一定程序的合理限制，对于所处的特定时代的特定条件加以审慎反思，借以达成适用于道德领域和政治领域指导人们行动的行为关系准则。因而它应该超越个人选择的层次，在社会共同生活的层面，通过理性的公用，寻找到为全社会的公民一致同意的生活准则。这一理性运用的过程是一个在反思中进行平衡的过程，通过反思平衡而达成的政治一致就是罗尔斯所说的“交叠共识”。

很明显，建构理论具有实践性特点，而像直觉主义，则是非实践性的。因为它们提供的仅仅是各种各样的原则答案。理性行为者的建构活动必然是实践性的，建构活动本身可以建立起用以指导行为活动的实践性的命令或要求，并且能够为这些命令或要求进行辩护，伦理学中的客观性是有保证的。这样建构起来的道德原则的客观性，不在于它们根基于独立存在的道德秩序，不在于说有了这些道德秩序就能够解释为什么建构程序能够使他们就这些原则达成一致。这些道德原则之所以是有客观性，仅仅是因为从一个无偏的社会观点来说，它们是合理的可以接受的原则。

建构论把传统的实在论当作其主要理论对手，它认为实在论的根本问题就在于没有能够认识到前边所讲到的实践问题与理论问题的差别。由此而引发了二者在解决道德问题上的解释力的差异，这种差异有四：①

第一，由于实在论假设了客观的道德事实的存在，因而妨碍了我们的道德自律，即妨碍了我们自主地选择我们的目的。

第二，对于实在论者来说，他们难以对什么是道德判断为真的问题做出一般性的回答。而建构论者认为他们可以。

第三，根据合意的建构程序，建构论者可以为自己的选择做出原则性的辩护，从而保证伦理准则的客观性，并且能够解释所选择的道德标准何以正确。而实在论者则无法做出类似的解释。

第四，道德建构论者多支持道德理性主义（moral rationalism）。道德理性主义主张道德义务是或者需要有关行为的合理的实践理性。假如道德理性主义是正确的，那么我们就总是可以为我们遵从道德命令提供合理的理由，那么道德行为就可以得到辩护。与之相比较，道德实在论就不能够解释道德命令的来源。

可以看出，道德建构论者认为，与道德实在论相比较，道德建构论更能有效地处理道德判断的真理性、客观性与规范有效性问题。而这些问题的解决，将极大地促进实践哲学的发展。因此，批判实在论，维护建构论，就成为了当代建构论者一个基本理论工作。在科斯嘉为美国哲学学会所撰写的《二十世纪道德哲学中的实在论与建构论》一文中，我们可以进一步看到实在论与建构论在理论追求上的差异。

科斯嘉区分了实在论与建构论，认为两种观点对应于哲学上的两种知识态度，前者是真理符合论，后者是实践建构论。科斯嘉的区分重在梳理对于知识根源与本性的看法分歧。道德陈述具有客观内容吗？认为道德陈述有认知内容的哲学家是认知论者，他们倾向于对道德本质采取一种实在论的立场。假如认为道德陈述旨在表达一种命令或规定，或者认为是在表达我们对于行动的赞成或不赞成，认为道德语言不具有认知内容，这样的

---

① Russ Shafer - Landau, Moral Realism: A Defence, Oxford University Press, 2003, pp. 44 - 50.

哲学家可称之为非认知论者。如果将这样一种区分与亚里士多德和康德的实践理性理论（认为道德判断是实践理性的结论）联系起来考察，追问如何理解实践理性，我们可能会找到一个截然不同的新的理解。假如像西季威克和密尔那样，认为实践理性应该是可以为直觉所认识到的自明的真理，那么康德就可以被看作是一个传统的理性主义的实在论者。假若认为道德法则乃是自律的法则，该法则是由行为主体自身的意志所立，那么我们就可以把康德看作是一个规范主义者而不是一认知论者。所以，问题的关键在于如何理解实践理性理论，对于康德的这两种不同解读奠定了二十世纪两种不同的道德理论。

实在论旨在找到可以应用到行动中的伦理知识，而建构论则旨在寻找解决实践问题的办法。科斯嘉认为，实在论者对于工具原则的规范性的说明是不自洽的。实在论主张我们关于道德原则的知识是客观的，我们不过是认识这种知识，并将其应用到我们的伦理生活中。这种“知识应用的模式”没有能够正确地抓住行为所遵守的规范标准和慎思过程的关系。实在论遵守的不过是一种工具理性的原则，而工具原则不是规范真理，它不能够为我们提供规范效力。“因而，实在论和建构论之间的重要差异不在于何者为真，而在于它们如何引导我们面向实践哲学的问题。道德实在论把实践哲学看作是一种实质上的理论主体。其任务是找到，或者总之去论证我们能够找到我们可以应用于行动中的某种伦理知识。而依照建构论，这里唯一相关于知识的就是那种由我们的规范条件所提出的可以加以解决的诸问题，而要发现是否就是这类知识的唯一办法就是努力地去解决这些问题。所以对于建构论者来说，实践哲学乃是一实践主体，其任务就是寻找解决实践问题的方法。”① 实践哲学，不是去发现知识，应用于实践，而是运用理性，解决实践问题。

实践哲学解决人类活动过程中所遇到的实践问题，回答人类生活本身所遵循的基本规范如何得以形成，如何能够有效指导人类生活。在这些方面，建构论者认为，他们的理论有着实在论无可比拟的优点。当代建构论对康德实践理性概念和康德建构论都做出了新认识、新理解和新应用，开

① Christine M. Korsgaard, “Realism and Constructivism in Twentieth Century Moral Philosophy,” Journal of Philosophical Research, APA Centennial Supplement (2003), p. 118.

启了当代对于康德实践哲学解释的新方向。

3. 罗尔斯从道德建构到政治建构的新特征

罗尔斯重振了建构论，并且推进了它在当代实践哲学中的运用。在这一过程中，他对于建构论的理解也有了各种形式的改变。他对建构论的推进集中体现在两个方面：第一，他的建构论有着不同于康德建构论的特征；第二，他从道德建构论进一步走向了政治建构论。

关于罗尔斯和康德在建构论问题上的观点差异，奥尼尔在《罗尔斯和康德思想中的建构论》一文中有过细致分析。透过这些差异，可以看出实践哲学在当代语境中有了新变化与新进展。

首先，在关于实践理性的来源，根据和最终对象方面，罗尔斯与康德存在着分歧。在罗尔斯看来，康德的建构程序"过于个人主义"，因为它最终诉诸于个体行动者的观念。尽管有学者认为，康德的实践理性观念事实上也假定了一个多数行动者，但是康德并没有假设他们是平等的公民。

其次，罗尔斯和康德都认为，由于社会群体缺少一个独立的道德价值体系作为先在的合作原则或合作知识，所以他们必须建构出一套据以生活的伦理原则。但是在康德那里，他并没有预设一个作为先决条件的社会或政治结构，从而也就同样没有预设受到一定约束的，民主社会内的平等公民。所以说，与康德的建构论相比，罗尔斯的建构论拥有一个相对较强的假设前提。

第三，与上述差异相联系，康德的伦理方法观是一种世界主义的方法观。一个合理的观念必须适用于严格意义上的世界共和政体，而不是有严格限定的特定社会或特定国家的共和政体。而罗尔斯式的共和政体则限制在有限定的，自由民主社会的平等的公民。

在此意义上，我们可以说康德式建构论是一种更为全面激进的建构论，而罗尔斯式的建构论则是一个更为调和折中的，适应现代政治生活现状的调和了的建构论。

罗尔斯在《正义论》时期，仍然采纳道德建构论的方法。到了二十世纪九十年代，罗尔斯在其《政治自由主义》中开始从道德建构论转向政治建构论。他在《政治自由主义》第三讲中详细阐述了他的政治建构论与康德道德建构论的基本差别。我把这种差别概括为如下四点：

差别一，康德学说是一种以自律为基础的完备性的道德观点，自律规导一切生活。而政治自由主义坚持理性的交叠共识，反对自律无所不包的规导作用。

差别二，政治建构论接受康德的看法：政治价值秩序基于跟合适的政治之社会观念和个人观念相联系的实践理性原则。但实践理性并不保证直接构成了这种价值秩序。

差别三，尽管大家都有超出政治领域的完备性观点，但是大家仍可有独立于这些完备性观点的根本的政治理念。

差别四，康德建构论的目的，是要从人类实践的角度为理性进行辩护。认为我们要在人类日常的思想和实践中确认理性，只有当思想和实践与理性产生矛盾时，才产生为理性辩护的问题。而政治建构论旨在揭示关于政治正义问题证明的公共基础。

在同一讲中，罗尔斯还对比分析了建构论与作为一种道德实在论形式的合理直觉主义，指出政治建构主义具有四个不同于合理直觉主义的特点：政治正义原则是一建构程序的结果而不是对一事先就存在的独立的价值秩序的陈述；建构程序基于实践理性而不是基于理论理性；政治建构主义充分利用复杂的个人观念和社会观念而不像合理直觉主义那样仅仅依赖既有的价值秩序；政治建构主义主张一种合理性的理念而不是一种符合论的真理性的概念。

罗尔斯的努力，是要克服他所批评的传统的以整全学说来为政治生活基本准则进行论证的做法。在《政治自由主义》第九章中，他对哈贝玛斯的批评就是针对这一点进行的。在九十年代，政治哲学应该独立于任何整全学说独立自足地获得辩护，这一看法已经得到了不少哲学家的论证支持。这一观点应该说是当代政治哲学自身发展的一个重要成果。

我在这里还要特别提醒，罗尔斯从道德建构论向政治建构论的转变还有一个未被大家注意到的理论针对。道德建构论的方法作为一种传统方法，伴随着政治哲学在 1971 年以来的复兴。有很长一段时间，这种复兴与实践伦理的活跃是相伴发生的，甚至有人提出，政治哲学的复兴就是实践伦理的复兴。实践伦理的活跃，部分地集中体现在了亚里士多德主义的德性伦理的复兴。作为理论支撑，德性伦理的复兴大大刺激了公民共和主义和公民资格问题的讨论。社群主义也是在这样的背景下，针对自由主义的软肋，发起了多轮攻击。

但是，人在政治生活中的自我实现必须通过一个可以得到客观评价和客观保证的制度中介，制度必须是开放的，任何人相对都有均等机会的。这样，正如罗尔斯所说，这个制度应该是“政治的”而不是“整全的。”它只解决政治领域相关问题，而不保证任何人在完整意义上的个人自主性的全面实现。所以，公民共和主义将其志向主要地集中于在政治领域实现公民的动员与参与，进而实现作为城邦动物的人的本性的前提是有欠缺的。或者说，伴随着现代性而来的公域与私域的划分已经否定了亚里士多德命题中潜含的“人在城邦中实现自我且只能在城邦中实现自我”的判断。把政治的交给政治，把非政治的交给人类生活的其它组织形式，如经济体制，宗教体制，社群习俗等。这个差别是现代以来的人类生活与传统人类生活在考虑问题上的原则差别，它形成了对于公民共和主义的不利判据，决定性地区分开了贡斯当所说的古代自由与现代自由。

正是上述意义上，我们可以说，罗尔斯从道德建构向政治建构的转变适应了现代性的基本要求，并且使其政治建构论在建构论的基本要件即理性的行为者，特定的条件及达成调节行为关系的基本原则三方面与道德建构论区别开来。

4. 对于当代建构论的批评与辨析

对于建构论的批评角度有很多，本书建议，我们尤其要关注当代建构论者面临着的如下困扰，这几个困扰建构论的问题牵涉到建构论能否独立完整地存在：首先，建构论者无法解决建构论本身所面临的尤息弗罗困境(Euthyphro dilemma)①；其次，建构论与契约论的关系并不像建构论提倡者所认为的那样清晰；第三，建构理论无法完全避免相对主义的嫌疑，有些学者所宣称的伦理客观性需要加以限定才能获得。

沙弗尔—兰道在其《道德实在论：一种辩护》一书中指出，任何形

① 尤息弗罗困境（Euthyphro dilemma），原见于柏拉图《尤息弗罗篇》。沙弗尔—兰道的引申使用见 Russ Shafer - Landau, Moral Realism: A Defence, Oxford University Press, 2003, p. 43。

式的建构论本身其实都为某种形式的尤息弗罗困境所困扰。这一困境就在于，我们如何能够不借助于某种既有的实质性的道德观来进行建构？既然以某种道德化了的基本观念作为建构基础，建构本身的意义如何得以确立？换句话说，诉诸于先在的道德条件而进行道德原则的建构，这种诉求是否应当？

在建构论所要求的基本要件中，无论是选择的初始条件还是具体态度的形成，它们首先都是已经道德化了的，否则它们根本就不存在。换句话来说，我们把初始条件看作是既已存在的进行合作的道德约束条件，或者看作是在这一约束条件下的自由操作。问题就在于，没有理由期望基于这一建构程序的诸原则能够把握我们深层的伦理信念，或者是对构成我们伦理观念的不同理解抱以同等的尊重。然而，如果不能做到公平，我们就不能指望我们所期望的观察者能够很好地与我们的理想状况协调一致。而且，要想表明为了那些可能会从建构程序得出的伦理观而去放弃我们自己的核心伦理观这种做法是正当的，我们需要对建构程序所可能产生的伦理观抱有比我们本来拥有的特殊伦理观更大的信心，这是不大可能的。

换句话说，如果建构论者引入某种道德化了的约束条件，他们事实上就应该放弃建构论。因为，这一路径承认了道德约束条件的存在，这些约束条件无论在观念上还是在解释上都要先于行为主体的建构。这些约束条件本身并不是建构的产物，所以说，存在着一些独立的道德事实或道德理由，这些道德事实或道德理由不是得自于建构功能本身。“而这是实在论，而不是建构论。”①

沙弗尔—兰道将此称为建构论者所面临的“尤息弗罗困境”，并且认为建构论者永远也不可能令人满意地解决这一问题，尽管他也并不认为，单单因为这一困境建构论者就完全无法展开建构工作了。

除了沙弗尔—兰道，托马斯·希尔②和马克·蒂蒙斯③都对建构论者所面临的“尤息弗罗困境”进行了引申讨论。由于尤息弗罗困境的存在，

① Russ Shafer - Landau, Moral Realism: A Defence, Oxford University Press, 2003, p. 42.

② Thomas E. Hill, “Hypothetical Consent in Kantian Constructivism”, Social Philosophy & Policy, vol. 18, 2001, pp. 300—329.

③ Mark Timmons, “The Limits of Moral Constructivism”, Ratio (new series), XVI4, December, 2003, pp. 391—423.

实在论与建构论的区别变得不再像建构论者所认为的那样界限分明，这一问题成为了建构论者的理论软肋。

不过在本书看来，沙弗尔—兰道的批评起码部分地是建立在对建构论的误解之上。因为在道德建构中，我们只建构道德学说的内容，而不建构绝对命令程序自身。并不是任何的事物都能够通过建构获得。诸如与道德推理相关的事实，关于人和社会的观念，都是通过我们的反思活动被提炼出来的，而不是被建构出来的。只有在一个合理的推理框架内，我们才能谈论建构。脱离推理框架的事实是一些单纯的事实，我们完全可以按照常规的理解辨认出这些单纯的事实来。

建构论理论体系的另外一个困扰就是建构论和契约论。建构论和契约论是什么关系？一般认为，契约论是将伦理或政治的辩护基于约定（agreement），而建构论则是基于某种理由（reason）的观念。奥尼尔指出，这并不是一种彻底的区分。[①]

建构论可能需要预设一同质的形而上学基础，这种预设仅仅是建构论为其所最终采纳的诸原则进行辩护的一个必要但不充分的条件。而契约论则无须这种预设。建构论不能为一个无所不包的善理论进行辩护。无论是原初状态理论还是正义诸原则或诸制度，都不能在经过我们深思熟虑的反思平衡中得到辩护。辩护必须是政治的而非形而上学的。

罗尔斯的辩护是有限定范围的，那就是一个社会中的诸公民。这种辩护不是针对抱有不同整全道德观的不同人之间正义观点的辩护说明，甚至也不包括那些非民主体制国家的人。所以，这种辩护针对的是一个多元主义既成事实，民主制度是基本共享理念的社会，其辩护需要一个公共的民主文化这一核心理念，在这种文化中，这种社会的诸公民共享一种公共理性。这种公共理性是一种偶然的交叠共识，所以其辩护过程很大程度上依赖于碰巧达成的约定（happen to lead to agreement），从而也就使得深层的必然辩护不再可能。而且，经由这样的辩护获得的正义观念难以跨越文化体制乃至国境，因而只能是一种体制下的诸公民共同认可的观念，而不是一种在范围上普遍有效的辩护，因而其正义观也就不同于康德意义上的世

① Onora O' Neill, "Constructivism vs. Contractualism", Ratio (new series), XVI4, December, 2003, p. 319 - 331.

界主义。在这个意义上，奥尼尔说："罗尔斯的基本辩护路径显然是融贯论的。"由于罗尔斯立场的这些特点，奥尼尔认为："罗尔斯的正义理论更多的是卢梭路线而不是康德路线，更多的是公民的而不是世界主义的，更多的是契约论而不是建构论。"①

在这里，奥尼尔明确地区分了契约论与建构论。契约论的辩护基于事实上的偶然约定，也即事实上是在一定的限定条件下达成的一致。正是依照这个定义，奥尼尔认为，斯坎伦将自己称作契约论者其实是一个错误，他或许更应该被称作是一个建构论者。因为斯坎伦在讨论实践理性问题时所强调的别人基于某种理由接受或拒绝的各种原则，以及我们关心这些原则的诸理由，在奥尼尔的意义上，都不是基于任何偶然的约定。

高蒂尔将道德视为出于理性的合约或约定而建构起来的，这种建构设定了满足先在的个人偏好的价值。在其《政治契约论》一文中，他明确地将自己的这一立场称作建构论者的立场。但是他并不是康德式的建构论者。按照奥尼尔的观点，高蒂尔的这一立场其实仍然只能被称作契约论者的观点。

马克·蒂蒙斯在《道德建构论的局限》一文中，把斯坎伦所自称的契约论称作伦理学中建构论式的契约论。他认为，该理论的重要目的之一就是迎合这样一个观念：道德判断是（或者说，能够是）客观的，这种客观性不相容于道德相对主义。但是，斯坎伦对于道德推理的契约论式的解释，连同他的道德建构论的承诺，都不足以让他避免恰巧是他想避免的那种道德相对主义。

马克·蒂蒙斯认为，这一缺陷的罪魁祸首恰恰就在于他的理论中所蕴涵着的道德建构论思想。所以，要想避免相对主义，首先要区分契约论与建构论，契约论更多的是一种道德认识论的立场，而建构论更多的是一种道德形而上学和道德语义学的立场。建构论更多地依赖于人们在特定时期的特定观念，如态度、习惯等。这样，它就不可避免地陷入了前文所说的"尤息弗罗困境"，即诉诸于先在的道德约束条件而进行道德原则的建构。

假如约束条件在道德上相对中立，我们就不用诉诸于彼此具有竞争关系的规范的道德理论，但是这样的话我们就没有实质性的规范问题可以依

---

① Onora O' Neill, "Constructivism vs. Contractualism", Ratio (new series), XVI4, December, 2003, p. 324.

靠，我们就会陷入严重的不确定状态。反之，假如我们诉诸于具有较强实质性内容的规范主张和前提假设，我们似乎就避免了道德相对论。但是这样的诉求要以承认被诉求的主张本身具有较强的道德真理性为前提。然而绝大多数的当代建构论者的首要假定，恰恰是要把作为诉求前提的规范主张仅仅作为诸多道德原则"真"集的一个备用集。这样，无论对于作为前提的规范道德理论的规范性要求是厚还是薄，在元伦理学的意义上，建构论者关于道德真理的可辩护性说明都将不是那么令人信服的。相对主义的阴影时刻存在。

蒂蒙斯认为，斯坎伦的理论尽管更加纤巧，但是最终仍然难以避免某种形式的相对主义。他建议，斯坎伦要想避免自身理论陷入相对主义，就应该拒绝建构论以及其它一些元伦理学观点，而要采纳最小化的元伦理观。以此作为支撑，斯坎伦才有可能保留其道德契约论的主体要素，避免陷入相对主义。

另外，在当代道德哲学在多大程度可以或者应该依赖理性建构问题上，尽管德性论的不同支持者看法上存在着差异①，但是这些持德性论研究立场的哲学家大都批评建构论忽视历史的偶然性，过于依赖理性的建构。威廉姆斯甚至明确提出，要从忽视历史的哲学走向"有历史的哲学"。他批评科斯嘉只忙于强调理性反思在解决建构论所建构的规范有效性来源中的作用，却忽略了历史的自我发展在提供规范有效性来源中的作用。他认为科斯嘉尤其忽略了有些历史活动是以不接受康德的道德普遍性为前提的，而这些历史活动却仍然参与了道德规范性的形成。②

我们可以看到，对于建构论的种种批评，无论是来自建构论内部的自我反省，还是来自外部的系统责难，均体现了对于哲学理论复杂性的吁求，是对康德路线的理性主义实践哲学的修正与限制。与建构论相关的当代讨论将会把我们引向更为深入的哲学思考，有利于建构论理论本身的丰富与成熟，有利于当代道德哲学和政治哲学的发展与繁荣。

---

① 在德性论的一些主要提倡者当中，麦金泰尔被认为既反理论又反理性；威廉姆斯反对伦理理论，但是并不反对理论在政治和法律生活中的作用；托马斯·内格尔尽管也强调德性研究的重要性，但是他几乎在所有领域都持比较强的康德立场。

② Christine M. Korsgaard, The Sources of Normativity, Cambridge University Press, 1996, pp. 210－218.

下篇　现实感与政治的自主性

人类实践活动不同于人类认识活动。也就是说，人类实践是一种特别的求善活动。“信念指向真，行动指向善”。知识论传统上将知识定义为“被确证的真信念”。而威廉姆斯对于真理德性的分析有可能为我们理解纯粹信念活动本身开启一个全新的认识。这种新认识强化了我们对于人类实践特性的理解。而这些理解，具体到我们对于人类政治生活的认识，就是强化了“政治具有自主性”这样一种主张。这一主张与强调“现实感”和把“审慎”作为人类政治活动最高美德的政治现实主义关联密切。

为了说明政治现实主义思考方法中人的实践推理最终收敛于审慎概念，我们需要深入细致的概念分析工作。在这样的分析过程中，一些基本概念被逐步触及并得到严肃反思，比如，能动者与理性、合理性，能动者的能动性、自主、自尊，规范与规范性等概念，以及在这些概念展开后，与理性与合理性相关的个体理性与规则合理性关系，实践理性、实践推理、审慎、偶然性、机制、合宜性，契约论与契约至上论等等。这些概念同时为本书所批评的理性主义、道德主义立场和本书所主张的现实主义、机制论立场所共同使用，不过不同的使用者对于这些概念的理解非常不同。事实上，被批评方案更多地将立论基础奠定在理性、自主、权利等概念。而替代方案则更多地关注偶然性、机制、合宜性等概念。

本书在经过分析后，得出了这样一个结论。被批评方案与所主张方案的区别，在于对自主、尊严、公正、理性等观念在思想考量中的位置的判别不同。以近代以来的自由主义的内部区分为例，持机制论立场的自由主义（自由至上主义，或者说古典自由主义），认为这些观念是人类文明秩序的副产品，是人类文明的秩序碰巧保护了人的自主、尊严与公正、理性。而持理性论立场的自由主义，如康德式的自由主义，则把这些观念当作是为政治进行辩护的出发点。很显然，前者并不希望把这些观念当作立论的出发点，认为这些观念只是中间性的结点观念，甚至只是另外一些东西的副产品。基于这样一种区别，我们可以比较方便地在当代自由主义的左翼与右翼之间做出区分。而他们对现实政策的反应方式也清晰易辨，认为政治应该基于人的自主、尊严与公正、理性的，并且将这些概念直接作为衡量现实政治正当性尺度的思想家，我们称其为左翼。认为政治制度是多种复杂力量共同促成的结果，这种制度主观上促成了繁荣，只是在客观上保护了人的自主、尊严与公正、理性的，我们称其为右翼。

需要说明的是，本书不以判别不同理论的是非为目的。本书将理解不同理论，展现不同理论的判别理路作为追求目标，因此，与本人的一贯主张一致，本书不是在为某种理论寻求辩护，而是在为我们理解一般意义上的人类实践，特别意义上的人类政治实践展示路径，寻求可能。

第十一章　实践理性与审慎

我们通常会说："实践理性就是理性的实践功用"。这个定义过于简略，如果不加以展开，无异于一句空话。当代伦理学家瓦雷斯进一步解释说："实践理性是人类的普遍能力，旨在通过反思来解决一个人所面临的问题。这种慎思（deliberation）至少在如下两个意义上是实践的。首先，就其主体是在行动（action）范围内而言，它是实践的。而就其后果或问题，就其关于行动的反思直接推动人们去行动而言，它也是实践的。我们的慎思自决能力带来了两类哲学问题。首先，存在着这样的问题：慎思如何能够成功地处理实践问题。要理解审慎反思如何能够直接产生行动，我们需要——对行动者（agents）及其参与的推理过程——作出什么假设？其次，有许多事关实践推理的标准的内容的问题。何种行动的评价规范约束着我们行动者？这些规范能够为我们关于目的的批判反思提供根源，还是说它只是工具性的？在什么样的条件下，道德规范能够为我们的行动推理提供有效的标准？"①②

本书把实践概念定义为：实践就是指"特定行为体 A（作为个体的能动者 agent 或作为组织或国家的行为体 actor）在约束情景 S 中为追求特定目标 E 而实现善改进 I"，可以简化书写为：P = A（s）→E（ig）。而实践理性考察的就是行为体（能动者）A 追求和实现特定目标 E 的完整

---

① R. J. Wallace, "Practical Reason", *Standford Encyclopedia of Philosophy*, 2008.

② 瓦雷斯还提醒我们说：第一，理论理性和实践理性均事关我们的态度。不同的是，理论推理修正信念，实践推理修正意向。第二，两种理性对于态度的修正均并非一贯正确，在两种理性那里均有非理性存在的空间，这就是哲学史上著名的意志薄弱问题。当行为者处于理性的状态时，他对于行为的慎思就促成了合适的意向。（R. J. Wallace, "Practical Reason", *Standford Encyclopedia of Philosophy*, 2008.）

过程。我们追问，什么叫善目标？善端何来，如何保证？是什么约束着能动者？情景约束是什么含义？有哪些具体约束？什么叫善改进？如何才能够改进？

在对善的这样一般考察中，如果我们把注意力集中于哲学和哲学家所特别关注的理性活动能力时，我们就是在展开关于“实践理性”的分析。很显然，对于“实践理性”概念的理解依赖于我们对于实践活动的完整考察。当我们把善端、约束、能动者、向善等概念的性质与功能一一展开时，我们就已经卷入到了关于“实践理性”的反思活动中。这种反思不可避免地要关联到哲学史上关于“审慎”概念，以及当代实践哲学关于“合理性”概念的考察。

实践生活中的个人是具体的和内嵌的（embodied and embeded）①，他们与其他人的博弈是一种内嵌式博弈。我们假定互动参与者是受到特定的文化结构和制度条件的约束的个人，而不是单纯的满足理性假设的个人，这时我们所考察的博弈行为属于内嵌式博弈。从实践哲学的一般特性，P = A（s）→E（ig），我们可以认为人类实践是一种内嵌式的。需要提醒的是，我们这样定义人的实践活动时，并不是要否认人的超越可能。相反，我们相信人的实践活动中存在着某种成善机制，这种机制的存在使得人的实践活动具有善改进的可能性。

1. 亚里士多德的明智三要素

在《亚里士多德的诗学》一书中，美国学者加弗尔提出：“我们知道，理性需要与其目标与规范联系在一起，理性必须关联于现实的、具体的思考者，它应被视为言说环境或者说视为处在一定环境中审慎思考的行动者的一部分。”② 这段表述与我们在前边关于实践理性的定义完全一致。

① 从具体的文本中，我们可以读出威廉姆斯同样主张人是“具体的内嵌的”。M. P. 詹金斯把威廉姆斯这种内嵌观的来源追溯到黑格尔。参见 M. P. Jenkins, Bernard Williams, Acumen Publishing Limited, 2006, p. 86。不过本书作者认为，我们仍然需要注意休谟式内嵌观对于威廉姆斯的影响，同时还需要注意这两种不同的主张在论证内嵌观时的路径差异。

② Eugene Garver, *Aristotle's Rhetoric: An Art of Character*, The University of Chicago Press, 1994, p. 4.

它无非是颠倒过来说，实践理性与我们在实践中追求什么目标，遵守什么规范，如何应对具体环境密切关联。只有同时明白了这些密切关联的东西，才能真正明白“实践理性”概念。或者说，“实践理性”只能贯穿和体现于这些活动的具体展开中。

加弗尔同时还提醒说：“好的理论并不必然促进实践，因为仅仅构设出一个结构并不必然使结构更易于操作。”[①]这句话无疑是在说，我们对于“实践”和“实践理性”反思并不必然使得我们更加具有实践智慧。实践智慧是具体的实践者在实践活动中养成的。我们的反思只不过是让我们明白“实践”是怎么一回事，“实践理性”是怎么一回事。或者说，我们对于“实践”和“实践理性”的反思只不过让我们从事反思活动的哲学家获得了关于“实践”和“实践理性”的知识而已，并不保证让我们更加具有实践智慧。[②]

我们先来审视一下亚里士多德围绕“明智”与“审慎”展开的讨论。本书认为，在亚里士多德的这个讨论中，问题最终将落脚于人的善端从何而来的问题。

关于审慎，亚里士多德《伦理学》第六卷第五节有集中的讨论。在那里，亚里士多德首先分析了“明智”这一概念，认为“明智”相当于实践生活的智慧（wisdom），而“智慧”则是指关于事物的知识。亚里士多德说：“明智的人的特点就是善于思考对于他自身是善的和有益的事情。”[③]只不过，“明智的人是善于思考总体的善的人。”[④]明智是处理可变化的事物，在这一点上它与科学不同。因为，实践的题材包含着变化。因而，“明智是一种同善恶相关的、合乎逻各斯的、求真的实践品质。”[⑤]亚里士多德的意思是说，明智的人知道在合适的地方辨别善恶，并采取适当手段趋善避恶。一个不知道在适当关节点辨别善恶的人，我们不会说他是

---

① Eugene Garver, *Aristotle's Rhetoric: An Art of Character*, The University of Chicago Press, 1994, p. 234.

② 对于实践理性的反思与拥有实践智慧是两回事情。在这两者之间做出区分，因循的是威廉姆斯在《伦理学与哲学的限度》中对于哲学反思的作用与局限的提醒。在这个意义上，反思实践智慧的活动并不保证从事反思者就比被反思的实践者更有智慧。

③ 亚里士多德：《尼各马可伦理学》，廖申白译注，商务印书馆2003年版，第172页。

④ 同上书，第173页。

⑤ 同上。

明智的。“人们说智慧的总是指同样的事情，说明智的则是指不同的事情。”[1] 明智是一种德性，而“节制这个词的意思就是保持明智。”[2]

我们也可以说，明智具有三要素：辨别善恶、合乎逻各斯、求真。我们这样说，强调了明智在判别人的行动中的三个意义，而贯穿于这三个动词行为的就是节制与审慎。

“凡是能辨清自己的善的人便会被称为明智的，人们也就会信任他去掌握他自己的利益。”[3]明智“同人的事务相关。我们说，善于思考是明智的人的特点。然而没有人考虑那些不变的事物，也没有人考虑不是实现一个目的的手段的事物，或实现一个不可实现的善目的的手段。一个在一般意义上善于考虑的人是一个能够通过推理而实现人可获得的最大的善的人。其次，明智也不是只同普遍的东西相关。它也要考虑具体的事实。因为，明智是与实践相关的，而实践就是要处理具体的事情。所以，不知晓普遍的人有时比知晓的人在实践上做得更好。”[4]

当然，这也就出现了明智与普遍知识的关系的问题，这是一个迄今为止仍然存在着争论的问题。这个争论在当代的体现就是相对主义与普遍主义的分歧。不过本书认为类似的争论在逻辑上属于另外一个层面的问题，它并不影响我们对于实践生活的一般总结：实践活动是“特定行为体 A（作为个体的能动者 agent 或作为组织或国家的行为体 actor）在约束情景 S 中为追求特定目标 E 而实现善改进 I”的活动。本书并不否认我们在讨论的某个合适时候仍然要遇到并且仍然需要回答明智与普遍知识的关系，但是把它作为一个不同层面的问题来处理似乎更为妥当。亚里士多德自己也说：“不过这种知识，还是要有一种更高的能力来指导它。”[5]

明智可以因为所考虑的具体对象不同而有分层。在评价的意义上，我们甚至可以说这就是小（的实践）智慧与大智慧的区别。在第六卷第八节中，亚里士多德区分了与政治事务相关的不同层次的明智行为。立法学

① 亚里士多德：《尼各马可伦理学》，廖申白译注，商务印书馆 2003 年版，第 175 页。

② 同上书，第 173 页。

③ 同上书，第 176 页。

④ 同上书，第 176—177 页。

⑤ 同上书，第 177 页。

是主导性的，而处理具体事务并同实践和考虑相关的，则通常被我们称作政治学。“而明智也常常被理解为同一个人自己相关。一般所说的明智就指的是这种。……知道对自己而言的善是什么无异是一种明智，尽管它同其他的那些明智十分不同。而且，人们都认为，知道并关心自己的利益的人很明智。”①尽管亚里士多德通情达理地考虑到了人们通常所说的明智是指个人围绕自身利益而从事的谨慎选择活动，他在行文中仍认为：“个人的善离开了家庭和城邦就不存在。”②所以政治学作为一种实践活动，毫无疑问地仍然是一种明智的活动。

亚里士多德告诫说：“明智是同具体事情相关的，这需要经验，而青年人缺少经验。因为，经验总是日积月累的。”③“明智相关于具体的事情，这些具体的东西是感觉而不是科学的对象。”④

正是因为明智，或者我们所说的实践智慧的这些特点，我们可以说与其相关的“节制”“审慎”等都将收敛于我们的主观经验。一个高度明智的人是一个具体经验高度丰富、对于具体事物的区别高度敏感的人。明智收敛于我们的直觉或共同感觉。

《尼各马可伦理学》第六卷第九节讨论“好的考虑”或者说善考量。这一节的讨论预设了一个前提，就是认为人的明智考虑都是为了追求善结果，起码是追求改善性的结果。但是尽管有这样一个假设，或者说尽管我们主观上都是在追求善的，但是考量得坏就导致错误，而考量得好则导致正确。我们的主观愿望并不必然导致善考量的结果。所以，好的考量应该是一种“理智的正确”。⑤而达到理智的正确是一件相当困难的事情。亚里士多德列举了四种矛盾的情况。第一，一个坏人可能推理考量正确，但是结果却不被大家认为是善的。因而第二，善目的与正确思考之间存在着不匹配乃至不相干。第三，“考虑得正确是在于它对人有帮助，在正确的时

① 亚里士多德：《尼各马可伦理学》，廖申白译注，商务印书馆 2003 年版，第 177—178 页。

② 同上书，第 178 页。

③ 同上。

④ 同上。

⑤ 同上书，第 181 页。

间、基于正确的思考而达到正确的结论。”[①]第四，善考量可以区分为总体善与具体目的的善，而二者之间通常是相互冲突的。

这里边已经蕴涵了一个问题：善考量的评判标准应该停留于何处？当我们总结实践活动的一般特点，“特定行为体 A（作为个体的能动者 agent 或作为组织或国家的行为体 actor）在约束情景 S 中为追求特定目标 E 而实现善改进 I”，并且提出合理性是关联于这个一般特点的一般评判标准时，我们只就实践活动的表现特性进行了总结。我们也并没有能够保证实践推理的善结果本身。也就是说，合理性是我们诉求的一般手段，但是它并不必然保证我们的实践推理的正确性。所以，亚里士多德提出，“好的考虑有必定包含逻各斯。”[②]但是何为实践活动的逻各斯，则是我们实践哲学需要加以认真考量的一个重要难题。

亚里士多德提出，理解与明智关联但不同于明智。我们可以知道的就是：对于事物的理解有助于作出明智的判断。而体谅或原谅则与公道相关：“我们都认为公道的人最能原谅别人，并且在某些情况下，公道就在于原谅别人。但是，原谅是对公道的事情做出了正确区分的体谅。而正确就意味着真。”[③]实践生活中的公道是否就是真，这要看我们在什么意义上来谈论它了。即便我们认可一个事情的公道为真，我们也肯定不是在亚里士多德所说的智慧的意义上来界定的。实践生活中的真关联于人的生存状态，因此是一个关于人何以能够真实存在或真实展现的问题，而不是一个知识论意义上的符合与否的问题。关于这一点，我们在下文“真人与真知”一节作出了区分，在那个区分中，我们用真人之真来指涉亚里士多德在这里所讲的明智之真。

考虑到明智之真与公道的关联，本书倾向于在罗尔斯的意义上将这个问题与人们关于公共生活的道德感联系到一起。这一点见于罗尔斯《政治自由主义》第二章第一节的讨论。与此讨论相关，这一问题背后隐藏着一个更大的问题，那就是：在人类的实践生活，在美学的、伦理的与政治的生活中，存在着一个个体心灵与公道相协调的问题。我们已经提到，

① 亚里士多德：《尼各马可伦理学》，廖申白译注，商务印书馆 2003 年版，第 182 页。

② 同上书，第 181 页。

③ 同上书，第 184—185 页。

雷尔顿把与此相关的问题称作“认识的协调”。

亚里士多德认为，使得我们目的正确的是德性，而使得我们达成正确目的则是能力。所以我们说，明智或者说实践中的节制与审慎是一种能力。但是能力又不等于明智，明智必然与善德性相关，它是一种关联于善德性的特殊能力。“最大善只对于好人才显得善。恶会扭曲实践的始点或是在始点上造成假象。因此，不做好人就不可能有明智。”[①]亚里士多德把完成坏事情的能力称作狡猾，而我们说一个人聪明或明智，则暗含着他已经做出了善选择。“严格意义的德性离开了明智就不可能产生。……明智就是正确的逻各斯。”“而正确的逻各斯也就是按照明智而说出来的逻各斯。”[②]

《尼各马可伦理学》第一卷第三篇谈到了逻各斯的概念。亚里士多德英文版罗斯译本的注释者阿克瑞尔与厄姆森提出，亚里士多德所使用的逻各斯的公认译法是“理性”，但是它“显然不是指人的理性功能，而是指被理性抓住的某种东西，或是有时也指理性功能的某种运用。”[③]因而罗斯在翻译解释 logos 时以“理性原则”“合理理由”“规则”“论据”“推理”“推理过程”等等词汇来对应地翻译该词。中文版注释者提醒我们：“‘逻各斯’这一音译在中文文献中已形成的所谓‘客观规律’的理解与亚里士多德之用法的意义相去甚远。”[④]也就是说，逻各斯是指经过了理性过滤后的对于世界的稳定看法。

在这里，亚里士多德在我们一般意义上的德性与严格意义上的德性之间进行了区分。他把明智界定为严格意义上的德性，并且把它与正确的逻各斯联系到了一起。但是需要提醒的是，在我们当代的讨论中，当我们提及德性时，我们是在一般意义上来使用这个概念，也就是亚里士多德“自然的德性”意义上使用这个概念的。而亚里士多德意义上的严格意义上的德性对应的应该是我们可以接受的“善德性”（good virtues）。只有善德性才是与正确的逻各斯联系在一起的。也只有在对应的“善德性”的意义上，我们才能够说：“离开了明智就没有严格意义

① 亚里士多德：《尼各马可伦理学》，廖申白译注，商务印书馆 2003 年版，第 188 页。

② 同上书，第 189 页。

③ 同上书，第 8 页注 3。

④ 同上。

的善，离开了道德德性也不可能有明智。”① 既然在亚里士多德时期就同样也存在着可以与明智分离的德性，我们在这里作出这个提醒就不是没有意义的。只有在经过这样的界定之后，我们才不至于在理解亚里士多德的下述表述上产生歧义：“德性使我们确定目的，明智使我们选择实现目的的正确的手段。”②二者的关系如伯尼特所言：“德性无明智则盲，明智无德性则空。”③

亚里士多德的明智三要素给出的仍然只是关于实践推理的结构形式，它本身并没有解决善端何来的问题。即便是我们考虑到了亚里士多德的明智概念是与德性和正确的逻各斯相关联的，我们仍然无法保证我们的实践推理就是合乎善德性的。而且，正如前边提醒的那样，现代人的实践生活是善恶交织的，合理性概念的现代析出只是打开了迈向分析实践生活的概念之门，但是却并没有就实践生活的善端问题给出回答。考虑到现代人是在中性意义上来使用德性一词，而且考虑到我们是在以中立的态度来客观地考察人类的实践活动，则亚里士多德在其《尼各马可伦理学》中所表达的严格意义上的明智定义必然与我们现代的思考存在着落差。也就是说，现代实践哲学的思考以流变、欲望的多样性与价值的多元性为前提，而亚里士多德的思考揭示的则是善结构本身，那么亚里士多德的明智定义，在经过了“节制”“审慎”等概念的中性化处理之后，已经不再能够维持亚里士多德严格定义中的善结构形式了。如果说我们的思考与亚里士多德的分析还有关联的话，我们可以认为，我们的德性概念已经蜕化为并且严格限定于亚里士多德当时所界定的“自然的德性”概念了。我们把关联于“自然的德性”概念的人的实践活动看作是当代实践哲学考察的内容。

在经过这样的蜕化之后，亚里士多德当年对于善德性的关注转化成为了当代政治哲学中所说的“价值的来源”的问题。当马基雅维里把善恶并包的“自然的德性”作为政治哲学的考察对象时，善端何来的问题就成为了当代政治哲学的难题。可以肯定的是，我们现在所使用的“明智”

① 亚里士多德：《尼各马可伦理学》，廖申白译注，商务印书馆 2003 年版，第 190 页。

② 同上。

③ 同上书，第 189 页注 2。

“节制”“审慎”的概念已经不是一个合目的的概念，而演变成为接近于单纯的计算能力的概念。

2. 加弗尔论审慎、流变与偶然性

如前所述，我们区分了理性与合理性概念，并将合理性概念视为实践哲学需要考察的重要范畴。“合理性”是实践生活的一个基本的判别准绳[①]。抽象的合理性是没有的。我们一说到一个行为是否合理，就总是将这个行为嵌套在了一定的判别标准中。所以当这个标准被行为者拿来判别自己的行为时，我们得出的是亚里士多德式的基本判别公式：“合适的人，在合适的地方，以合适的方式，做合适的事情”。一个这样行事之人，我们说他是审慎的（prudence），而这样做出来的事情，就被认为是合适的，或者说是一种美好的德行。合理性以合宜性为前提，但合理不等于合宜。合宜是感受，合理是评价。合宜部分是实然，合理只能是应然。合宜性是围绕“合适”、“合度”、轻重感而展开的，它包括道德的但不限于道德的评价活动，因此我们可以说它与亚里士多德所说的审慎原则关系密切。

实践活动是人在一定环境中完成的合目的性的活动，因此，合理性评价的合理特征合乎的就是特定行动者所在环境之理。也就是说，特定行动者在特定环境中的行为妥当与否，是由行动者所在环境所决定的。合理的，就是合乎所处环境的。在中国人的酒席上，不同身份的人分列坐在酒席的不同位置上，每个人都会根据当日酒席的功用，个人的身份，个人在特定酒席中扮演的角色，寻找到适合自己的座位。一个与酒席功用毫不相干的陌生人坐在主席位置上，将会被所有人认为是不合适的。有主角在场时，一个扮演次要角色，且年龄尚轻的人若被让到主席之位，多半会让他

① 合理性概念的判别标准依赖于合宜性与审慎。但是合理性本身是否具有规范性，或者说合理性本身是否就是我们进行实践推理时需要遵守的一个规范要求，在这一点上存在着争论。关于该问题的争论，可参见围绕布鲁默观点演变而展开的专题讨论（*Ethics* 119，October，2008。其中收入了 Broome 与 Southwood，Kearns and Star，Cullity 等人的争论文章）。在其 1999 年以后发表的系列文章中，布鲁默曾主张合理性本身具有一种规范性。但到了这里所提到的这组争论文章时期，布鲁斯则认为，合理性的规范性本身无法得到证明。

自己感到忐忑不安。中国人在入席之前有一句常用的疑问句式:“这不合适吧?”这一合适与否的疑问所包含的权衡评估,体现的正是合理性评价活动。我们可以在其中寻找到合理性、合宜性以及审慎等。在对限定情景所进行综合评估的意义上,我们会说合理性评价本身就是一个合目的的行动。

在具体谈论的过程中,我们会发现判别标准更多地收敛于合宜性。这是一个与审慎,与实践智慧密切关联的词汇。审慎是介于原则伦理与后果伦理之间的一种动态均衡机制。我们在对道德命令压迫感的反感,世俗的后果至上论,德性的吸引理论,行为者个人选择等等理论之间进行权衡,以打消对这些不同理论的不同的负面批评或指责,或想办法妥善解决和处理这些问题。

在《马基雅维里与审慎史》一书中,美国学者加弗尔称马基雅维里为当代实践理性观念的开山者,而笛卡儿为当代理论理性的开山者。他同时肯定了霍布斯对于实践理性观念的贡献,以及培根对于理论理性的贡献。[①]为了与“实践理性”的中性色彩有区别,加弗尔选用了审慎(prudence)一词来翻译 phronesis 并用于其书名中。[②]也就是说,加弗尔认为我们通常所说的“实践”,无非就是“审慎”和审慎活动而已。

审慎概念凸显了人类实践活动的一般特点:人们的实践活动面对着流变(变动不居)与偶然性,需要在偶然和变动中适时地对偶然和变动的事情做出反应,从而达成合适的好结果。流变与偶然,它是人类实践活动诸方因素的共同属性。能动者、目标、规范、环境约束、善端与善目标,凡此种种,无不处于流变与偶然的控制之中。

实践理性因此就意味着不断面对不稳定,不断做出新的判断。“任何时候,在人们很有把握地谈及审慎时,其最珍贵的特点是其对变动环境的反应;需要审慎来加以处理的一定环境中的流变使得变化成为审慎的应有之意:对环境做出反应的,能够以一定的方式进行思考与行动的能力必须

---

① Eugene Garver, *Machiavelli and the History of Prudence*, The University of Wisconsin Press, 1987, pp. 3-5; p. 171 note 2.

② Ibid., p. XI.

能够随着环境的变化而变化。"[①]审慎的这种对于环境的反应特性，在加弗尔看来，意味着审慎不可定义，它不是一种德性，而是一种技巧，或对科学知识的应用能力。当然，这也并不意味着审慎本身老在跟随着环境而流变。

加弗尔认为，"审慎介于原则伦理（原则支配行为）与后果伦理（成功就是一切）之间。"[②]这种看法进一步突出了审慎的实践特性，赋予了被亚里士多德视作重要德性的审慎具以特殊的意义。审慎，作为一种随时进行权衡的行为准则，提醒行为者既不能囿于固定的道德原则，也不能完全以后果论行为。因此，马基雅维里提出的德行（virtue）一词，就有了与审慎对应的特殊含义，因而也就被皮考科（J. G. A. Pocock）视作与审慎具有相同含义的特殊美德。[③]不过在加弗尔看来，"审慎并不是一种德性；从原则伦理观点看，它是对世界的让步，在这一让步中，道德要求不是约束，而从后果伦理的观点看，审慎是一种保守，是对某人下赌进行对冲。"[④]帕金斯（David Perkins）说："好的非形式论证通常需要对冲；形式论证的严格推论使得这一要求不再必要。……非形式论证典型地需要多条推理线索，因为没有一条线索具有绝对的可靠性；而形式论证则只需一条推理线索，它锁定了问题。"[⑤] 加弗尔在讨论休谟的"类推规则"时说："相似的结果有相似的原因。"但是这一规则只是经验法则，并不保证结果的稳定性。他同时批评苏格拉底"没有经过审视的生活不值得过"的说法，因为审慎本身并不能够自动发挥作用。[⑥]实践推理以积累经验为目的，最终凝结在对于现实的判断直觉、对于事情好坏的轻重感上。而理性推理则是以排他性为目的的。因此，我们需要在这两者之间做出明确的区分。

亚里士多德也认为，审慎是一种手段。"德性使我们确定目的，明智

---

① Eugene Garver, *Machiavelli and the History of Prudence*, The University of Wisconsin Press, 1987, p. 10.

② Ibid., p. 12.

③ Ibid., p. 174 note 8.

④ Ibid., p. 15.

⑤ Eugene Garver, *Machiavelli and the History of Prudence*, The University of Wisconsin Press, 1987, p. 178 note 20.

⑥ Ibid., p. 15.

使我们选择实现目的的正确的手段。”。亚里士多德说：“没有人会考虑不变的事务，也没有人会考虑他能力以外的事务。所以，既然科学包括证明，而对于那些其始点可变化的事务无法做出证明（因为有关观它们的一切都是可变化的），既然人不可能去考虑那些必然的事务，明智（审慎）就同科学以及技艺不同。明智不同于科学，是因为实践的题材包含着变化。明智不同于技艺，是因为实践与制作在始因上不同。所以，明智是一种同善恶相关的、合乎逻辑的、求真的实践品质。”①

加弗尔评价说：“对于亚里士多德来说，审慎不是科学，因为科学证明必然结果，这种证明表现为确定的真理从原则到结果的传递，就如同规则思考那样，而审慎涉及偶然，涉及那些不能够成为这种证明的主题的事情。②

加弗尔在他的书的第二章中重点讨论审慎与善行为的关系。③他认为，原则伦理保证了遵循原则者的正确性，后果伦理则因后果而使行为得到辩护。介于二者之间的审慎则失去了任何保证。规则（算法）思考与探索（启发）思考（algorithmic and heuristic thinking）都会把道德与政治决策看得要比审慎推理简单。④ 在规则思考与探索思考中，规则与应用之间存在着鸿沟。⑤后果伦理导致机会主义，原则伦理则适用于合作的群体。⑥

但是，“运用审慎方法并不能够保证结果正确，正如修辞在传统上可以为问题的任一面论证那样，实践理性也总是能够带来相反的结果。如果它能够带来相反的结果，则它什么也没有保证。”⑦加弗尔的这一担心，引导着我们去思考“是否存在成善机制”的问题。如果成善与成恶依赖于个体选择与自由意志，稳定的、一旦形成即不可逆转的成善程序是否存在？如果不存在，善与恶就依赖于偶然。无限堕落就有可能。而如果存

---

① 亚里士多德：《尼各马可伦理学》，廖申白译注，商务印书馆2003年版，第190页。

② Eugene Garver, *Machiavelli and the History of Prudence*, The University of Wisconsin Press, 1987, p. 20.

③ Ibid., p. 16.

④ Eugene Garver, *Machiavelli and the History of Prudence*, The University of Wisconsin Press, 1987, p. 16.

⑤ Ibid., pp. 16 – 17.

⑥ Ibid., p. 19.

⑦ Ibid., p. 14.

在，则成善就另有保证。可以肯定的是，个人身份、选择、自主性与自由意志并不保证成善的不可逆转。

加弗尔提出了这样一个问题：只有审慎是不够的。类似的问题我们在考察合理性概念时也已经提出：只有合理性是不够的。这也促使我们在单纯地以行动者为中心进行考察之后，进一步追问是否可能存在或设计出独立于行动者主观判断的“成善机制”的问题。当然，问题是复杂的。成善机制即便可能有，那也存在着自发演进与人为设计之别。而就是否应该人为设计，我们的理论家们也都曾经产生过很大的分歧，这些分歧至今仍然没有能够消弭。我们将在相关章节讨论这些分歧。

3. 纳斯鲍姆论实践慎思的应用与局限

关于实践慎思（即审慎活动）的应用与局限，纳斯鲍姆同样做出过集中的讨论。在其《善的脆弱性》一书中，纳斯鲍姆通过讨论希腊悲剧，展开了这样一个双重主题：1. 实践慎思使得人类得以摆脱偶然性的控制，使得人类生活秩序化；2. 实践慎思同时也使得人类所珍视的价值与另外一些人类所意想不到的价值产生冲突。“人类通过理性而达到胜利的宣言，同时又是一本浓缩的、有关理性局限、僭越和冲突的文献。它表明：我们的价值体系越丰富，越不可能在其中找到和谐统一。我们越是在我们的世界中乐意接纳各种不同的价值，我们就越有可能与神灵冲突。达到和谐统一的代价似乎是价值的贫困，是极度的不和谐。所以看起来，就像是一道‘不成文的法律’，‘人类所有伟大的行为总是会引起灾祸’。”①

在该书第三章，纳斯鲍姆断言索福克勒斯的《安提戈涅》“是一部关于实践理性的悲剧”。之所以这么讲，是因为作品中的两个主人公在作品开始时“都各自有一个简单的慎思标准，以及围绕它井然有序地排列着的至关紧要的价值。因此，面对选择的问题两个人都显得出奇地镇定自若；好像他俩都并不惧怕与命运作对。”②但是随着剧情的展开，主人公开始经历了价值排序上的困惑，慎思调整本身的局限性逐步展开，主人公被

① 纳斯鲍姆：《善的脆弱性》，徐向东、陆萌译，译林出版社2007年版，第99页。
② 同上书，第67页。

暴露在了运气与偶然性之中。主人公克瑞翁开始深刻地批判他自己从前的实践理性观点："唉，我的慎思是多么贫乏。""它们提供的单一标准，把许多具有真正价值的东西排除在外，从而成为极其贫乏的标准。他现在承认这一失败罪过在他自己。"①

戏剧一开始，在克瑞翁那里，单一的个人价值成为终极的目标，单一的责任掩盖了所有其他的义务，他一切都以城邦的正义作为评判标准，从而"任何主张都不配称为是正义的主张，除非它以城邦的利益为本；任何人都配不上正义的头衔，除非他是为城邦效力。"② 但是城邦是否像克瑞翁所说的那样，具有单纯的善或单一的目的呢？价值选择的冲突摆在了克瑞翁面前。丰富的价值世界与简单的慎思选择之间必然发生冲突。"我们需要认识到不同的价值，至少认识到在特定的环境中，会有潜在冲突的可能性。"③ 慎思的更高目标在于认清外在世界的复杂性且对它做出正确的反应。最为起码的："对他人和外在世界的反应不应该导致丧失行动的可能性，而只应该是更深思熟虑和更灵活地活动。"④ 这种慎思应该把主动性与被动性结合起来，在对外界做出合理的回应的同时也保持自己的本性："对世界灵活地而不是僵硬地反应，是一种安全和稳定的生活方式，但同时又能接受和承认世界上所存在的价值的多样性和丰富性。"⑤

在其论著中，纳斯鲍姆接受剧中角色海蒙的建议，主张价值的多样与适当的冲突，主张同时对冲突做出合理的限制。但是纳斯鲍姆却并没有在这里就如何克服实践理性的局限性给出回答。她对《安提戈涅》一剧的分析展示了这种局限性，并且给出了关于这一局限性的替代图景。但是人类的实践终究是在人类合理的慎思范围内进行的，如何走出慎思的局限，关于这一问题，我们仍然需要一个相对理智的回答。

在第十章中，纳斯鲍姆强调了亚里士多德的下述主张："实践慎思必定是以人类为中心的，其本身关系到人类的善，而不是关系到一般而论的

① 纳斯鲍姆：《善的脆弱性》，徐向东、陆萌译，译林出版社 2007 年版，第 82 页。

② 同上书，第 73 页。

③ 同上书，第 89 页。

④ 同上书，第 106 页。

⑤ 同上书，第 106 页。

善。”[①] 这就引出了这样一个问题：是否存在着依赖于特定语境的善？在这个问题上，亚里士多德与柏拉图是冲突的。在亚里士多德看来：“某些真正的价值是否是好的，可以是一个相对于语境的问题，但并不因为相对于语境就显得不够好。”[②]而“柏拉图承诺了这一思想：真正的和内在有价值的东西总是真正的和内在有价值的，与任何特定的语境都没有关系；如果一种价值仅仅是相对于物种或者仅仅是相对于语境的，那么柏拉图的这一思想就会认为它没有资格成为真正具有内在价值的东西。”[③]

在亚里士多德与柏拉图之间所产生的这种冲突可以进一步被确认。“在《普罗泰戈拉篇》中，苏格拉底提出了这样的论证：可以按照一个单一的定量标准来衡量所有价值的那种技艺，仍然是拯救人类生活的一种方式。”而亚里士多德则论证说：“构成一种好的人类生活的那些价值既是多元的又是不可通约的；在伦理判断中，对具体情景的知觉领先于一般的规则和论述。”[④]因此，在纳斯鲍姆看来，亚里士多德实际上已经论述了关于人类生活的下述概念：“最好的人类生活包含了一些不同的构成要素，其中每个要素都是不依赖于各个其他要素来定义的，而且是因其自身的缘故而被看重。”[⑤] 这一表述蕴涵了“价值的不可通约”这样一种主张。而与此关联，实践问题本身因而也就具有了如下三个特征：易变性、不确定性和特殊性。[⑥]鉴于实践问题的这些特点，我们加以慎思的就不是目的本身，而是慎思指向目的的手段。我们练习的是灵活地在各种不可通约的价值之间的权衡与取舍的能力。而这将依赖于我们对于漫长生活的体验，它最终体现为我们对于生活的洞察力。

纳斯鲍姆最后总结说：“具有实践智慧的人是一个具有良好品格的人，这个人通过早期的训练，已经内化了某些伦理价值和某种好生活的观念，并且多多少少达到了对那些东西的和谐追求。他会关心友谊、正义、勇敢、适度和慷慨；他的欲望是依照这些关注而形成的；他会从那个经过

---

① 纳斯鲍姆：《善的脆弱性》，徐向东、陆萌译，译林出版社 2007 年版，第 399 页。

② 同上书，第 402 页。

③ 同上书，第 402—403 页。

④ 同上书，第 403 页。

⑤ 同上书，第 406 页。

⑥ 同上书，第 415 页。

内化的价值概念中引出许多发展中的行动的指南，即在一个具体的景况中寻求什么的指引。如果没有这样的指南，没有那种被约束为一种品格的感觉，如果‘灵魂之眼’把每个状况都看作是全新的、不可重复的，那么实践智慧的知觉看起来就显得任意和空洞。亚里士多德强调，一个人的品格和价值承诺就是那个人的本质所在，为了保持个人的连续性，一个人至少得在这些承诺的一般本质上保持高度的连续性。这种连续性的基础是在行动者的欲望系统中经过内化再体现出来的，并最终说明了那个人在新的境况中能够看到什么和将要看到什么。”①很显然，这是一种经验积累和能力养成并逐步被内化的过程。

我们把人类实践生活中的这种经验积累称作“收敛”，经验的积累使得我们的慎思判断收敛于某些特定的价值路径和景况选择模式。价值的多样性是就价值本身所呈现的样态而言的，而实践生活的经验积累则把处理价值的方式，在不同境况中的价值的安排方式相对稳定地约束于一个大体有轨可循的路径上来。这种收敛后的价值处理感觉指向逻各斯，它并没有否定价值的多样性，但是却适当收窄了我们对于价值的取舍依据。这种收窄减少了价值选择上的任意性，它是以实践慎思的名义而被我们所认可的更为妥当的处理方式。我们信赖一个有经验的船长，是因为我们相信他的慎思判断更为稳妥，或者说是相信他有更为丰富的经验处理眼前所面临的新的不确定性。

需要注意的是，实践慎思是一种收敛方式而不是一种完全有保障的方式。在这个意义上，我们无法为实践慎思提供一种确定无疑的论证。但是在实践问题中，我们依赖于实践慎思，它是我们处理实践问题的唯一较稳妥方式。也就是说，当我们认识到实践生活的价值本身更多地依赖于我们的主观评价时，我们如何能够保证我们的评价并不总是世俗的与市侩的？更为准确地说，亚里士多德的合理性—审慎路线仍将使得我们不得不面临着“善选择的循环”问题。很显然，实践哲学的审慎路线并没有帮助我们一劳永逸地解决善选择问题。

过去的讨论并没有从实践哲学本身来触及上述区分。现在，当我们注意到了现实主义对于偶然因素的关注后，从成善、审慎与政治哲学的推理

① 纳斯鲍姆：《善的脆弱性》，徐向东、陆萌译，译林出版社 2007 年版，第 421 页。

等等角度，我们就可以重新审视两种不同的推理形式。这种审视，在价值规范层面，就是在追寻“成善机制是否存在”这样的问题。其目的，就是想追问，在偶然性与流变因素被关注、被承认之后，人的成善行为是否依然可能，这种可能是否稳定？

4. 审慎是实践生活的核心美德

本书同意一些学者的观点，即认为，在柏拉图那里知识概念同时包含“knowing - how”与“knowing - that”两层含义，将二者分开是现代人的偏见。不过我们关注的重点，是柏拉图的知识概念是否把知识对象化处理了。因为我们的实践理性决定着我们把德性看作是践行，是在原则与后果之间的权衡。这种权衡意味着知识在人类实践推理中只具有部分的功用，知识参与到实践推理，但是实践推理本身收敛于人的主观经验与判断。

实践推理是在原则与后果之间的权衡。因此相对于实践理性，某些行为原则，对于外界具体状况的认识，都是我们进行推理的先在储备。实践推理完成的事情，是在限定条件下的综合判断。不同的人或同一个人在不同时候对于事情的判断有成熟与否的区别，有熟练与否的区别。成熟与熟练一方面是一个比较词汇，我们拿不同事态中的表现相互比较而得出熟练与否的判断。另一方面它是一个经验词汇，意味着经验技巧决定着实践推理。所以我们说实践推理收敛于我们的经验。在外交事务或政治事务中，我们说我们信赖一个资深外交家或姿资深政治家，说的是信赖他的经验技巧，信赖他比别人更熟练。某种意义上，我们信赖他在事情来临时判断事务的直觉。

我们注意到，不但有敏感于环境约束者，也有敏感于道德规则的约束者。人类自身的这些行为反应方式是我们观察人类做出社会规范选择的基本途径。当我们说一个人敏感于规则约束时，我们会认为这个人更多地实践了与规则相关的人类规范。这些规范本身蕴涵着“应当”概念。而应当概念关联着一个人对于个人与规则关系的关注，这种关注意味着这个人构成性地接受了“自主”“自尊”等概念。一个强的规则敏感者会认为遵守规则意味着正确，而正确则意味着自身地位的客观实现。行正确之事，表明一个人对于自身相应行为有一个是非判断。是非判断的集合决定着一个人的自我形象。这种自我认可的形象构成了一个人的身份边界。我遵循规则集｛R1｝，这意味着我接受以规则集｛R1｝作为判断我行为的基础。

敏感于规则者将自己的行为指向了个人身份或者说个人认同。不过个人身份或认同的确立要远远复杂于对于规则的敏感本身。

在敏感于环境约束者那里，身份概念将具有更强的流动性，并且需要以一种更为迂回曲折的方式呈现出来。我们知道敏感于环境约束者更多的是在综合判断了环境约束条件后对于自己的目标进行加权计算，最终决定自己的行为选择。这就使得它冒着两个风险：第一，它的目标是以利益为主导的。因为如果是以道义为主导，它就不应该随着环境与时间的改变而同时改变。第二，它的行为方式是功利主义的。因为它总是要在局限条件下做出最优选择，因此它的选择是利益最大化的。但是这里边的问题就在于，是否存在着道义最大化？似乎不存在，因为道义表现为规则与时空无差异。

那么这背后就可能蕴涵着一种假设：道义是时空无差异的，只有利益才需要因特定的环境约束来做权衡。在这样一种假设出来之后，我们可以紧接着追问另外一个问题：决定道义的根据从哪里来？或者说：道义原则是由什么所决定的？

在前边关于合理性与理性概念的考察中我们已经指出，合理性概念作为一个实践概念，它只能被递推至受到特定时空环境约束的特定环境。合理性概念是一个时空有差异的概念。它紧密关联于特定环境，并且与合宜性与审慎等概念紧密关联。只有在理性概念本身被解除了特定环境的约束后，它才会成为一个时空无差异的纯粹概念。

而当理性概念成功脱离情景之后，它就蜕化成为了一个纯粹知识领域的概念，从而远离了我们的实践生活。也就是说，本书认为合理性概念才是分析我们实践生活的含有具体内容的重要概念。

假如本书的这些工作是成立的，则我们的实践哲学主张就与亚里士多德所说的审慎原则，斯密与休谟所揭示的合宜性思想相关联，而与康德的理性原则相排斥。

在上述推理的背景之下，我们就可以顺理成章地引进审慎概念了。正如亚里士多德所揭示的那样，并且如所有的政治现实主义者所赞美的那样，审慎原则是实践生活，尤其是人类政治生活的核心美德。

在其“政治中的现实主义”一文中，伯林曾经界定说：“‘现实主义’通常是指对事情、事实或人的特征的正确认识，这种认识没有因诸如希望或恐惧，爱或恨这样的感情所产生的扭曲，也没有因对于事物的理想化倾向或者藐视态度等带来的扭曲，这些态度和倾向是某种情绪压力的结果，它们会干扰对于事物的准确观察（并进而影响基于观察的行为）。当人们说他们（‘恐怕他们’）是‘现实主义者’时，这个词汇就有了一个进一步的，更为险恶的含义——它通常被用来指某些非常的手段或赤裸裸的决定。”①

在伯林看来，现实主义就是不依靠抽象原则，不将科学方法加以类推使用，而是根据对不同的事物的认识所做不同把握的真实感受。伯林总结了不同政治家的政治决定和政治实践，指出依照理想或原则行事，让事实符合原则的政治家均失败了。而那些面对现实的政治家则更多地依赖“判断、技巧、时机感、经验、观察等等。”②当俾斯麦发动对法战争，林肯向南部宣战，或罗斯福向经济领域中的“顽固派”发起斗争的时候，很难说他们是根据什么样的总体原则来操作这样一些行动的。历史学家或心理学家们也更多的是用诸如“创造力”、“政治天才”、“历史感”、“准确的判断”等词汇来对他们的行为进行描述。在伯林看来，这些东西更多地包含着经验因素，它代表了一种“现实感”（sense of reality），是对具体环境中大量琐碎的、不易察觉的要素下意识的综合，在此基础上形成了适合于这一环境的具体行为的判断。③而这也正是为所有现实主义的国际政治理论家们所强调的审时度势的态度。摩根索在谈到一个国家的外交原则时说：“国家决不可以让自己陷于一种进退维谷的境地，那样的话，欲进则过分冒险，欲退则丢尽脸面”。正是在这个意义上，“现实主义视审慎——权衡不同政治行为的后果——为政治的最高德性。”④

① Isaiah Berlin, *The Power of Ideas*, Princeton University Press, 2000, p. 134.

② Ibid., p. 139.

③ Isaiah Berlin, *The Power of Ideas*, Princeton University Press, 2000, p. 139.

④ Hans. Morgenthau, *Politics Among Nations*, McGraw－Hill, 1985, p. 12.

5. 成善与成恶——成善机制问题

在前文中，我们将合理性归结为限定条件下的判断，并将合理性指向人的审慎判断，这种思考路径容易让行为的最后的评价标准局限于对于限定条件的折中平衡，也就是说容易把合理性判断指向一种功利的评价。但是人类实践的一般特性是在限定条件 S 下完成善改进 I，所以实践生活的特点是善改进。不过，如果我们只是以行动者的评价为中心的话，善改进的评估可能经常会指向一种功利性的评价。行动者为中心的善改进是一种为行动者自身所认可的“好”，但是这种好如果只满足了功利性评价，则其结果未必就是我们大家所说的“善”。因此，如何在实践生活的上述特点下完成善改进，如何不让我们的实践行动只落于功利性的评价，这就成为我们思考实践生活的一个难题。

也就是说，当我们认识到实践生活的价值本身更多地依赖于我们的主观评价时，我们如何能够保证我们的评价并不总是世俗的与市侩的？更为准确地说，亚里士多德的合理性—审慎路线将使得我们不得不面临着“善选择的循环”问题，实践哲学的审慎路线并没有解决善选择问题。考虑到恶行为的累积对于人类生活的冲击，审慎路线加剧了我们实践选择的不确定性。亚里士多德本人提供了一条不同于柏拉图的善观念论证，而且他本身也倾向于将善观念的保证交付给实践中的行动者，他也主观上倾向于认为行动着的个人本身带有价值选择，但是他并没有根本解释善选择如何得到保证的问题。在本章第三节中我们已经看到，纳斯鲍姆对于亚里士多德与“善选择的循环”问题进行了深入讨论，①但对于如何能够走出这种循环，纳斯鲍姆看来也并没有给出具体的解决办法。需要注意的是，如加弗尔所分析的那样，审慎的概念在马基雅维里以后已经蜕变为一种单纯的理性算计，善端何来的问题因而被现代人从审慎概念中脱落出来，蜕化为与理性算计并列的一个独立的问题。

善与恶通常被认为选择的结果。对于人类是否一定向善的怀疑普遍存在。这种怀疑的普遍表现就是对于道德理想主义的怀疑，例如对于托尔斯

① 纳斯鲍姆：《善的脆弱性》，徐向东、陆萌译，译林出版社 2007 年版，第 426—430 页。

泰作品所描绘的人类纯洁向善的怀疑。托尔斯泰坚信基督信条，认为：“神的国在人的心中。在你的心中，在我的心中，在我们所有人的心中。”卓别林在二战时期，曾经以同样的信念和同样的词汇来向德国法西斯占领区进行宣传。但是这话如果是放在陀思妥耶夫斯基的人物场景中去说，就难免会被某些人物加上一句：“撒旦的国同样也在人的心中。在你的心中，在我的心中，在我们所有人的心中。”

在陀思妥耶夫斯基那里，向善与向恶是人的选择，不是向善就是向恶，不是上升就是堕落。因此，生活就是一场在两个极端间的抉择与战斗。尼采充分表达了他对于陀思妥耶夫斯基的尊重。这一尊重是奉送给陀思妥耶夫斯基这一思想的。在韦伯那里，价值选择同样成为了不得不进行的，属于每个人自己的事业。陀思妥耶夫斯基、尼采、韦伯，他们说话的大背景都是“上帝死了”。陀思妥耶夫斯基的主人公说了：“如果上帝死了，那么一切都是可能的了？”陀氏的主人公带着疑惑与恐惧进行灵魂的拷问。尼采带着倔强宣称“上帝已经死了”，从此以后，只有超人才能够拯救人类。韦伯以一种社会科学的冷静分析宣称，上帝之死带来的是众神的竞争，从此以后，价值就是主观的选择。韦伯的诊断让现代人恐慌，也让价值的客观性问题重新成为了人间话题。两次世界大战，在一定程度上就被认为是无神之后，人类进行价值的主观选择的两次失败的尝试。

如果没有神成为了时代注定不可更改的背景，或者经验地补充说，如果在某些文化中其实本来就没有神尊的地位，在这些没有神的人群中，道德推理是如何向善或向恶的？

我们的隐忧恐慌是，如果价值像韦伯所说的那样是主观选择的结果，并且已经没有了神做保证，怎么可能阻止我们的选择不是向善，而是成恶？这种恐慌在陀思妥耶夫斯基作品主人公的心头弥漫，并且感染了此后人类的情绪。每次黑暗的运动席卷而过，这种阴暗不安的情绪人类就在自己的心灵中闪现与强化。

很显然，我们这里给出的全是一种存在主义式的善恶选择的例子。而政治的现实主义者如韦伯等人，在涉及人类价值的来源与善价值的保障问题上，无不同样带有这样的存在主义气息。二者之间到底有什么关联？一个合乎逻辑的结论就是，现实主义者追随存在主义，把善恶的选择归于行动中的个人。其背后的隐含问题是：人类价值的来源是什么？是人的主观旨趣与偏好吗？本书的回答是：是的，价值来源是主观的。但是，紧随这个问题，我们进一步追问，在价值来源的主观性基础上，人类社会价值体系可以是稳定的吗？或者再进一步，人类社会的共有价值可以实现一种善的改进吗？

现在，在研究人类的道德推理活动时，我们不妨转换一个角度来思考一下，是否存在着一些机械性的机制，使得人类的价值选择虽然出于主观，并且平等对向善与成恶开放，但是存在着向成善方向收敛的基本约束？这样来表述这个问题，其实已经是在说，的确存在着这样的可能，使得人类选择出于自由，结果淘汰成恶，保留向善。或者说，道德推理存在着改进机制。我们需要详细说明的就是，能够促成道德推理的结果得到改进的约束条件是什么？

这种表述并没有扰乱人类的成善与成恶的选择自由。但是我们看到在人类生活的诸多方面，善恶并非简单的灵魂交战。曼德维尔的“蜜蜂寓言”道出了苏格兰启蒙运动的信念：个人之恶乃集体之善。这一信念的一个逻辑前设，就是“个体行动的逻辑不同于集体行动的逻辑。”而我们碰巧又在奥尔森这里，看到了对于集体行动的逻辑的研究。奥尔森告诉我们的是：较多人合作不如较少人合作稳定，集体行为不如个体行为稳定。要想实现集体行动，就需要有足够的激励。

关于集体行为的成善与成恶可能性的这些研究可以部分地抵消我们对于人类无限堕落的担忧。就是说，起码人类集体行为的一些价值规范存在着成善机制。不过这些研究只是启发了对于人类道德推理的考察，却并没有替代我们对于人类道德推理过程中的成善可能的追寻。后者是以个体行动作为研究的着手点的。很显然，这样的一种努力已经不完全是存在主义的和现实主义的，它已经开始接受我们对于人类实践的一般性反思，可部分与其他思想来源共享一些积极看法。

在科斯嘉与雷尔顿那里，我们可以看到相关的努力。在本书的第八章，我们已经分析了部分道德哲学家对于成善机制的解释。（参见本书第九章，尤其是其中的“就高与低”，“信念瞄准真，行动指向善”“承认的代价”等主张。）

不过，雷尔顿虽然指出了“行动指向善”，但是他所说的善是行动者的个体判断。在他所举的例子中，“饿了要下楼吃饭”。下楼相较于不下楼而言是善的。但是这种善是改进善，其特点在于标准在个人。但是改进善不同于绝对善。由于改进善是基于个人的，所以它可能与绝对善重叠，也可能与绝对善无关或相悖。经验观之，改进善常常是基于个人的利益考量。个人的改进善经常相悖于集体善或绝对善，而且这也是人类道德行为不稳固的一个重要原因。许多时候，在集体立场或绝对立场观之，个体的改进善反而是一种恶。个体善与集体善之间存在着悖谬，雷尔顿并没有去反省到这一点。

在改进善与绝对善之间，存在着集体善。曼德维尔的“蜜蜂寓言”讲的个人之恶乃集体之善，是处理改进善与集体善的一种思路。如果我们的价值观并不局限于个体自身的改进，也没有混淆个体行动与集体行动的差异，那么我们就需要回答，个体的改进善在什么意义上是积极的，在什么意义上并没有能够触及我们所关心的问题。

善与恶之间是一大片开阔地带。在外部环境的稳定与变动之间，现实主义敏感于变动。而在成善与成恶之间，现实主义敏感于人的成恶可能。在解释了成善与成恶的机制后，我们有望把现实主义放在一个更为妥帖的位置。

道德规范的形成，在社会层面，是规劝、惩罚与奖励并行；在个人层面，是反思、身份认同、价值、荣誉同在；从集体行为的层面观之，是一个学习与记忆的过程。

提出成善与成恶的差别问题，是在同样承认了个人对环境进行反应的周遭算计特性以后，我们发现周遭算计的个人在面临选择时，仍然是方向任意的。我们把这种任意性称作意志自由。但是意志自由的概念过于强调了主动性，并没有回答人对环境的反应。实际的道德行为是介乎意志自由与周遭算计之间的。我们有自由，有善良意志，同时对周遭环境做出反应。

传统实践哲学存在这一种道德基础主义主张。这种主张认为，一个社会中的个人如果不向善，则整个社会就一定是坏的。反过来讲，如果一个社会中的每一个个体都是向善的，那么这个社会就一定是好的。这种主张在政治哲学中的表现，就是认为道德，可以并且应该为政治奠基。但是事实上，个体善恶选择与集体生活的善恶走向之间的联系其实是随机的。个体的单纯向善或一群人的全部向善并不必然保证集体生活的善结果，有可能如英国谚语所说的那样："通往地狱的路是好心铺成的。"传统实践哲学的这一路径过于集中地关注着个体行为的一举一动，这种思考模式存在着一些问题。为了走出这样一种困境，我们不妨尝试着求助于对于成善机制的考察。而这将是本章最后两节所尝试着要处理的基本问题。本书认为，现实主义将我们的实践理性收敛于审慎，但审慎只为我们带来了一种弱的稳定性。机制的存在将有可能为我们带来更强的客观性。这也是我们对于机制理论的基本期望。

成善机制的存在并没有扰乱人类的成善与成恶的选择自由。但是从相对客观的成善机制入手考虑问题，能够让我们看到，在人类生活的诸多方面，善恶并非简单的能动者自身的灵魂交战，而是另有轨迹可以寻找的生活之旅。我们因而也就无须逼迫个体在善恶之间做出抉择，无须把个体的灵魂架在善恶之别的烈火上炙烤，无须把灵魂描画得像是善恶之间进行最后决战的唯一战场。

第十二章　真实感与现实感

在我们的哲学思考传统中长期存在着对于个人本真生活的刻画与景仰。本书认为，我们对于这样一个具有悠久传统的哲学活动应该有更多的新思考。首先，本书认为，通过区分人类认知导向的行为和实践导向的行为，我们可以将注意力特别集中到与人类实践活动相关的价值品性的讨论领域。而本真生活的讨论恰恰就是处于这样一种特别领域中的被反思对象。而且，这样一种区分的分界点落脚于人的信念。其次，有一类哲学家不仅局限于对于人的本真生活的分析，而且倾向于特别地去赞美人的本真生活。而当我们把视野进一步拓展到人类生活的其他领域如政治生活或法律生活时，我们会发现，倾向于把人类本真生活赋予特别优先价值的哲学家，面临着一个特别的困难。而这样一个困难也可推广而及于所有赋予本真生活以特别优先价值的一般人。这个困难就是，对于人类本真生活的赞美与我们对于人类公共生活规范的追求之间存在着张力。为了能够包容更多的人类价值与人类实践，我们不得不对我们对于本真价值的优先情感加以限制。而这样一种限制，更是一般性地表现为，在面对人类公共政治生活时，一个能动者自身必然地需要完成一个认识上的协调或转向。

正是基于这样一种思路，本章特别以 B. 威廉姆斯的理论为范例，展开关于相关问题的检讨与批评。威廉姆斯早年从事伦理学研究，晚年则涉足政治哲学讨论。在其早期理论中，他主张我们要追求个人真实与完整的存在，要塑造更加美好的自我形象，从而更加自然地去生活，其理论追求的重点落在了真实与真挚等价值上。而其后期政治哲学则更多地强调现实感，也即强调我们要敏感于外在约束条件，并应对其有准确把握。威廉姆斯的两种不同追求有一个共同点，即它们都对哲学中的理性主义和道德主义提出了批评。但是，在追求真实感与追求现实感之间存在着张力。要想满足后期对于现实感的追求，就必然要对前期所预设的真实感作出必要的限制与修订。

1. 从自然性情到本真生活

威廉姆斯有着自己对于人的期望与假设。他提出每个人都有“完整的人生计划”、每个人的人生都具有完整性，并提出性情说与本真说。基于这些基本期望与假设，威廉姆斯认为伦理学不是要回答人类面临着什么样的道德义务，而是要回答“我如何生活”这样的问题。而且，这样的假设决定了威廉姆斯在哲学上对于系统化的理论抱着一种批评态度，认为这些系统化的理论破坏了人的完整性。作为这种系统化理论的代表，理性主义与道德主义成为威廉姆斯哲学所批评的中心。其中，功利主义与康德式义务论是威廉姆斯批评的重点。

威廉姆斯的这些假设，旨在追求一种真实的自我，追求一种罗蒂所说的“对于人类而言更好的自我形象”[①]。由于这种追求重点在于强调真实与真挚，因此我们称其为对于真实感的追求。

（1）个体完整性与性情说

不管是有意还是无意，威廉姆斯对于道德主义的系统批评，多少都要假定一种与之对立的东西。这样一种假定就是个体的“完整性”（integrity）观念。这一观念在哲学上的表现，就是威廉姆斯早期所参与讨论的“个人身份”问题。而人生完整计划的观念，在其对功利主义的批评中就已经被论及。在20世纪70年代，威廉姆斯进一步提出了内在理由说，认为促动一个人行动的真正理由应该是内在理由。在《伦理学与哲学的限度》一书中，威廉姆斯把这样一个主张转化为“一个人应该如何生活”的问题，而在其晚年的《真与真实》一书中，他则进一步提出了与人的实践真理时所表现出的德性有关的“真挚”与“本真”问题。因此我们

① Richard Rorty, “To the Sunlit Uplands”, *London Review of Books*, Vol. 24, No. 21, 31 October 2002, p. 13.

有理由认为，“完整的人生计划”、人的“完整性”、“性情（disposition）”[①] 说及“本真”说等主张共同构成了威廉姆斯伦理学说的基本主旨，支持着威廉姆斯关于一个人应该真实地去生活的主张。威廉姆斯主张一个人要做一个真挚的和诚实的自己，而非去遵守来自外部的道德体系。在2002年的一次访谈中，威廉姆斯曾经总结说：“如果说我的著作有一个主题的话，那就是强调真实与自我表现。你应该面对你内心的真实感受，并将其表达出来。”[②] 因此，威廉姆斯进一步预设了真挚的情态与本真生活的可能。也就是说，在威廉姆斯这里，有一种生活状态呈现为真实的，有一种生活状态呈现为本真的。我们可以在真实与虚假（或虚伪），本真与疏离的状态之间做出区别。

威廉姆斯引入人的“完整性”观念来展开其对功利主义的批评。在《功利主义：赞成与反对》一书中，威廉姆斯批评功利主义的效用加总主张客观上表现为对于行动者的淡漠。行动后果的总价值独立于特殊行动者，且最大化的利益不是由每一个个体的贡献所组成，个体道德行动的理由标准依赖于效用的最大化，因此造成行动理由与行动者愿望的脱节。鉴于这样的脱节，功利主义就忽视了每个人是分离独立的这一事实，并且破坏了人的完整性。

威廉姆斯的“完整性”（integrity）以自我同一性概念为基础。“完整性”是由被人们所深刻认同的承诺所组成的生活中最为根本性的东西。每个人都有一个属于其自身的根本计划（ground projects），也即拥有赋予个人以意义和独特身份的基本承诺。这些承诺包括意图、诺言、信念、期望等等，它们构成了一个人的职业理想、道德理想和人格理想，这些承诺对于保持个人同一性至关重要。每个人都有一个完整的人生计划，因为一个没有计划的人也就失去了完整性。威廉姆斯一直主张从第一人称出发去

---

① M. P. 詹金斯认为威廉姆斯对于伦理价值基础的设定有三张底牌，威廉姆斯承认并接受亚里士多德的性情功能说、黑格尔的文化内嵌说，以及尼采的价值的偶然性主张。参见M. P. Jenkins, Bernard Williams, Acumen Publishing Limited, 2006, p. 86。这三张底牌亮出了威廉姆斯与当代伦理学主流，尤其是与他所批评的理性主义与道德主义主流之间在思考伦理问题时的假设前提的分歧所在。

② B. Williams, “Q & A: Carrying the Torch for Truth Philosopher Calculates the Moral Cost of Rejecting the Concept”, by Kenneth Baker, Chronicle Art Critic, in *The San Francisco Chronicle*, Sunday, September 22, 2002.

看待道德规范，选择道德行为。这种主张与他的个人完整性观念密切关联。

与人的完整性观念相关联，威廉姆斯还提出了与个人价值密切关联的性情（disposition）概念，并且假设了个人完整性是以“性情”的全面展开为基础的。威廉姆斯提出的“性情”概念，其意思是说一个人生性养成了某些做事情的特别的倾向、方式，禀赋、特征、特性。说它是生性的或天生的，并不说它是一种哲学意义上的先天，而更多的是说他是一种社会学意义上的养成或生物学意义上的本来如此。但它一定是特别的、一眼就能够看出来的、本来就有的一种可观察的现象。它是一种特别的既有事实。比如有人生性爱冒险，有人性情脾气温和。

威廉姆斯认为每个人都有自己的特殊性情，这些性情是人的不同的气质、偏好、旨趣、意向，在这些不同的性情基础上，我们形成了属于自己的独特的人格特征。这些性情要求我们以一种非工具性的眼光看待其他人与其他事。这些性情不仅事关行动，而且事关我们的情感与判断，因而会将诚实、忠诚等视为一种本身具有内在价值的品质，而不是将它们简单地看作是一种只有工具价值的东西。这些具有内在价值的东西事关我们的人格完整性。

威廉姆斯还有另外两篇文章也专门讨论了人的性情（特征）问题，一篇名为“职业道德及其特性”，另一篇名为“性情的优先性”。前一篇收入《理解人性》一书，后一篇收入《作为一门人文学科的哲学》一书。“职业道德及其特性”一文讨论了职业要求（如律师行业）与个人性情的关系，认为人具有某些社会性情，而职业的发展本身则有时会要求我们改变某些性情，去适应某些职业本身的特点，这就不可避免地会造成人的疏离（alienation，或称异化）。职业特性与人的性情之间多多少少存在着一种紧张关系，而因为人的性情或伦理禀赋的存在导致的这样一种紧张关系本身，也在一同参与着职业道德的形成。职业特性具有某种程度的自治特征，但是它并不因此而完全绝缘于人的性情。《性情的优先性》一文则特别地反映了威廉姆斯对于性情概念在伦理学中的地位的看法。在该文中，威廉姆斯提出，存在着一种可以被称作“性情”的东西，尽管我们反对基础主义，因而也不主张将伦理问题都进行还原，全部用性情来加以解释，但我们还是可以说，性情概念在伦理学研究中具有优先性。

威廉姆斯的“性情说”与本真说在倾向上是个人主义的，并且部分的是自然主义的和心理学的。他对理性主义与道德主义的批评，就在于认为我们不能够偏离我们所观察到的这样一个个体太远，太远则失真。某种意义上，威廉姆斯把人所具有的这样一种性情当成了一个“事实性”的东西描绘了下来，并且用来作为衡量任何系统化理论的一个标杆。威廉姆斯似乎有一不可逾越的基本主张：理论要用来丰富我们的现实生活，但是不应该破坏我们所观察到的基本事实。

（2）追求真实与“本真”

《真与真实》（*Truth and Truthfulness*）是威廉姆斯的晚年名著。我们可以把 Truth 翻译为名词意义上的“真”，而把 Truthfulness 翻译做名词意义上的“真实性”或“真实”。威廉姆斯何以要以这两个概念统摄全书呢？这一点似乎颇有意味。真实（truthfulness），这一概念的根本含义在于它指向真，表现为指向真的行为。它包含“说话人主观意向上是指向外在真理的（尽管真理存在与否尚且存疑），意图在于事实或实在相符合”，“客观上说话人是真挚真诚的（态度本身是选择性的，意在讲述真话）”。

威廉姆斯在全书的一开头就提出，对于真实性①（truthfulness）的信奉，对于真（truth）之观念的怀疑，是近代思想文化的两种观念潮流。两者相互关联。在历史问题上，这种怀疑表现得更为集中。通常，我们获得了诸多可以用来揭示历史真理的说明，但是后来却发现这些真理不过是一些偏见、意识形态，或者仅仅是自足的。我们试图替换这些“谬说”，但是却发现会再次遇到同样的问题。于是就出现了“历史解释是否能够为真”的问题：是否存在着客观的真理，能够真实地，可信地作为我们追问过去时所要达到的一个目标。对于历史的理解，我们希望真实，这就是我们所要求于自己心理的一种真实感。而要真实，就是希望我们所认识的历史是真的，对历史的描述是一种真理。但是我们又总是会怀疑我们的

① 真实感关联到并且预设了自我（self），个人身份（identity）与自主（autonomy）概念。但威廉姆斯只是使用这些概念来支撑说明，指向真挚与本真的真实生活才是我们欣赏的道德生活。

描述是否是真的，于是，对于历史真实感的要求和对于我们所描述的历史真实与否的担心，便构成了我们在对待历史时同时并存的两种要求，这两者之间存在着张力。

威廉姆斯所描述的真与真实性的紧张关系，不可避免地把我们引向了这样一种图景当中：即便我们不能够获得关于历史之真相，我们起码也可以要求对于历史的描述具有真实性。这是一个以退为进的策略。它所表达的是：即便历史的真相无法还原，我们起码要求历史叙述者的叙述听起来像是真的。或者，再退一步说，即便我们无法要求历史学家给我们拼出一个历史的真相，我们起码可以要求历史学家是以一种具有真挚感情的方式在向我们叙述历史。这同样可以适用于我们对于政治家的底线要求：即便我们已经无法要求或甄别他们所说的事情是否为真，起码他的叙述与宣传能够让我们感受到一些真实吧？当然，这样的要求背后有一个基本的假设，那就是，听众对于真实与否自然有一个相对稳定的判别标准。

这样一种后退，打开了一个新的领域。因为，真与假（错误）是并列对比的。在真与假的对比意义上，关于真的问题，探讨的是一个知识或认识的问题。而真实与撒谎、不诚实是并列对比的。[①]在真实与不诚实的对比意义上，关于真实性的问题，探讨的是一个人的品质的问题。威廉姆斯自己把这种关注点的转移称作是从关心真理问题转移到关心“真理的价值”，或者说是关心“真理的德性”，也就是关注“那些想要认识真理、发现真理、对其他人讲述真理的人的品质”。[②]威廉姆斯在这里有一个深刻的洞见，即如果我们对真理的真实性无法给出最后的保证的话，我们对于真之认识就只能停留于信念。而只有真之信念，其本身是没有任何价值的。相比较而言，下述思想的价值会更高：在某种意义上，如果我们丧失了对于真理的价值的感受，我们必然会丧失某些东西，甚至会丧失一切。

威廉姆斯的这一区别是他这本书的立论基础。他的这一区分相当于是明确宣布，他要做的工作是关于真理德性的概念谱系研究，而不是关于真理问题的知识论研究。他要追问的是，在人们追求与真理有关的真实性等

---

① 20世纪著名的法哲学家凯尔森在其晚年名著《关于规范性的一般理论》中也特别提到了这样一种差别。不过，还没有证据表明威廉姆斯注意到了凯尔森的这一慎重区别。

② B. Williams, *Truth & Truthfulness*, Princeton University Press, 2002, p. 7.

问题时，人们的关切是在往哪些方向发展？与哪些感受与评价关联。或者说，为了保证我们对于世界的起码的真实感受，我们的行为需要做出什么样的一些基本承诺。再或者说，这个世界在什么样的一种关联方式中，保证了我们对于世界的这样一种起码的真实感要求？

很显然。真实（性）意味着一种尊重真理的要求，或者说，真实性指向真。而要尊重真理，我们的表达就需要追求准确（Accuracy）与真挚（Sincerity）。它体现为："尽你最大的能力获得真信念，所说即所信。"[①]一个学术机构的权威必须根植于这两个德性之上。不过，在紧接下来的论述尼采的一节中，威廉姆斯把尼采的真实观与真理观做了深入讨论。其基本含义是，尼采关注我们的追求真实的意志，但是他并不会紧联着真实去追求真，尤其不会为了这些德性而去假设一个关于真理的形而上学。尼采的目的，是要把真理造就为我们可以忍受的东西。

威廉姆斯的目的是展开一种关于"真理的德性"的现象学的考察，就是以一种非还原的、解释性的方式，考察与"真理的德性"相关联的诸德性与诸概念。在威廉姆斯看来，通过人们自然追求的交流信息的知识冲动，人们凝固出了关于真理的相关德性。而且，最为关键的是，这些德性从根本上讲是具有内在价值的，而不是仅仅具有工具价值。尽管在某些特殊的考察环节，某些价值表现出了一定程度的工具价值。

在这样一个思路下，威廉姆斯考察了诚实、准确、实在感与本真（Authenticity）等关联德性，也考察了与这些德性的起源相关的结构如自然状态、虚构、分工等，以及与真理相关的知识论问题如断言、信念与知识，关于真实的历史起源以及关于本真的心灵起源，最后，还就现代政治生活中的真理德性问题进行了分析。在为《真与真实》一书所撰写的书评中，哲学家罗蒂评论说："在叙述其谱系的过程中，威廉斯对于社会合作为什么需要共同体成员之间的相互信任给出了一种人们熟悉的、无可争议的解释：如果缺乏对他所说的诚挚与准确这类德性的广泛敬意，你就不可能实现这种合作。语言学习要求信任他人，相信他们在同一对象出现时，也会作出大致相似的表述。当人们共同努力去获取与传播准确的信息时，就不仅要求人们不可撒谎，而且要求他们必须开诚布公。如果没有广

① B. Williams, *Truth & Truthfulness*, Princeton University Press, 2002, p. 11.

泛的（对）真实（性）的追求与相互的帮助，就不会有各种社会制度的存在。”①

威廉姆斯的真理德性的考察，谈论的终究是个人的本真生活，是我在面向他人时所表现出的“我的”个人德性。尽管真理德性的谱系中诸德性本身不可避免地涉及人与人之间的关系，但是本真德性必然是切己的而非涉他的，是生存论的而非关系论的。这就使得威廉姆斯的考察囿于自我之品质，而没有能够抽去自我，考察与他人共处需要什么样的品质。

2. 真实与虚伪

威廉姆斯追随尼采，对于理性主义和道德主义均做出了长期不懈的批评。其宗旨在于系统矫正这两种倾向对于理解人类的伦理面貌和生活面貌所造成的扭曲。在威廉姆斯和尼采看来，这些倾向导致人类追求一些虚伪的与文饰的价值，从而把人类拉离了本来属于自己的真实生活。很显然，威廉姆斯和尼采一样，他们在自己的理论构想中，都希望追求一种真实的价值，反对那种虚伪的价值。因此，他们系统批评那种可能导致虚伪价值的各种理论。

（1）批评理性主义与道德主义

尼采有一段非常著名的语录，这段语录同样代表了威廉姆斯的取向：“我的修养，我的偏爱，我对一切柏拉图主义的治疗，始终是修昔底德。修昔底德，也许还有马基雅维里的学说，因其毫不自欺的以及在实在中、而不是在‘理性’中、更不是在‘道德’中发现理性的绝对意愿，而与我血缘最近。”尼采将修昔底德称为“古希腊人本能中那种强大的、严格的、坚硬的求实精神的伟大总结和最后显现。”②这段话不但表达了威廉姆斯对于理性主义和道德主义的批评态度，而且也表达出了威廉姆斯对于现实主义的青睐。尼采与威廉姆斯借用这段话，同时还想表达对于价值的虚

① Richard Rorty, “To the Sunlit Uplands”, *London Review of Books*, Vol. 24 No. 21 · 31 October 2002, p. 14.

② 尼采：《偶像的黄昏》，周国平译，湖南人民出版社1987年版，第120—121页。

文与矫饰的批评，和对真实与真诚价值的追求。这也就是尼采的“不自欺”的主张。需要指出的是，真实感与现实感其实是两种不同的追求。前者敏感于个人所表现出的道德品性，后者则敏感于个人对于现实环境条件的反应态度。两种追求各有其特定的理论含义，但是这二者在理论追求上存在着张力，对于现实感的满足必然要求对于真实感追求的部分丧失或修正。

威廉姆斯的伦理学的最大特点，就是对于理性主义和道德主义一直抱着一种怀疑与排斥的态度。如上所述，威廉姆斯的这样一种立场，可以说是与尼采有着很深的渊源关系。理性主义承诺给人们提供超越时间空间限制的普遍无差异的伦理观念与伦理原则，理性主义认为人类规范的规范性是时空无差异的。但是威廉姆斯对于理性主义的这样一种承诺深表疑虑。威廉姆斯不相信伦理观念是时间无差异的，也就是说不相信伦理观念是古今一致的，他认为我们的哲学研究表明，伦理观念的含义是有着具体的历史限制的，要想真正准确地认识一种观念在特定历史中的含义，我们就需要一种“有历史的哲学”。而历史的要旨，就是会使得陌生的事物变得熟悉，使得熟悉的事物变得陌生。威廉姆斯同样也不相信伦理观念是空间无差异的，针对后一问题，他提出了著名的“距离的相对主义”。既然一种观念只能够是在特定的时间与空间中“有其道理”，那么我们就不可能获得一种时空无差异的规范性。

对于道德主义，威廉姆斯警惕的是理论化本身会让我们偏离我们个人对于世界的整全考虑。这种偏离有时也被称作“疏离”或“异化”。因为道德主义指的就是那样一种系统的、规范的伦理论证模式。而任何的规范化的伦理论证，都会以不同的形式使得我们偏离我们的生活，把我们引向某些选定的伦理概念，推导原则和先行假定。威廉姆斯非常集中地批评了道义论和功利主义。前者以理性的个体为基本假设，暗含着人类免于偶然性干扰的道德主义主张。后者则以效用计算为衡量善的基本模式。

尼采批评渊源于柏拉图理念论的理性主义和以基督教为代表的道德主义，认为它们造成了人类价值的虚文与矫饰。在柏拉图那里，只有理想型的人才是真实的人，而现实之人只是理想型的投影。因此，人在柏拉图那里就只能是一个精神不坏的理念。而尼采对于世界的看法是完全不同于柏拉图的。他认为柏拉图哲学本末颠倒，“把那最后到来的东西，把那些……最普遍、最空洞的概念，作为开端设置在开端。”尼采主张道德的自然主义。被柏拉图认为是虚幻与变动不居的人类激情，在尼采看来恰恰是人类道德的丰富来源。“现实向我们展示了类型的一种令人迷醉的丰富，一种挥霍的形式游戏和形式变化的繁盛。”考虑到威廉姆斯彻底的世俗主义的立场，他不会以近代以来的基督教传统作为批评目标，而是把康德的义务论与英国的功利主义作为了批评对象。

在尼采那里，何为真实与世界观密切关联，而什么是虚伪同样依赖于不同的世界观。关于道德的本性问题，尼采与柏拉图主义有着不同的看法。在柏拉图主义那里，道德是一个需要通过知识来认识的基本事实。“德性即知识”是柏拉图假托苏格拉底而表达出的道德观。而在尼采看来，“根本就不存在道德事实”。德性需要通过知识而获得，这种观点在尼采看来犯下了范畴错误。德性是自身的展现，如果人的德性需要外在的认可，这种外在的东西就是一种虚伪与矫饰。当我们认识到德性属于人的生存论层面的问题而非知识论层面的问题时，我们会说柏拉图主义以及后来的基督教的道德主义远离了人的真实生存状况，或者你可以用“虚伪”来描述这些学说。

尼采的这些见解主张在威廉姆斯的著作中得到了体现，这就是威廉姆斯在九十年代的名著《真与真实》。通过这本书，威廉姆斯向我们开辟了一种全新的理论诉求。我们现在可以顺着前边对于这本书的讨论，在“真人”与“真知”之间作出区别了。

（2）真人与真知

在当代知识论的讨论中，兰姆塞提出，知识就是通过可靠程序获得的真信念。古德曼进一步论证说，只有当一个人的信念是通过可靠的认知机制而形成的，这个人才算拥有知识。阿姆斯特朗论证说，只有当一个人的信念是所信陈述完全可靠的真标记时，一个人才算拥有知识。斯温则再进一步认为，信念的可靠性是信念成为知识的一个必要条件。因此，在说明知识时，我们可以用可靠性来替代辩护，也就是说，可以将辩护等同于可靠性。

关于知识问题的这个论证链条，把知识、信念、真与可靠性等基本概念联系到了一起。区别于纯粹的知识论讨论，威廉姆斯特别研究了历史知识的真与真实性的讨论。在知识论的意义上，威廉姆斯不会否认关于知识可靠性的上述讨论。但是牵涉到具体的历史知识时，威廉姆斯认为，在历史知识之真与我们希望的历史知识具有真实性之间存在着断裂。

信念的可靠性的确能够成为我们检验知识的规范标准，但是这一标准在人类的生活中发生了断裂。人类在自己的生活中拥有了信念，同时也拥有了对于信念的相信。也就是说，一个人拥有信念 B1，他同时相信这个信念是真实的，因此就有了信念 B2。不但如此，他还会停留于自己的这样一种信念 B2。B2 将因为一个人的主动选择而成为信仰。

我们不否认知识具有可辩护特性，但是我们发现现实生活中的人将在信仰层面与他人共处，B2 是否成为知识并不是他关心的。作为信念，B2 本身潜在地具有向真属性。但是 B2 的麻烦是，它将略过对于真的检验程序而直接成为一个人采取某些行动的指南。

还原论会提出，既然 B2 也具有指向真的特性，那么我们就可以向信仰者阐明知识的特性，并邀请他来加入检验信念真伪的行为中。这是所有理性论者的共同主张。而持不可还原立场的人将有可能在两个方面批评还原论。1. 在限定时刻，验真虽有必要但无可能，我们只能停留于信念 B2 并要求做出选择；2. 某些信念的对应物在其本性上就是不可还原的。以伯林为代表的多元主义者坚持主张 2，而笔者则建议同时考虑主张 1。

还原论者是真理一元论者。信念的真理一元论相信世界只有一种真理，其他全是谬误。理性主义者也许不急于在信念的层面做出这种结论，但是起码会倾向于认为通过理性慎思的程序，我们可以达到关于生活实践的真理性结论。

我们生活中的一些基本信念是直接关联于真的，如关联于生计的饥饿、食物、舒适的环境等等。这些基本的生活需求不能够只停留于信念层面，而是要被意图者确定真假的。按照伯林之说，我们生活中的大部分信念仍是指向真，并且也很容易被辨别出真假。只是有那么一类信念，它将仅仅停留于指向真的信念，而没有鉴别之标准。

也就是说，人类实践领域的信念被划分为两类，一类在规范上可以被验真而被列入知识范围，另一类则在规范上不可被验真而被列入（价值意义上而非宗教意义上的）信念范围。而且，由于人类实践生活受特定的时空条件的限制，因此，在规范意义上被划分为两类的信念，在经验的意义上倾向于被收敛于统一的信念 B2。我们把 B2 界定为：在限定的时空条件下无法被验真但同时被相信的信念。换句话来说，人类实践领域的信念不以真假为标准，而以有无为准绳。或者说，人类的实践生活不同于人类的知识追求。在这个时候，如果我们转而进一步把注意力集中到对于信念持有者本身持有信念的态度时，就出现了对于人是否真挚地面对信念的关注。这时我们关注的是人在持有信念、践行信念过程中的各种主观表现。

之所以在 B1 与 B2 之间做出区分，是因为人类的知识追求与人类的实践生活交织在一起。从性质上说，两者截然不同。一个是知识的，另一个是价值的。但是从经验、实践来讲，两者不可分割。在经验上被统一收敛于信念的，在类型上分属两个不同的领域。

也就是说，我们在使用“真”这个词汇时，分别赋予它们了两个不同的含义：为人之真与知识之真。前者可以被称作为人真挚与否的“真人”问题，后者可以被称作知识真实与否的“真知”问题。这两个不同的含义代表了哲学探讨的两个不同方向。“真人”讨论生活状态与日常行为的坦然呈现，它是在生存论的意义上展开问题；“真知”讨论我们对于外界认识的正确性，它是在知识论的意义上展开讨论。

在嵌入“真人”与“真知”的概念区别后，人与真知的关系可以被认为中止于信念。也就是说，即便人面对着真知，但是就对人的真实行为要求而言，并不要求以真知来作为基本前提。人与真知是有关系的，不过当我们讨论人与真知的关系时，我们其实是在把人同时进行了知识化处理。我们知道，客观性与普遍性是我们对知识对象的基本要求。但是就人要活得真挚而言，人的行为只要起始于某些信念就可以了。“德性即知识”显然是一个谬传，是对真人与真知这两个领域的混淆。

这样的判断当然过于大胆，不过请容许我逐步展开自己的理由。

“德性即知识”另外还源于柏拉图的理念世界与现实世界的对立。由于有理念世界的存在，且理念比现实世界有更高的真实性，因而只有回到理念世界，认识理念世界，人才可以活出真。而当两个世界合一，尤其当只有现实世界后，德性的实现就迅速收拢于人自身。

中国的庄子讲了一大通道理，归结起来是要人法自然，活成一个真人。但是这同时使得他的理论是以人为中心的，他想安顿好人在自然、人在社会、人在宇宙中的位置。既然是以人为中心，希望讲明白人自我安顿的标准及理由，则他所追求的必然是真人问题，而不是真知问题。或者说，真知不是他思考问题的关注点，真知不在他的视野范围中。

我们说到真人，是在生存论意义上去谈的。真人就是真性情之人。在道家，真性情的标准就是自然。但是儒家可不这么看。儒家插入一个社会维度，认为人要在社会中定义自己。这个维度同样是庄子所没有的。庄子以自然观人，以人观社会。儒家则以社会观人，切断人与自然的通连（“未知人，焉知天”）。

真人讨论的是人身上体现出的美好属性。中文好用豁达通透来描述一个人，以表明一个是大家心目中的真人。但是如果只用道家人法自然的标准来求解人之为真，毕竟显得单薄。尽管儒家不用“真人”这个词汇，但是儒家有“诚”等词汇来描述人的美好属性，儒家与道家词汇系统是不一样的，但是都可以说是生存论的讨论方式。生存论讲的是人的生命展开的方式。真人标准乃是关于人的规范标准。

我们说关于真人的生存论的讨论是围绕着人转的。但是真知则是把世界对象化，中性化，然后讨论人的认识与外界的关系。围绕着真知问题，我们同样有着一套限定与约束。经过限定与约束的真知，打开了人与世界的另外一个维度，那就是知识的维度。人关于世界的知识包含人关于社会的知识但不限于此，但是从真知出发的人关于社会的知识不同于从真人出发的人关于社会的知识。我们知道，真人包含着人对于社会的认识但是不限于人对社会的认识。但是后者的形态与前者是不一样的。真人讨论的是实践的维度，也就是人裹挟于其中的社会实践。

西方用理论理性与实践理性来区分真知领域与真人领域，并且认为实践理性就是理性的实践公用。但是作为理性的实践功用的实践理性，其表现形态是不同于理论理性的。如果说区别，那就是真人与真知的区别。真人讨论的是人裹挟于其中的社会实践。真知则必然追求理论的客观与中性。

真人讨论的是人裹挟于其中的社会实践，而关于真人之为真的标准是不一样的。简化而言之，关于真人之为真的标准等同于社会价值的标准。而真人问题，讨论的也就是人在社会中的价值的问题。但是由于各家立论的出发点不同，社会价值的判别出发点是不一样的。道家显然是以人为重心考虑问题，而其价值的判别标准落于自然。儒家则以社会为重心，其价值的判别标准落于人与人关系的度量。同样用简化的说法，道家的价值论相当于一种实在论，认为自然的运行方式昭示了人的生存价值的判别方式。儒家则相对复杂一些。你可以说它是一种社会关系实在论，社会关系的客观存在决定了对于人的价值的判别。但是你也可以说它是某种形式的建构论，通过社会交往的反思建构，我们获得了关于人的社会价值的判别标准。

人的社会价值问题指向人在社会中的生存问题。现在我们知道，关于社会价值（社会规范）的根源问题，某种形式的实在论贡献的是一种考量，某种形式的建构论贡献的也是一种不同的考量。不但如此，你也可以是情感论的，可以是表达论的，但是大家贡献出来的都是世界观。而遍计这些不同的世界观，能够比囿于一家之言的世界观有所提升的，则是围绕不同世界观而进行的反思均衡。反思均衡最终把社会规范的价值问题收敛于社会生活本身，并且呈现为某种改良了的、温和形式的实在论。

真人与真知的讨论开创的是两个不同的理论空间。没有理由说这两个理论空间是属于哪个特殊民族的。但是囿于知识的路径依赖，中国的传统哲学顺着讨论真人的路线展开了，其惟精惟妙，已经让世人叹为观止。但是中国的真知路径毕竟是萎缩了（都知道在荀子那里曾经抽条生长），而西方的真人路径也并没有因为真知路径的茂盛而被淹没。当代的实践哲学讨论是真人路径的再次蓬勃。

人活得是否真挚是一个修习的概念，我们可以说一个人有品有格或无品无格，我们在高下的意义上评判人。但是我们不说一个人活得对或错——除非在二序的意义上。对或错是一个知识的评价标准，真或假是一个行为的评价标准。由于真假事关人的行为，因此它是生存论的。它体现的是一个人展开自己生命的方式。如果加以限制，它体现的是人在社会和人群中展开自己生命的方式。在这个意义上，以知识论德性，的确属于范畴错误。

顺着这个思路，我们可以把 B · 威廉姆斯的《真与真实》看作是关于真人问题的新讨论。只有在经过了这样的处理之后，我们才能够明白为什么威廉姆斯声称他的这本书是在讨论“真理的价值”，或者说是关心“真理的德性”问题，也就是关注“那些想要认识真理、发现真理、对其他人讲述真理的人的品质”的问题，而不是在讨论真理与真值问题。有评论认为，《真与真实》在两个方向上对既有观念构成挑战：它一方面挑战了流行的真无价值的观念，另一方面也挑战了认为真之价值完全由其自身来主观地加以保证的看法。很显然，威廉姆斯相当介意真之价值的客观性。

不过，本文在此处更为关心：当我们在“真人”与“真知”之间作出区分之后，我们对于关联话题的处理在哪些地方与威廉姆斯一致，在哪些地方又与他存在分歧？

3. 道德之真与集体行动的价值

以人的完整性概念、性情说和本真说为支撑，威廉姆斯旨在主张每个人都要做真实的自我。但是，在我们努力完整地理解人类生活的过程中，追求真实感身也存在着内在的困难。当我们系统地考察社会规范的规范性时，我们可以以类似的推理方法主张社会规范本身是另外一种“事实性”的东西。为了弄清社会规范的规范性，有的时候就要求我们对人的真实性情有一种修饰与矫正。最为起码的，在能动者个体，社会规范与规范效力这三者之间，我们无法总是要求后者去适应前者。从社会规范运行的实际方式的角度看，个体在面对社会规范时，我们也不可避免地会要求个体与之有一个协调的过程（P. 雷尔顿称这样一个过程为“认识的协调”）。或者说，在能动的个体、规范性以及社会规范发挥作用这三者之间存在着张力，甚至存在着某种冲突。而要完整理解社会规范的规范性，就不能不要求我们部分地修正威廉姆斯所阐释与坚持的人的性情与人的本真生活的主张。

事实上，在威廉姆斯以律师职业为例来分析个人性情与职业特征的区别时，他就已经意识到，职业化本身要求我们对于个人的真实性情有所约束与改变。如果说“从不说谎”可以算是某个人的真实性情的话，那么，在这个人成为律师之后，对委托人负责就成为了律师职业的必然要求。而后一种要求多少都要对个人的性情做出一定的限制。

威廉姆斯对于价值之伪的批评是没错的。但是他们所说的价值与真人所描述的境界构连甚紧，因而价值之真停留在个人层面。问题在于，第一，个人层面为真的价值并不适用于不同个体组合起来的集体生活；第二，存在着另外一种价值之真的标准，这种标准将为人之真直接定义为是由社会所决定的。苏格兰启蒙运动思想家大都承认“人为社会所型塑”。因此，在后一种观点看来，为人之真的稳定定义是在社会生活中。这种流派不认为威廉姆斯意义上的为人之真是一种可以独立存在的价值。因此，在他们看来，人类的道德生活与政治生活的价值都是由社会所型塑。

现在，当有了这两层区分之后，威廉姆斯所关注的本真价值就同样成为了一种哲学家之理想，而不是一种现实生活之必需。威廉姆斯的回答需要接受人类现实的道德生活与政治生活之考量。在这个意义上，威廉姆斯所强调的“我应该如何生活”这样的一个苏格拉底问题，就必须嵌套进“我们在一起应该如何生活”的问题中去回答。斯密与西美尔等人的“社会如何可能”的问题就必然优先于苏格拉底问题。

深入一步，当我们以价值多元主义为基础，论证“政治是一个不可被还原掉的独立领域，政治有着其他生活方式所无法替代的特殊问题”时，我们就进一步把单一的“社会如何可能”的问题区分为两个问题：“社会如何可能”与“人类政治生活如何可能”。这些可以不断被细分的问题的一个共通之处，就是它们都面临着这样的一个问题：当个人遇到他者时，我们该如何生活？

在《羞耻与必然性》一书中，威廉姆斯对荷马史诗中英雄们的羞耻感的来源问题做出了一个解释。在那里，威廉姆斯争辩说，荷马史诗中的英雄们的道德行为是因其自身人生计划的“内在理由”而促动的，这种因内在理由而促成并特别被体现出来的道德动机被威廉姆斯称作“内在化的他者”（the internalized other）。[①]事实上，与他者相遇问题是威廉姆斯一直思考的一条思想线索。威廉姆斯所关心的他者牵涉到如何看待道德浑然不觉者（amoralist）的问题。如何包容与承认他者，这将构成对于伦理学体系的一种考验。不过在不同的学科层面，威廉姆斯在回答行动者与他者的关系时论辩主旨稍有差异。在伦理学领域，威廉姆斯一直坚持从行动

---

① B. Williams, *Shame and Necessity*, University of California Press, 1993, p. 54. 但是，令人生疑的是，这种内在化的他者显然是一种关乎他者的关怀，而一种关乎他者的关怀何以仅仅是一种“内在化的”？相关讨论参见 Alan Thomas ed., *Bernard Williams*, Cambridge University Press, 2007, pp. 22 - 23。

者的内在动机出发研究伦理现象，旨在回答一个人“如何生活”。但是在政治哲学中，我们需要回答的是与他者“如何共处”的问题，动机与理由已经不再成为问题的核心。而在关于世界的一般图景中，行动者的能动性到底在多大程度上能够把握自己的命运，决定着他对“如何共处”与“如何生活”问题的回答。

看来，威廉姆斯同样需要面对我们不断细分的这些问题。当威廉姆斯遇到罗尔斯时，尽管威廉姆斯对于罗尔斯康德主义因素的批评是正确的，但是他却并不能够否认罗尔斯对于政治作为一个独立领域的问题的回答。在“人为社会所型塑”的背景下，个人的价值通过个人身份问题表现出来。在休谟看来，个人身份是通过个人在社会中对于社会价值的反复认同而实现的，不存在独立于社会生活的个人身份。

当威廉姆斯把伦理问题界定为回答“如何生活”的问题①时，他在以与尼采相同的方式提出了“真人”问题。但是他和尼采一样忽略了“社会如何可能”的问题，以及做一个“真人”与“社会如何可能”应该如何兼容的问题。威廉姆斯在以个人为中心来回答“真人”问题时，他们的世界图景就变成了竞争的和偶然的。而竞争的和偶然的世界不是“社会如何可能”所期望的世界。他们现在希望“社会如何可能”的问题来迁就“真人”问题。那我们能够想象的社会生活和政治生活就一样是竞争的和偶然的。

如果我们尊重威廉姆斯的选择，我们会严肃地讨论“社会如何可能”问题应该如何与“真人”问题兼容。但是如果我们在排序上认为“社会如何可能”问题优先于“真人”问题，我们就有可能改变讨论次序。纳斯鲍姆在其晚近的文章中就特别提出，我们应该考虑重新启用理性主义，优先回答“社会如何可能”问题。而经过改造和限定的康德式实践理性，是与亚里士多德式的中道接近的，因此也就可能接纳“真人”问题，但是同时不忽略或回避社会如何可能的问题。② 但是尼采和威廉姆斯会对康德的理性主义保持警惕，他们认为理性主义已经败坏了围绕“真人”问

① B. Williams, *Ethics and the Limits of Philosophy*, Harvard University Press, 1985, pp. 18 - 20.

② M. Nussbaum, “Bernard Williams: Tragedies, Hope, Justice”, in Daniel Callcut ed., *Reading Bernard Williams*, Routledge Press, 2009, pp. 213 - 241.

题而展开的价值讨论，理性主义的思考方式注定也会在思考社会价值的问题上失灵与失败。所以他们更愿意直接接受亚里士多德而不是康德。

事实上，经过改造后的亚里士多德方案，其背后蕴涵的是一个开放的自我，或者说是开放的能动性和开放的自主观念。而威廉姆斯与尼采所坚持的自我观念、能动性观念或自主观念（假如他们并不反对的话）则具有某种程度的封闭性。开放观念既把注意力聚焦在自我的能动性之上，同时也不排斥自我与外在环境的交流，甚至不排斥接受自我是受到外在环境的型塑的主张。而封闭的自我观念将必然坚持自我的优先性和独立性，在很多时候甚至主张一切外在环境都只能通过自我来决定。封闭的自我观念将自我和自主单子化，从而在很大程度上封闭了自我与环境的互动可能。尽管威廉姆斯与其好友伯林都不排斥个人与他人交流的可能性，但是由他们所主张的价值多元论则的确把自我与自主观念推向了单子化的一极。在这样一种主张之下的多元政治，也不可避免地成为了一种相互竞争的政治，人与人之间的政治合作完全变成了权宜之计，绝无相对的稳定性可言。而这样一种推论，似乎与近代以来的人类政治实践成果之间存在着事实上的反差。看来威廉姆斯学说似乎有义务面对这些基本事实并做出更为合理的理论解释。

我们可以同情地理解威廉姆斯的“内在理由说”是休谟“理性是，并且只能是激情的奴隶”，以及休谟关于理性与激情的顺序关系说明的精致翻版。

但是我们仍然不得不说，第一，只有本真的生活是不够的，本真生活的假设使得另外一种涉他的生活及相应的涉他规范无法展开；第二，本真生活的假设过于自我中心，以至于它会发展成为一种罗尔斯意义上的心理疾病。罗尔斯论及“道德敏感性”时说：“当理性的行为主体只对他们自己的利益感兴趣时，它们便临近精神病态了。”①

我们对于具有一种准本体论承诺的本真概念的批评就在于，这种概念是以是否切己（关涉自己）为中心。威廉姆斯笔下的道德行为者，是一种生物学意义上、心理学意义上、精神病理学意义上的无拘个体，他们具有某种程度的生物学意义上、心理学意义上、精神病理学意义上的基本特

① 罗尔斯：《政治自由主义》，万俊人译，译林出版社2002年版，第53页。

征，如拥有某些性情特征等，并无先在的概念理论约束。他们的所作所为表现为不同的德性，但是他们并不受先在的规范的约束。

而涉他的关切，其最后所形成的规则必然是义务的或责任的。因为是涉他的，所以威廉姆斯所假设的自我（self）必然需要经过一个雷尔顿意义上的认识的协调或转向，而这样一种协调与转向，必然需要一种“自我约束的德性”。他需要从关注自我的德性品格，转向关注与他人相处的抽象规则。有了这样一个过程，公共生活才得以可能。

本人在其他地方曾论及，从个体的行为理性推导不出集体行为的合理性。或者说，支配个体行动的规则不同于支配集体行动的规则。这样，当不同的人在一起时，我们需要的支配规则将是不同于独立地考虑一个人时的规则。或者说，当个人进入社会时，他需要接受一种社会规则的支配。而政治哲学不但考虑个人与社会的关系，而且更加注意社会规则的形成问题。这个时候，当我们站在社会的角度考虑问题时，我们就不得不提醒自己，我们在某些领域内考虑问题的思考方式，将不同于在政治领域内的思考方式。如果说尼采式的价值考量基于个人的话，则道德考量有时是基于个人的，有时是基于社会的，而政治考量，则只能是基于社会的。

的确，如果从价值来源角度考虑问题的话，道德或许和“真人”问题密切关联。但是如果从“社会如何可能”角度考虑问题的话，只有“真人”问题的维度的确是足够奇怪的，这样的思考会人为地为人类的实践生活设置障碍。

我们也知道求得成为“真人”其实是人类实践生活的一个传统追求。但是无论庄子道家的真人理论，还是尼采、海德格尔的生存论的本真存在，尽管说他们都开启了以人的在世存在为中心的价值研究之路，但是他们的“真人”概念多少都是有些反社会的。他们所提供的“真人”理想旨在反对流俗与沉沦。这样，当我们回头考虑社会如何可能的问题时，我们冒着把他们所反对的东西重新请回来的危险。而如果我们从生活的基本要求出发，证明社会如何可能的问题是一个必须认真回答的问题时，我们其实暗含地向“真人”传统提出了一个挑战：为了“社会如何可能”的问题，“真人”概念必须重新思考，乃至重新界定。

第十三章　威廉姆斯、尼采批评理性主义与道德主义

威廉姆斯十分推崇尼采。从理论线索来看，他们两人都对理性主义和道德主义保持着警惕与怀疑。威廉姆斯对于这两条线索的批评，集中体现于其著名文章《政治理论中的道德主义与现实主义》。这篇文章对于政治理论中的道德主义提出了批评，并且主张用现实主义来代替这样一种道德主义。在该文中，作者还进一步提出了“政治正当性是分级的”这样一种观念。在这篇文章出版后的最近几年中，相关话题引起了政治哲学领域的广泛讨论。尼采则更是宣称：“我的修养，我的偏爱，我对一切柏拉图主义的治疗，始终是修昔底德。修昔底德，也许还有马基雅维里的学说，因其毫不自欺的以及在实在中、而不是在‘理性’中、更不是在‘道德’中发现理性的绝对意愿，而与我血缘最近。”[①]本书在各处反复引用这一段话，是因为这段话充分体现了尼采以及追随尼采而展开其哲学工作的威廉姆斯的关注重心。尼采的这样一种宣言式表述所指向的路径，正是本文所依循的“现实主义”的思考路径。

本人较早的《政治现实主义》一书已经注意到了威廉姆斯所提出的这样一些主题对于政治哲学的意义，并对威廉姆斯所提出的一些主题有所发展。在他所主张的“霍布斯问题是政治的首要问题”基础上，本人提出了“霍布斯条件”与“洛克条件”。而在此后的分析中，本人更是把这样一种拓展应用到对于现代国家的理论构建上。这构成了本人目前这本书第一部分的推理主线。

本书第二部分的工作同样也是在威廉姆斯对于理性主义和道德主义的

---

① 尼采：《偶像的黄昏》，周国平译，湖南人民出版社 1987 年版，第 120—121 页。

批评线索上展开的。在本书第二部分里，本人并没有局限于威廉姆斯的思路，而是在威廉姆斯一些关键主张的基础上，进一步运用概念分析，独立地对当代契约理论和规范性问题的讨论进行了批评分析。因此可以说是基于（而不是“对于”）威廉姆斯的实践哲学研究。为了更加凸显本书的批评线索和立论主题，本章将集中讨论威廉姆斯与尼采对于理性主义和道德主义的批评。

1. 威廉姆斯的政治现实主义

二十世纪后半叶，以赛亚·伯林的“价值多元主义”观点的提出为现代政治理论带来了新的视角。鉴于自由主义在当代西方政治实践与政治理论中的特殊地位，如何从多元主义的角度来重新思考自由主义就成为了当代政治哲学重要主题之一。价值是多元的，多元价值之间存在着相互冲突，这是伯林的一个重要结论。约翰·格雷将伯林的这一立场称作是“竞争的自由主义”，这一提法一方面强化了伯林思想中多元价值之间的竞争特性，另一方面也进一步加剧了伯林思想中多元主义与自由主义的紧张关系，从而使得从多元主义到自由主义的可辩护性难题明朗化。

作为以赛亚·伯林的挚友，威廉姆斯的政治哲学思考参与了这样一个视角的构建、丰富与辩护。与伯林一样，威廉姆斯强调价值之间的冲突，强调在政治生活中我们选择一种价值就必然意味着损失其他价值。因此，威廉姆斯特别强调政治生活的“竞争特征”，主张政治现实主义，反对功利主义通过效用计算和康德主义者从个人自主性出发来解释自由主义的“道德主义”立场。他曾与德沃金共同主持了多个讨论班，并在多个场合对以德沃金和罗尔斯为代表的当代美国政治哲学提出了批评。

《泰初有为》是B·威廉姆斯的政治哲学论文集，该书在威廉姆斯去世后由普林斯顿大学出版社出版。全书共收入了威廉姆斯关于政治哲学的十三篇文章。除了“平等的观念”（1962）一文外，其余十二篇均为威廉姆斯于上个世纪八十年代中期到美国任教后陆续完成的作品。本书由剑桥大学国际政治学教授霍索恩与威廉姆斯的遗孀帕特里夏共同整理，内收帕特里夏前言和霍索恩的导言各一。威廉姆斯在该书中讨论的主题有四：1. 什么是政治；2. 政治与伦理是什么关系；3. 我们理论观察的出发点是什么；4. 何为“有历史的哲学”。其中“政治现实主义”和“有历史的哲学”可以说是威廉姆斯的特别贡献。这两个问题虽然在伯林那里有迹可循，但是只有在威廉姆斯这里才成为了两个被特别展开的主题。

威廉姆斯提出，政治应包含如下含义：1. 政治哲学必须独立地使用政治的概念，诸如权力及相应的规范要求即正当性。2. 政治观念的焦点集中在政治分歧。3. 可能的政治分歧包括关于政治价值——如自由、平等或正义——的解释的分歧。4. 政治差异是政治对手之间的一种关系。权力、冲突、分歧和对手可以被看作是威廉姆斯关于何为“政治的”这一概念的四个关键词汇。其中，分歧是我们必须面对的现实，冲突状态和对手关系是与歧异者这个概念相伴随的现实状态，而权力及权力使用的正当性问题是政治要处理的核心问题。

具有上述特征的政治观被威廉姆斯称作“政治现实主义”。在威廉姆斯这里，现实主义地观察政治的首要出发点，或者说政治的首要问题是“霍布斯问题”。这就是保证秩序，保护公民，建立人与人之间的安全、信任和相互之间能够进行合作的条件。从“霍布斯问题”出发，威廉姆斯提出了“正当性是分级的”这样一种主张。一个政权最为基本的正当性就是这个政权在运用权力时起码解决了霍布斯问题。而如果一个政权对于权力的运用反而加剧了霍布斯意义上的基本安全的丧失，那么这个政权也就失去了基本的政治正当性。

与政治现实主义相对，是威廉姆斯所批评的政治道德主义。政治道德主义强调道德对于政治的优先性。在功利主义模式中，政治理论本身系统地表达一系列原则、概念、理想和价值，而政治本身则借助动员说服、权力的运用等将其付诸政治行动。而在康德主义解释模式中，理论拟定与权力共存的道德条件，借助这些条件，权力得以公正地运用。《正义论》时期罗尔斯的政治思想可以说是这种主张的代表。

威廉姆斯反对政治道德主义。他认为，对人类道德进行理论化梳理的努力并不可能为人类道德实践找到可靠的指导。相反，对于道德进行理论化的努力反而歪曲了人类实际的道德动机和道德心理，从而掩盖了人类生活的复杂性。每个人都有一个属于自己的根本的生活计划，我们不可能脱离属于每个人自己的根本生活计划，从一个外在的，诸如人类幸福、实践理性这样的“阿基米德点”出发来推导出用以指导人类实践的伦理体系。

同样，由于人类的政治生活本质上是竞争的，我们不可能用一套关于人类应该如何生活的完整解释来指导我们的政治生活。

威廉姆斯曾多处提到和讨论了现实主义的马基雅维里主题：政府责任不同于个人责任，从而政府美德不同于个人美德。与这一主题相关联，威廉姆斯向我们提出了“柏拉图意义上的好人如何面对马基雅维里意义上的现实世界”的问题：“从柏拉图那里继承下来的好人的概念产生了好人根本上如何才能有所作为的问题，而马基雅维里的现实世界的概念则提出了任何人面对这个世界如何才能有所作为的问题。（‘现实主义’的一个流行含义就是从如下事实中得到了其力量的：即使第一个问题没有答案，但第二个问题是有某些答案的。）”①

如何做一个好人与如何现实地生活，这是分属伦理生活与政治生活两个领域的不同问题。威廉姆斯曾论及柏拉图《高尔吉亚》篇和《理想国》中的卡里克拉和色拉叙马霍斯。这两个人物是典型的道德浑然不觉者（amoralist），色拉叙马霍斯在与苏格拉底的辩论中，甚至还提出了著名的“权力即正义”的难题来为难苏格拉底。柏拉图记述的这两个人物向我们提出了道德主义者如何与非道德主义者相处的问题。在威廉姆斯看来，对于伦理生活的辩护是有用的，但是辩护的作用是有限的。辩护本身总是有一个起点，这个起点本身是不可辩护的。在同一伦理生活世界中，我们可以依赖辩护的力量。但是在不同观念者或观念群体之间，我们总是会存在着分歧。传统政治寻求道德辩护与政治辩护的合一，但是这样的努力势必将无法认同某些道德辩护的疑议者排除在政治生活之外。然而政治生活的实践表明，这样的排除仅仅是增加了政治生活的紧张关系，却并没有能够真正面对与合理处置与我们存在分歧的对手。现实主义的一个重要含义，就是主张政治生活本身要面对和处理这种无法消解的分歧，我们和分歧者的关系最终要下行到行为的层面来处理，而不能指望仅仅停留在理性的层面就可以完成。理性反思是有其作用的，但是反思的力量是有限的。

威廉姆斯还特别指出，传统权威的消减和世俗化是现代性的标志。在现代性之后，民族国家作为伦理讨论载体的重要性和可行性正在减弱。考虑到现代社会的这一特征，我们需要最小化的伦理承诺，民族国家最好不

---

① 威廉姆斯：《道德运气》，徐向东译，上海译文出版社 2007 年版，第 96 页。

要在伦理问题上有所作为。在现代社会，对于个人伦理的要求与对公共道德的要求之间出现分叉，适用于个人伦理生活的原则不同于适用于公共生活或政治生活的道德。威廉姆斯认为，这是现代世界中伦理思想的真正问题。很显然，这也代表了多元主义者对于伦理与政治关系问题的基本看法。

《泰初有为》一书的第三类重要话题就是深入讨论了我们理论观察的基本出发点的问题。这是一个隐藏在伦理思考和政治思考背后的深层问题。威廉姆斯提出："泰初有为"而非"泰初有道"。威廉姆斯称"泰初有为"为浮士德公理或歌德公理，他认为这一公理可以被广泛地应用于政治解释。这一提法强调了在对政治生活的考察中"实践的首要地位"。行动者的实践不同于我们对于行动者实践的描述。"并不是说我们为自己表述了一遍我们的实践，我们就可以在这种表述中寻找到我们信念的基础。实践和一套信念之间的关系不可能是类似于前提和结论之间的关系，也不可能是任何两套陈述之间的关系。"① 与此相对应，任何基础主义，包括建构论式的基础主义，都绝不可能得到它所想要的东西。"我们的思想能否使得政治有其意义，事实上是极不确定地依赖于其他人的行为。"②我们面对的是行动中的个人，而不是被某种观念原则所解释后的个人。在政治生活中，这些人表现出什么样的行为只能被我们观察和接受，而不能被我们事先用一套理论原则所规定和限制。很显然，威廉姆斯主张我们从伦理生活和道德生活的行动者（agent）本身的行为活动出发去观察和思考伦理问题与政治问题，反对把人类生活化约为某种可被解释的理论原则。

在威廉姆斯看来，我们面对的是行动中的个人，而不是被某种观念原则所支配的个人。并不事先就存在一个原则的世界，我们的行为也并不是事先就被决出了输赢。政治既不是道德，也不是宪法。政治既被价值所主导也同样被利益所主导。

威廉姆斯最后一个重要的主张就是认为哲学和政治哲学都需要历史。哲学与历史之间有着一些非常特殊的关系。历史的要旨就在于使熟悉的事

---

① B. Williams, *In the Beginning was the Deed*, Princeton University Press, 2005, p. 24.

② Ibid., p. 25.

物变得不熟悉，使不熟悉的事物变得熟悉。而传统上哲学对于概念的考察与分析是均匀的和无厚薄的。因此，我们要克服这种缺陷，要从忽视历史的哲学思考进入到有历史的哲学思考。既然我们所运用的概念是有历史厚薄的，那么我们传统上期望通过理性辩护来达到关于信念的无条件的普遍有效性就是不可能的。理性辩护本身同样是有其力量的，但是辩护本身同样是有局限的。相对于理性辩护，历史具有一种优先性。

哲学是有历史的，因而对于政治的普遍主义辩护存在着局限。自由主义只有在现代性的这一特殊历史条件下去评估才有意义。威廉姆斯提出了“正当性 + 现代性 = 自由主义”的看法，提醒我们自由主义只不过是在“现代性”这一特殊的历史条件约束下对于正当性的一种特殊证明。我们并不否认自由主义国家可能还有着传统的国家所不具有的一些美德，但是自由主义并不构成我们区分一个国家是否正当的唯一理据。历史上有多种正当性，存在着并非自由主义者所认为的那种正当性。

与“有历史的哲学”主张相关联，我们需要引进历史约束，实现对于某一政治价值概念的本地的理解。原始自由不是一种政治价值。要得到作为一种政治价值的自由，我们就需要引进限定条件，考虑因限定条件的出现而必然带来的后果。而被充分合理地理解的政治价值必须以承认合适的政治框架为前提，否则就会陷入一种乌托邦的政治想象。作为政治价值的自由权以国家的存在为前提。威廉姆斯对无政府主义提出批评说：“在没有国家的情况下，一个人拥有的自由的数量是完全不确定的，或者无论如何是非常微乎其微的。关于无政府主义可以得出两个结论：从自由权的角度，可以推出无政府状态不是一种政治状态，而从原始自由的角度，可以推出它是乏味的，我乐意接受这两个结论。”

威廉姆斯对于历史要旨的揭示，还关联着他对相对主义和价值多元主义的看法。我们生活在一定的历史之中，事物的熟悉与陌生是相对于我们而言的。因此，我们可以逻辑地推知，有相对于我们的不为我们所熟悉的其他的信念系统，而其他信念系统与我们的关系最好要用“距离的相对主义”来看待和处理，而不要用“庸俗的相对主义”来处理。所谓“庸俗的相对主义”，就是在我们已经真实地面对着与我们不同的信念系统时，却仍然把它处理为就像想象的面对。

威廉姆斯的政治哲学是从多元主义立场对当代自由主义理论和实践所

进行的一种反思。我们可以把威廉姆斯的政治哲学界定为“基于多元主义的现实主义的自由主义”。两个限定词汇表达了威廉姆斯的基本理论倾向，经过限定后的威廉姆斯政治哲学可以说是对当代自由主义解释路径的一种新的选择。

威廉姆斯的政治现实主义主张和有历史的哲学的主张为我们留下了诸多理论想象的空间，同时，由于威廉姆斯自己介入政治哲学研究较晚，而逝世又较早，因而也为我们留下了诸多遗憾与空白。围绕威廉姆斯关于什么是政治的看法，本书作者提出了两个可能的改进。

首先，本人把威廉姆斯对于政治的看法总结为分析政治现象的“权力竞争”模式。这一模式很好地容纳了价值多元主义的“多元”与“竞争”特征，同时，这一模式也是政治理论中的现实主义所遵循的基本分析模式。而要在这一分析模式框架内很好地将价值多元主义与政治现实主义融合在一起，在本书作者看来就必须增加一个限定：“政治生活中的多元竞争必然表现为权力竞争”。有了这样一个限定，我们就可以从一般的价值多元主义讨论收敛到以现实主义竞争模式为特征的对于政治生活的讨论。传统上通常把“现实主义”看作是多元主义的一个主要美德，而经过改进后，我们就进而可以把现实主义看作是考察政治的一个独立的立场。

其次，基于“正当性是分级的”这一判断，我们完全有理由追问从“基本合理的正当性”到“充分合理的正当性”是否可能以及如何可能等问题。在“霍布斯问题”解决之后，也即在“基本的正当性”得到满足之后，我们可以进一步追问充分的正当性问题。而威廉姆斯没有对后一问题加以讨论。我们要想仍然沿着“权力竞争”的分析模式进行思考，就需要对如何实现能够满足充分正当的可能性的政治制度给出一个不同于传统自由主义的解释。有两个可能的解释，一个是将“权力竞争”视做人类的博弈行为，通过多轮重复博弈，我们稳定地实现对于自由主义制度的路径依赖。另外一个就是基于权力分立和权力制衡，来实现对于自由主义制度的结构性建设。而这两个解释，都将依赖于自由主义具有更多美德，因而具有更为合理的正当性的假设。而威廉姆斯自己也认可这一假设。假如这两种解释可以成立，那么我们就可以部分地解决现实主义竞争的政治与人类合作现实之间的表面冲突问题。

尽管可以有上述的改进尝试，但是由于威廉姆斯的政治哲学没有能够像他的伦理学讨论那样得到全面系统的展开，所以仍有很多会让我们感到疑惑的地方。本书的写作源于这些疑惑，更源于对那些与这些疑惑关联的理论线索进行补充改进的冲动。

2. 威廉姆斯眼中的《理想国》

在《伦理学与哲学的限度》一书中，威廉姆斯表达了这样一个主张：柏拉图的伦理共同体需要政治的强力作为后盾。也就是说，柏拉图需要通过政治权力来实现他理想中的知识权力。我们现在理解人类生活，赋予历史以重要意义。而在柏拉图那里，许多重要的真理都被认为是无时间的。《理想国》旨在设计出一种权威主义的社会秩序，以政治的力量来实现知识的权威。但是对于这样一个主题，威廉姆斯显然是深有疑虑的。威廉姆斯一生的工作，就是意在批评知识即权力这样一个柏拉图主题。具体表现，就是他认为哲学家的理性反思是有其力量的，但是这种力量是有其限度的。至于人类的政治生活，显然不是为了实现哲学家对于世界的真理性认识，而是另有其实际面貌。为此，威廉姆斯对于以柏拉图为代表的理性主义和道德主义提出系统批评，这一点是再自然不过的了。围绕柏拉图的《理想国》，我们可以看到威廉姆斯在其不同著作中向我们提供了下述几个重要的思考线索。

线索一：精神不坏与肉身完整。

威廉姆斯指出，亚里士多德认为理论理性与实践理性是有分别的。人类的福祉不仅是精神不坏，还要肉身完整。精神不坏是苏格拉底与柏拉图的共同理想。但是它无法解释为什么还要保护身体的完整性。①沿着威廉姆斯的思路，只强调精神不坏者设定或建构了一种理想型，这种理想型是超越时空的，因而是时空无差异的。同时强调肉身完整者则拉入了特定的时空局限，因而是时空有差异的。很显然，我们对于两种理性概念的区分也体现了这两种不同传统的差异。康德式理性概念是时空无差异的，相应的契约论也是坚持这样一种时空无差异的理性概念；而休谟式理性概念是

① B. Williams, *Ethics and the Limits of Philosophy*, Harvard University Press, 1985, pp. 34—35.

时空有差异的，相应的契约至上论同样坚持这样一种时空有差异的理性概念。

在强调肉身完整的哲学家行列中，肉身同一性（identity）将成为一个重要的考量。威廉姆斯自己对于二十世纪六十年代以来的“同一性”理论的新讨论有着重要贡献。这个贡献的一个要点，就是强调了身体记忆对于形成同一性意识具有不可或缺的作用。个人身份问题讨论需要在精神不坏与肉身同一这两种主张之间寻找平衡。因为个人身份问题不得不同时考虑精神不坏与肉身完整。

强的肉身同一性主张会认为精神与肉身是不可分割的，我们可以沿着这条线索去看斯宾诺莎和莱布尼兹的主张，同样可以沿着这一条线索去考量价值的不可通约性。价值不可通约的观念是依附于肉身完整观念的精神不坏观。弱的肉身同一性主张强调个人身份的完整性，但是也认为也可以通过某种机制来实现精神的沟通。我们把这种主张称作机制论者。休谟、斯密与哈耶克入此线索。在精神不坏意义上，伯林强调价值的不可通约。但是在肉身完整层面，他也认为，我们可以接纳某种形式的机制论主张。

沿着精神不坏与肉身完整这一区分线索，我们可以进一步考虑柏拉图关于个人正义与城邦正义的讨论。本书认为，柏拉图的正义观旨在剥离肉身完整，寻求精神不坏乃至精神完整。但是柏拉图所处理的个人正义与城邦正义本来应该是两个线索（精神不坏与肉身完整）并举的。但是柏拉图在两种正义的讨论中均努力剔除肉身完整，维护精神不坏。

周辅成先生在中文版《尼各马可伦理学》序言中对比了柏拉图与亚里士多德，他的看法是：“难怪后来的哲学家、伦理学家，以至思想家，虽知理想主义（Idealism）与现实主义（Realism）的区别，但是实际上，极端的理想主义者少，极端的现实主义者也很少。”①柏拉图只强调精神不坏，而亚里士多德同时强调肉身完整。说柏拉图只强调精神不坏，是因为“理想主义者反对欲望，甚至主张禁欲、绝欲。”而亚里士多德则主张“人人皆欲望，欲望也是生命中的重要部分。”②因而我们可以说亚里士多德是同时强调肉身完整的。周先生在该序言中还特别提到：“上世纪美国

① 亚里士多德：《尼各马可伦理学》，廖申白译注，商务印书馆2003年版，第ⅵ页。

② 同上。

希腊哲学史专家富勒（B. A. G. Fuller）曾详细考证，认为柏拉图曾受东方传入的奥菲克密教（Orphic Mystic）的影响，因而在《美诺篇》（Meno）和《裴多篇》（Phaedo）中主张‘现实’只不过是一场梦境，主张梦境之外还有一真实的世界：人只有脱离躯体，灵魂才能接近它；灵魂还能转世。而亚里士多德的思想，并没有这种痕迹。”①

周先生还特别指出，亚里士多德的“中道”完全是一个现实主义的立场，与《中庸》所强调的“诚”有异曲同工之妙。我们也知道，《中庸》提出：“不偏之为中，不移之为庸。”这种合乎中道的中庸思想是中西实践哲学的共同理想。而其落实，就是合宜与合适。

亚里士多德与苏格拉底存在着重大差异，我们可以认为这与亚里士多德强调肉身完整性有密切关联。由于选择与推理与人的实际境遇密切相关，所以德性是实践的，而并非如苏格拉底所认为的那样直接依赖于知识。也正因为这样，我们的选择决定了我们可以审慎与适度，而我们放弃选择则有可能使得我们在伦理德性上做恶。这种做恶也就是我们所说的“意志薄弱”。也就是说，在苏格拉底那里，“德性即知识”，因此意志薄弱是不可能的。而在亚里士多德这里，德性即选择，意志薄弱是可能的。“选择除了必须是出于意愿的还必须是经过了预先考虑的。考虑也就是推理，是实践理性的运用。”②而“如果德性是出于意愿和选择，恶就在同样程度上如此。在这点上，亚里士多德反对苏格拉底的观点。因为，如果做一件事情在我们能力范围之内，不做也就在我们能力范围之内。放纵者就是出于选择地追求显得愉悦然而总体上有害的快乐。所以人应当对于自己的品质负责任。”③

审慎与政治智慧是现实主义者推崇的美德。而审慎一般地可追溯至亚里士多德而非柏拉图。原由非常简单，审慎是一个同时保全精神不坏与肉身完整的德性。审慎的道德要求缘于肉身的时空限制，针对的也是这种限制，其目的是要在限定条件下做出综合判断。限制性以及在限定条件下的理智活动，这是我们在亚里士多德那里所看到的谈论伦理学与政治学问题

① 亚里士多德：《尼各马可伦理学》，廖申白译注，商务印书馆2003年版，第ⅸ页。

② 同上书，第xxix页。

③ 同上书，第xxx页。

的典型方法。

我们看到，现实主义主张：1. 人是理性与欲望并存的动物；2. 人为环境所型塑。在此基础上，现实主义主张我们的政治思考要敏感于约束条件，就我们所讨论的政治事务的约束条件来构想合宜的应对方案。

理想主义则主张超脱人的现实约束，尤其是要超脱人的物质欲望的约束。超脱的方式有二：1. 抬高理性的地位，贬低欲望在人类生活，尤其是在人类事务中的地位与作用；2. 主张建构出人类政治的理想形态，不走因应环境的约束条件而处理人类政治事务的道路。

近代以来，实践哲学出现了一个重大转型，开始强调与重视肉身完整性，尤其是强调与重视人类政治设计要因应人的基本欲望而做出。马基雅维里就是这一转折的代表。这种转折体现了人们意欲将理想拉回现实的努力。

线索二：从讨论个体正义无法直接上升而推导出城邦正义。

个人在进入政治生活后，政治生活的基本框架要容纳个人生活，但是却也需要超出个人生活。个人如何做是正义的，与政治生活如何才是正义的，这势必是两个不同的问题。不是说义人如何构成正义的城邦或国家，恰恰相反，如果每个人都是义人，由义人所构成的城邦，推想起来也应该是正义的。但是这里的麻烦在于，首先，人人成为义人，这可以是某些宗教的信仰，但是却无法成为政治生活的现实。其次，就算人人都是义人，义人之和也未必就是义人之邦。第三，假定现实生活参差不齐，则城邦之事不能走义人相加之路。第四，正义本身就是一个麻烦的概念。如沃泽尔所揭示的那样，正义是一个沿时空复杂变化的多维概念。正义是复合的而不是单面相的。第五，在没有引入正义的复合观念之前，即便义人之邦成立，义人之邦与非义人之间的关系本身也一直是一个需要严肃思考的政治问题。这个问题不解决，信仰的冲突就无法避免。

面临这么多麻烦，我们可以确定地说，从个体正义无法直接上升而推导出城邦正义。用现代的话来说，国家的正义不能从对个体正义的研究中直接比附得出。国家赖以维护正义的政治制度需要考虑各方面的复杂挑战。

城邦以及城邦正义均需通过另外的努力构造出来。很显然，威廉姆斯的讨论已经预设了这样的区别。而科斯嘉的讨论则直接声称城邦及其正义需要通过构造而获得。①

也就是说，在《理想国》中，精神不坏与肉身完整是一个讨论线索，个人正义与城邦正义又是另外的一个讨论线索。两个线索的交叉收敛形成了我们目前看到的《理想国》模式。而精神不坏与肉身完整的分离决定了个人正义与城邦正义讨论的形象。本书倾向于认为，柏拉图给我们提供了关于城邦正义的一个理念论的解决模式，这一模式必将是规范的而不是现实的。

线索三：为什么人言必称尧舜，而行必效桀纣？

从色拉叙玛库斯，格老孔与苏格拉底的对话，可以引申出第三个讨论线索：为什么人言必称尧舜，而行必效桀纣？萨克斯对于《理想国》的指控就在于此。他认为柏拉图回避了格老孔之问，用一个理想模式作为答案来回答一个现实的质疑，因此是答非所问。

现实主义的关注重心偏向了尧舜与桀纣的反差。现实主义者对尧舜未必不敬，但是他们关心的是如何刻画桀纣，如何应对桀纣。极端的现实主义者认为尧舜的美景并不解渴，言必称尧舜更是系统地误导人民。温和的现实主义者思考即便尧舜不可得，在面对桀纣时我们又该如何去行动。

从尧舜桀纣线索观之，精神肉身线索是讨论问题的理论路线的分歧，而个人城邦正义的线索则是理论的现实操作的分歧。

在《理想国》前两卷中，格劳孔等人列举了世俗生活中的“不正义”（unjustice）的行为，并以这些相关现象来考问苏格拉底，这些行为的存在是否意味着行“不正义”者得利，而正义之人吃亏。萨克斯把格劳孔等人所说的正义概念称作是关于正义的一种世俗概念，而把第二卷之后柏拉图所构造的正义概念称作关于正义的柏拉图式概念。“苏格拉底主张一种鲜明的柏拉图式的正义概念，而色拉叙马霍斯则主张一种世俗的正义概念。”萨克斯的看法是，柏拉图在《理想国》中构造出的正义概念（关于正义的柏拉图式概念）与他在前边两卷中所总结的格劳孔等人所使用的正义概念是不相干的。也就是说，柏拉图的《理想国》答非所问。整个《理想国》只是构造出了关于正义的一个新概念，而并没有正面回答它在全书开头所提出的问题。

---

① Christine M. Korsgaard, *The Constitution of Agency*, Oxford University Press, 2008, pp. 100—126.

《理想国》关于正义有着两种不同的讨论路径：一种是格劳孔式的现实讨论，要回答格劳孔的质疑，重点是要建立防范非正义发生的约束机制；另一种是柏拉图式的本质性讨论，本书认为这种讨论应该是辅助的。对于政治哲学来说，我们首先关注的是对于非正义的矫正。原因在于，从格劳孔的列举中我们可以发现，人是一种周遭算计的动物，或者说人是敏感于环境的动物。所以对格劳孔所列举的现象可以有一种直接的正面回答，这种回答不同于柏拉图式的本质性讨论，也可以避免像格劳孔那样陷入一种对于现实不正义的悲观态度。

除了上述几个思考线索外，我们还需要特别注意威廉姆斯在讨论到柏拉图的几篇文章中所表露出的思想倾向。

在“异教正义与基督教之爱”[①] 一文中，威廉姆斯认为，概念是镶嵌于一定的历史之中的。该文中下述这段经典讨论曾为内格尔所引用，本书作者在自己的《政治现实主义》一书中也曾特意提到：

> 希腊关于奴隶制的一个标准观点不是说它是一个公正的制度，同样，也不是说它是一个不公正的制度，……他们的观点更应该说是：这一制度是必要的，对于那些屈从于这一制度的人，这是一个坏运气。在这个意义上，它没有正义问题的考虑。
>
> 对于我们来说，不能没有这些考虑，这一制度是一个不正义的范式。不过，这并不意味着那些和我们一样的传统上的物质的、经济的或社会必然性与坏运气的考虑无助于我们对于我们社会生活的思考。我们时刻在运用到这些东西。很有可能我们有这样的期望：任何一个社会关系或经济关系都不应该排除对于正义的考虑。我们对于正义的期望达到了这样的程度，我们要么以正义来替代必然性和运气（左翼的观点），要么想表明必然性和运气的结果可以是公正的（右翼的观点）。任何一种方案都没有能够足以成功地让我们去认为在这些事情上我们已经决定性地超越了古代人的伦理境况。[②]

---

① B. Williams, *The Sense of the Past: Essays in the History of Philosophy*, Princeton University Press, 2006.

② Ibid., pp. 73—74.

该文还特别讨论到，人们对于敌意的处理办法有三种。第一种是通过政治的办法，通过非人格化的权威来管制敌意，改变敌意的交换方式。威廉姆斯认为所有的社会都在不同的程度上成功地采用着这样一种办法。第二种为苏格拉底所推荐，就是超越敌意与敌意关系，因而也就是超越有限的生命。这种方式将我们引向形而上学与宗教。第三种方式就是通过伦理教育而达到自我管理，从而永不仇恨他人。[①]然而，这三种方式到底哪一种更加适合，就需要结合人们对于政治的不同理解来进行甄别。

在"柏拉图反对非道德主义者"[②]中，威廉姆斯先讲到了公元前五世纪末希腊旧有的价值体系的崩溃。这也就是我们常说的礼崩乐坏。（关于这一时期该情况的历史描述，可参见修昔底德。[③]）作为道德怀疑论的非道德主义就是在这样的背景下产生的。威廉姆斯提到，后来的马基雅维里与尼采也遇到并处理了同样的主题。[④]

《理想国》中的色拉叙马霍斯被认为是非道德主义者的代表。威廉姆斯关于非道德主义与柏拉图对于非道德主义的反驳论证有三篇。分别是"柏拉图反对非道德主义者"，"柏拉图《理想国》中城邦与灵魂的比喻"和"柏拉图对于内在善的建构"。这三篇后来均收入《既往的意义》一书。

这三篇考察主题一致，其意图一在指出柏拉图忽略了正义的内在善论题，而事实上柏拉图自己的论证设计是蕴涵这一主张的；二在指出柏拉图从个体的德性设计到城邦的政治结构之间的存在着断裂，从而使得柏拉图关于正义的构想没能真正回答色拉叙马霍斯等人提出的问题，也就是说，使得理想国的设计出现了问题。

色拉叙马霍斯提出"道德就是强者的利益"。认为正义是强者剥削弱者的机制。但是他的提问马上带来了一个问题：是什么使得强者成为强

---

① B. Williams, *The Sense of the Past: Essays in the History of Philosophy*, Princeton University Press, 2006, p. 80.

② B. Williams, *The Sense of the Past: Essays in the History of Philosophy*, Princeton University Press, 2006.

③ 修昔底德：《伯罗奔尼撒战争史》，谢德风译，商务印书馆1978年版，第239页。

④ B. Williams, *The Sense of the Past: Essays in the History of Philosophy*, Princeton University Press, 2006, p. 97.

者？苏格拉底指出，正是个体间的正义实践使得集体行动者得以可能。正如第二卷中格劳孔所说，是弱者使得强者变强。因此，作为一种个体正义得以实现的机制，城邦和团体实现的是个体的正义。色拉叙马霍斯的主张因而是错误的。而“另一方面，格劳孔的理论成为光荣的契约主义解释的先驱，这一理论表明正义是集体行动和劳动分工的基础，正义是人类的尊贵价值。”①

当我们谈及集体正义时，就会用到“我们”而不是“我”。而这个我们需要得到进一步说明。苏格拉底的问题是：“一个人应该如何生活”。苏格拉底认为他的问题要比色拉叙马霍斯的问题更重要。

受过康德伦理学影响的现代人或许会认为柏拉图批评非道德主义者的功利评价是为了强调道德自身的内在价值。不过威廉姆斯认为，并且特别强调，柏拉图的重点并不在此。柏拉图意在回答“我应该怎样生活？”“什么才是好生活？”“我怎样才能做得最好？”这样的问题。柏拉图认为在这样的问题上，色拉叙马霍斯等人的回答是错误的，而苏格拉底的回答才是正确的。②

对于“我应该怎样生活”的问题的回答，可以分为伦理的与政治的两个方面，借助个人与城邦的比喻而完成。③ 在《理想国》之外，威廉姆斯还选择了《高尔吉亚篇》来作为柏拉图分析和批评非道德主义者的基本文本。

威廉姆斯认为柏拉图关于正义问题的政治结论是模糊的。柏拉图认为，在正义的城邦中中，所有的公民都应该是正义的。较低阶层的公民与其较低的灵魂相匹配，拥有较低层次的正义。因此，他们需要护卫者来统治他们。不过这样一来，“城邦中的较低阶层，像灵魂中的较低部分一样，不能看护自己：他们没有内在的秩序原则和纪律。他们所需要的秩序

① B. Williams, *The Sense of the Past*: *Essays in the History of Philosophy*, Princeton University Press, 2006, p. 99.

② B. Williams, *The Sense of the Past*: *Essays in the History of Philosophy*, Princeton University Press, 2006, p. 102.

③ 关于“我应该怎样生活”的伦理回答与政治回答，威廉姆斯在《伦理学与哲学的局限》第二章中有过一个类似的简化讨论。而关于个人与城邦的比喻及其存在的问题，见威廉姆斯“柏拉图《理想国》中城邦与灵魂的比喻”一文。

和纪律来自别处：在政治领域，来自护卫者。这意味着护卫者必须是伦理上自足的，而这意味着他们必须能够明白正义值得为其自身的目的而追求之。如果像格劳孔所解释的那样，正义只能作为次等的善而有价值，那么护卫者就没有行使正义的动机，因为他们不受任何人的支配。柏拉图的城邦建构在本质上依赖于正义自身作为善，或者说要以其自身为目的。”①

我们知道，从马基雅维里开始，近代思想较多地表现出了对于世俗之人世俗生活的关注。尽管本书并不倾向于把强调肉身完整看成是一件只有近代以来才表现得鲜明的主题，但是我们却的确可以从近代以来的世俗化运动角度来看待近代政治思想。柏拉图《理想国》的不合时宜，在近代世俗化运动对于基督教天城的否定这一大背景下表现得尤为突出。有意思的是，基督教的灵性学说与柏拉图的“精神不坏”之间存在着无法抹消的关联。而基督教中的灵肉纠缠，不能不说是这个双重主题本身的宗教翻版。

也就是说，本书认为，尼采通过强调肉身完整来打击柏拉图主义。因为，柏拉图以来道德化（道德主义）的一般特点，就是通过理性的约束来达到禁欲的目的。而肉身完整则优先强调了出自肉身的各种官能发挥作用的可能性。无论是尼采还是威廉姆斯，自然都不会提倡享乐主义与纵欲。但是，人的合理的积极的成长需要的是对各种官能的同等开放。或者说，是要促成各种官能在一切可能方向上的可能发展。

威廉姆斯认为伦理学乃至整个哲学本身的论证效力是镶嵌于一定的制度中的，本身可干的活儿并不多。这一点可从伦理论证对道德浑然不觉者（amoralist）的效力可窥一斑。伦理论证只能提供一种反对性辩护，却无法使道德浑然不觉者改变信念。对于伦理论证的无条件信任非常容易引起系统地误导。伦理的理解需要一个社会解释的维度。②

威廉姆斯的观点通常被认为是“以世间的词汇来理解伦理学，而不用指向神或任何的超越的权威。”③威廉姆斯的学生兼好友努斯鲍姆也曾评

---

① B. Williams, *The Sense of the Past: Essays in the History of Philosopliy*, Primceton University Press, 2006, p. 106.

② Ibid., p. 131.

③ Ibid., p. 121.

价说："他（威廉姆斯）相信过去的许多哲学表现出了对于现实的偏离，用一种理性的辩护来对抗复杂性、情感与悲剧。"①这可以说是对威廉姆斯关于上述主题的准确总结。

3. 尼采对理性主义与道德主义的批评

尼采批评柏拉图集中在两点：理性主义与道德主义。批评道德主义也正是威廉姆斯对于近代以来道德哲学批评的核心。尼采和威廉姆斯都提出了非道德主义者的问题，都认为柏拉图主义不能够很好地容纳与解决这个问题。之所以不能够很好地解释与解决这个问题，其弊端之根仍然在理性主义与道德主义这两点上。因此，二人采取了相同的取向：让哲学回到柏拉图以前，回到修昔底德所代表的古代希腊人的世界观去。也就是说，回到现实主义的路线上去。

尼采的重心在价值的来源问题。本来，道德主义本身就是一种对于价值来源的交代。与尼采所批评的基督教道德说教一样，理性主义站在哲学家的立场，以一种拟神的姿态，为普通人设计出了一套价值来源的说法。尼采这里已经只关心价值，关心人的生活的问题，所以他并没有去区分与人的实践生活不直接相关的认识问题。也就是说他的重心在真人问题而不是真知问题。但是我们说他开启了真人问题，忽略掉了真知问题。

既然理性主义是哲学家立场的一种拟神姿态，则它跟基督教的道德说教一样，都是在为人设计价值。而这些设计出的价值透露出虚假的气息。因为，如果随波逐流是人们所效忠的一切，那么甚至最好的原则也是无济于事的。好坏是非如果是外在设计好的，则承载和表达这些价值的人就蜕化为一个躯壳，蜕化为价值的承载工具。而如果人只是一个躯壳，则这些价值就是对人的一种病态扭曲。这个时候，真人不再。

从尼采到韦伯，西方正处于价值的迷惘失落时期。尼采开出的治疗是回到每个人自身去，把价值选择问题交给每个人。基督教和拟神的理性主义（哲学家宗教）不是出路，出路就在于每个人自己。"我是在按我应该

---

① Martha C. Nussbaum, "Bernard Williams: Tragedies, Hope, Justice", in Daniel Callcut ed., *Reading Bernard Williams*, Routledge Press, 2009, p. 213.

生活的方式生活吗?”“我的生活是不是随波逐流?”这些追问都是为了避免尼采所担心的扭曲。生活着的个人自己受生命意志的驱使而做出的选择，在尼采看来是不扭曲的。他倾向于把这样一种价值的生发称作真人的生活。

很显然，按照尼采的处理，就面临着世间不再有神的状况。而世间没有神了之后，就将出现每个人都是神的状态。韦伯坚称我们这时只能自己就价值问题做出选择。

尼采批评了传统价值的扭曲。但是他给出的价值来源本身面临着麻烦。这些麻烦尼采全然没有去考虑。他得到了人之于自己的真人生活，但是他没有去回答社会如何可能的问题。传统的基督教与理性主义给出的道德主义处方是要解决社会如何可能的问题，而不是真人的问题。即便是苏格拉底，他的“德性即知识”在应用于个人如何生活的问题时，同时也融贯地兼容于社会如何可能的问题。所以我们可以说《理想国》是两个问题同时考虑到的，它是要试图给出融贯说明的。

我们大体可以把尼采的思维倾向进行简化。尼采认为理性主义与道德主义歪曲了规范（价值）植入我们生活的方式。也就是说，他认为这两股潮流使得价值外在于我们的生活。遵循这两股潮流所塑造的价值将使人变伪。而这两股潮流发轫于苏格拉底，表现为柏拉图主义和后来的基督教教义。为了矫正使人变得虚伪的价值，有必要回到苏格拉底之前的哲学。其中，赫拉克里特的哲学尤为尼采所钟爱。①而修昔底德的哲学观也与赫拉克里特亲近。

也就是说，我们把考察尼采的主题界定为价值介入生活的真实感。这一主题线索同样适用于后来的威廉姆斯，并且可以扩大至我们对于政治现实主义的追寻。因此，这一主题限定在人类生活的范围，追寻的是人类实践诸领域，尤其是道德与政治生活领域规范问题的讨论。这些被列入考察名单的人物：尼采，威廉姆斯，修昔底德，马基雅维里，或者也可以包括当代的盖斯等人，其追求主旨就是价值与规范的真实感。但是我们在考察中也会对这个名单中的这些人物的一些观点提出修正或批评，因为我们最

① B. Williams, *The Sense of the Past*: *Essays in the History of Philosophy*, Princeton University Press, 2006, p. 13.

终锁定的是实践领域的价值规范问题，这些问题实际发挥作用的方式，也许要超出单一的真实感追求。也就是说，我们可能会发现除了真实感标准之外，实践生活中的价值与规范的稳定还需要有更多的约束维度。尼采所指出的上述维度，开启了规范问题的现实主义之风。但是现实主义的实践，进一步向我们提出了更多的要求。

在《悲剧的诞生》与《偶像的黄昏》里，尼采均论及“苏格拉底问题”。尼采的苏格拉底问题是复杂的。尼采批评柏拉图的理想主义与道德主义。他也认为苏格拉底是理想主义与道德主义的始作俑者。但是尼采认为苏格拉底是置身于理想主义与道德主义之外而成就了理想主义与道德主义。也就是说，他认为苏格拉底本身是清醒的与超越的，但是苏格拉底成就了一个坏的传统，苏格拉底是这个坏传统的开端，这个传统始于苏格拉底但不包括苏格拉底本人。

尼采认为，我们“可以把苏格拉底称作否定的神秘主义者，在他身上逻辑天性因重孕而过度发达，恰如在神秘主义者身上直觉智慧过度发达一样。然而，另一方面，苏格拉底身上出现的逻辑冲动对自己却完全不讲逻辑，它奔腾无羁，表现为一种自然力，如同我们所见到的那种最强大的本能力量一样，令我们战栗惊诧。谁只要从柏拉图著作中稍稍领略过苏格拉底生活态度的神性的单纯和自信，他就能感觉到，逻辑苏格拉底主义的巨大齿轮如何仿佛在苏格拉底背后运行着，而这个齿轮又如何必能透过苏格拉底如同透过一个影子观察到。”①

尼采在日后所写的自传中概括了《悲剧的诞生》一书的主题，其中也提到了对于苏·格拉底思想的解释：“这本书最先说明希腊人如何处理悲观主义，如何克服悲观主义。希腊人不是悲观主义者，悲剧确切地证明：在这一点上叔本华是错误的。……在该书中，有两个特殊的发现：第一，在希腊文化中把握了狄奥尼索斯现象——第一次对于这一现象提供了一个心理的分析，以此视为一切希腊艺术的基础。第二个发现是对于苏格拉底思想的解释——在这里第一次把苏格拉底认定是希腊文化衰落的关键，视为颓废的典型。”②

---

① 尼采：《偶像的黄昏》，周国平译，湖南人民出版社 1987 年版，第 57 页。

② 陈鼓应：《悲剧哲学家尼采》，三联书店 1996 年版，第 419 页。

尼采提出，哲学家的第一个缺陷是“缺乏历史意识”。[①]这一观点为威廉姆斯所继承和发挥，并且被应用到了威廉姆斯伦理学与政治哲学的讨论。“缺乏历史感是哲学家们的传统缺陷……所以从现在开始需要的就是有历史的哲学思考，以及伴随这种思考而应有的谦虚的美德。”尼采写于1878年的这段话，被威廉姆斯用在了他的最后一本专著《真与真实》（2002年出版）的卷首语中，并在他于当年10月17日发表于《伦敦书评》的评论文章“哲学为什么需要历史”一文[②]中再次被引用。

哲学家的第二个缺陷是本末颠倒，也就是把主观抽象化的东西当成了实体。“把那最后到来的东西，把那些……最普遍、最空洞的概念，作为开端设置在开端。这又是他们进行崇拜的表达方式：高级的东西不允许从低级的东西里长出，根本不允许长成……教诲就是：所有第一等级的东西，必须是其自身的原因（causa sui）。来源于其他被视为异议，视为价值的不可靠。所有最高的价值均隶属第一等级，所有最高的概念，存在者，绝对者，善，真实，完美——这一切不可能是生成的，也就一定是其自身的原因。不过，这一切也不可能彼此不同．不可能自相矛盾……由此他们有了自己那令人吃惊的概念‘上帝’……”[③]尼采认为，这样的倒置使得人类为此付出了沉重的代价。

德勒兹肯定了尼采对于以苏格拉底为代表的传统哲学缺陷的诊断：“很明显，哲学的退化是从苏格拉底开始的。如果用两个世界的区别，即用本质与表象的对立、真与假的对立、可知的与可感的对立来给形而上学下定义的话，我们必须说，是苏格拉底创造了形而上学：他使生存成为必须被裁判、被衡量、被限制的东西，又使思考成为挂着‘神性’‘真’‘美’‘善’等更高的价值的招牌的尺度和界限。”[④]

在《偶像的黄昏》“作为反自然的道德”这一章中，尼采批评了在人类道德生活的问题上传统理性主义对于人类激情的否定。尼采也承认，激

① 尼采：《偶像的黄昏》，卫茂平译，华东师范大学出版社2007年版，第54页。

② Bernard Williams：“Why Philosophy Needs History”，*London Review of Books*，October 17，2002.

③ 尼采：《偶像的黄昏》，卫茂平译，华东师范大学出版社，第57页。

④ 都鲁兹：《解读尼采》，张唤民译，百花文艺出版社2000年版，第30页。

情本身可能有时会犯错。但是理性主义的和基督教宗教本身的对于激情的否定，导致的是对于人的生命的否定。“消灭激情和欲望”，成为了这些道德主张的第一要务。而在尼采看来，“消灭激情和欲望，仅仅是为了预防其极其愚蠢的不快后果，就我们今天看来，这本身只是愚蠢的一种极端形式。”①

在尼采看来，道德中的自然主义认为道德受生命的本能支配。他认为这是健康的道德。而那些反自然的道德，则是反对生命本能的。因此，关于道德，是受生命激励而去自身设定价值，还是在生命之外，另外寻找一个立场，这就构成了道德价值的自然主义立场与反自然主义立场的对峙。尼采谴责说，道德学家说“人该如此这般和这般如此”，这是一种天真的表现。因为，“现实向我们展示了类型的一种令人迷醉的丰富，一种挥霍的形式游戏和形式变化的繁盛。”② 有别于这些道德学家对于我们发出的禁令，尼采提出了“我们这些非道德主义者”的说法。我们这些非道德主义者“为所有类型的理解，领会和赞同，敞开我们的心扉。”③

在“四种大谬误”一章中，尼采归纳了导致道德价值判断扭曲的四种错误思维方式。概而言之，“谬误的心理学：1. 因与果的混淆；2. 真理与人们信以为真的东西产生的效果之间的混淆；3. 意识和因果性之间的混淆。”以及4. “逻辑与现实原则之间的混淆”。④ 在最后一类谬误中，尼采特意强调了对于自由意志概念的批评。“关于意志的学说实际上是被发明的，其目的是惩罚，也就是说，其目的是发现有罪的意愿。整个古代心理学，意志心理学的前提是，其发明人，在古代政体的顶层是僧侣，想给自己创造一种进行惩罚的权利——或者想要给上帝创造对此的一种权利……人被认为是‘自由的’，为了能受到判决和惩罚，——为了能变得有罪：因此，任何行为一定是故意的，任何行为的起源被设定为存在于意识中。”⑤ 和前边一样，尼采用到了“我们这些非道德主义者”的说法。

---

① 尼采：《偶像的黄昏》，卫茂平译，华东师范大学出版社，第67页。

② 同上书，第71—73页。

③ 同上书，第74页。

④ 同上书，第75页注释①。

⑤ 同上书，第86页。

“我们这些非道德主义者在竭尽全力，要把罪与罚的概念，重新清除出世界，试图让心理学、历史、自然、社会机构和他们的制裁，变得纯净。”①很显然，尼采的非道德主义者，是反对他所描述的柏拉图以来的理性主义道德观和基督教道德观的一些人。他们认为人类的道德面貌与价值面貌另有一个真正的形象，这个形象需要以清算柏拉图式的理性主义与道德主义为前提。也就是说，尼采认为柏拉图的路线是关于价值研究的一条错误路线。

尼采的道德研究是存在主义式的。这种研究以人的独化式②存在为前提，没有意志，没有目的，没有先在的判别标准。试以下述这段论述为例③：

> 我们的学说只能是什么？——没人把人的特性给予人，上帝不能，社会也不能，他的父母和祖先也不能，还有他自己也不能（这里最后否定的观念的荒谬性，作为“思维的自由”，已被康德，或许也已被柏拉图传授过）。一个人就这么存在．被创造成这样或者那样，处在这样的状况下，这样的环境中，没人该为此负责。他那本性的宿命，无法从所有已是和将是之存在的宿命中剔除。他不是一个自身意图、一个意志、一个目的的结果，不会用他去尝试，实现一个“人的理想”或者一个“幸福的理想”或者一个“道德的理想”，——想要把自己的本性推入任何一种目的，这是荒谬的。我们发明了“目的”这个概念：现实中目的阙如……人是必然的，人是一段厄运，人属于整体，人身处整体中，不存在任何东西可以判决、衡量、比较和责难我们的存在，因为这意味着判决、衡量、比较和责难整体……不过除却整体什么也没有！没人再得负责，存在的类型不再允许被归诸于第一因，世界既非知觉，也非作为“精神”的一个统一体，这才是伟大的解放，——生成的无辜这样才能重建……“上帝”这个概念至今是针对此在的最大异议……我们否认上帝，我

① 尼采：《偶像的黄昏》，卫茂平译，华东师范大学出版社，第86页。

② 独化的主要含义是：天地间任何事物的生成变化，外不依靠“道”，内不由于己，都是无原因无根据的。郭象在《庄子·大宗师》注中说：“天之所生者，独化也。”

③ 尼采：《偶像的黄昏》，卫茂平译，华东师范大学出版社，第87—88页。

们否认面对上帝的责任：借此我们才能拯救世界。——

以这样的世界观做参照，柏拉图式的理性主义与道德主义完全成为了另外一个世界的梦魇与怪胎。这是尼采对于柏拉图以后学进行清算的基本理由之所在。在柏拉图那里，只有理想型的人才是真实的人，而现实之人只是理想型的投影。因此，人在柏拉图那里就只能是一个精神不坏的理念。而尼采彻底扭转这一切，他认为这都是哲学家自己制造的冤孽，人有一种健康的，真实的存在方式。在这种真实的存在方式中，人是一个完整的，不需要屈就于任何外在理由的生存者。人就是这样了，无因无果，蓬勃而生。

在此世界图景指导之下，尼采要求哲学家要“站到善恶的彼岸”。因为，在尼采看来，“根本就不存在道德事实”。[①]道德只是对某些现象的错误解说。尼采讥讽基督教和一些道德主义者所声称的对于人类的“改善”犹如在动物园中驯化野兽。“对一头动物的驯化称作对它的‘改善’，就我们听来简直是开玩笑。知道动物园里发生什么事的人，会怀疑野兽真会得到‘改善’。它会被弄得虚弱，不再那么有害，由于恐惧的沮丧情绪、疼痛、伤口、饥饿，使它们变成了病兽。教士‘改善’的、被驯服之人的情况别无二致。”[②]教会败坏了人，使人变得虚弱，可是它却自称“改善”了人。尼采把人类历史上的这类道德改善活动称作“虔诚的欺骗”。[③]

这也就难怪尼采要从修昔底德和马基雅维里那里寻找“对一切柏拉图主义的治疗”了。与尼采对修昔底德和马基雅维里的欣赏相一致，他对德国的现实主义政治家俾斯麦也情有独钟[④]：

> “德国有哲学家吗？德国有诗人吗？德国有好书吗？”在国外有人这么问我。我面红耳赤，但带着就是在绝望中也拥有的勇气回答：“有，俾斯麦！”

---

① 尼采：《偶像的黄昏》，卫茂平译，华东师范大学出版社，第 89 页。

② 同上书，第 91 页。

③ 同上书，第 96 页。

④ 同上书，第 98 页。

而在下边这段论述中，我们同样可以看到俾斯麦的影子，看到尼采所青睐的勇士式竞争、战争与传统意义上的文化之间的消长关系[①]：

> 归根到底，任何人的付出不能多于他的拥有……个人如此，民族亦同。有人为权力、大政治、经济、世界交往、议会制、军事利益付出自己的精力，有人在这个方面给出一定量的知性、严肃、意志、自我克制，即他自身，那么在另方面他就缺少这样的量。文化和国家——在这点上人们不自欺是敌对者："文化国家"仅仅是个现代观念。一方以另一方为生，一方靠另一方的支出生长。文化的所有伟大时代是政治的没落时代：文化意义上的伟大是非政治的，甚至是反政治的。——歌德因为拿破仑现象而心灵洞开，——而对于"自由战争"他又心灵关闭……就在德国作为强国崛起之时，法国获得了作为文化大国的一种变化了的重要性。今天，许多新的严肃，许多新的精神激情迁移去了法国；比如悲观主义问题，瓦格纳问题，几乎所有的心理学和艺术问题，较之在德国，都在那里得到不可比拟地更精微和更透彻的思考，德国人自己无法胜任这种类型的严肃。——在欧洲文化史上，"帝国"的兴起主要意味着一点：重心的转移。

其"重心转移"说意味深长。如果把那段著名的尼采与纳粹的关系考虑进来，再把后来的马克斯·韦伯，豪斯豪费尔（Karl Haushofer）乃至卡尔·施密特，以及这后边三个人与纳粹的思想关系考虑进来，我们几乎可以肯定，在德国存在着一个独特的现实主义传统。这个传统的精神源头就是尼采。

说德国的现实主义传统是独特的，那是因为德国传统在理论上一开始就是为了自己的民族利益而思考，在现实中一开始就是为了自己的民族利益而战斗。现实主义的标准模式是强调权力与权力竞争，这一点为所有的现实主义所共享。但是近代以来其他地方的现实主义，没有一个能够像德国那样，会在民族利益问题上把思考的步伐迈得如此之大。经验已经证明了德国式现实主义道路对于人类造成过悲剧，那么对于这个悲剧的批判应该回溯到尼采。尽管本人赞成尼采对于柏拉图和哲学史几乎所有的诊断与

① 尼采：《偶像的黄昏》，卫茂平译，华东师范大学出版社，第102—103页。

批评，但是本人认为思想的均衡点似乎应该在尼采和柏拉图之间，或者说是在希腊人所崇奉的审慎（prudence）上。关于德国式现实主义传统，本人希望在将来的工作中专门来分析讨论其形成原因与特色。而对这一传统的弊端，本书的基本诊断就是：现实主义仍然需要价值的权衡。而德国传统，由于其过强的民族利益考虑，失去了对于价值问题的审慎权衡。其悲剧就在于不知道在审慎的基础上加以节制。而类似的情况在其同时代的日本也有反应。可以说，任何一个因为实力的极度缺乏而一夜之间攫取和拥有了实力的国家，当它开始以为整个世界只有依靠实力说话这惟一一个维度时，它就不可避免要走上一条不知道节制的自我膨胀的道路。然而，这显然是一条自葬前程的道路。

那么，也就是说，在我们接受尼采的诊断与批评的同时，我们也需要对尼采本身的某些倾向做出判断。这个判断必然意味着对于尼采某些思想取向的限制、舍弃与修正。在现实主义的价值判断问题上，本书主张回到希腊的审慎传统中去。本书也已在其他章节中证明，审慎与节制在修昔底德与马基雅维里那里仍然是一个须臾未缺的美德。但是在尼采这里，起码当现实主义进入我们的政治生活考量时，尼采遗忘了这样一个传统，这样一种美德。

4. 威廉姆斯与尼采的理论差异

威廉姆斯接受了尼采对于西方哲学，尤其是对西方价值哲学的诊断与批评。不过，他是以与尼采略为不同的方式来展开这些主题的。

首先，尼采对柏拉图以来的理性主义与道德主义的批评是对的，不过威廉姆斯是通过揭示哲学活动内部自身存在的困难来展示这一主题的。在《伦理学与哲学的局限》前两章中，威廉姆斯提出，我们可以通过伦理辩护以反对（against）非道德主义者。但是伦理辩护的局限就在于，我们无法说服非道德主义者。在这里，非道德主义者的存在为伦理辩护活动划出了限制范围。通过反思伦理论证与辩护的局限，我们会发觉伦理辩护是镶嵌在一定的制度框架内的。如柏拉图所意识到的那样，伦理共同体的存在依赖于一定的政治权威。①

① B. Williams, *Ethics and the Limits of Philosophy*, Harvard University Press, 1985, p27.

其次，与伦理辩护的境遇类似，哲学的论证与辩护同样会遇到自己的局限。我们会发现，理性是有其力量的，但是理性的力量是有限的。在这里，再次引用一下威廉姆斯在鲁汶大学讨论班上的这段话就显得很有必要。“很明显，人们谈论的是理性的力量的问题，不过我的观点显然不是柏拉图式的。柏拉图的问题是：理性的力量怎么能够成为一种社会的力量？问题即此。答案就是：通过社会威权的运用来达到这一点。舍此别无它途。（单凭）理性自身并不能够改变社会。康德认为（单凭）理性自身就能够改变社会。他的确考虑到了这一点，但是我们说，这一观点并没有得到社会的和历史的支持，如果你明白我意思的话。这一愿望没有能够得到满足。在他之后，又有一位哲学家试图告诉我们说理性能够改变社会，这位哲学家就是黑格尔，但是我们根本不相信他的设想，起码我，我们大多数都不相信。……我可以告诉你我的观点：我认为，将论证的力量与哲学中的理性联姻，并认为这是改变社会的先决条件，这永远是一种错误的观点。但是进行彻底的还原，并认为所有的理性都只是一种随附现象，以其他方式而为我们所确定的变化是真正的动机力量，这样一种观点也同样是错误的。”①

在威廉姆斯看来，理性、理性反思、理性的论证与辩护，这些被哲学家们认为是哲学核心活动的事情是有意义的，但是却并没有那些理性主义哲学家所认为的那样的具有无可限量的意义。理性及其副产品总是需要跟社会其他力量与制度结合在一起，才能够发挥其作用。但是我们也并不能因此得出结论说，理性本身只是其他力量的随附现象。在这里，我们可以发现威廉姆斯的思想与韦伯式的“悖谬思维”存在着相似性。在这样一种思维中，我们肯定一种方法与趋势的价值，但同时也肯定与之对立的方法与趋势的价值。相互对立的方法与趋势对执并存。我们人类自己就是生活在这样一种对执并存的悖谬境况中。

第三，在对理性局限性的反思中，威廉姆斯提出，我们所处理的伦理概念与哲学概念总是依赖于一定的社会历史。“哲学与历史之间有着非常

---

① B. Williams, Seminar with Bernard Williams , *Ethical Perspectives* 6 (1999) 3 - 4, pp. 243—265 (252) .

特殊的关系。”[①] 历史使得陌生的事物变得熟悉，使得熟悉的事物变得陌生。威廉姆斯把历史的这一重要作用称作“历史的要旨”。[②] 很显然，“哲学需要历史”，这一观念也是继承自尼采。

同样，伦理概念，与哲学的其他概念一样，在我们的实际使用中存在着厚薄之分。这一区分就是我们所熟悉的威廉姆斯对于“厚的概念”与“薄的概念”的区别。（关于同一话题的讨论见沃尔泽。[③]）

第四，威廉姆斯不同于尼采的，是他从哲学论证活动内部来凸显这些论证活动所面临着的局限性。这一情况同样也见于威廉姆斯关于道德运气的著名讨论。如果我们在读过威廉姆斯之后再回头阅读尼采的话，我们就可以感受到威廉姆斯对于尼采主题基本上都是接受的，二者在知识旨趣上重合率很高。但是尼采是从哲学论证活动外部，以其特有的直觉和格言体写作来直接捣毁柏拉图传统。而威廉姆斯在诸多问题上，尽管是全部接受尼采的天才直觉，但是是以一种比尼采更加温和的方式来处理的。最为典型的，就是威廉姆斯对于理性主义作用与局限持一种十分审慎的态度来加以细致界定。

第五，威廉姆斯在知识旨趣上与尼采的最大差异点，在于威廉姆斯对于价值多元主义的贡献。当然，我们知道，价值多元主义是自伯林以来才逐渐成熟的一个二十世纪主题。之前的思想家有着多元价值的观念或对人类价值与生活多元性的观察，但是并没有形成系统的价值多元主义。而威廉姆斯不但继承了，而且在伦理学和政治哲学领域卓有贡献地发展了伯林以来的价值多元主义主题。

第六，与价值多元主义相关联，威廉姆斯强调了政治理论领域的现实主义主题。这一需要从两个方面来认识。首先，与尼采不同，威廉姆斯与伯林一样，反对不要政府的政治乌托邦。而尼采的“伟大政治”则是不折不扣地“反政治”的。其次，我们知道，价值多元主义的主题丰富了

---

① B. Williams , *Philosophy as a Humanistic Discipline*, Princeton University Press, 2006, p. 180.

② B. Williams , *Making Sense of Humanity and Other Philosophical Papers* 1982 – 1993, Cambridge University Press, 1995, p. 259.

③ Michael Walzer, *Thick and Thin: Moral Argument at Home and Abroad*, University of Notre Dame Press, 1994.

当代政治哲学的讨论，它对政治哲学诸多的传统论证路线提出了挑战。本书将有专门章节梳理后边的这一话题。而在其中，它对自由主义的洛克路线、康德路线与密尔路线也都构成了极大的挑战。细究它对自由主义路线的挑战，恐怕我们仍然会迂回到威廉姆斯对于理性主义与道德主义的严肃批评上来。但是不管怎样，价值多元主义主题是威廉姆斯与尼采在知识资源上几乎是唯一的不同之处。我们说是知识资源上的差异，而不谈是知识旨趣上的差异，那是因为，如果尼采晚其时代一个世纪，他自己也许同样会赞成价值多元主义的主题。

第十四章　“政治的”与“现实主义的”

本章将对“政治的”概念与“现实主义的”这些概念做出一个独立的分析。对于何为“政治的”这一概念的分析促使我们对理解人类政治活动的还原论主张与基础主义主张提出批评，并对将人类生活简化为人类理智生活的理智论传统提出批评。这一批评在内涵上恢复了对于人身完整性的理解，在外延上将我们所说的政治活动与非政治活动区别开来。这种理解实际上接续了马基雅维里以来的现代政治哲学传统，并对“他者”的个概念提出了新的理解。而对“现实主义”与“政治现实主义”的判别标准的严格界定，有利于我们进一步走向本书所提倡的“政治是一个具有独立内容”，需要独立地加以处理的“政治自主性”主张。对于“偶然性”、“欲望”与政治生活的关系的思考，则是意在将政治放入一个更为开阔的人类生活的背景中加以审视。

1. 批评还原，包容他者

本节回答政治哲学的研究为什么应该是关于政治的（the political）。而要回答这样一个问题，我们就需要首先对传统政治哲学的研究做出一个新的批评。本人首先要批评传统自由主义理论，其次要批评政治哲学研究的理智论传统。这两种批评都将把我们引导向以多元主义为基础假设的政治现实主义理论。这一理论导向主张政治的自主性①。

---

① 目前为止，可以看到三种不同类型的政治自主性主张，它们分别以罗尔斯、伯林—威廉姆斯和施密特为代表。他们都主张在认识论上走出唯我论，本体论上反对还原论。但是他们各自的理论偏向与基础假设有很大的差异。

政治的自主性是指这样一种看待政治规范问题的主张，这种主张认为，政治生活有着不同于人类其他生活方式的独立特点，因此，政治思考应该有着独立的方法，有着探讨和处理政治现象的独特的概念体系与思考方式。这些概念体系与思考方式不同于其他考察人类实践生活的方式，并且不能够被还原为其他思考方式。政治的思考是独立自足的。也就是说，政治规范的规范性是内在自足的，可以并且只能通过政治结构的自身特征而内在地加以说明。更为严格地来界定，政治的自主性是指：政治规范的规范性可以并且只能在政治领域自身范围内来加以说明，既不可能也不需要经由政治领域以外的其他因素来进行说明。我们把这一界定称作关于政治自主性的原则性说明。

政治自主性强调政治规范自身是自洽的与融贯的。因此，政治自主性主张反对任何形式的还原论与基础主义。基础主义是指那种认为政治生活是人类伦理生活、宗教生活或文化生活的延伸部分的观点。而还原论则认为人类的政治生活可以经由政治以外的某个单一因素来加以说明。比如，传统政治哲学有一种通行的看法，就是认为“政治哲学是伦理学在人类政治生活中的运用”（伯林直到二十世纪六十年代仍坚持这样的看法）。主张政治的自主性必然反对政治哲学研究中的还原论与基础主义。我们对还原论与基础主义的批评将涉及对自然法、道德、宗教和理性主义等角度说明政治问题的传统路径的批评。毫无疑问，本书提出了关于政治哲学研究的一个强论断，因而加重了自身的举证责任。

政治现实主义的政治自主性主张可以从（包括但不限于）如下几个方面获得支持：第一，政治哲学应当独立地使用政治的概念，它不应当是道德哲学的应用与分支。[①]第二，权力的不可还原特性决定了政治有着不可化约的硬核，政治研究的核心是权力与权力竞争。第三，个体理性不同于集体（合）理性，个体行动的逻辑不同于集体行动的逻辑[②]。第四，私人道德不同于政治道德。我们把这几个说明维度称作关于政治自主性的支

① 陈德中：《政治现实主义》，知识产权出版社 2010 年版，第 127 页。

② 声称人人自利与主张每个人都是理性算计的动物，这二者之间有联系但存在着差异。前者是一个立场问题，对应着政治哲学思考中唯我论与公正无偏立场的关系；后者是一个工具计算的问题，对应着政治哲学思考中个体理性与公共合理性关系问题。但是很显然，在具体的问题讨论中，二者是交织在一起的。

持性说明。

政治哲学理论通常把自由主义区分为自由至上主义与（新）自由主义。与这样一种常规区分不同，本人将自由主义的传统理论区分为机制论的自由主义和理性论的自由主义，前者以斯密、曼德维尔及哈耶克等的思想为代表。后者指康德主义者、契约论者和功利主义者。在本书看来，这两种自由主义分歧关键在于如何处理个体理性算计与社会运行评价合理性之间关系。本书后边将讨论和处理斯密、哈耶克等人的演进机制说，指出基于理性论假设的自由主义如康德路线和传统契约论等面临着个体理性上行的困难。机制论的自由主义尽管较好地绕开了这一困难，但是它仍然没有能够就价值的不可通约等问题给出让人满意的回答。因此，它也不能让人满意地解释主权国家的存在、政治作为独立领域而存在的事实。现实主义视角的引入将改变自由主义在解决这些事关国家存在合法性与政治活动正当性等问题上的窘境。

本人是在梳理哈耶克与布坎南的区别时意识到这一点的（参见本书最后一节的工作）。尽管清理二人争论的工作暂时放下，但是本人发现，布坎南相信通过动用人的理智设计出改变人类反应模式的宪政框架，但是哈耶克对此表示怀疑和警惕。沿着这条线索，本书发现所有的契约论者也都面临着个体理性上行的困难。为了克服这一困难，霍布斯把他所设想的契约结果表述为独断的和不可收回的。而洛克则根本不考虑这样一个困难的存在。不管怎么说，这一问题总是存在于那里，在不同的理论展开时，在某个关节点上，这些理论总要受到这一难题的质疑。

个体活动的理性行为往往导致的是集体活动的不理性行为。这一困难是所有理性论自由主义所无法克服的。机制论的自由主义承认个体理性的局限，并引入社会演进机制来独立说明社会运行的合理性。而理性论的自由主义则试图从个体理性出发直接推导出社会运行的一般规则。很显然，他们把一个本来只能通过某些机制来完成的任务错误地赋予了个人。

机制论者的个人，其理性是具体有限的。他们的个人是具体的内嵌的（embodided and embedded）。他们认为，或者假设，理性是具体的和内嵌的，是时空有差异的，而不是普遍的和时空无差异的。从个体的理性活动并不能够直接上行而达致社会行为的合理性。但是我们可以通过运用一套机制——最为典型的就是斯密的市场运行机制（斯密另有一套以合宜性评价为基础的道德心理学机制）——来让个体理性具体有限的理性推理能够客观地达到社会运行的合理有序。休谟、斯密、曼德维尔、哈耶克等人都是这样的机制论者。蜜蜂的寓言预言的是斯密与哈耶克等人所揭示的市场运行机制。

理性论者总在寻找一个可以通约的理性能力。理性论者则认为个体理性直接可以依赖，并且上行而设计出一套社会运行的制度原则来。但是个体理性导致集体不理性的事实将预示着这样一种能力存在着巨大的局限。不但如此，在多元事实面前，价值的不可通约性将对理性论构成巨大威胁。价值多元主义不但认为个体理性上行至集体理性是有困难的，它甚至认为个体理性在某些根本的价值上只能局限于理性行为者自身，而无法实现相互之间的通约。因此，价值多元主义的不可通约主张上为政治现实主义提供了牢固的理论支持证，它证明了现实主义对于既定状态的承认是有理论根据的。现实主义所观察到的不同权力之间的对峙，在知识论上相通于价值的不可通约。因此，对于政治的理解既不能根据机制论来做妥协，更不能根据个体理性来上行设计一个完满的理想制度。价值冲突与权力冲突将构成人类永恒的困境。这是人类生存的悲剧性困境，它是人类需要面对的永恒困境。政治本身也将由于这种悲剧性冲突的永恒存在而成为不可化约的冗余。所有的自由主义者，都对政治本身的存在充满疑虑。而多元主义者则认为，政治的存在是一个人类必须面对的硬核。我们需要以现实主义的态度来接受这样的存在并面对和处理政治事务，而不是以自由主义的视角去做去政治化的努力。

罗尔斯认识到“政治的而非整全的”，他是从多元现实出发被迫做出这一划定的。本人则认为机制论自由主义和理性论自由主义都有共同的去政治的倾向（机制论自由主义试图通过市场机制来实现人类的相互交往与相互依赖，理性论的自由主义则更多地强调人的权利，主张政府作用的有限性。两种自由主义对于政治生活均保持着警惕。由于警惕的理由不同，因而对于政治所应该发挥的作用评价不同。），因而他们都不能够回答，为什么政治生活是必然存在的而不是可以消解的。

多元主义与上述自由主义不同的一点是，尽管他们也承认个体可以是理性的行为体，但是它从人的价值观念入手。尽管人们分享了大量共同的价值观念，但是总是有那么一少部分核心的观念是不可通约的。而正是这些有限的不可通约的价值观念决定了人类生活活动必然有一部分需要被保留下来，来处理人类这种无法以其他方式化约的分歧。这一被保留的生活领域就是政治。在本书中，我把这一不得不被保留的东西称作“政治的硬核”。这样，只有在多元主义视角下，政治之作为独立的、不可被去除的领域这一点才能够得到强有力的解释。而上述自由主义的一般倾向则一直是去政治的，起码是主张政治最小化的。

价值多元主义有一个前设，就是认为竞争的诸价值之间是平等的关系。这一前设是事实的而非规范的。在政治的意义上，这一平等前设改变了我们对于政治的期许。政治生活被要求“一个都不能少”。而这一新的政治期许完全改变了政治的传统定义。

多元主义在竞争模式和政治冲突不可避免这两点上注定要成为现实主义的理论基础。尽管多元主义一词只有在伯林之后才被确立，但是现实主义的政治传统，由于其对既定状态的承认，因而天生就是多元视角。从价值多元主义到政治现实主义，我们为政治之为政治提供了解释，因而也就为政治生活的独立存在提供了证明。传统自由主义无助于回答这一问题。

本人的《政治现实主义》一书主要针对的就是上述传统自由主义的理论弱点。尽管伯林与威廉姆斯也都认可自由主义的基本价值观，但是如果深入到他们的理论争论，我们会发现他们引入的多元主义将给政治哲学带来新突破。伯林主张价值多元主义，威廉姆斯将其深入到政治理论。但是他们的主张暂时都还有很强的伦理关心的维度。通过竞争模式，以及“价值竞争在政治生活中必然表现为权力竞争”的跳跃，我们可以把二者的核心贡献收敛于政治哲学的讨论。因此，现实主义与多元主义的关系体现在如下四个方面：

1. 现实主义实践必然预设了现实生活的多元主义前提；
2. 多元主义必然要求政治上的现实主义；
3. 多元主义与现实主义共享对于政治生活的竞争分析模式；
4. 从价值多元主义到政治现实主义需要一个飞跃：价值竞争在政治生活中必然表现为权力竞争。

基于上述理论改进，本人不但对现实主义的不同类型进行了分析，而且推导出现代国家必须满足的两个基本条件：霍布斯条件与洛克条件。霍布斯条件是优先需要满足的条件，但是洛克条件则是一个追加限制的条件。当两个条件都被满足之后，我们就获得了韦伯对于国家的定义。

这一定义的现代含义，可以通过韦伯对国家功能的深入描述加以推广。在韦伯那里，国家应该能够对内控制秩序，对外防御无政府状态的国际政治现实带来的危害。国家应该有现代科层制度，应该有强大的征税能力，也应该能够给公民提供保护，并且同时能够有动员能力，应该让自己的制度能够动员社会实现积极创新的能力。本书第三章已经对这些问题做了详尽讨论。

本书对于政治哲学的理智论传统的刻画则具有尝试性质。就是说，本书认识到了传统政治哲学的不足，并且试图给出关于政治哲学问题何在的一个新说明，但是本书对于这两个方向上的问题的表述均具有较大的争议性。本书提出，古代哲学关于人类政治生活的讨论存在着两个不同的路线。一个路线强调精神不坏，且精神高于肉身，并将最终拯救肉身。这一路线的极端发展就是基督教的末世论。另外一个路线强调肉身完整①，认为人的理智依附于肉身，与肉身的现实表现一起构成了具体的人。后一路线对于前一路线的主张表示温和的乃至激进的怀疑，其总体趋向是强调肉身活动的现实性、具体性。在涉及人类的政治生活的问题时，强调肉身的活动（包括相应的理智活动）与欲望是政治生活的基本单位。因此，强调政治生活的现世特性。一般认为，马基雅维里复活了人们对于政治生活世俗性的关注，使得我们对于政治生活的考察重新回到了有欲望的个人。

与此相关的一个话题就是“他者”问题。“他者”问题的另外一个政治哲学表述就是：无论我们能否在道理上说服其他人，只要其他人以一种完整的肉身形式出现在我们的视野中，我们的政治安排就必须将他们考虑在内。这一主题强调：无论我们的理智传统是否能够说服其他人，我们都

① 在前边章节的注释中，我们曾经提到，威廉姆斯考察人类伦理生活时有三张底牌。即他主张人具有特殊心情、主张人是文化内嵌的，以及主张我们要珍视偶然性在德性展现中的作用。在这里我们还需要进一步提醒，威廉姆斯是一个彻底的现代人，是一个彻底的世俗主义者。在他的思想中没有神的位置。他对人的存在持有一种自然主义的立场。这种立场必然以肯定人的肉身完整性为前提。而这一点也典型地体现于他对个人身份问题的讨论。

必须将其他人视作我们政治生活的组成部分而加以考虑。政治的成熟不在于说服了“他者”，而恰恰在于当我们无法说服“他者”时，我们的政治架构仍然具有容纳他们的足够弹性。而这样一种要求，恰恰是现代政治的基本要求。

政治要面对的正是充满主观欲望的个人。即便我们有望在理智上达成关于何者为善的一般规范，我们的达成也只是理想的和模型化的。我们动员到的只是参与这种思考的个人，或者只是我们理想化后人的抽象的理性能力。而现实的政治则要求无论人们是否动员了其理智能力，只要他生活在这样一个共同体中，我们就应该将他计算进我们的政治安排。

“他者”问题可具体体现为：第一，我们如何面对和包容非道德主义者（immoralist）与道德浑然不觉者（amoralist）？无论是康德的理性—道德—个人自主性的社会制度路径，还是施特劳斯的封闭社会主张，都有可能陷入一个伦理共同体的构建。而政治恰好需要说明，如果他人恰恰不理解与不接受我们的伦理假设，我们如何能够仍然包容他？第二，我们如何面对和包容无法通过辩护达成一致意见者？我们的辩护最终只能够说服和我们意见一致者，如果一个社会只以可通过辩护达成一致为前提，则这个社会只能是意见共同体。而对于通过辩护仍无法包容者，政治应该如何面对？第三，与上述路径一致，当我们的理智无法统一人的综合需求时，也就是说当我们面对人的各种欲望（在这里，我们界定欲望为人的各种需求之总集）要求时，政治应当何为？毕竟，欲望以其实体存在的特性，作为各种实际发生的事态而成为政治必须处理的对象。理智无法包容与解释人的全部欲望，我们的政治生活因而也不能够成为一个精神共同体，而应该包容和处理理智所无法包容者。第四，特别的，不可通约的价值如果是现实存在的，政治应该如何面对价值的不可通约性？

对伦理共同体、意见共同体、精神共同体的批评，加上不可通约的价值的存在，它们一起构成了“他者”存在的四个现实维度。我们可以把这四个虽相互关联但各有不同的不可包容的向度看作是政治中需要处理的“他者”。如何包容这些无法通过理智而统一处理的他者问题，构成了我们对于政治的更为现代的要求。这些要求包含着对传统的政治哲学诸路径的挑战与批评。可以说，他者问题的出现使得政治开始真正地成为政治的，我们不再能够用伦理的、意见的、宗教的一致性来构建我们身居其中的政治生活，我们也不再能够把人的不同需求全部统一进人的理智要求中，不再能够用理智来制服欲望。我们现在的差异不仅是观点认识上的，而且是切身需求上的。他者出现意味着政治问题的真正开始。

话题至此，我们就不得不提及哈贝马斯的《包容他者》。因为该书提及了多元社会中道德论证的尴尬处境：“任何一个道德共同体的成员，在向现代世界观多元化社会转型过程中，如果认识到了如下两难情况：即尽管他们关于基本道德规范的背景共识已经不复存在，但他们还是一如既往地用理由来争论道德判断和道德立场，那么，他们就会陷入一种尴尬境地。”这种尴尬使得我们需要拓展出“一种对差异性十分敏感的普遍主义。平等地尊重每一个人，并非仅仅针对同类，而且也包括他者的人格或他者的他性。”①

一个政治共同体如何处理与他者的关系，决定了这个共同体的基本性质。传统政治哲学不乏将政治构想为伦理共同体、意见共同体、精神共同体的方案。哈贝马斯的方案是一种在宪政框架内相互竞争又相互接纳的方案。除此之外，我们还可以有文明冲突的方案和政治现实主义的权力互竞方案。其中，政治现实主义将他者的存在一基本的权力单位，主张以互竞作为考察不同权力单位之间关系的基本模式。而这一思考路径的一个背后假设就是：政治是自主的，我们不能够用政治生活以外的其他东西来还原性地解释政治问题。也就是说，我们批评政治哲学研究中的还原论立场与基础主义立场，主张政治的自主性。（在下一章中，我们还会再次涉及政治的自主性问题。）

2. 现实主义与政治现实主义

本节回答我们应该如何区分现实主义与政治现实主义，以及对于政治生活的考察为什么应该是现实主义的。

以人类政治生活作为独立考察对象的政治现实主义有着属于自己的悠久传统。这个传统可远溯至修昔底德，中经马基雅维里、霍布斯，至于二十世纪的马克斯·韦伯，再次繁盛于摩根索以来的当代国际关系理论。不

① 哈贝马斯：《包容他者》，曹卫东译，上海人民出版社2002年版，前言。

过，作为政治现实主义支撑的现实主义表现繁杂，主张林立，对于人类道德实践与政治实践的影响也远比政治现实主义为甚。因此，我们的考察将不限于政治现实主义本身，而是要深入到作为世界观支撑的现实主义倾向。

关于现实主义与政治现实主义，我们可以尝试提出一个明确的判别方案。本书用“现实感、现实主义与政治现实主义”这三个概念来分步区分三者。

基于伦理学与政治哲学的经典讨论，我们会发现站在现实主义一边的思想家具备如下判别标准：

1. 关注事物的流变和不确定性（偶然性）；

2. 关注世俗生活中人类欲望的多样性[①]与价值的多元性，即实践生活的杂多样态。

3. 主张杂多与偶然不可还原，主张基于杂多与偶然考察人类的实践活动。从而将杂多作为一实在（reality）而设定下来，成为考察实践生活的基本起点。

（不可用一条通用规则对不同的欲望与价值进行一劳永逸地排序）

这三点既不同于理性主义，也不同于理想主义。

理性主义和理想主义的判别标准为：

a. 都希望用一套稳定的方案来应对流变和不确定性；并且

① 从霍布斯（霍布斯：《利维坦》，黎思复，黎廷弼译，商务印书馆1996年版，第92页；斯金纳：《霍布斯与共和主义自由》，管可秾译，上海三联书店，2011，第39页）到休谟，都提到了一定程度的资源匮乏，以及基于自然身体条件平等基础上的竞争（休谟还提到了人与人之间一定程度的淡漠），从而产生如何分配一定程度匮乏资源的问题。也就是说，两种情况的两相约束，构成了需要以公共形式加解决的政治问题。本处注释旨在说明，单纯的欲望多样性本身并不足以构成政治问题，欲望多样性要想表现为政治问题，是有一定的限定原因的。同样，单纯的价值多元本身并不构成政治问题，从价值多元出发到处理多元性的政治问题，中间存在着一个跳跃（陈德中：《政治现实主义》，知识产权出版社，2001，第181页）。事实上，一定程度的匮乏与一定程度的淡漠，二者结合只产生了属于道德领域的正义问题。而基于自然平等基础上的竞争则进一步将这一道德问题收敛于政治领域，从而产生政治问题。

b. 为了该方案的稳定，同时强调摈弃世俗生活中的欲望的多样性与价值的多元性。

c. 主张杂多与偶然是可还原与可排除的。

那么现在，当一些思想家在考察伦理政治生活时，如果他们同时坚持1、2、3，并且批评稳定方案的可能性，我们就可以说，这些思想家具有现实感。当他们把这种现实感进行系统化，形成他们思考伦理与政治问题的系统主张时，我们说他们是现实主义的。概而言之，理性主义和理想主义与现实主义的关系是在一与多、静止与流变、是与应当的关系中的偏向上的区别。根本区别在于认为杂多与偶然是否可还原，也就是说是否可取得一套稳定的解决方案。流变与偶然性，欲望的多样性与价值的多元性，对于这些事实，现实主义与理想主义都承认是存在的。二者的区别不在于是否承认这些基本事实。二者的区别在于，现实主义接受这些东西，并视其为人类生活的基本事实，我们不但需要接受流变与偶然性，而且需要在我们的人类制度设计中保护乃至鼓励欲望的多样性与价值的多元性，并为它们的存在保留一席之地。而理性主义则试图通过理性的运用将流变与偶然性转化为确定性，将欲望与价值进行统一的排序。

现实主义与理想主义的区别，可以追溯到二者对于理性到底能够有多大作为的态度上的区别。现实主义对于人的理性能力抱着一种谨慎的怀疑态度，认为理性只是消极的作为。而理想主义则认为理性具有较强的积极作为的能力。在休谟与康德那里，我们可以看到这种区别的不同表现。对于现实主义者来说，不仅理性能力本身是有限的，而且理性所处理的对象是多元的和不可通约的，因而理性的运用本身同时面临着双重的困难。

所有的现实主义者都承认和接受世俗生活中人类欲望的多样性，并且将其作为思考伦理问题与政治问题的基本前提。即便是宗教现实主义（如尼布尔的基督教现实主义）也都是以承认世俗生活的现状为前提。顺着这一点延伸，现实主义给人的印象是以世俗现状为出发点，并且表现为某种程度的去宗教化特点。但这并非本书作者关心的重点。

而“政治现实主义”则有一个更为严谨的定义，那就是强调政治思考具有“自主性”。（罗尔斯与摩根索分别强调了这一点。后文将论及。）也就是说，当一些思想家认为政治生活应该是有独立的考察概念，尤其是强调这些概念是围绕“权力”与“权力竞争”而展开，并且认为作为集体生活的政治生活不同于个体生活的领域时，我们说这个思想家是一个“政治现实主义”者。

“政治现实主义”的判别标准为：

A. 强调通过权力与权力竞争模式来定义政治。

B. 强调政治思考（政治规范形成）的自主性。

C. 从而认为约束政治行为的规则不能够从政治以外的下述诸途径直接获得：

（1）考察行动者的个体生活；

（2）考察人与人之间的伦理问题；

（3）考察社会问题。

这三点的核心是B即“自主性”。C是在B的基础上进行的延伸与补充。C有两个不同的针对对象。第一是针对尼采这样的思想家。尼采思想不符合标准C，他的超人政治是以考察个体生活的模式来考察集体生活。第二是针对《理想国》为代表的政治哲学传统。《理想国》意识到了对于集体生活的政治考察不同于对于个体生活的考察，但是它不符合标准B。当然，具体到柏拉图，我们甚至还会判断说他并不是一个现实主义者。很显然，他是一个理念论者。起码我们会说他缺乏现实感。同样，我们会认为休谟与斯密是现实主义者，但不是“政治现实主义”者。整个苏格兰启蒙运动思想家都是用社会学的视角看待政治，他们是现实主义的一个理论变种，属于一种机制论（本书将讨论到机制论与理性论在这一问题上的观点差别）的政治哲学观，但是需要强调的就是，他们并不认为政治具有自主性。

尽管罗尔斯也强调政治思考的自主性①，但是他并没有强调，甚至还否认通过权力与权力竞争模式来定义政治思考，所以他不是政治现实主

① 弗里曼通过分析证明，罗尔斯理论中蕴涵着“政治自主性”主张。（Samuel Freeman, Constructivism, Facts, and Moral Justification, in Thomas Christiano and John Christman ed., *Contemporary Debates in Political Philosophy*, Blackwell Publishing Ltd, 2009, p. 399.）

义，而是如他所言是“政治自由主义”的。强调了政治思考的自主性，在多大程度上还能够坚持自由主义，这对罗尔斯来说是一个关键性的困难。从对多元现实的承认和对理性与合理性概念的区分来推测，本书认为罗尔斯的政治哲学将逐步远离了自由主义，而接近现实主义的诸多假设。而这也是罗尔斯政治哲学在思考政治现实后所面临的基本窘境。

只通过判别标准 A 并不能够有效地将黑格尔及其辨证继承者共产主义者的政治现实主义理论与自由主义的政治现实主义理论区别开来。但是加入判别标准 1，2，3，我们就可以将二者区别开了。当然，这同时带来了一个问题，我们需要通过回溯才实现判别。

这些判别标准是在阅读和辨析著名思想家经典的过程中抽取出来的。为了叙述的清晰与便捷，我们把结果先呈现出来，然后回头分步骤追溯我们的抽取思路。由于它们是在阅读过程中归纳出的规则，这些规则本身是跳跃出来的，所以这些判别标准本身接受反例的反驳。和科学归纳法一样，反例是对其解释力的基本检验。本书也希望在推敲可能反例的过程中，相应地修正这些检验标准，使其趋于完美。不过在这样的考察过程中，规则本身的解释力也是我们需要参考的重要标准。

需要附带交代的是，我们的判别标准 C 中的三个判别标准，分别对应了当代政治哲学研究中认为需要特别加以警惕的三个重要问题。第一，从判别标准（1），我们认识到从我们传统哲学对于个体特征如能动性、自主、理性、权利等的概念出发，无法直接推导出人类政治生活的规则，为了实现人类的政治生活，个体需要一个“认识的协调”或者说“认识的转向”。这一点在本书的相关章节中已作了详细的讨论。第二，从判别标准（2），我们将拒绝政治理论研究中的道德主义，并且进而对自然法传统提出批评。这些传统都力图为政治规范的来源给出一个政治之外的论证起点或论证基础。而在政治现实主义者看来，这些基础都是既不可能，也不必要的。如果非要坚持，我们至多能够承认说这种论证是一种随附性的。或者说，它不过是一种冗余，是中国民间口头语中所说的“年三十的兔子”。第三，从判别标准（3），我们区分开了对于政治的社会学解释与对于政治的政治解释。总之，这些判别标准分别对政治哲学传统中的一些值得加以注意的问题给出了说明。如前所说，这些标准存在着继续增添的可能。不过其原则十分明确，那就是要“把政治的归于政治，把文化的归于文化，把社会的归于社会”。也就是说，这些说明以这样一种批评姿态支持着我们的“政治自主性”主张。

在区分了现实主义与政治现实主义之后，我们可以进一步区分“政治现实主义”与“国际政治中的现实主义”。有学者认为：“政治现实主义，或者说关于政治的现实主义，并不是一种理论，也不是一种范式，它是一种超范式。政治现实主义事实上‘是关于政治的……一种哲学立场。’”①

政治现实主义有四个基本假设：

1. 政治的本性是冲突；
2. 政治行为者有其自己的策略；
3. 权力是政治的基石，因而是政治的基本特征，为权力而斗争乃政治之核心；
4. 物质力量作为权力基本决定了政治的结果。

在此四个假设的基础上，我们可以进一步区分国内政治与国际政治。依照华尔兹的看法：国内政治是有权力等级的，而国际政治则处于无政府状态。② 很显然，华尔兹仅仅是在这种对比的意义上描述性地区分了国内政治与国际政治，并且转而集中讨论国际政治问题。华尔兹留下了一个问题，政治现实主义对于国内政治来说意味着什么——假如我们还都接受上述关于政治现实主义共同特征的描述的话？所以，如果我们想完整描述“政治现实主义的逻辑”，则除了国际政治理论对于政治现实主义的科学发挥之外，必须有一部分对等地处理政治现实主义之于国内政治的含义。

本书敏感于一般理论家对于国内政治与国际政治的划分。不过，依照本书对于四种战争状态的析出，本人给出的则是一个关于人类走出不同战争状态的一个统一说明。本书并不否认国内政治与国际政治存在着重大差异。除了华尔兹所描述的差异外，本书也认可唐世平做出的区分：自由主义是以个

① Shiping Tang, *A Theory of Security Strategy for Our Time: Defensive Realism*, Palgrave Macmillan Press, 2010, p. 10.

② Kenneth N. Waltz, *Theory of International Politics*, The McGraw - Hill Companies, Inc. , 1979.

体和私人团体作为政治的基本单元的，而国际政治中的政治现实主义则加上了另外一个假设：以集体作为政治的基本单元。[①] 不过，本书认为，这些区分本身尚不足以使二者形成性质上的根本差异，国际政治与国内政治一样，都是人类需要面临和处理的不同的政治形式。当然，我们也知道，二者的基本特点是不一样的，二者之间的关联曲折而复杂。扎卡里亚发展出了国家中心的现实主义[②]。扎卡里亚提出，由于近代美国是强社会弱政府，因此美国长期能够致力于财富积累，而不至于把强大的国力过早地转化为可表现在国际关系领域中的巨大干涉力量。国内的政治制度形态塑造美国近代的对外政策。而施奈德的帝国主义互助理论也异常关注国内政治对于国际关系的影响。他们两个人的工作，解释了大国扩张与过度扩张的国内因素，从而把曾经被认为是独立的外交政策与国内政治联系了起来。

对于为什么我们要采取政治现实主义的分析立场，这里可以给出一个简单回答：因为它强调了政治的独立性和自主性，因而有望让我们走出政治哲学传统中还原论立场与基础主义的泥淖。另外一个理由，尽管没有前边这个理由充分，但是确实也是本书倾向于选择政治现实主义理论的一个重要理由。这个理由与在哈贝马斯的一篇新近文章中所表达的观点相一致。在该文章中，哈贝马斯通过分析人的尊严（dignity）的观念在我们政治现实中所发挥的作用，提出“理念和现实之间的这种紧张，随着人权的实定化而进入现实本身。它迫使我们今天面对这样的挑战，即以现实主义的态度思考和行动，但不背弃乌托邦的追求。”[③] 他在文章中强调要以现实主义的视角窄化乌托邦构想，以期使得乌托邦构想能够真正走出我们的现实生活中。哈贝马斯的意思是，我们看到并且承认，人类历史上的许多曾经被认为是理想化的观念已经真实地走进了我们的生活。我们反对乌托邦，是要静心研究这些观念的现实化过程及其现实约束。我们并非要背弃乌托邦，而是要让乌托邦构想落地生根。

---

① Shiping Tang, *A Theory of Security Strategy for Our Time: Defensive Realism*, Palgrave Macmillan Press, 2010, p. 10.

② Fareed Zakaria, *From Wealth to Power: The Unusual Origins of America's World Role*, Princeton University Press, 1999.

③ 哈贝马斯：“人的尊严的观念和现实主义的人权乌托邦”，《哲学分析》，第1卷第3期，2010年10月，第11页。

3. 偶然性、欲望与政治

关于现实主义与政治现实主义的区别，是本人在《政治现实主义》一书写作过程中就一直关注的话题。在《政治现实主义》一书中，本人强调了价值多元主义与政治现实主义的特殊联系。本人提出：多元主义意味着价值的多元与竞争；而多元主义的价值竞争在政治生活中必然表现为权力竞争。本人认为，后一主张把多元主义收敛于对于现实政治生活的分析与考察。而权力竞争是现实主义分析政治的核心要素。因此，本人最终把多元主义在政治领域的表现归结为权力的相互竞争模式，也即认为多元主义在面临人类政治生活时与政治现实主义共享同一种分析政治的基本模式。价值多元主义既可以是伦理观点，也可以是政治观点。当多元主义作为政治观点时，它支持政治现实主义并且成为政治现实主义的理论基础。

在本书上一节，我们进一步提出现实主义与政治现实主义的判别标准。这个判别标准的特殊贡献，一是在欲望与价值之间进行了再次划分。二是突出了偶然与流变特点的时空特性。

本书将欲望的多样性与价值的多元性进行了区分。不在二者之间进行区分的话，我们在讨论晚近的伯林多元思想时就已经会遇到困难。而且不利于具体地讨论约束政治生活的一般条件。在伯林那里，人类有一些共享的基本价值，如饥饿、幸福等等，也有一些不可通约的价值。但是伯林没在二者之间做出区分。伯林的主张是：

1. 存在着一些普遍的、共享的人类价值；

2. 同时也存在着一些相互冲突的人类价值，这些价值之间是一种相互竞争的关系；

3. 在这些不同的相互冲突的价值之间的选择必将意味着其中一些价值的牺牲和损失（loss）（选择了价值 A 就必然意味着牺牲和损失了价值 B）；

4. 这种牺牲和损失是人类所面临的永恒困境。

而在本书看来，伯林所说的那些普遍共享的价值，说的其实就是一些可公度的人类欲望。而那些相互冲突且不可公度的价值才牵涉到我们所说的价值多元的问题。我们说人类欲望是可公度的，是说它们可以被大致以相同的方式来想象与描述的。但是这并不是说当这些价值体现在每个人身上时，它们是可以替代的。恰恰相反，具体到每一个人的欲望诉求，其本身同样体现为不可替代的价值。而价值的多元性在这里则特指那些不可通约的价值。

在欲望的多样性与价值的多元性之间做出区分，是为了把政治生活中的两种不同的约束区别开来。

在谈到偶然与流变时，除了传统的偶然与运气的概念之外，我们还应该突出强调欲望与价值在不同时空条件下的变化。这种变化是说，即便是同一个人，在不同的时空条件下，他的欲望与价值的排序也同样会发生变化。由于欲望与价值随时空的不同而发生变化，人类价值排序问题上的冲突才显得更加复杂。很显然，传统的偶然与运气概念强调的是不依赖于人自身的外在环境的易变性给人类的价值结构与价值选择带来的冲突。而欲望与价值随时空变化而变化的特点则强调的是因为人的自身需求的易变性而给人类的价值结构与价值选择带来的冲突。可以说，这是另外一种形式的偶然性。政治事务大量面对着这种形式的偶然性。

环境约束的易变性催生了人类对于实践慎思经验积累的重视，这是就人类自身而言的。另一方面，面对约束环境的易变特性，人类或无意识地选择或有意识地设计出了一些社会运行机制，以减少或者说降低这种易变性给人类生活带来的冲击。面对实践生活的易变性，没有理由说我们只能够单纯依赖于人类实践生活慎思经验的积累，慎思本身的特性决定了它是洞开的。但是我们确实在自然演进的机制与人为设计的机制之间感到踌躇。

人类政治生活面对着偶然性。偶然性与政治的关系是人类政治生活的一个起点性话题。

首先，人类面对着自然的偶然多变。在政治共同体中生活的人类面临着自然的偶然性，如天灾人祸等等。自然的偶然性使得政治生活获得了一个功效性的支持。政治生活出现了责任与义务等概念，还关联着抱怨、问责等等。我们可以看到，对于自然的偶然灾难，我们只能以宗教的方式表达。但是我们无法追问人的责任。而对于人类生活领域由人类自身造成的偶然过失，我们则有了责任与义务的概念。比如在地震面前，地震本身的偶然性我们只有承受。但是现代人对于政府在地震中的作用则有追责之权利。我们不能以人在自然面前的无奈来同样宽恕人类政府的消极作为。又比如复仇，传统世代将其归咎于命运的安排，而现代政治则将其视作救济手段的缺失，试图通过权力的集中与法律的细致化，将这种传统观念上的自然偶然性纳入到人类制度救济的框架内。同样，现代福利制度、现代医疗保障制度以及各种人身保险、财产保险等制度，也都是人类把自然偶然性转化为人类制度救济范畴的努力。在这样的背景下，传统的偶然性观念之消极性与现代人类制度的大规模扩展之间就形成了强烈的反差。这种反差反过来以功效方式证明了人类制度设计的必要性。但是自然的偶然性作为人类生活的基本背景依然存在。人类生活处于极大的偶然性之中，这一基本特性依然未能在根本上改变。为什么自然的偶然是不可抱怨的，而人类的不作为过失是可以追责的？这个问题仍值得我们进一步深入探讨。

其次，人类面对着人类欲望的变动。欲望的时空多样性构成了人类生活的复杂性。由群体生活欲望结构的复杂性、多样性及其在不同时空环境下的不同组合而造成的变动性，在总体上构成了人类经济生活与政治生活的变动特性。政治生活的动力不是人类的理性，也不是人类的非理性，而是人类欲望与算计结构在不同时空环境下的多变性。麦卡蒂等人注意到，人类的博弈起码受到两个方面的约束：1. 人们受到物理资源一定程度的匮乏（一如休谟所言）的约束；2. 人们受到其他行动者预期行为不确定性的约束。[①]不同于一些理性主义伦理学家对于人类能动性的简单刻画，我们说一个行为体是能动的，是在说这个能动者自身需求的多样与流变。由于这种人类欲望与算计结构在不同时空环境下的多变性，政治生活的任何新行动都不适宜于简单套用固定的约束规则，而是需要考察特定时空条件下的人们的基本需求，依照彼时彼地的情况而做出应对。

资源和可能性上的一定程度的匮乏（有限的资源与可能性），共享资源的他者的存在，作为利益主体对于他人的一定程度的淡漠。这几条合在一起，决定了分配上不可避免的冲突。这种冲突决定了政治必然存在，也

---

① Nolan McCarty, Adam Meirowitz, *Political Game Theory*: *An Introduction*, Cambridge University Press, 2007, p. 6.

就是决定了政治家的任务是在冲突的偏好问题上选择当下的最佳排序。好的政治家给出了偏好排序最优解。坏的政治家给出了最差解。在这中间，人类一致试图把偏好排序机制化。政治的难题是，当所有既存机制无法发挥作用时，仍然需要给出一个排序。政治家的任务就是，在机制穷尽时仍要就现有问题进行安排。韦伯提出：“说到底，经济发展过程同样是权力的斗争，因此，经济政策必须为之服务的最终决定性利益乃是民族权力的利益。”①

第三，我们面临着由于价值的多元性而造成的人类生活的偶然性。价值的多元性不同于欲望需求的多样性。欲望需求的多样性表现为不同时空条件下人类需求的流动变化，而价值的多元性表现为不同价值之间的不可通约。不同的需求只有在群体质与量上的时空波动，而不同的价值则表现为价值观念本身的不可还原。价值多元主义使得我们在政治制度的设计等方面产生了分歧，并且决定性地改变了我们思考政治生活的方式。欲望的多样或许可以通过不同的机制而消化，价值的多元则直接危机机制的效用。

第四，机制是人类抑制偶然性的中介。如市场机制与道德心理学机制，民主投票机制与宪政约束机制。前者是自发形成的，后者是人为设计的。机制只是简化了相应领域中的事务处理，在事关人类政治生活的复杂性面前，任何机制的发现（自发机制）与发明（设计机制）都无法穷尽人类政治生活的多样性本身。由人类政治生活的多样性所决定的这些不可穷尽领域，被本书称作政治生活不可化约的硬核。政治硬核的存在决定了政治生活不可能完全免于偶然性。因此，在我们进行了更多的细分，在我们尽可能动用了人类政治生活的能动因素之后，我们发现人类政治生活仍然面对着偶然性。伯林的价值多元主义强调了部分价值的不可通约的特性。不可通约的价值的存在更加突出了政治所需要处理的是一些硬核性的东西。在价值不可通约之后，政治的任务不可被任何机制所消弭。

政治生活作为一个封闭的约束空间，漂浮在偶然性之上并且消化着偶然性。政治作为人为的存在物与设计物，其本身是可以改进的，但是它与偶然性的关系是永恒的。理性主义者传统上看到了、并且反复强调着人类

① 马克斯·韦伯：《学术与政治》，冯克利译，三联书店1998年版，第93页。

的能动性，却背对偶然性，不愿意让偶然性话题打扰自己所强调的话题。现实主义者正面面对偶然性，不过确实也有一些现实主义者自己把政治生活完全托付于偶然性自身。我们说政治现实主义是关注偶然性的，并且也认为他们永远也都不会背弃偶然性话题，但是我们在这里并不愿意强调政治只是基于偶然性的。

现实主义是一种应对流变的哲学。它批评理性主义在面对流变时以不变应万变，让原则支配了行为。但是它同时也批评完全的后果论，认为仍然有支配行为的价值考量与规范考量。

如果只强调流变，如赫拉克里特，我们并不说它是现实主义的。但是如果特别强调正视人类伦理与政治生活领域的流变特性，并强调将其作为出发点，审慎地考察和处理相关问题，那么这样的主张就是现实主义。

现实主义接受流变，以流变为出发点，在流变中处理流变。变动、不稳定和偶然性因此而成为一个基本特征，决定了我们行为的基本特性。

赫拉克里特强调变动不居，这一倾向为修昔底德、马基雅维里和尼采所继承。在威廉姆斯处理人类道德面临着运气与偶然性的问题时，同样也接受了这样的倾向。

一般会认为，变动不居与对人类事务的悲观情绪关联在一起。但是这的确是一种倾向选择上的偶然关联。当共产主义事业盛行时，共产党人培养出了一种英雄主义的气概来对待变动。德国的浪漫主义者也把普罗米修斯视作英雄。

以善意原则观之，理性主义哲学也看到了流变，但是寄希望于为人类设计出一套稳固的价值体系，以避免变动与偶然给人类所造成的困扰。这一点体现在理性主义者对待“道德运气”的态度上，他们认为，人类可以通过自身的努力免于运气之困扰。为此之故，他们主张道德具有至上价值。而威廉姆斯则并不认为道德能够免于运气。① 盖斯也指出，传统哲学家倾向于采取乐观主义态度，原因在于：“首先，传统哲学家假定，在认识上世界可以被我们完全无遗漏地所理解：原则上是能够如其所是地知道世界的任何一个部分的。第二，他们假定，一旦世界能够被正确地理解，

① B. Williams, *Moral Luck*: *Philosophical Papers*1973 - 1980, 1981, Cambridge University Press, p. 21.

就可以使得道德对于我们来说有意义。第三，世界向我们展示的这种“道德意义”倾向于满足理性人的一些基本的欲望与利益，也就是说，世界并不完全中立于，或者不当地阻挠人的快乐。[注意，这里有三个不同的概念：(a) 世界有某种意义，(b) 世界具有“道德”意义，(c) 世界具有某种人类需要的，或者起码是人类期望具有的某种道德意义。] 第四，在如此建立的世界中，知识的积累或理性的充分运用对于我们来说是有益的，也有助于我们快乐。最后，这种观点假定，理性的运用，人类个体健康发展的条件与个体需求与利益的满足，基本欲望与人的交往需求的要求之间是自然匹配的。自然，理性，以及所有的人类益品，包括人的种种德性，构成了一个潜在的和谐整体。”①

也就是说，理性主义哲学家努力使人类生活形成一个稳固的、封闭的循环。他们认为人类即便不能够摆脱偶然性与变动不居的干扰，但是在人类自身的事务上，却可以发挥理性的作用，设计出使得人类能够摆脱偶然性干扰的永恒规则。

现实主义哲学家会认为人类自身的事务（道德、法律与政治）也永远向偶然性和变动不居的不确定性洞开。人类需要时时挣扎，但是绝对不存在一个一劳永逸地摆脱摆动因素的永恒法则。

理性主义不认为情感、享乐在道德与政治生活中与理智具有同等地位。他们总是首先排斥情感与享乐，或者把它们置于较低的地位，因而为克服它们留下余地。柏拉图以理念论来排斥现实世界，伊壁鸠鲁反对享乐，康德在《实践理性批判》的开篇注释中把情感置于较低的地位。这一点也是理性主义与现实主义的区别。当然这一区别是与上述对于偶然性的看法一贯。情感与享乐意味着变动不居，而这也正是理性主义想克服的。

变动不居被现实主义看作是一种基本事实，但是被理性主义看作是一种需要克服的基本事实。价值多元在当代被凸显后，同样被现实主义看作是基本事实，不过同样被理性主义视作是需要克服的基本事实。在这里，作为被观察到的基本事实，两者都不否认。但是对于如何面对与如何处理这样的基本事实，二者的态度开始出现分歧。二者的分歧在这里很明显。

① Raymond Geuss, *Outside Ethics*, Princeton University Press , 2005, p. 223.

不过在价值多元的问题上，价值是否可通约，理性是否可以发挥作用，以及能够发挥到什么程度等等，都是一些引起争议的话题。这些争议构成了当代论争的热点与核心。

第十五章　何为政治？如何自主？

在当代政治哲学讨论中，B. 威廉姆斯是“政治现实主义”主张的领军人物。在其文章《政治理论中的现实主义与道德主义》（收入其政治哲学论文集《泰初有为》一书）中，威廉姆斯提出，要以“政治现实主义”来赋予政治思想以“更大的自主性”，以替代政治理论中的“政治道德主义”。威廉姆斯的这一表达虽然谦逊，但立场明确。他的这一主张被认为是承诺了一个政治具有自主性的命题。而围绕这一命题的有效性，在威廉姆斯去世后的这十年间，政治哲学界也展开了激烈的讨论，从而形成了三种不同的立场：以纳斯鲍姆等为代表的怀疑论、以拉莫尔等为代表的关于政治自主性的弱主张，以及以盖斯为代表的关于政治自主性的强主张。本章考察威廉姆斯的这一命题及相关争论，并且对围绕该命题的讨论做出进一步的评价。

1. 自我的认识转型与政治自主性

在政治哲学研究传统中，道德研究、伦理研究与我们对于政治生活的研究被认为是密不可分的，有着内在关联的。即便是自 20 世纪 70 年代以来，在实践哲学再次复兴之后，道德、伦理与政治生活仍然被认为是密不可分的。伦理与政治的关系应该如何界定，仍然是一个具有高度争议性的话题。而本书给出的答案是：政治哲学的研究有着自己的独特领域，其本身有着高度的自主特性。尽管政治仍然与道德和伦理有着千丝万缕的联系，但是这已经属于另外一些全然不同的话题。政治生活与政治哲学研究的自主性应该得到支持和辩护。而承诺政治的自主性，就意味着要对“道德为政治奠基”这一传统政治哲学主张提出批评，严格修正乃至最终抛弃这一传统主张。

在道德哲学的研究中，诸多思想家已经开始注意到，从自我主义的思考（强调理由与动机，强调围绕行动者自身的辩护）到关系善（强调合理性，强调兼及他人的适用原则）的思考需要一个自我的转型。① 在其晚近的文章中，拉兹就认识到，诸如责任这样的概念，我们在实际的辨别中，并不总是围绕着动机与理由展开。存在着既无理由也无动机的过失性责任。②而顺着斯托克的思路，我们也可以看到，基于自我考量的自我主义无法容纳某些关系善，如友谊、温情与同胞感，要想实践这些关系之善，我们自己必须有一个转变，让我们从自我主义中走出来，进入到关系善之中。而且，关系善指向善结果，而当代伦理学所讨论的善理由与善动机则指向善原因。我们的社会行动是因为善结果本身而促发了我们的行为，而不直接关联于我们对于善动机与善原因的追索。不假思索而行动是因为我们珍视某些价值，不是由于我们对于某些价值的思考促进了我们的行动。在这里，我们需要强调的是，伦理生活中的某些特殊善需要我们有一个走出自我的自我转向，而政治生活的规范研究则更需要我们完全从自我考量中走出。我们不但要从一种自我主义的状态中走出，也要从功利主义与道义论的理论辩护中走出。政治生活的规范研究需要一个无偏的观察者以及相应的无偏私的规范立场。我们需要从列举我之行动的理由与动机的狭隘思路中走出，生发出一个公正无偏的立场。

道德哲学自身所存在的这种自我转型的需求，属于本书前述伦理与政治关系的“不同的话题”。比较特殊的是，行动着的个人在政治生活中同样需要这样的一个转型，否则我们就无法从自我主义的思考中超脱出来，无法及时正确地处理我们与他人的政治关系。

康德理论的辩护路线是“理性—自主—道德—伦理—政治”，这样一种社会规范的辩护路径只是一种建构性的辩护。它提供了一种规范性来源的解释可能，但是并没有能够表明这一来源是唯一的或者是排他的。

---

① P. Railton, Normative Force and Normative Freedom: Hume and Kant, in Jonathan Dancy ed., *Normativity*, Blackwell Publishers Ltd, 2000, p. 7; Michael, Stocker. The Schizophrenia of Modern Ethical Theories, *The Journal of Philosophy*, Vol. 73, No. 14, On Motives and Morals, Aug. 12, 1976, pp. 453 – 466.

② Joseph Raz, “Being in the World”, *Ratio*, vol. 23, issue 4, pp. 433 – 452, 2010.

围绕对该路径的批评，我们可以从两个方向上展开工作。从否定的或者说消极的方面来说，我们会论证它既非必要的也非充分的。从这一辩护路径而生发出来的自主性、自我同一性（个人身份）等概念本身就是有历史的，颇具偶然性，而并不像该路线的学者所认为的那样是一个实质性的、不可更改的。因此，围绕这些概念来建构社会伦理规范与政治规范，其效力是可疑的。也就是说，我们怀疑这一路线对于规范效力来源的解释力。从积极的方面来说，本书倾向于认为，实践生活的具体规范有领域特征之别，不同领域规范的产生具有不同的特点，这些特点决定了这些规范是伦理的、或政治的、或法律的。或者说，不同领域的规范具有不同的自主性。这种自主性既决定了这个领域与其他领域的区别，也决定了这个领域的规范产生的特点不同于其他实践领域。因此，一个一以贯之的实践哲学解释是不可能的。

比如说，政治生活的核心概念是权力与权力竞争。这使得政治生活的规范的产生是围绕权力与权力竞争而展开的。与此相关，我们需要脱离开传统伦理思考的自我中心主义，把注意力集中到关系善的研究中。因此，我们前文提到的从《理想国》中所观察到的三个思考线索（精神不坏与肉身完整；个体正义与城邦正义；言必称尧舜，行必效桀纣）本身，就以其特有的功能特征开始要求我们告别传统的理想考察，进入到属于政治的自身的考察。我们称政治生活的这一特性为“政治的自主性”。如果政治自主性是成立的，则一种整全的考察就是不可能的。这也就是罗尔斯所说的“政治的而非整全的”这一命题对于政治学的意义所在。

“政治的自主性”进一步强化了我们对于实践哲学的一般模式的观察：P = A（s）→E（ig）。也就是说，任一实践都是在特定情景约束下的特定的善改进活动。因为是特定的，所以其规范的有效性将受制于约束情景和善改进目标本身。实践规范的规范性来源具有自主性，而规范体系的适用范围则具有封闭性。

政治规范的有效性在其自身。典型的如政治义务与政治正当性论证。而有效性本身的论证被分解为不同的辩护理论。比如在政治正当性问题上，我们就会被分解为公民同意说与权力功能说等不同的见解。让我们感到吃惊的是存在着规范与规范遵守现象，但是对于何以就产生了这些现象，我们寻求不同的解释。不同的解释之间存在着竞争，而这些不同的解释之间的竞争则构成了我们对于政治的不同期望与想象。内在地观之，不同的解释之间充满了可争议性。而从这些争议所隶属的领域向外观察，它们与外部其他领域的区别依然清晰可辨。因此，内部解释的高度可争议性并不影响所隶属领域的自主性。它从消极方面反而强化了自主性。因为，如果一些解释是可以引入所属领域以外的因素的话，我们就有希望获得一种基础主义的理解。而基础主义是消解自主性的。因此，自主性与基础主义不相容。自主性决定了实践规范的解释必然是分领域而行之的。

面对他者的出现，我们需要拓展出他者意识，起码要有一个“内在化的他者”出现。也就是说，我们需要跳出自我主义的立场，站在他人的角度思考与他人共处的问题。而我们同时又不能够走得太远，我们需要思考，如果政治共同体中的成员尚未能够拓展出他者意识或内在化的他者意义，政治设计应该何为？毕竟，他者立场、内在化的他者意识以及无偏的观察者意识，这些都是我们的理论设想，我们无法在现实中要求共同体成员都能够满足这种理想模式。罗尔斯所宣称的缺乏道德感的病态状况仍然是现实生活中的实际状态。极而言之，面对病态的理性人，政治能够如何作为？

在《利维坦》第二十一章中，霍布斯批评了古希腊罗马思想家如亚里士多德、西塞罗等人以自我为中心的自由观念，认为“人们很容易被自由的美名所欺骗，并由于缺乏判断力不能加以区别，以致把只属于公众的权利当成了个人的遗产和与生俱来的权利。”[①]他抱怨这些著名思想家强化了关于自由的错误观念，而这些观念向我们灌输的就是对主权和主权者的憎恨。“人们由于读了这些希腊和拉丁著作家的书，所以从小就在自由的虚伪外表下养成了一种习惯，赞成暴乱，赞成肆无忌惮地控制主权者的行为，然后又在控制这些控制者，结果弄得血流成河，所以我认为可以老实地说一句：任何东西所付出的代价都不像我们西方世界学习希腊和拉丁文著述所付出的代价那样大。”[②]从其随后的行文可以看出，霍布斯在主权问题上主张一种国家功能观。“臣民的自由就必须或者是从这种语词及其他相等表示中去推论，或者是从建立主权的目的——臣民本身之间的和平

① 霍布斯：《利维坦》，黎思复、黎廷弼译，商务印书馆 1996 年版，第 167 页。
② 同上书，第 168 页。

和对共同敌人的防御——中去推论。”[①]

霍布斯也为公民自由留下了余地，但是这种自由必须是以不影响建立主权的目的为前提。其标准就是：“当我们拒绝服从就会使建立主权的目的无法达到时，我们便没有自由拒绝，否则就有自由拒绝。”[②] 原因在于，“人们行为的根源，是他们对于这种行为究竟将为自己带来什么样的好坏结果所抱有的看法。”[③] 因是之故，为使主权能够正常地发挥功能，保护我们每一个人，公民自己就应该放弃对其他人的私人防卫。而“臣民对于主权者的义务应理解为只存在于主权者能用以保卫他们的权力持续存在的时期。”[④]

很显然，在国家主权问题上，霍布斯抱有一种“国家理由”的主张。这种主张当然不是一成不变的，人民的确仍然拥有正当革命的权利[⑤]，但是如果就主权而谈主权，主权本身毕竟是“绝对的”和“无限制的”。

罗尔斯把霍布斯关于国家主权的这种功能性考虑称作是一种“合理性”考量。“主权的存在改变了环境，因是之故，不再有合理的或理性的理由不去遵守自然法。”[⑥] 在罗尔斯看来，《利维坦》“这本书的一个基本论证就是，我们采纳这些合理的社会合作原则，并以理性之名为之辩护。”[⑦] 罗尔斯的《政治哲学史讲义》霍布斯讲座第三讲第一节谈论的就是“合理的与理性的”。这个话题后来又反复在《作为公平的正义》《道德哲学史讲义》《政治自由主义》等书中出现。罗尔斯的目的是要我们在人的理性算计之外，注意到人们还有关注公共合作的合理评价能力，也就是他在《政治自由主义》中所说的“正是通过合理性，我们才作为平等的人进入他人的公共世界，并且准备好提出或接受可能的与他人合作的公

① 霍布斯：《利维坦》，黎思复、黎廷弼译，商务印书馆1996年版，第168页。

② 同上书，第169页。

③ 同上书，第435页。

④ 同上书，第172页。

⑤ Peter J. Steinberger, Hobbesian Resistance, *American Journal of Political Science*, Vol. 46, No. 4 (Oct., 2002), pp. 856-865。

⑥ John Rawls, *Lectures on the History of Political Philosophy*, The Belknap Press of Harvard University Press, 2007, p. 55.

⑦ Ibid., p. 56.

平条款。”①

通过合理性评价，我们有望为国家主权的存在提供一种合理的说明。而这正是霍布斯所采纳的论证方式。我们在中间插入罗尔斯，是为了说明公共评价的可能性，并不是说罗尔斯也持有一种“国家理由”的主张。

但是现实主义的政治思想家毫无疑问都抱有一种“国家理由”的主张。迈内克提出：“‘国家理由’是民族行为的基本原理，国家的首要运动法则。它告诉政治家必须做什么来维持国家的健康和力量。”② 迈内克认为，国家是一个有机结构，国家需要“就其本身及其环境形成恰当的理解，然后运用这理解来决定将指引其行为的原则。”③ 迈内克把“国家理由”作为他这本专著的主题，意在审视国家理由对各种世界观和各种思想模式的影响。

“国家理由”的主题在当代以另外一些特殊的方式反映在我们的政治研究中。它构成了对于政治中的“脏手问题”进行辩护的一个重要路径，也成为了政治现实主义为政治独立性进行辩护的一个主要依据。当然，毫无疑问，具体到国际关系理论中的政治现实主义流派，他们已经把出于“国家理由”而行动当作了其理论演绎的基本出发点。而考虑到人们对“国家理由”在考虑国内政治问题时的合理性的疑虑，这个问题本身显然是一个存在着争议的话题。这种争议牵涉到政治现实主义的政治主张与自由主义等其他流派主张间关于政治何为与政治哲学何为的不同理解。而在本书中，本人把“国家理由”单列，作为支持政治自主性的一个基本依据。与迈内克一样，本书认为国家的存在理由有其独立的规律，而政治哲学需要做的，就是寻找和认识这些规律，让这些关联于我们的情感和意志，但又独立于我们情感和意志的规律彰显出来，以便能够让我们的政治哲学的研究增加更多的公共性，而不至于陷入纯粹的意见之争。

① John Rawls, *Lectures on the History of Political Philosophy*, The Belknap Press of Harvard University Press, 2007, p. 53.

② 弗里德里希·迈内克：《马基雅维里主义》，时殷弘译，商务印书馆 2008 年版，第 51 页。

③ 同上。

2. 权力的不可还原特性

在上一章中，我们已经给出了我们对于政治自主性的基本界定，认为政治的自主性是指：政治制度、政治规范，以及政治问题的相关观念，可以并且只能在政治领域自身范围内来加以说明，既不可能也不需要经由政治领域以外的其他因素来进行说明。政治是人类生活的一个独立领域。因而对于政治的反思，也即政治哲学的考察应该充分体现政治的独特性，依照政治生活的自身特性进行思考。政治生活的独立性被我们称作政治的自主性。政治哲学应该反映其独立性，并且拓展出一套分析政治问题的独立的概念体系。为了说明政治具有自主性，我们首先需要理解什么是“政治的”。

政治哲学如果不谈论权力，这将是一个非常奇特的理论现象。因为我们知道，权力是政治生活的真正硬核，因而也理应是政治哲学讨论的核心话题。对于这一问题的再度重视，当推威廉姆斯。当代政治哲学存在着避而不谈“权力”这个政治的核心概念，从而表现出“去政治”的倾向。背后的原因很多，最为主要的原因恐怕仍然要追溯到人们对于“权力”这一概念及其现实表现所持有的伦理态度以及伴随这种伦理判断所持有的情感态度。因此，威廉姆斯致力于批评传统伦理学尤其是康德伦理学，对于政治中的道德主义者的批评构成了威廉姆斯政治哲学讨论的重要内容。

在威廉姆斯看来，对于伦理生活的辩护是有用的，但是辩护的作用是有限的。辩护本身总需要有一个起点，这个起点本身是不可辩护的。在同一伦理生活世界中，我们可以依赖辩护的力量。但是在不同观念者或观念群体之间，我们总是会存在着分歧。政治生活本身需要面对和处理分歧，我们和分歧者的关系最终要下行到行为的层面来处理，而不能指望仅仅停留在理性的层面就可以完成。理性反思是有其作用的，但是反思的力量是有限的。我们需要处理的是学会如何与辩护效力无法企及的其他人，即与我们存在着根本分歧的人如何相处的问题。只有陌生人社会才会有真正的政治，熟人社会总是蕴涵了诸多默会的共识，至多是一种意见共同体或伦理共同体。

威廉姆斯强调政治哲学应独立地使用政治的概念，它不应当是道德哲学的应用与分支。关于什么是“政治的” (the political)，威廉姆斯主张[①]：

1. 政治哲学讨论的核心概念是“权力”及围绕对于权力的制约而产生的“正当性”。

2. 政治观念的分歧实际上是政治分歧。

3. 政治分歧包括了（但不限于）对于自由、平等或正义等政治价值的解释的分歧。

4. 政治分歧表现为政治对手之间的一种关系。

威廉姆斯关于什么是政治的这四个观点突出强调了政治的特殊性质，因而可以说是对于政治哲学之为“政治的”而非伦理的或哲学一般问题的这一观点的特殊强调。我们可以从如下四个方面来理解威廉姆斯的这四个观点。

首先，威廉姆斯强调了权力以及权力使用的正当性问题是政治的首要问题。他提出了政治哲学并不只是应用的道德哲学，也不是法哲学的分支(部分地在回应德沃金的观点)。政治哲学必须独立地使用政治的概念，诸如权力及其对应的规范概念即正当性。这一主张将政治哲学从道德哲学中独立出来，可以说是当代政治哲学的一个突出进步。

其次，威廉姆斯强调了政治分歧，认为政治分歧是价值竞争的必然表现。威廉姆斯区分了政治分歧与道德分歧。认为道德分歧通过描述影响道德决策的种种理由而得以考察和说明，而政治分歧则由一个特定的领域所决定。这个领域与什么是在政治权威的统治下应当做的事情这些问题有关，或者说最终与权力和制度的架构有关。我们总是在我们可以辨认的政治框架体系内讨论我们对于政治观念的基本分歧，这一背景框架是政治的而不是伦理的、宗教的。“政治分歧不仅仅是道德分歧，而且它并不必然包含道德分歧，尽管它也许是这样；同样，它并不必然只是利益分歧，尽

① 威廉姆斯：“从自由到自由权：一种政治价值的建构”，应奇译，《第三种自由》，东方出版社2006年版，第398—399页。

管它当然会是这种分歧。”[①]

第三，政治分歧包括对于政治价值解释的分歧。这些分歧源于不同的理解和不同的政治传统，威廉姆斯将这些不同的来源称为不同的历史储备(the historical deposit)。因此，我们不能局限于解释一种制度模式。在这里，威廉姆斯十分明确地把批评矛头指向了罗尔斯和德沃金，认为“把关于原则问题的政治思想与关于实际的或理想的制度解释等量齐观仍然是错误的。”[②] 这是因为我们和我们的政治对手并不是在解读同一个文本。

第四，强调“政治差异是政治的本质，而且政治差异是政治对手之间的一种关系，本身并不是知识上的或解释上的分歧关系。……我们会基于各种理由认为我们的对手首先在知识上是错误的，但是政治对抗的关系不能只是根据知识上的错误来理解。”[③]在这里，威廉姆斯借用卡尔·施密特关于基本的政治关系就是敌友关系的说法，认为“对手”（opponents）这个观念部分地可以准确表达我们对于政治的理解：“我们如何理解我们的对手，我们的对抗在多大程度上是一个利益问题，多大程度上是一个原则问题，牵涉到什么样的感情，为什么我们和他们会产生如此强烈的感情，以及我们每个人怎样以不同的方式融入历史储备。”[④] 威廉姆斯在这里所强调的主题，也正是他在“泰初有为”一文中所表达思想的延续：“并不是说只要我们向我们自己表述了我们的实践，我们就可以在这一表述中找到我们信念的基础。”[⑤]

以上关于政治的论述集中了这样一个看法：我们要将我们与他人之间的分歧视作一个事实，在特定历史条件下，我们不要认为我们与他们之间的关系是一种单纯的论辩关系，我们不仅仅是在与那些与我们有分歧意见的人进行论辩，我们应该把他们视作对手。政治决定并不是要宣称我们的政治对手在道德上是错误的，而是要表明，在这样的一个决定中，他们已

① 威廉姆斯：“从自由到自由权：一种政治价值的建构”，应奇译，《第三种自由》，东方出版社 2006 年版，第 398 页。

② B. Williams, *In the Beginning was the Deed*], Princeton University Press, 2005, p. 78.

③ 威廉姆斯：“从自由到自由权：一种政治价值的建构”，应奇译，《第三种自由》，东方出版社 2006 年版，第 399 页。

④ 同上。

⑤ B. Williams, *In the Beginning was the Deed*, Princeton University Press, 2005, p. 24.

经损失了。当然，这样一个决定是经过了充分的政治慎思后做出的，这些慎思当然也包括对于原则的考虑。但是这种考虑并不是在评价对错，不是在追求真理。

我们的政治生活基于存在着根本分歧的多元现实，因而面临着不可化解的冲突。政治是竞争性的，并且因而是在根本上不可调和的，我们不可能没有损失地融贯地拥有一个关于这个世界的概念，不同的益品就其本性而言是相互冲突的，不存在一个没有冲突的图式来和谐地容纳所有这些益品。面对不同价值之间不可调和的冲突，威廉姆斯提出，价值越多就越好。

威廉姆斯的上述观点可简化为如下四个词汇：权力（power）、冲突（conflict）、分歧（disagreement）和对手（opponents）。这样，我们就可以看到，威廉姆斯的政治观是一种现实主义的观点，这种现实主义观点在这样四个方面展示了自己独有的分析政治问题的模式：

A. 政治问题的核心是权力；

B. 权力参与各方存在着对于政治概念的多元理解；

C. 这种多元理解预示着权力参与各方在政治生活中相互处于一种冲突关系之中；

D. 这种冲突关系要求我们以竞争模式来理解政治。

正是在这样的基础上，我们可以把威廉姆斯的政治哲学主张描述成以权力为核心、以多元主义为基础的竞争模式。政治是一种对手竞争关系，处理的是可以抽象为可度量的基本权力单位之间的相互冲突与竞争。政治不是知识上的对与错。从根本上说，政治处理的是人与人之间的实践关系即行为关系，而不是在处理人们对于政治性质与面貌的认识对错。从根本上说，由于人与人之间在一些基本价值上的多元冲突，使得人们在处理利益、生存与相互之间的观念关系时，不得不面临着一种只能够从行为角度加以理解的实践关系。这一主张的一个更为基本的含义，就是认为政治规范，包括政治哲学常用的正当性概念应该是一种构成性的，它只能够基于人与人之间的行为关系来加以思考，不应该也不可能从任何政治以外其他地方输入到政治中来。而这就构成了威廉姆斯的政治自主性主张。很显然，这样一种定义，一定是要以多元主义和相互竞争为基础的。后文我们将看到，多元主义预设了一个排他性的封闭的自我。然而这种排他性的封闭的自我在理论上是否成立与成熟，将在很大程度上影响到我们对于政治自主性命题是否合法的判断。

威廉姆斯主张基于多元主义的现实主义的自由主义，他是多元主义的坚定维护者。伯林的现实主义在威廉姆斯这里得到了强化，并被视作是对抗政治理论中的道德主义立场的一剂良药。现实主义强调政治竞争，认为价值冲突和权力冲突是人类所面临的永恒不变的困境，这一传统困境被汤普森称作“现实主义的悲剧血统”。

政治现实主义是威廉姆斯考察政治的核心理念。现实主义所坚持的主张有着诸多自由主义理论所无法化约干净的政治硬核：人类永远生活在随时可能退回到赤裸裸的权力竞争的危险与可能中。而这种现实主义“硬核”的不可化约也正是“政治”必然存在的原因所在，因而“现实地”讨论政治自由的历史条件及其权力结构在历史中的成长逻辑，就成为恰当有效地处理现实政治问题并积极推进政治理论研究的关注点。这就使得威廉姆斯的基于现实主义的自由主义有着其他形式的自由主义解释模式所不具备的“政治特性”，这也正是威廉姆斯政治哲学的学术优势所在。

3. 如何自主？

清楚了威廉姆斯对于何为“政治的”这一问题的界定，我们接着需要讨论威廉姆斯如何看待政治需要自主这件事。当我们说政治具有自主性时，我们是在说政治制度与政治规则是一个封闭自足的规范空间。也就是说，政治本身应该有着属于自己的（不同于其他领域的）研究对象与研究内容，应该独立地理解和解释政治规范的来源。换句话说，政治不应该从政治生活以来的地方来寻找其成立依据。哲学史上曾存在着从自然法的角度、自然权利的角度、道德基础的角度或者理性主义的角度为政治生活和政治制度进行论证的传统。而如果威廉姆斯的政治自主性主张成立，那么上述这些传统的论证方式就存在着问题。

在“导论”中我们已经提到，在政治哲学研究中，一直存在着这样两个主题。一个主题认为，人的理性能力是积极活跃的，人类可以通过运用人类积极活跃的理性能力，实现对于人类美好秩序的设计。另外一个附加主题认为，人类本性是具有善良意志的，通过发挥人类的善良意志，人类最终能够实现社会的和谐。这两个主题可以分别称作理性设计论和善良意志论，或者说是理性主义与道德主义。可以说，威廉姆斯毕生致力于对这两条路径的批评。威廉姆斯最为欣赏尼采的这样一段名言："我的修养，我的偏爱，我对一切柏拉图主义的治疗，始终是修昔底德。修昔底德，也许还有马基雅维里的学说，因其毫不自欺的以及在实在中、而不是在'理性'中、更不是在'道德'中发现理性的绝对意愿，而与我血缘最近。"而这段话，典型地体现了尼采以及威廉姆斯对于理性主义与道德主义的对抗态度。

同为当代政治现实主义的代表人物的盖斯认为，尼采偏向修昔底德而批评柏拉图的原因有二：第一，柏拉图将现实生活道德化，而修昔底德则坚持现实生活的多样形态；第二，哲学在传统上是乐观主义的，柏拉图也不例外。而尼采更欣赏修昔底德身上所透露出的悲观倾向。

在批评政治理论中的道德主义时，威廉姆斯认为，政治的道德主义存在着两种理论模式。一种被称作"制定模式"，另一种被称作"结构模式"。在前一种模式中，政治理论本身系统地表达一系列原则、概念、理想和价值，而政治本身则借助动员说服、权力的运用等将其付诸政治行动。功利主义被认为是这一模式的一种理论范式，这一范式提供了一种全局观，通过理论对社会的透视性考察来弄清楚该如何改进社会。也就是说，通过对社会最大多数人最大利益的考察来决定应该如何运用政治权力。而在结构模式中，理论拟定与权力共存的道德条件，借助这些条件，权力得以公正地运用。罗尔斯《正义论》被认为是这样一种理论范式。

威廉姆斯关注二者的共同点，二者都认为道德对于政治具有优先性。在制定模式中，政治是道德的工具，而在结构模式中，道德提供了政治正确执行的约束条件。在这两种情况中，政治理论都类似于一种应用性的道德。威廉姆斯特别强调指出，罗尔斯在《政治自由主义》中仍然延续了道德对于政治的优先性的立场。道德优先于政治的观点被威廉姆斯称作政治道德主义。这种模式典型地以康德式的"自主"观念作为自由主义政治思想的基础，罗尔斯的政治思想可以说是这种思想的代表。而史克拉的"基于恐惧的自由主义"（the liberalism of fear）则被威廉姆斯视作政治现实主义，它源自政治理论中的一个悠久的传统。威廉姆斯主张以政治的现实主义态度来看待政治，因而对政治道德主义的缺陷与不足提出了批评。

在威廉姆斯那里，政治自主性论题至少从如下两个方面得以展开：首先，政治有着属于自己的独特事务，政治要处理的是一种冲突与分歧关系。其次，关于政治正当性的辩护应该以政治的而非伦理的方式展开。

威廉姆斯在这两个方面的工作，其实际效果是不同的。威廉姆斯主张价值多元主义，认为人类彼此之间存在着不可通约的价值，不同的价值之间相互冲突且无可协调。价值之间的永恒冲突的存在，使得人类必然有一部分的事务只能够以政治的方式存在。这种冲突的价值所涉及的相关问题构成了政治的硬核。本书把威廉姆斯对于政治的这样一种辩护称作“硬核论”。在威廉姆斯看来，人类处在一个价值多元的世界中。由于人类价值的多元性，人类政治生活不得不表现为对于最低限度的共同准则的追寻。多元现实要求我们的政治设计是薄版本的。多元主义使得政治哲学的考察只能表现为政治的而非整全的学说。这一主张为伯林所阐发，在罗尔斯那里得到了更为细致的体现。多元主义改变了我们思考政治哲学问题的前设。

威廉姆斯认识到了政治作为人为设计而存在这一基本事实，并在《羞耻与必然性》第五章结尾加以强调。威廉姆斯指出：现代自由主义“交给自己的使命，是去构建社会正义框架来控制必然性和运气，……如此设定问题，这是现代的突出成就。”①在《泰初有为》一书中，威廉姆斯分析说，现代社会已经被制度化。随着现代性的展开，对于人际冲突问题的解决，原来是基于私人伦理信念而做出决定，现在则让位于基于所颁行规则的公共制度而做出决定。因此，冲突问题的解决被公共关注，并且受可公共表述的原则的支配。公共规则不同于私人的伦理判断，它独立于个人的合宜感。伦理判断在介入公共生活后性质改变。

在论证政治规范应该是内在地产生的时候，威廉姆斯曾经提出：“我们必须承认我们出场的方式不过就是我们出场的方式，我们必须生活于这样一种出场方式之中，而不是极力证明这种出场方式。”②而任何基础主

① B. Williams *Shame and Necessity*, University of California Press, 1993, p. 129.

② B. Williams, *In the Beginning was the Deed*, Princeton University Press, 2005, p. 34.

义，包括建构论式的基础主义，都绝不可能得到它所想要的东西。“任何理论都只能在其所赖以表达的历史环境中才能有其意义，才能在某种程度上整理政治思想和政治行为，而该理论与此历史环境之间的关系不能够被完全理论化，也不能完全在反思中被捕捉。”“因为政治方案总是由其历史环境所限定，不仅为其观念背景所限定，而且也为其经验现实所限定。”而“环境几乎可以说永远不是为我们的思想所造就，而是为其他人的行为所造就。因而，我们的思想能否使得政治有其意义，事实上是极不确定地依赖于其他人的行为。”①

威廉姆斯主张正当性是分级的，并且要受制于特定的历史结构。对于我们来说，在一定的历史结构中它是有其道理的。威廉姆斯的表述可做如下归纳：1. 正当性评价嵌套于特定的历史结构中；2. 在一定的历史结构中有其道理；3. 正当性是分级的。综合考量威廉姆斯这三个方面的主张，我们可以进一步主张，威廉姆斯提出了一个关于人类实践是否合理的合理性评价标准。这种评价标准本身是嵌套于特定的历史结构中的。而正当性是合理性评价在政治生活中的具体反映。也就是说，威廉姆斯提出的“因特定历史结构而有其道理”的模式，其本身适用于所有的人类实践规范，人类的实践规范都是这样产生的。用威廉姆斯自己的说法，这些规范都是依据于自己的实践特性而内在地构成的。

以“硬核论”来强调政治具有独特事务，或者说像马基雅维里那样强调政治是一种特殊的“必需”，这一点很容易论证政治是自主的。人们在这一点上通常不会产生分歧。但是当我们要想强调政治应该独立于道德化的伦理理论，或者是应该独立于道德的评价时，这样的论证就会带来很大的不确定性。可以说，威廉姆斯成功地论证了政治哲学的思考应该独立于道德化的伦理理论，但是我们却不能够完全肯定地说政治应该独立于道德评价。因此，我们的工作，就是要厘清我们完全可以确定地支持哪些命题，而哪些命题则仍然存在着争议。

① B. Williams, *In the Beginning was the Deed*, Princeton University Press, 2005, p. 25.

4. 政治自主性主张争议种种

在其纪念威廉姆斯的文章中，纳斯鲍姆提到了她认为令她相当困惑的一个重要问题，这个问题涉及伦理与政治的关系。“威廉姆斯后来坚持说，他对于伦理理论化的这种攻击并不影响建构可能成为有益指导的政治理论的愿望。但是这样的话，这种观点又将会把那些同样属于西方伟大政治理论家的人如亚里士多德、西塞罗、卢梭、康德和约翰·罗尔斯——他们都将某一道德理论置于其政治理论的核心——归于何处呢？威廉姆斯单挑出罗尔斯作为那一类被批评的道德理论的一个例子；而其后期陈述又表明他还是能够承认具有了政治特性后的罗尔斯理论的作用。不管怎样，将一种政治正义的理论视作一种可接受的愿望，而将个人道德理论视作一种不可接受的愿望，进行这样一种区分的缘由还是不清楚的。威廉姆斯无法系统地接受罗尔斯关于社会正义和政治正义的不同观念，因而留下了一些尚未解决的重要问题。”① 可以肯定，纳斯鲍姆并不认为威廉姆斯的政治自主性命题是理论连贯，论证充分的。相反，她认为这中间存在着大量需要解释的问题。

可以说，伦理与政治的关系问题是所有政治哲学家的一个必答问题。答案无非两种：伦理为政治奠基，或政治是一个独立自主的领域。在这两种界限分明的答案之外，徘徊着诸多或强或弱的不同折中主张。伯林终其一生，始终认为“政治理论完全属于伦理学，……政治理论要讲生活目标，讲价值，讲社会生活的趋向，讲在社会中人怎样生活和应该怎样生活，讲善与恶、对与错。”②但是很显然，威廉姆斯并不赞成伯林的这样一种看法。而且，在本人看来，在这一点上，威廉姆斯其实是与《政治自由主义》时期的罗尔斯共同分享了一个当代政治哲学观念。这一观念可以以罗尔斯《政治自由主义》第九讲“答哈贝马斯”为代表。罗尔斯在这一讲中侧重表达了这样一种观点：政治哲学应该是政治的而非（哈贝马斯所认为的）整全的。将政治哲学从道德哲学中独立出来，可以说是

① Martha C. Nussbaum, Tragedy and Justice, *Boston Review*, October /November, 2003.

② 拉明·贾汉贝格鲁：《伯林谈话录》，杨祯钦译，译林出版社 2002 年版，第 53—54 页。

当代政治哲学的一个突出进步。

斯里特同样认为威廉姆斯的主张存在着疑问，但其思路与纳斯鲍姆并不相同。斯里特认为，我们的确可以接受威廉姆斯关于政治的内在要求是政治正当性的必要条件的主张，但是我们可以进一步对这一个命题做一个小小的友好补充。这个补充就是：与历史、道德等相关的外在考量是政治具有正当性的一个充分条件。① 拉莫尔也认为，政治哲学应该是一个更为自主的学科。我们也许各有不同的道德主张，我们甚至能够说明各自论证的对与错。但是当我们开始讨论我们在一起应该如何生活的问题时，我们的问题就成为了一个政治哲学的问题。尽管拉莫尔也主张政治哲学应该具有自主性，但是他又批评柯恩“独立于事实的原则”这种主张，认为我们的原则总是事实依赖的。因此，拉莫尔自己的结论是：政治哲学的本性不同于道德哲学，但是道德哲学的基本概念与原则可以在并且一定会在我们政治哲学的讨论中发挥作用。斯里特与拉莫尔的主张可以被称作关于政治自主性的弱主张。②

对应地，雷蒙·盖斯可以被称作关于政治自主性的强主张的代表。这不仅是因为他自身就是当代政治现实主义的代表人物，而且因为他在其新近文章中，非常坚定地认为威廉姆斯一直致力于将伦理学政治化。毫无疑问，威廉姆斯埋葬了伦理学科，向我们提出了“一个人该如何生活”的问题。对于这个问题的回答，威廉姆斯的方案可“追溯到亚里士多德，亚里士多德的一个伦理主张就是认为伦理是政治学的一部分。在威廉姆斯看来，可以取代哲学伦理学的，就是政治学。”③（盖斯认为：“至少在其成熟时期，也就是从1980年代开始，威廉姆斯不再做‘伦理学’——如果做伦理学是指致力于提供一种非常一般性的，以理性为基础的学说的话。”④在雷蒙·盖斯这里，伦理学只是考量人类政治关系的一个组成部分，它所使用的思考方法，如亚里士多德式人性论的和康德式理性论的方

---

① Matt Sleat, “Bernard Williams and the Possibility of a Realist Political Theory”, *European Journal of Political Theory*, vol. 9, no. 4 (October), pp. 496 - 497.

② Charles Larmore, “What is Political Philosophy?” *Journal of Moral Philosophy*, 2012, DOI. 10.1163/174552412x628896, p. 30.

③ Raymond Geuss, “Did Williams Do Philosophy”, *Arion*, 19 - 3, Winter, 2012, p. 143.

④ Ibid., p. 157.

法，都应该摒弃，我们需要重新采用一种有历史的哲学思考。

对于政治自主性命题的一个重要批评，就是认为政治不可能脱离道德的考量。这个批评从善意的方面说，是对政治自主性命题的友好补充，因为它道出了我们对于政治与道德关系的基本直觉：政治终究是要辨别善恶的，或者说，即便政治是一种人为设计，但是设计的初衷就是要追求善改进。但是严格来讲，这些直觉在表述上存在着含混。我们可以从如下三个方面来对这种似是而非的直觉做出批评。首先，辨别善恶是一个价值的问题，而不是一个道德的问题。其次，政治的辨别善恶，其标准可以是内在的和构成性的，因而是无须外求的。第三，即便存在着政治与道德善恶之间的联系，有联系和要以后者作为论证基础仍然是完全不同的两件事情。政治自主性主张是要批评那种还原论的或基础主义的主张，也就是批评那种以道德原则作为评判政治生活的基础的主张。也就是说，政治自主性主张批评的是还原论或基础主义，但并没有因此否认政治与道德可能存在着联系。需要进行补充的是，即便我们有时可以拿道德的准则来评价政治，政治本身的评价其实也是可以与这些评价无关。也就是说，政治本身的评价已经是自足的和闭合的。

威廉姆斯政治哲学中的另外一个争论话题就是多元主义与政治生活，以及与自由主义到底是什么关系。而多元主义与“自主”概念关联密切。多元主义首先表现为价值的多元主义，只有通过一定的约束条件的限制，我们才可以进一步谈论政治领域的多元主义问题。而价值多元主义的一个逻辑假设，是存在着各自有其价值主张的主体。假如像伯林与威廉姆斯那样主张价值是多元的，部分多元价值之间存在着冲突，而且这种冲突具有永恒特性，那么其实也就同时主张了一个具有自主特征的主体的存在。伯林与威廉姆斯所说的相互冲突的多元价值拥有一个持有者，那就是具有自主性的个体。而且，除了价值的多元主义主张之外，这个个体同时还是一个具有理性算计能力的个体。当我们说到理性能力时，我们是在说这样一个个体分享共同的认知结构与推理能力，因而具有共同的可普遍化能力。这样，个体的自主性所表现出的封闭性与个体的理性能力所表现出的普遍化能力之间也就出现了冲突。

道德实践的最佳境界是自主：自主地建构规范，自主地识别规范，自主地遵守规范。康德主义者曾经以此类推，认为实现了道德自主的个人，如果仍然保持自主建构、自主识别与自主遵守，则和最佳境界的道德实践一样，我们也可以达到最佳境界的政治实践。①

自主表现为行动者在社会实践中的规范行为。而自主行为决定了行动者的自我裁断，当自我裁断与他人的自我裁断相遇时，自主个体就呈现为具有单子特征的行为属性。社会问题要想解决，个体不可能完全囿于单子之中。本来自主就是一个构成性概念，我们既然可以构造，也就可以拆除。协调的事情遇到得多了，学习协调的经验也就积累得多了，熟练能够生就技巧。社会规范的实现依赖于自主，但是总是要走出自主，我们因为生活的需要而建构自主，同样也得因为生活（社会协调）的需要拆解自主。有的时候，抽象地去看，我们对于规范实践的反思经常呈现为“不一亦不异”的状态。但是如果不想陷入这样的抽象幻象，我们就最好个别地去说，或者说针对具体问题一个一个地去说。诗人说：“人群是一个幻象，今天我只对你们个别地谈。”个别地观之，则针对具体问题的合宜性标准大体还是有的。你非要抽象地谈论规范问题，我只能说这个问题可能呈现出一种相对主义。但是有了上下文约束，我会告诉你，你所说的相对主义不过是你的幻觉。

自主概念首先意味着个人自主。但这同时就产生了个人自主与理论自主的关系的问题。这两类自主表现出的特征存在着很大差异。在个人自主中，自主首先意味着个人运用理智实现对于自我的成熟管理。但是当自主

① 自主与道德的关系存在着争议。首先，道德实践的自主境界当然可以说是理想境界。但是道德实践实际上还是可以有其他表现形式的。古希腊的德性说就与自主说所描述的对象部分交叉，另外关于他律的道德行为是否仍然算是道德的，这当然也是大可争议的。其次，政治实践有着不同于道德实践的特征。柏拉图似乎倾向于认为，道德实践的道德共同体的成立依赖于具有强制力的政治的存在。但是即便是柏拉图的政治共同体与其道德共同体实现了同构同型，它仍然需要面临着如何处理道德不以为然者和道德浑然不觉者的问题。于是，政治的不同特点起码在这样一个层面就已经呈现：如何处理价值多元的基本事实？价值多元的基本事实，这一问题在哲学史上曾经以另外一种略为不同的面貌呈现出来，这就是“他者”问题。讨论他者问题的近代代表是黑格尔，他的“主奴关系”说在当代批判理论代表人物霍耐特那里被重新激活。讨论他者问题的当代代表则是列维纳斯。从马基雅维里到霍布斯，他们阐释的是一条“为自我保护而斗争”的思考路线。而霍耐特接续黑格尔，阐释的是一条“为承认而斗争”的思考路线。两条路线的表面差别是很明显的。前者强调因生存斗争而诉诸政治，后者则强调因政治斗争而透视人与人之间的伦理关系。但是二者所关心的不同话题背后存在着共同的难题：他者是以一种不可通约的个体与我们相遇，还是以一种可以化解的共同体的一部分而与我们共存？这一难题指向一个迄今为止没有能够得到证明的形而上学问题：不同的政治参与者是一种单子式的个人吗？

意味着自我管理时，我们同时也就会遇到自我管理的边界问题。所以，自主观念附带地产生出了能动者主体成为了一个封闭的实体的问题。自主概念的原始含义是个人进行理智的自我治理活动。而自我治理则蕴涵着对于外在治理（他主）的排斥。不但个人自主是这样的，政治的自主也是这样的。一个具有自主权的国家同时意味着对于外在干涉的排斥。而当我们把价值多元主义的因素考虑进来之后，自主观念的单子特征就表现得更加明确了。需要强调的是，这一特征并非自主观念的本意，但是却是这一观念的必然衍推。

当代的不少理论家已经认识到了这些概念之间的矛盾冲突。要认真讨论自主性概念与政治生活的关系，任何一个理论家都不得不面对和探讨这样一个冲突。正如加弗尔所注意到的那样，在人类生活的领域的自主与纯粹理论领域的自主，二者所产生的效果是不一样的。在理论理性领域，自主使得普遍性得以可能，而在实践理性的领域，自主使得实践主体成为主体（agent），但是同时使得行动者成为了类似于单子的个体。考虑到社会规范最终其实应该收敛于弱实在论，那么这种具有单子特征的自主个体就仍然面临着一个在新的生活领域中与他者进行协调的问题。而这个协调是要部分以牺牲自主性为代价的。因此，正如社群主义对于自由主义的批评那样，自由主义在发明出自主的概念来为自己的政治理论进行辩护的时候，恐怕需要同时对自主概念的应用范围与应用方式加以约束，以防止因主体自主而导致的不可入性。①

封闭的自主观念将自我和自主单子化，从而在很大程度上封闭了自我与环境的互动可能。与之对应，开放的自主观念既把注意力聚焦在自我的能动性之上，但同时也不排斥自我与外在环境的交流，甚至不排斥接受自我是受到外在环境的形塑的主张。尽管威廉姆斯与其好友伯林都不排斥个人与他人交流的可能性，但是由他们所主张的价值多元论主张则的确把自我与自主观念推向了单子化的一极。在这样一种主张之下的多元政治，也不可避免地成为了一种相互竞争的政治，人与人之间的政治合作完全变成了权宜之计，绝无相对的稳定性可言。而这样一种推论，似乎与近代以来

---

① Eugene Garver, *Machiavelli and the History of Prudence*, The University of Wisconsin Press, 1987, p. 5.

的人类政治实践成果之间存在着事实上的反差。威廉姆斯学说似乎有义务面对这些基本事实并做出更为合理的理论解释。

由价值多元主义引发了多元主义的政治问题。在基于多元现实考虑政治问题时，我们在理论上仍然面临着上述概念之间的冲突。这种冲突的存在约束了我们的讨论可能，但是也丰富了我们的理论推论。其中一个重要的推论，就是由罗尔斯所主张的，政治哲学的讨论从此应该是政治的而非整全的。我们可以称罗尔斯的主张为“局部说”。另外一个推论，就是我们可以认为，正是基于多元主义的现实，我们的政治生活将获得一块儿无法在其他领域加以解决的问题领域。我把这样的一个问题领域的存在称作是政治生活得以存在的“不可化约的硬核”。而无论是罗尔斯的“局部说”还是由本人总结的威廉姆斯的“硬核论”，都将支持这样的结论：政治有着自己的问题和自己的领域，从而有着自己的处理和解决办法；政治领域以外的其他问题尽管可以以各种不同的方式与政治生活发生关联，但是指导政治生活的规范应该并且只能在政治生活领域中加以解决。因此，主张政治具有自主性，这是一个必然的规范结论。

目前为止的政治哲学讨论承认了政治生活的多元事实。这种承认是基于对人类政治生活的观察而得出的。价值多元问题在政治生活中表现为我们与他者的关系问题。但是其中的含混是一目了然的。我们与他者仅仅表现为价值多元吗？显然不是。我们与他者的关系还表现为欲望的多样性，但是正是价值多元性所代表的价值的不可通约特性使得政治最终成为一个不可被替代的特殊领域。问题在于，价值的不可通约本来集中体现在人类的伦理领域，为什么我们又说它是可以决定政治之为政治的一个特殊因素？

斯里特把以威廉姆斯以及雷蒙·盖斯为代表的对于当代自由主义的批判称作来自“现实主义的挑战”。这种挑战所代表的新理论倾向强调政治的独特性和政治的自主性。前者是指政治有着自己应该处理的独立问题，后者是说对于这个具有独立问题的领域的辩护是可以并且也是应该独立完成的。这种独立性首先是独立于道德生活的考虑。

威廉姆斯自己特别强调对于政治理论中的道德主义的批评。斯里特注意到，这样一种批评不能不对自由主义以行动者的动机为中心的政治说明提出质疑，同时也会对于自由主义相对不关心利益的倾向提出批评。自由主义的这种倾向使得他们会轻视或忽视权力、等级、领导、判断、忠诚、激情、偶然性，以及政治的支配特性在政治生活中的作用。而“现实主义对于自由主义理论最有意义的挑战是其对流行的自由主义对于正当性解释所作出的批评。”①由于现实主义认为政治分歧与冲突是政治本身的一个必然的不可抹去的特征，因此，对于如何运用政治权力，我们就不可能获得一个以同意为基础的说明。而后者恰恰是自由主义关于政治正当性的一个必然特征，即认为普遍同意应该成为正当性的一个必要条件。可以说，伯林—威廉姆斯强调了一种冲突论的哲学，批评了自由主义长期存在的和谐论构想。冲突论突出了（或者说假设了）自我的封闭特性，从而强化了政治能动者的行为特点，弱化了用统一的抽象规则对冲突各方进行规范化的可能性。

5. 对于政治自主性问题的一个回溯性再评价

目前为止，我们认为，政治现实主义的政治自主性主张至少可以从如下几个方面获得说明：第一，政治制度、政治规范，以及政治问题的相关观念是一种人造事实，其本身有着独立的目的与功用。我们不能以政治构造功能以外的理由来为政治的人造物特性作出说明。第二，政治规范的规范性来源于人类约定。第三，权力的不可还原特性决定了政治有着不可化约的硬核，政治研究的核心是权力与权力竞争（硬核论）。第四，个体理性不同于集体（合）理性，个体行动的逻辑不同于集体行动的逻辑。集体行动有着属于自己的独特理由。第五，政治道德不同于私人道德，对于政治的价值评价是构成性的与内生的。我们把这几个说明维度称作关于政治自主性的支持性说明。威廉姆斯着力最多的，就是对第三点和第五点进行强调和辩护。

---

① Matt Sleat, “Liberal Realism: A Liberal Response to the Realist Critique”, *The Review of Politics*, vol. 73, 2011, p. 471.

从马基雅维里开始，人们已经在主张政治具有自主性。[①] 这种主张是和政治作为独立的人造事实或人造物品的观念联系在一起的。马基雅维里强调政治不能用世俗的道德标准来加以衡量，他是想说，政治是一个发挥独特功能的机体，应该有着自己的追求和自己的评判标准。而这些独立的评判标准是不同于传统的世俗评价标准的。或者说，为了把政治当作政治看待，完成属于自己的任务，政治应该就是自成一统的。很显然，阅读者与研究者中有不少的人担心，因为这些论断政治将成为脱缰的野马，因此就有了对于这些论断的种种限制与修正。但是很显然，政治作为独立的人造物的观念就此出现。国家因此也开始成为一种更为具体和更为独特的人造物。

说政治是独立的人造物，是说人们从此认为政治不是一件自然的事情，而是十足的人类约定。这样一种想法与古代（以希腊的自然与约定的二分为代表的）关于政治的研究主张发生了断裂。政治作为人造物的主张和政治作为人类约定的主张，在霍布斯和休谟那里得到了进一步的阐发。而作为一种独特的近代构造，国家形态开始出现，人们对国家的任务与性质的认识开始发生变化。现代的人们认识到，国家应该足够统一、足够强大和足够规范。不过国家形态应该具备的基本属性，是通过不同的政治理论家分别地逐步地完成的。我们通过回溯，逐渐地将现代国家应该具备的基本属性建构出来。

因此，政治制度、政治规范以及与之相关联的政治观念如正义、财产权等应该是一种人造物，是一种基本的社会约定，是通过社会建构而逐步成熟与完善的。也就是说，关于它们，我们需要承认人造物的事实、社会约定的事实和社会建构的事实。与这些基本事实相关联，我们主张政治具有自主性，附带主张政治不应该也不能够从政治以外的伦理或自然法中去寻找论证基础。

---

① 对于马基雅维里那里所呈现出的政治自主性命题，克罗齐是这样表述的：马基雅维里“清楚地认识到了政治的必然性与自主性，认识到政治是超越道德善恶，或者更准确地说是在道德善恶之下的，认识到政治有其自身不可抗拒的法则。”（B. Croce, *Politics and Morals*, London: Allen and Unwin, 1946, p. 59）这一表述中提到的“必然性”或“必需”观念，正是政治理由或国家理由之作为独立理由得以可能的基本原因。为一强大有力的政治共同体之故，我们必需考虑某些事情。

上述论述的一个进一步的表述就是：政治制度是人为设计的，相应的政治规范及其规范效力依赖于人为约定。并且，我们对于政治制度和政治规范的性质的认识是一个不断建构的过程，不能指望，也不可能从某一个思想家或某一类思想家那里获得关于其性质的全部知识。或者，简单说来就是，现代政治制度具有强烈的人造性、约定性与持续建构性。

指出现代政治制度的这三个基本特性，同时也就支持了政治自主性命题。我们甚至在此基础上进一步提出，要彻底批评乃至抛弃“道德为政治奠基”这一传统主张。但是从理论思考的公平原则出发，我们似乎应该进一步站在反对这种思考方式的理论家一方，看一看他们在担忧什么，以及我们是否有机会打消他们的疑虑。

在承认现代政治制度的这三个基本特性的现代政治理论家中，不同的理论家会以不同的侧重和不同的取舍来谈论这些特性。毫无疑问，他们都承认现代政治是一种人造物，但是只有部分人会说政治规范是约定的，并且只有更少的人会持一种持续建构的主张。因为，我们提到的第三个特性，其表述本身就是一种复合的。首先，它承认政治制度与政治规范是建构的，其次，它认为这样一种建构是一种持续不断地进行过程。而当我们提到建构论时，我们就不得不面对哲学中的建构论与实在论的争论。这种争论在政治理论与法学理论中的一种体现，就是自然法主张与实证法主张的争论。

为了公平起见，我们同时也需要站在对立的立场来考虑问题。我们需要追问，道德主义与自然法的主张者到底在担心什么？一个简单的回答就是：他们担心，或者干脆就是认为，作为人造物的制度、规范及相关政治观念本身无力保证自己的正确性。因此，他们提出，一个制度，一种规范或一种观念，其本身是否正确，需要一个外在的标准。而一种道德体系或一种自然法的说明，就是保证这种正确性的可能选择或可靠选择。因此，要想批评道德主义与自然法主张，就需要在强调上述三个基本事实的框架之内，相应地给出关于其正确性何以能够得到保证的基本说明。只有当这样一种说明充分有效时，道德主义与自然法传统的基本担心才能够被彻底打消。也只有在这个时候，这种说明才能够与三个基本事实所要表达的政治独立性相匹配，完成关于政治自主性的完整证明。

第十六章　机制理论与政治哲学

本章尝试引进机制概念，考察演进机制与设计机制。我们进行这样一个工作，牵涉到政治哲学的方法论之争：政治哲学的思考对象，或者说我们据以分析政治问题的对象或中介物到底是什么？个人主义是一个经典传统，该传统主张我们要以理性思考的个人作为考察的对象。很显然，为了区别于个人主义思考的缺陷，我们通常会诉诸于社群主义或整体主义。本书主张人是具体的和内嵌的，但是也并没有反对将人看作是个体的和理性的。不过，为了纠正我们传统上沿着某种固定思路而造成的对于政治思考的偏颇，我们经常需要回到对于对象或中介的重新假设上。比如说，霍布斯就批评人们在研究政治问题时，经常“把只属于公众的权利当成了个人的遗产和与生俱来的权利”①。我们自己在研究中也经常会发现，政治其实未必就是从个人权利到政府权力这样一种简单的过程。如果不是这么简单，那又该是什么呢？我们可以设想，比如说，我们会认为这中间隔着利益集团，隔着宗教团体，隔着亚文化共同体等等。

基于对类似顾虑的考量，我们在这里引进“机制”概念。“机制”是一种特殊的文明生成物。其最形象的理解就是“运作良好的机器”，由于其自身的良好运作，我们得以在输入方只观察到参与运作的人，而在输出方则已经观察到我们所期望或者是已经超出了我们期望的文明成果。我们对机器的这样一种运作本身不做进一步分析，而简便地称其为“机制”。机制设计理论之父赫尔维茨则为机制给出了一个更为严格的定义：“经济活动发生于一定的制度与安排设定中，发生于一定的法律、习俗框架，一定的正式组织与非正式结构框架中。这些设定与框架可以是相对简单的、

---

① 霍布斯：《利维坦》，黎思复、黎廷弼译，商务印书馆1996年版，第167页。

非正式的，通常显得细微的安排，也可以是高度复杂的、高度正式的结构。我们把这样的一类结构正式地称作是机制。”① 通过目标函数和约束域，我们可以倒推达成目标的可能机制。

在我们看来，任何一种用来解决人类所面临问题的人为设计或自然演进，只要它足够稳定和有效，我们都可以称其为机制。与稳固机制相配套的规则约束，我们称其为制度。机制是一套处理人类所面临问题的系统，这套系统或是人为设计的，或是自然演进的。所以我们有时会说机制是人类处理不确定性的人为设计或自然演进，比如我们说市场机制，道德心理学机制。有时我们能够通过一定的努力而用机制去处理我们所面临的问题，这种努力通过系统批量地、自动化地处理问题的过程被称作机制化。很显然，机制可区分为自然演进的机制和人为设计的机制。对于这两种不同的机制的可能性与优劣，存在着不同的争论。

需要牢记，我们在政治哲学研究中引入机制概念的一个初衷，是为了修正我们据以分析政治问题的对象或中介物的单调性。这种分析工具的单调性引起了我们直觉上对于政治分析的有效性和现实性的怀疑。笼统言之，我们称这种分析“不合理”或远离了现实。因此，引入更为复杂的和更为有代表性的概念，目的就是修正或减少这样的不合理性。

理性主义与理想主义主张寻找到一套解决社会问题的稳定方案，现实主义则主张流变与杂多。在理性主义的统一构想与现实主义的杂多关注之间，也许还存在着另外的一些中间方案。其中，机制论就是这样的代表。

本书将传统自由主义区分为机制论的自由主义和理性论的自由主义。② 前者以斯密、曼德维尔及哈耶克等的思想为代表。后者指康德主义者、契约论者和功利主义者。在我看来，这两种自由主义分歧的关键，在

---

① Leonid Hurwicz, Stanley Reiter, *Designing Economic Mechanisms*, Cambridge University Press, 2006, p. 15.

② 多元主义与上述自由主义不同的一点是，尽管他们也承认个体可以是理性的行为体，但是它从人的价值观念入手。尽管人们分享了大量共同的价值观念，但是总是有那么一少部分核心的观念是不可通约的。而正是这些有限的不可通约的价值观念决定了人类生活活动必然有一部分需要被保留下来，来处理人类这种无法以其他方式化约的分歧。这一被保留的生活领域就是政治。我把这一不得不被保留的东西称作“政治的硬核”。这样，只有在多元主义视角下，政治之为政治才能够得到强有力的解释。而上述自由主义的一般倾向则一直是去政治的，起码是政治最小化的。

于如何处理个体理性与社会运行合理性之间的关系。机制论者承认个体是有限的，人是具体的和内嵌的（embodied and embedded），从个体的理性活动并不能够直接上行而达致社会行为的合理性。但是我们可以通过运用一套机制——最为典型的就是斯密的市场运行机制（斯密另有一套以合宜性评价为基础的道德心理学机制），来让个体理性具体有限的理性推理能够客观地达到社会运行的合理有序。而理性论者则认为个体理性直接可以依赖，并且通过个体的理性推演，上行设计出一套社会运行的制度原则来。

1. 斯密式机制论对理性论问题的克服

在《国富论》一书中，亚当·斯密为我们描绘了这样一幅图景：分工使劳动效率倍增，从而产生各种职业，人们以业陶冶自己的天赋才能，通过市场交换各取所需。多数情况下，人的能力是分工的产物，而市场则扩大了分工。最终结果就是：每个人“只盘算自己的安全。他管理产业方式的目的在于使其产出的价值最大化，他所盘算的也只是他自己的利益。在这一场合，就像在其他许多场合一样，他受着一只看不见的手的指引，去尽力达到一个非其本意想要达到的目的。”①

这就是斯密著名的劳动分工理论和“看不见的手”的理论。同样的主张可见于斯密的朋友休谟的著作中，可以看出这是那个时代的共识，起码是这两位著名思想家之间的共识：“借着协作，我们的能力提高了；借着分工，我们的才能增长了；借着互助，我们就较少遭到意外和偶然事件的袭击。”②

在两百年后，斯密理论的忠实继承者哈耶克进一步将斯密的理论精细化，提出劳动分工的基础在于知识具有分散性，而人类将市场竞争机制作为发现过程，实现一个分工协作的竞争秩序。哈耶克还把斯密在《国富论》中所描绘的市场竞争秩序称作“自生自发的演进秩序”，认为自发秩序要优于通过人类理性自身设计出的人工秩序。基于知识分散说和自发秩

① Adam Smith, *The Wealth of Nations*, Bantam Dell Press, 2003, p. 572.

② 休谟：《人性论》，关之运译，郑之骧校，商务印书馆 1991 年版，第 526 页。

序理论，哈耶克对于人为计划，尤其对政府干预市场等行为均表示反对。

在《国富论》第一章第二节，斯密限定自己的话题范围，声称“这一（分工）倾向是不是一种不能够加以进一步说明的本然的人性原则，或者更确切地说是不是人类理性和语言能力的必然结果，这不属于我们现在的研究范围。”[①]不过，可以比较清楚的是，被斯密在这里所提出并暂时放到一边的话题，在20世纪的哈耶克乃至我们整个的知识界，却构成了一个不得不面对的重要议题。

我们能够看到的是，斯密的描述肯定了每个人的理性算计能力，但是认为人的理性算计是围绕自己的利益而展开的。至于社会的公共善的最后达成，依赖的是一个传递每个人理性算计结果（劳动结果）的市场交换秩序。在这里，我们可以使用曼德维尔的《蜜蜂的寓言》的副标题来描述斯密所揭示的这一过程：私恶即公益。唯一需要限制的就是，斯密对于私人所表现出的是善是恶，在这里是保持中立的。

现在我们可以进一步引入限制，把斯密所描述的图景潜设刻画为：以市场交换秩序组织理性个体的行为，实现本在个体算计之外的公共利益。这种刻画是不违背斯密本意的，而在经过了这样的刻画后，却可以引出一个更为一般的推论：斯密是在用一套机制来处理个体的理性算计与公共利益的关系。

说这是一个更为一般的推论，是因为这里蕴涵着一个困扰整个政治哲学史的重要问题：如何处理私人的理性能力[②]与公共的政治生活关系问题。也就是说，我们会发现，在私人的理性能力与人类的公共政治生活所要达成的目标之间，存在着张力，存在着一种紧张关系。而斯密给出的是这样一种紧张关系的解决方案：依赖一套传递私人意图的运行机制，实现私人意图的公共化。

被斯密在《国富论》中以无关主旨为由而被暂时放置一边的主题，在哈耶克那里则被作为需要同等对待的重要话题而加以拓展发挥。哈耶克的工作是把斯密已经给出的答案做出更为明晰的解释，并用以来处理前边

---

① Adam Smith, *The Wealth of Nations*, Bantam Dell Press, 2003, p. 22.

② 毫无疑问，理性算计能力仅仅属于私人的；或者说，仅仅属于能动者（agent）自身。当我们说“公共理性”这样的术语时，我们不过是以方便的形式来表达“公共合理性”或“公共理由”这样的概念。而后者显然是一种具有评价色彩的规范概念。

刚刚提到的政治哲学研究中的紧张关系。哈耶克成功地为我们描绘了自发演进秩序对于人类生存的重要意义，并且坚定地以自发秩序原理来批评各种理性主义的人为设计。哈耶克严格遵守斯密所运用到的原理。不过我们很快就会发现，哈耶克其实也为自己设置了障碍，这个障碍直到当代机制设计理论出现后才得到进一步地处理。

回到研究光谱的另一端，我们马上会发现问题所在。

在政治哲学研究中，一直存在着另外的一套叙述。那就是认为人的理性能力是积极活跃的，人类可以通过运用人类积极活跃的理性能力，实现对于人类美好秩序的设计。不但如此，还有另外一个附加主题，那就是，认为人类本性是具有善良意志的，通过发挥人类的善良意志，人类最终能够实现社会的和谐。理性设计论加善良意志论，这从来都是政治哲学史上的正统主题。说它是正统的，第一，是说被大家所记住的“伟大”哲学家，大多是理性论加善良意志论的代表；第二，是说不同意这一主流倾向的主张在大部分时间里都被认为是一种不能够入流的异端邪说。和理性设计论一样，善良意志论的论证者本身遵循着理性主义的论证思路。因为只有设定了理性能动性本身，善良意志论才能够得以展开。

但是我们从本书“中篇”开始，就一直在讨论的一个问题就是，理性设计论与善良意志论面临着一个大麻烦。理性设计论者无法解释个体的理性算计与公共利益之间的矛盾，他们也无法理解个体的善良意志为什么在现实生活中常常被兑现为无法下咽的种种龌龊与恶行。当然，最为重要的是，就算接受他们的思路，他们自己也一直面临着有理性能力的个体却无法设计出符合公共利益的规则的问题。于是，我们看到了种种替代性的方案，以假想性的天赋观念说、自然法学说或契约学说来模拟性地说明理性个体与社会规则之间的关系。当然，在经过了这样的抽象之后，善良意志论者面临的现实尴尬就更加尖锐突出了。

理性设计论者与善良意志论者所面临的困境，我们可以称之为个体理性上行的问题。也就是说，个人可以发挥自己的理性能力来思考公共利益问题，也可以运用自己的善良意志来力促公共善的达成。但是，个体的主观意向与公共善的实际结果之间经常出现严重的不匹配。理性论者总在寻找一个可以通约的理性能力，但是个体理性行为导致集体行为不理性的现实[①]预示着这样一种思考路径存在着巨大的局限。

因此，回头考虑斯密等人的工作，我们会发现，一种新的机制论的思考方式比较方便地绕开了我们这里所提到的“个体理性的上行问题”。这是一种与理性论的思考方式不一样的新路径。因此，我们可以进一步进行限制，把近代以来关于人类政治生活的思考区分为两类不同的路径：理性论的与机制论的。前者以斯密、曼德维尔及哈耶克等的思想为代表。后者指康德主义者、契约论者和功利主义者。在我看来，这两种路径的分歧关键在于如何处理个体理性与社会运行合理性之间关系。

机制论者承认个体是有限的，从个体的理性活动并不能够直接上行而达致社会行为的合理性。但是机制论认为我们可以通过运用一套机制——最为典型的就是斯密的市场运行机制（斯密另有一套以合宜性评价为基础的道德心理学机制）——来让个体理性具体有限的理性推理能够客观地达到社会运行的合理有序。而理性论者则认为个体理性直接可以依赖，并且上行而设计出一套社会运行的制度原则来。[②]

传统的机制理论强调机制演进（不同于当代的机制设计理论），尤其强调无形之手的作用。典型的如斯密的市场机制、以合宜性为中心的道德心理学机制，曼德维尔《蜜蜂的寓言》为代表的“私恶即公德”的思想。

---

① 个体理性行为导致集体行为不理性，这样一个主题一直困扰着人类的政治生活。对于这一主题的当代揭示，典型地见于阿罗的“不可能定理”与哈丁的“公地财悲剧”。亦可参见奥尔森的《集体行动的逻辑》一书。

② 理性论者总在寻找一个可以通约的理性能力。但是个体理性导致集体不理性的事实将预示着这样一种能力存在着巨大的局限。不但如此，在多元事实面前，价值的不可通约性将对理性论构成毁灭性威胁。价值多元主义不但认为个体理性上行至集体理性是有困难的，它甚至认为个体理性在某些根本的价值上只能局限于理性行为者自身，而无法实现相互之间的通约。因此，价值多元主义的不可通约主张为政治现实主义提供了牢固的理论支持，它证明了现实主义对于既定状态的承认是有理论根据的。现实主义所观察到的不同权力之间的对峙，在知识论上相通于价值的不可通约。因此，对于政治的理解既不能根据机制论来做妥协，更不能根据个体理性来上行设计一个完满的理想制度。价值冲突与权力冲突将构成人类永恒的困境。这是人类生存的悲剧性困境，它是人类需要面对的永恒困境。政治本身也将由于这种悲剧性冲突的永恒存在而成为不可化约的冗余。所有的自由主义者，都对政治本身的存在充满疑虑。而多元主义者则认为，政治的存在是一个人类必须面对的硬核。我们需要以现实主义的态度来接受这样的存在并面对和处理政治事务，而不是以自由主义的视角去做去政治化的努力。

这一条路径从社会—历史角度分析人类生活，它不用承诺人的理性一定要有积极能力，也不强调通过调动人的道德善意来实现社会的和谐。它相信天然地存在着一些奇妙的机制，在这些机制的自然运行过程中，社会以一种无意地、碰巧地，甚至是以一种不可思议的奇妙方式达到了更好的结果。

曼德维尔《蜜蜂的寓言》设定了对于一种机制的信赖。通过该机制，自然的交错行为构成了现实之秩序。或者，更为简化地说：私恶成就了公德。在这个意义上，机制可以被定义为：规则限定下的特定功能的实现。

苏格兰启蒙运动思想家相信“机制”在社会运行中发挥着特殊作用，他们对于人性的看法，以及他们对于人类理性的看法相容于他们对于机制运行的作用的看法。而基于理性论假设的自由主义如康德路线和传统契约论等面临着个体理性上行的困难。所有的契约论者也都面临着个体理性上行的困难。为了克服这一困难，近代的霍布斯把他所设想的契约结果表述为独断的和不可收回的。而其稍后时代的洛克则根本不考虑这样一个困难的存在。

机制论的政治哲学承认个体理性的局限，并引入社会演进机制来独立说明社会运行的合理性。而理性论的政治哲学则试图从个体理性出发直接推导出社会运行的一般规则。很显然，后者把一个本来只能通过某些机制来完成的任务错误地赋予了个人。

不过，需要特别说明的是，与其说机制论是一种政治哲学主张，不如更准确地称其为一种社会学理论。因为，典型如斯密的机制理论，其本身是为了说明人类社会是如何可以自发有组织的。因此，机制论会弱化人类政治领域独立存在的必然性与必要性，并且尽可能地运用机制运行的原理来对社会问题做出解释。机制论的解释能力如果足够大，则政治生活就有可能被认为应该是尽可能萎缩乃至可以被消解。与机制论相比较，政治哲学要想是可能的，则其第一步工作就是要论证政治作为一个不可被替代的领域而存在，且这种存在应该是必然的和必要的。当我们在前边考察政治的自主性主张时，我们就已经在对政治的独立存在提出解释。尽管如此，我们仍然需要意识到，机制论虽然说是在消解政治，但是在一种负面的意义上，它也同时是在尝试对我们所面对的人类政治生活给出一种限定。在这个意义上，我们仍然可以说它是一种政治哲学的思考。而且，我们关注的重心，恰恰是它与其他政治哲学主张所处理的问题有重叠的部分。比如它怎么看待人类理性，怎么看待人类的本性，怎么看待人类理性与秩序的关系，怎么看待理性主义与道德主义，怎么处理个体行为与集体行为的关系，怎么看待约束人类行为的一般规范等等。

2. 休谟和斯密做对了什么？

实践生活中的个人是具体的和内嵌的（embodied and embeded），他们与其他人的博弈是一种内嵌式博弈。假定互动参与者是受到特定的文化结构和制度条件的约束的个人，而不是单纯地满足理性假设的个人，这时我们所考察的博弈行为属于内嵌式博弈。从实践哲学的一般特性，P = A（s）→E（ig），我们可以认为人类实践是一种内嵌式的。需要提醒的是，我们这样定义人的实践活动时，并不是要否认人的超越可能。相反，我们相信人的实践活动中存在着某种成善机制，这种机制的存在使得人的实践活动具有善改进的可能性。

人是具体的和内嵌的，这样一种思想具体体现在以霍布斯和洛克为代表的英格兰启蒙运动和以休谟、斯密为代表的苏格兰启蒙运动思想家那里。本书在此处先简要介绍一下后人对于霍布斯和洛克方法论的认识，随后将进一步展开讨论休谟和斯密的思想。

阿伯丁大学的大卫·英格里斯（David Inglis）在“英国的别具一格之处：联合王国的社会理论”一文[①]中，将霍布斯视为英国社会理论的肇始。因为帕森斯曾经论断说：“霍布斯的秩序问题”是整个社会思想的根源，而霍布斯对于秩序问题的界定，“其明晰至今无出其右。”[②]

英格里斯指出：“众所周知，霍布斯在《利维坦》中断言，对于处在‘自然状态’下的人来说，生活充满不可缓和的争战，人人都竭力要把自己自私的意志强加给其他所有人，而当个体开始认识到，臣服于某个主权者权威，对他们所有人进行调控管制，并就此维持社会和平安定，对他们

---

① 吉拉德·德朗蒂编：《当代欧洲社会理论指南》，李康译，世纪出版集团、上海人民出版社 2009 年版，第 107—120 页。

② T. Parsons, *The Structure of Social Action*, Free Press, 1961, p. 93.

自己也是有利的，这样就形成了社会秩序。”①

英格里斯认为霍布斯的政治哲学自有特点，它不同于亚里士多德式的政治学观念：

“1. 分析所考察的是经验性的人类行为，而非理想事态；

2. 人类行为被视为‘自然上’/‘本质上’具有自利性、计算性，分析必须重新构建出个体行动以哪些方式基于自利的计算；

3. ‘社会’现象和‘政治’现象始终是个体行动的后果，分析者必须遵循严格的方法论个体主义路线；

4. 放弃有关人类对于社会秩序的所谓‘自然’倾向的观念，而将无政府视为自然状况，社会秩序乃为虚构的人类成就，因此始终是脆弱的人类成就。”②

在前文中，我们已经指出，引入理性计算必然意味着以个体为中心，因此所有的契约论必然是个体主义的。而当我们将个体的理性计算替换为观察者的理性反思时，也就是当我们将行为者的理性推理抽空，代之以反思者的观察描述时，我们就有可能远离个体主义的社会分析，而代之以其他各种类型的社会描述理论。这其中就包括社会演进理论、社群理论及其他形式的集体主义理论。所以在本书看来，理性/合理性之间的分殊与社会解释理论的不同路向有密切关联。

莱文指出，霍布斯思想在其祖国影响深远，“此后三百年间”这些分析路向在英国“将支撑重要的哲学努力，以构建有关人类现象的各类学问”，同时也成为国外的批判的重要对象。而英国社会思想中的个体主义、功利主义和经验主义趋向，也主要源自霍布斯。③

尽管洛克和夏夫茨伯里一样，都重弹人类本质上是社会动物的论调，甚至人类最自私的倾向也能产生有益于社会的后果。“但洛克和夏夫茨伯里也分享了霍布斯最根本的观点，认为个体是社会分析的核心单元，其行

① 吉拉德·德朗蒂编：《当代欧洲社会理论指南》，李康译，世纪出版集团、上海人民出版社 2009 年版，第 108 页。

② 同上。

③ D. H. Levine, *Visions of the Sociological Tradition*, The University of Chicago Press, 1995, p. 128.

动的开展乃是基于有关自身最佳利益的认识。”①

在本书看来，承认个体利益和个体的理性算计，这是形成个体主义分析方法的充分必要条件。但是，这样一种个体主义的分析方法却在无意中产生了转折。这个转折是从洛克的白板说开始的。

英格里斯指出：“事实上，从某些意义上说，洛克的哲学立场整体观之，甚至比霍布斯更注重个体存在，因为他坚持认为，所有知识都是基于偶在性（contingent）个体经验，而非什么内在固有的倾向。不过，与霍布斯的范式有所不同，他把心智看作白板（tabula rasa），向有关外部世界的印象开放，并被其形塑。这种看法显然是现代人类学和社会学的某些流派的重要来源。这样就有可能在个体主义的思维框架内，将个体视为受社会形塑，而不是仿佛先在于社会安排的单子式实体。”②

突然之间，在一个极端坚持个体主义的思想家的思维模式中，开启了一个以人受社会环境所塑造的思想传统。毫无疑问，即便是从当代回溯，我们仍然能够非常清晰地在英格兰启蒙与苏格兰启蒙之间做出区别。以霍布斯和洛克为代表的英格兰启蒙运动是理性主义的和个人主义的，而以休谟、斯密为代表的苏格兰启蒙运动则是怀疑主义的和强调社会作用的。而这样一种转折，事先已经在洛克的思想中埋下了伏笔。整个18世纪的英国知识阶层的主张因此发生了一个大的改变，并且成为了那个世纪日益显赫的主题。

“洛克在英格兰背景下无意中开启的对于个体受社会行塑的认识，是苏格兰社会理论发展的核心主题，大概可以说是惟一的核心主题。日后所谓的‘苏格兰启蒙运动’，其最早的代表人物之一，弗朗西斯·哈奇森（1694—1746），发展了洛克和夏夫茨伯里的主题，即自利只是形形色色的人类倾向中的一种，而大多数倾向乃趋向于社会性（sociability）和同胞感（fellow－feeling）。后来的亚当·弗格森、亚当·斯密和约翰·米拉等思想家，其思考框架除了人不可让渡的‘社会’本性，又加上了两个重要的维度：

---

① 吉拉德·德朗蒂编：《当代欧洲社会理论指南》，李康译，世纪出版集团、上海人民出版社2009年版，第109页。

② 同上。

1. 基于经验研究，辨识随历史而变的多种人类结社形式。从经验素材中归纳出‘理论’，在以经验主义和怀疑主义为特征的哲学环境里尤其重要，最著名的例子就是大卫·休谟的著作（它后来又成为一个重要因素，激发了康德分析人类心智性质的革命性著作）。

2. 对于社会进化的描述旨在理解，人类如何以及为何从最初‘粗陋’的社会事态，走到今日远为精致、复杂和成熟的社会安排。”①

与这样一种“人为社会所形塑”的主张相呼应，我们在苏格兰启蒙运动的代表人物休谟的理论中可以找到这样一种主张，即认为人是“具体的”与“内嵌的”。

休谟以具体的（embodied）人区别于理性主义抽象的人，强调了人的激情、欲望在自然主义的意义上优先于理性。进而，作为其延伸，强调了以苦乐作为评价人类善的标准。在这里，我们需要做出一个细致的区别：苦乐评价观后来演变为功利主义，但是休谟的苦乐观不同于后来的功利主义。也就是说，我们承认休谟是功利主义的先驱，但是我们认为休谟自己不是一个功利主义者。

休谟的理论同时还强调了人是内嵌的（embedded）这样一种主张。这种主张：a. 确定了人的价值的来源。人是首先生活于特定的文化群体中的，他从这个文化中赋得了自己的口味、偏好、旨趣、评判标准与道德感。在具体的环境中，人赋得了价值。休谟强调了习惯在这一过程中所发挥的作用。b. 认为对人的分析也应该是考虑其所嵌入的环境的。c. 作为 b 的衍推，我们可以得出这样一个结论：人是环境反应型动物。对于结论 c，我们需要强调以下两点。第一，人是环境反应型的动物，并没有说人一定是被动的。但是，它强调了人是有约束的。第二，可将人对环境的反应进一步区分为“敏感于具体利益者”和“敏感于道德约束者”。这一进一步区分将在道德心理学的意义上丰富我们对于现实道德行为的解释力。

布坎南在《宪政经济学》中强调了规则在现代生活中的作用，而该作用的背后假设同样是，人是环境反应型的动物。更为准确地说：人是环境响应（response - to - circumstances）型动物。“人为社会所形塑”，或者

---

① 吉拉德·德朗蒂编：《当代欧洲社会理论指南》，李康译，世纪出版集团、上海人民出版社 2009 年版，第 109—110 页。

说，人是具体的和内嵌的（embodied and embedded）。这是苏格兰启蒙运动的典型主张，并且最为典型地体现于休谟与斯密那里。对比阅读休谟和斯密的政治哲学与道德哲学，我们可以将他们关于人的基本主张归纳为：人生活在一些具体的文化历史情景中。因此，像休谟那样，他们反对“自然状态”假设。人生来都不是无牵挂的。人的理性是嵌套在特定的情景中的，它是人的自然演化的一部分。人的道德感与价值观也都是由这些特定情景所规定了的。

人是环境审慎型与环境反应型的动物。当我们说人是动物时，我们的背后假设是接受休谟的自然主义，并且认为人的价值与规范是建立在这样一种自然主义立场的基础上的。毫无疑问，这样一种立场对于强调人的独特性的主张构成了批评与挑战。而该假设自然地将人的欲望与选择当成了一个基本事实而加以接受了。很显然，接受这些事实，自然也就意味着我们需要去评估人们的痛苦与快乐——尽管这一点并不必然将我们引向功利主义①。当然，在这里，我们更关心的是人是对环境进行审视与反应的动物。当我们这样进行表述时，我们既不想表明人是被动的环境塑造的动物，也不想表明人是积极的环境改造者。我们会进一步去审慎地处理人在环境面前的能动性问题。但是人必然的是一种约束条件下进行生存选择的动物，这一主张对于我们思考围绕人的基本特性而展开的政治制度思考具有特别重要的意义。

在“人为社会所形塑”这样一个社会命题背后，存在着对于这一命题的消极的和积极的两个不同取向。尽管这两种不同的趋向都会认为是人对环境做出反应的动物，但是消极取向者认为人只对环境做出反应；积极取向则认为，既然如此，环境的改变就不可避免地带来人的反应模式的改变。说人是具体的和内嵌的，却并不是说人是完全被决定的。休谟与斯密不否认人有理智思考、理智判断与理智行为的能力，他们只是主张，人的这些能力的展开是具体内嵌于他所生活的环境中的，环境是这些能力展开的不可抹杀的前设。但是人并不是因此而被决定了的，人有扩展开其既有环境，从而扩展开其生活空间的能力。他们希望告诉其他学说的是，或者

① Norman Kemp Smith, “The Naturalism of Hume (II)”, *Mind*, 14 (1905) Nos. 55: 335 - 347.

说他们潜在地想强调的是：只有两类主张嵌套在一起，我们才能够客观有效地解释和理解人的行为，才能展开一个真正的关于人的科学。休谟与斯密道德哲学中的同情说、旁观者假设说、合宜性理论以及斯密的市场机制学说是人的理智活动展开方式的具体阐发。在这里，我们可以把“机制”这个观念单独提出来，并视之为区别苏格兰传统与其他启蒙运动传统的一个典型特征。

考虑到休谟与康德在人的理性能力问题上的差异，我们需要进一步指出的是，在人关于外间世界客观知识的层面，休谟与康德共享着同样的判别标准。这个标准就是：我们的知识是否能够具有必然性（Necessity）和普遍性（Universality）。休谟的知识论告诉我们，普遍必然的知识仅仅是我们心理上的习惯联想。关于事实的知识，我们并无法保证其普遍必然性。但是在进一步考察了休谟的道德哲学之后，我们可以得出这样一个结论：关于人类实践生活的知识并不具有必然性，但是可以具有相对的普遍性。

而康德与休谟的重要区别则在于：第一，在处理实践哲学问题时，康德剔除了与人的感性活动有关的内容。例如，在《实践理性批判》开篇，康德就对快乐主义进行了攻击。这样一种思考过程乃是在反对具体之人的主张，或者说反对具有肉身化特征的，具有欲望的个人。第二，康德强调理性的积极功能。第三，强调经由理性的积极功能推导出来的规则具有必然性（necessity）与普遍性（ universality）的特性。康德的理论一直在不懈地追求这样两个目标，而休谟的理论则对这两种追求的可能性均提出了质疑。

休谟对天赋观念、自然状态、社会契约论等理性主义结论做出了毁灭性的打击。它一方面体现为以休谟、斯密的苏格兰传统反对霍布斯、洛克的英格兰传统，另一方面也体现为对于所有理性主义传统的攻击。休谟提出：“人是一个理性的动物，……但是人类理解的范围是过于狭窄的。”①“混合的生活才是最适宜于人类的。”②“一个深奥的哲学家在他的玄虚的推理中很容易陷于错误，而且他如果一直推理，也不会因为一种结论是不常见的或同通俗的意见相反，就不接受那种结论。这样，一个错误就会生

① 休谟：《人类理解研究》，关文运译，商务印书馆 2007 年版，第 11 页。

② 同上书，第 12 页。

出另一个错误来。但是一个哲学家如果只是意在把人类的常识陈述在较美妙较动人的观点中，那他纵然偶尔陷于错误，也不至于错得太远。他只要重新求诉于常识和人心的自然情趣，那他就会复返于正途，使自己免于危险的幻想。”①

一般认为理性与经验是可以区别开来的，并且认为我们可以通过理性推理达到一些切实的结论。休谟则提出，这样的区分大谬不然。在《人类理解研究》第五章的一个注释中，休谟指出，一切推理终归是以经验为最后基础：“实在说来，一个没有经验推理的人根本就不能推理，如果他是绝对没有经验的话。”②

休谟批评洛克用词含混，比如就“天赋观念”一词来说：“如果‘天赋的’就是指‘自然的’而言，那么，人心中的一切知觉和观念都不能不说是天赋的或自然的，不论我们把‘自然的’一词同‘反常的’一词对立，或同‘人为的’一词对立，或同‘神奇的’一词对立。如果所谓天赋的，是指与生俱来的，则那个争论仍似乎是轻浮的；……其次，洛克和其他哲学家所用的观念一词也似乎意义太泛，……我的意思是说，洛克是受了经院学者的诱惑才发生了这个问题——经验学者们常用没有定义的名词，把他们的争论延长到厌烦的地步，结果却是没有接触着所争论的问题。”③ 休谟的这段分析堪称当代分析哲学的一个先行典范。

休谟还批评了霍布斯与洛克的自然状态假说。“人类绝不可能长期停留在社会以前的那种野蛮状态，而人类的最初状态就该被认为是有社会性的。不过这也不妨碍哲学家们随意把他们的推理扩展到那个假设的自然状态上，如果他们承认那只是一个哲学的虚构，从来不曾有，也不能有任何现实性。”④ “因此，自然状态就应当被认为是单纯的虚构，类似于诗人们所臆造的黄金时代。……毫无疑问，这应当被认为是无聊的虚构。”⑤

休谟批评洛克关于财产权的劳动占有说：“我们很容易看到，关于由占领而获得财产权的许多问题，会变成如何的困惑，而且人们略费思索，

① 休谟：《人类理解研究》，关文运译，商务印书馆 2007 年版，第 10—11 页。

② 同上书，第 43 页。

③ 同上书，第 23 页。

④ 休谟：《人性论》，关文运译，商务印书馆 1997 年版，第 533 页。

⑤ 同上书，第 534 页。

就可以提出一些不能得到任何合理解决的例子来。如果我们喜欢真实的例子，而不要虚构的例子，我们可以考虑在几乎每一个自然法作家的著作中都可遇到的下面这个例子。希腊的两个殖民团在离开本国去寻觅新地时，得到消息说，他们附近的一座城市已被其居民所放弃了。为了知道这个报道是否真实起见，他们立刻派遣了两个使者，每个殖民团派出了一名；他们在接近那座城的时候发现，他们所得的情报是真实的，于是便开始一场赛跑，想要占领那座城市，各人都是为了本乡人要去占领它。使者之一，看到自己不是另外一人的敌手，于是便拿起长矛，向城门掷去，并且幸而在他的伙伴达到之前竟然射中城门。于是两个殖民团关于谁应当是空城的城主一事便发生了争执；在哲学家们中间这个争执仍然存在未决。据我看来，我觉得这个争执是没法解决的；这是因为整个问题都依赖于想象，而想象在这种情形下却没有任何精确的或者确定的标准，可以根据它做出一个判决。为了显示这一点起见，我们可以考虑，假如这两个人只是殖民团的团员，而不是使者或代表，那么他们的行为便无足轻重；因为在那种情形下，那些行为与殖民团的关系将是微弱而不完全的。此外还当加上一点，就是：使他们所以奔向城门而不奔向城墙或城的其他任何部分的决定因素只有一个，就是：城门因为是最为明显和显著的部分，所以把城门看作全城的象征，最可以使他们的想象感到满意；正像我们在诗人们方面所发现的那样，诗人们是常常由城门取得他们的写像和比喻的。此外，我们还可以考虑，一个使者的接触城门，也并不比另一个使者以长矛刺穿城门更确当地是一种占有；这种接触只形成了一种关系；但是在另一方面也有一种同样明显的，虽然力量也许是不相等的关系。因此，这些关系中哪一种给人以那一种权利和财产权，或者说，其中任何一种的关系是否足以产生那个效果，我只好留待比我聪明的人来加以解决。”①

通过对上述观念主张的谱系考察我们可以总结说，苏格兰启蒙运动的机制论优点有三：首先，避免了理性论在个体理性设计集体合理性过程中的上行困难；其次，避免了从要求人的善良行为入手构建美好社会的传统思路。因为这一传统思路无法容纳人的非道德行为；从而第三，在以上两点基础上，既承诺了个人行为与集体结果之间可以分裂，又承诺了二者之

① 休谟：《人性论》，关文运译，商务印书馆1997年版，第547—548页注释1。

间可以通过机制实现完美统一。

可以说，首先，苏格兰启蒙运动的机制论以机制—规则说和私恶即公德说，结束了将人类政治生活单一地寄托于人的善良意志的研究思路，开创了规则约束下的公共行为合理性研究。其次，苏格兰启蒙运动的机制论以对理性性质、地位、能力的彻底怀疑，加上引入机制观念，以及对约束性道德的强调（休谟与斯密均强化了这一点），改变了将人类政治的研究寄托于个体理性能力的单线思维。这构成了政治哲学研究思路的两个重大改变。

苏格兰启蒙运动方法论的积极意义体现为：以自然主义取代了抽象的理性论，肯定了人的激情的优先地位；当代宏观社会理论会认为这也是“现代性”的展开。因为现代性的一个维度就是对人的物质性压倒传统的单纯的精神性视角。以机制论取代理性论，肯定了人的经济生活与道德生活的自然演进特征。具体的与内嵌的研究方法预示了实证分析时代的到来，结束了一个抽象演绎的模式。

上述最后一点牵涉到实证传统与自然法传统在基本方法论上的争论。以法律研究领域的这两个传统的争论为例，实证法传统强调我们去直视被给定的既有框架，并就既有框架下的法律运行事实进行特征总结。自然法则强调法律的起源等。但是，跟前边休谟与功利主义的关系密切关联一样，休谟预示了实证时代的到来，但休谟与实证传统本身仍有区别。无论是就功利主义来说，还是就实证传统来说，休谟都只是预示和铺垫了它们的到来。但是，休谟自身既不同于功利主义，也不同于实证传统。我们需要细致捕捉二者的区别。

当然，我们也需要对苏格兰启蒙运动方法论的消极意义保持清醒。该方法论的消极意义体现在下述三个方面。

第一，机制论的解释方法将人的行为社会学化。苏格兰启蒙运动强调了社会、历史、传统的作用。而这一传统的社会学化特征部分地遮蔽了政治的政治特性，从而以市场和谐取代了对人与人之间的价值冲突的关注。因此，它就无法解释政治作为一个硬核的独立存在，无法解释族群与族群之间、人与人之间存在的激烈的价值冲突，无法容纳当代价值多元主义所揭示的永恒冲突。在多元主义的政治哲学看来，价值冲突和权力冲突是人类所面临的永恒不变的悲剧性困境。

第二，苏格兰启蒙运动的机制论强调的是机制演进。而当代的讨论则进一步把机制设计问题拓展开来。两厢对照，可以看出苏格兰启蒙运动忽视了机制设计的可能性。这一点体现在哈耶克理论之后赫尔维茨与奥地利学派传人克兹纳之间的论争。

第三，苏格兰启蒙运动的苦乐评价主张突出了人在履行道德规则时的动机理由，但是多多少少回避了道德规范本身的规范理由。当代元伦理学在这一方面的争论再次强化了这两种不同理由之间的张力。以休谟为代表的道德哲学显然并没有给出一个让人完全满意的回答，问题依然洞开。

3. 哈耶克的知识分散说与机制理论

对于20世纪80年代末的中国知识分子来说，哈耶克的知识分散说有着异乎寻常的积极含义。假如知识分散说是成立的，那么对于无所不包的中央计划经济的批判就是合理的。本节通过对哈耶克以《个人主义与经济秩序》和《感觉秩序》为代表的早期论文与著作的解读，解析哈耶克从感觉秩序到经济秩序思想的确立过程，重点集中在他的分散的个人知识说，竞争作为发现过程说及感觉类分系统对于世界的类分方式等问题。同时，本书将追踪对于哈耶克知识分散说的一些重要的当代批评。这些批评将为社会机制设计的可能性提供基本的理论支撑，从而也就构成了对于哈耶克知识分散说及其现实意义的重要修正。

发表于1937年的“经济学与知识”一文在哈耶克思想中占据着独特的地位。该文章是在其1936年底伦敦经济学俱乐部就职演说的基础上写成的。这篇文章代表着哈耶克独立思考的开始：“这确实是我用新的眼光观察事物的起点。假如你问我的话，我会说，直到那一刻之前，我说的话都是老生常谈。是……‘经济学与知识’，使我踏上了自己的思考之路。”①

“知识在社会中的利用”，“竞争的意义”以及“作为一个发现过程的知识”等文章与“经济学与知识”一起，完成了哈耶克从知识观到秩序观的完整思考。本书将集中考察这一组相关文章的基本思路，以厘清哈耶

① 布鲁斯·考德威尔：《哈耶克评传》，商务印书馆2007年版，第245页。

克思考经济问题和社会问题的知识论脉络。

在“经济学与知识”一文中，哈耶克提出，传统的均衡分析以一定的假设为前提，单纯追求内在的一致性，是一种进行静态分析的逻辑构架。这种分析模式只宜于解释单个个体行为，而不宜于解释许多不同个体之间的相互作用。要想解释不同个体之间的相互作用，就需要引进新的因素。

为了回答不同个体之间的相互作用对于决策均衡的影响，哈耶克对传统均衡概念提出了几条限定，引进了几个必须考虑的因素。

首先，哈耶克认识到，均衡是一个有时间性的概念。因为即便是对单个个体的均衡关系的分析，也都要以这个人连续执行同一计划为前提，所以“这个人有关知识方面的变化，亦即导致他改变自己计划的变化，都会打乱他在这种知识的变化前后所采取的行为之间的均衡。”①既然“均衡是一种行为之间的关系，而且一个人的各种行为必然是即时相继发生的，所以，很明显，要想赋予均衡这个概念任何意义，时间的描述都是极其重要的”。② 哈耶克的这一看法批评了许多经济学家把均衡当作是一个没有时间概念的问题的看法。

其次，均衡应该考虑到其他人的行为的影响。传统均衡分析假定在某个时期中所有社会成员都在执行其各自的个人计划，并且这些计划在这个时期的开始就已经由个人所决定。但是，对于不同的计划的协调来说，一个人的计划恰恰包括那些形成另一个人计划的行为。完成个人计划的行为都要以预期计划所产生的行为后果为基础，所以均衡与预期关系紧密。每个人的行为都恰好以对其他人的行为预期为基础。

第三，我们无法得到完美的知识。传统均衡观念需要一个完美市场假设乃至“完美知识”的假设。“假如人们知道一切事情，他们就处于均衡当中，这种观点十分正确，因为我们就是这样定义均衡的。”③ 建立均衡的唯一必要条件是“论据的不变性”。而这些假设条件在哈耶克看来是无法满足的。

---

① 哈耶克：《个人主义与经济秩序》，贾湛、文跃然等译，北京经济学院出版社 1989 年版，第 35 页。

② 同上。

③ 同上书，第 44 页。

与以上几个需要考虑的基本因素相关联，哈耶克转向了对于知识的性质的考察，提出了他的“知识的分散”说。

在哈耶克看来，能够让我们避免上述麻烦的概念是“相关知识”的概念，也即与特定的个人有关系的知识的概念。而这与知识的分工关联密切。尽管知识的分工与劳动的分工问题非常相似，但是劳动分工早就成为了经济学所承认和运用的基本前提，知识分工却被人们所忽略，以至于在上述的传统均衡分析中，“我们不去表明人们为了创造那种结果而必须拥有何种信息，我们实际上后退到了每个人都知道每件事情的假设上来。”①

哈耶克指出，“均衡仅仅以人们在试图执行其可能达到均衡的初始计划的过程中确实获得的知识为基础。”②而任何可能偶然获得的更多知识，都将导致计划执行者改变原有计划。所以，均衡是以相关行动者没有机会了解更多知识为条件。隐含在这样一个推理中的东西，有可能把我们引导到一个所有社会科学都想回答的问题：“存在于不同头脑中的零星知识的混合，怎样才能造成这样的结果。……个体的自发活动将会在一种我们能够定义的情形下，引起一种资源的分配。”③

“经济学与知识”一文最为重要的贡献在于对传统均衡观所依赖的知识基础提出疑问。这样的追问隐含着许多变革观念的需求，并将我们引导到了对于参与经济行为的个体的依赖于“特定时间和特定地点的知识”的认识。这也奠定了哈耶克从考察人的知识的角度考虑经济问题乃至整个社会问题的考察路径。不过很显然，“对‘时间’的强调，在‘经济学与知识’中取代了对‘主观性’和‘分散的知识’的强调。”④

在促成“分散的个人知识”的观点形成中，“社会科学的事实”一文有着独特的方法论意义。这一点似乎为一些哈耶克的研究者如考德威尔所忽略。⑤“社会科学的事实”一文，可以说是代表哈耶克数年后发表的《感觉秩序》一书主要观点的提要性文章。

① 哈耶克：《个人主义与经济秩序》，贾湛、文跃然等译，北京经济学院出版社 1989 年版，第 49 页。

② 同上书，第 51 页。

③ 同上书，第 52 页。

④ 布鲁斯·考德威尔：《哈耶克评传》，商务印书馆 2007 年版，第 251 页。

⑤ 同上书，第 51、402 页。

这篇文章讨论了一个容易为一般的研究者所忽略的问题："在社会科学中我们必须讨论哪些类型的事实?"或者说，我们在进行社会科学的研究时，我们将哪些事实带入了我们的研究，又将哪些事实排除了出去？我们这样做的基本依据是什么?

哈耶克的回答是：我们需要一个类分系统，根据这个类分系统，我们完成了对于所研究事实的构造与筛选。"在讨论我们怎样看待别人有意识的活动时，我们总是会依据自己的观念来解释别人的行为；也就是说，我们只能把别人的行为及其行为对象纳入到根据我们自己头脑中的知识来规定的种类或范畴中去。……我们总是通过设想另一个人处身于我们所知道的对象分类系统，对我们实际看到的那个人的行为添油加醋，而不是从对别人的观察中懂得如何分类；这是因为这些类别都是我们所设想的。"①根据这样一种看法，我们对于外界世界的认识完全都是一些"具有人的特点的"解释。这些解释"是我们都'直觉地'认识到，并在日常生活中不仅毫不犹豫地使用，而且所有的社会交往和人们之间的交流都建立在其上的事物的一种状态。"那么，这就产生了一个哈耶克马上需要回答的问题：在科学分析中使用这样一些概念是否合理?

哈耶克从知识活动的内在角度考虑这个问题。我们对个体行为及其对象进行分类，并发展这种分类。我们这些活动，是在把我们进一步研究任务中所需要使用到的材料进行有秩序的排列。"我们把已作为这种分类的个体行为的不同类别作为要素，再用这些要素来建立假想的模型，从而努力重现我们已知的周围世界中的社会关系模型。"②这样一种看法面临着追问：难道就没有纯粹的客观事实和客观知识了吗?

哈耶克对这样一种观念的回答非常明确："那种把诸如'社会'或'国家'，或任何特别的社会制度或社会现象等社会集合体视为在任何意义上都比可理解的个体活动更加客观的观点，是纯粹的幻象。我要表明的是，我们称作'社会事实'的，从自然科学使用'事实'一词的特殊意义上说，和个体行为或他们的对象一样也不是什么事实。这些所谓的

① 哈耶克：《个人主义与经济秩序》，贾湛、文跃然等译，北京经济学院出版社 1989 年版，第 60 页。

② 同上书，第 65 页。

‘事实’，不过恰恰与我们在理论社会科学中所建立的那些模式一样，是一种根据我们自己的头脑中所找到的要素建立起来的思想模式。”①

英国日常语言学派代表人物奥斯汀在几乎同一时期所做的对于语言现象的分析工作与哈耶克这里所表达的看法有着一定的类似。奥斯汀认为，“事实”乃我们语言的构造物，而语言则是我们用以撬动世界的杠杆。或者说语言就是我们认识世界的工具，我们的语言在长期的使用中完成着对于世界的细致类分。在奥斯汀所做的工作的基础上，我们可以进一步推断说，我们很难指望找到脱离开我们对于世界的认识与描述的客观事实，任何事实都是镶嵌在我们对于世界的认识中，并且服务于我们对于世界的论证与推理活动。

无论是在哈耶克的意义上还是在奥斯汀的意义上，事实都将高度依赖于认识主体的认识活动。这些认识当然也就是“具有人的特点的”。“我们从来没有讨论过真实世界的整体，而常常只讨论借助于我们的模型作出的有选择的部分。”②

哈耶克对主观类分的强调与韦伯的主张也非常接近。考德威尔概括韦伯的主张说：“我们的观察必然受到我们的兴趣和我们的理论框架的干扰。甚至‘纯粹的观察’也总是从某种角度的观察；根本不存在‘事实本身’这种东西。用现代术语说，我们当作事实的东西本身就‘包含着理论’，因为它们反映着我们事先就有的兴趣。”③

在这里提出事实高度依赖于认识主体，有可能会引起一种简便的误解，即认为这就是分散的个人知识。主观类分系统可能会部分地依赖于分散的个人知识，但是在考虑哈耶克所提出的社会科学的研究事实时，这种类分是遵循认识的逻辑规律的。当我们进行社会科学的研究活动时，无论我们的主观类分是否依赖于分散的个人知识，我们都至少将以追求理论的融贯性为目标，因而起码是以追求超越类分意义上的知识的主观性为目的。

在强调主观类分的意义上，哈耶克表现出了奥地利古典经济学的主观

① 哈耶克：《个人主义与经济秩序》，贾湛、文跃然等译，北京经济学院出版社 1989 年版，第 66 页。

② 同上书，第 71 页。

③ 布鲁斯·考德威尔：《哈耶克评传》，商务印书馆 2007 年版，第 106 页。

主义方法论特点。而这样的方法论必将把社会行为主体的主观行动与主观意愿作为考察人类生活的基本出发点。当边际学派以人的主观效用理论来分析经济行为时，他们已经奠定了这样的分析基础。但是依赖于主观偏好体系的分析工作并没有能够让人们意识到知识的分散特性，人们仍然可以假定我们能够掌握全部的知识。哈耶克所做的开创性工作就是强调分散知识的重要性。这种重要性是在传统经济学均衡概念分析相关经济现象失灵后才被显现出来的。但是知识的主观类分说注定要打破纯粹客观知识的迷梦，为哈耶克对于知识分散说的强调构设了逻辑上的依托。比尔纳把哈耶克的这一基本认识论方法称作“主观主义信念”，并认为“主观主义的信念意味着‘所有的解释应当纳入个人感知’。”①

哈耶克在“社会科学的事实”中所做的工作旨在描述自己的社会科学方法论。“这些学科所讨论的，是从我们的立场出发必须用一种不同于观察自然界的方法来观察的世界。按照一种有用的形象说法，就是，我们从外部观察自然的世界，而我们从内部观察社会的世界。”② 历史主义相信社会现象与自然界的事实一样，对于我们来说从来都是既定的，历史主义因而把科学偏见误用到历史现象。在哈耶克看来，“当我们不再能通过类推自己的观念来解释我们所知的别人的行为时，历史就不再是人类的历史了。”③

在随后的“知识在社会中的利用”一文中，知识的分散说第一次得到了清晰系统的表达：“经济运算所倚赖的‘数据’从未为了整个社会而‘赋予’一个能由其得出结论的单一头脑，而且也绝不可能像这样来赋予。合理的经济秩序之所以有这么一个独特的性质，是因为我们所必须利用的关于各种具体情况的知识，从未以集中的或完整的形式存在，而只是以不全面而且时常矛盾的形式为各自独立的个人所掌握。如果‘赋予’在此指赋予一个能有意识地解决这些‘数据’所构成的问题的单一头脑，社会的经济问题就不只是如何分配所‘赋予’的资源，而是如何确保充分利用每个社会成员所知道的资源，因为其相对重要性只有这些个人才知

---

① 转引自布鲁斯·考德威尔：《哈耶克评传》，商务印书馆2007年版，第488页。

② 哈耶克：《个人主义与经济秩序》，贾湛、文跃然等译，北京经济学院出版社1989年版，第72页。

③ 同上。

道。简而言之，它是一个如何利用并非整体地赋予任何人的知识的问题。”①

这段表述，承接哈耶克于1936年的演讲所关心的经济计算问题，关联着他于30年代所参与的关于经济计划问题的讨论。早在社会主义与计算问题的讨论中，哈耶克就已经认识到；“大量的应用着的知识并没有什么以现成形式出现的‘存在状态’。这些知识大多数存在于思考之中，它们使得单个的管理者一旦面对环境中的新情况就能迅速发现新的解决方法。”② 因此，“存在争议的并不是要不要计划，而是应该怎样制定计划：是由一个权威机构为整个经济体系集中地制订？还是由许多个人分散地制订？在当前的讨论中所使用的特定意义上的计划一词，毫无例外地指中央计划，即根据一个统一的计划管理整个经济体系。而竞争则指由许多单独的个人所制订的分散的计划。居于这两者之间的是代表有组织的工业的计划。”③

在作出这样的分类之后，哈耶克提出了要以能否充分利用现有知识来判别不同制度的效率。和人们崇拜与迷信的科学知识相对应，“当然还存在许多非常重要但未组织起来的知识，即有关特定时间和地点的知识，它们在一般意义上甚至也不可能称为科学的知识。但正是在这方面，每个人实际上都对所有其他人来说具有某种优势，因为每个人都掌握可以利用的独一无二的信息，而基于这种信息的决策只有由每个个人做出，或由它积极参与做出，这种信息才能被利用。”“一个靠不定期货船的空程或半空程运货谋生的人，或者其全部机会几乎就在于知道一种即时机会的地产掮客，或从不同地方商品价格的差价获利的套利人，他们都是以不为他人所知的对一瞬即逝的情况的专门了解，在社会中起重大作用的。”④

然而，让人遗憾的是，贬低特定时间和地点的知识的重要性在很长一段时间里都成为了一种时尚。即便是在市场经济初步确立甚至高度发达的地区，我们仍然可以在一些专业化程度很高的知识分子身上看到对于这种

① 哈耶克：《个人主义与经济秩序》，贾湛、文跃然等译，北京经济学院出版社1989年版，第74—75页。

② 同上书，第142页。

③ 同上书，第75—76页。

④ 同上书，第77页。

知识的轻视乃至强烈的抵制。“这种知识今天一般遭到蔑视，掌握这种知识的人如果胜过掌握更好的理论或技术知识的人，他几乎会被认为是行为不端。以更了解通讯或运输设施而获益，有时几乎被认为不诚实，虽然在这方面利用最好的机会与利用最新科学发现对社会同样重要。这种偏见在很大程度上造成了人们重生产轻商业的态度。”①

假如知识的分散说成立，我们就可以对与经济行为相关的个人知识做出下述的一些界定和推想：

首先，与上述均衡问题的时间性相关，分散的个人知识既表现出强烈的地方性，也表现出强烈的时间性。经济问题总是由变化引起的，而且只有变化才能引起经济问题。

其次，既然知识是随具体时间和具体地点而发生变化的，那么这些知识就无法规整地被纳入统计数字，因此也就不能以报表形式传递给任何中央权威机构。这样，中央计划者就必须找出一种方法，让“在现场者”根据具体情况而进行决策。

第三，“在现场者”的知识局限决定了其个人决策需要通过一定的方式向外传递。

在哈耶克看来，价格体系就肩负起了将“在现场者”基于分散知识的决策向外传递的任务。而外界的其他人的类似行为也都通过相同的机制传递给即便是知识分散与有局限的个人。哈耶克把价格机制的形成称作一个“奇迹”，以强调这个未经任何设计而自发形成的事物对于我们理解整个经济的运行，理解人类经济行为的协调发展的重要作用。“价格体系最重要的特点是，其运转所需的知识很经济，就是说，参与这个体系的人只需要很少信息便能采取正确的行动。最关键的信息只是以最简短的形式，通过某种符号来传递的，而且只传递给有关的人。”②

到目前为止，我们所看到的哈耶克的工作在摸索中逐步清晰。在讨论价格机制时所形成的自发秩序的观念后来成为了哈耶克引人注目的贡献，但是我们更关心的是他因为什么问题一步一步得出这些相关的概念性结论

① 哈耶克：《个人主义与经济秩序》，贾湛、文跃然等译，北京经济学院出版社 1989 年版，第 77 页。

② 同上书，第 82 页。

的。而且，到此为止的工作只是确立了分散的知识的看法和价格体系的引导作用的看法。分散的知识何以能够有效传递，价格机制何以能够有效地发挥作用，这仍需要一个相匹配的动态机制。毕竟，“人类的知识不可能是完全的，因此需要一种不断交流和获得知识的途径。”①这个动态机制就是后来哈耶克在“竞争的含义”与“作为一个发现过程的竞争”等文章中所阐发的“市场竞争”原理。

微观经济学中的完全竞争理论存在着一个重大缺陷，那就是，它以静态分析为基础，假定所有市场参与者都完全了解相关因素，不再有其他限制价格和资源流动的障碍，无人能够再对现有价格施加可以感受到的影响。哈耶克认为，这些假设完全掩盖了竞争的实质。竞争从本质上来说是一种动态的过程。真正的问题是，如何能够尽可能充分利用参与决策者个人的独有的知识。“摆在一个竞争的社会面前的问题，不是我们如何才能‘发现’懂得最多的人，而是怎样才能把不计其数的懂得特别适于某一特定工作的专门知识的人，适应到该特定工作上去。”②那些被完全竞争理论假设为一开始就具有的知识，如商品的最低成本，对各种情况的充分了解等等，其实只有在竞争的过程中才能够被发现。完全竞争理论完全排斥了当事人的一切关系。然而当事人个人决策的相互影响正是我们需要加以理解的主要内容。

因此，当我们发现既有的理论把我们本来有待去理解的内容当作了我们据以做出推理的基本前提时，我们会对这些本来就还没有被我们理解的内容能够推导出什么样的结论产生怀疑。哈耶克建议我们抛开对市场进行彻底分析的企图，去看一看“竞争在这种市场中将起什么作用”。

完全竞争理论忽略了时间因素，因而完全脱离了所有与理解竞争过程有关的东西。哈耶克提出：“如果我们把竞争看作是一系列事件的连续(我们应该这么看)，那么我们就能更加清楚，在现实生活中，任何时候一般都只有一个生产者能以最低的成本制造任一特定产品，而且他事实上能以低于仅次于他的成功的竞争者的成本出售其产品。但他在试图扩大其

① 哈耶克：《个人主义与经济秩序》，贾湛、文跃然等译，北京经济学院出版社 1989 年版，第 85 页。

② 同上书，第 90 页。

市场时常常被他人赶上，而后来者又会再被其他人赶上而无法占领整个市场……”[①] 既然如此，市场就决不会处于完全竞争状态，更为重要的是，通过这种更加激烈的竞争，使得有关产品任何时候都能够以已知的最为廉价的方式供应给消费者。

竞争将刺激参与竞争者捕捉转瞬即逝的消息，竞争的力量在这种短暂的、被忽视的期间里表现了出来。所以，竞争越不完全，环境越复杂，竞争就越重要。我们无法避免不完全竞争，但是这并不能够成为我们反对竞争的理由。“经济问题是如何充分利用我们现有资源的问题，而不是假如情形与显示不同，我们该怎么办这样一个问题。‘仿佛’有一个完全的市场存在而谈论资源的利用，是毫无意义的，如果这意味着资源一定得不同于其现在这样；如果我们的任务必须是充分利用现实世界中的人们所具有的知识，则讨论假如有人具有完善知识他会做什么，也是毫无意义的。”[②]

在这里，哈耶克已经把分散的个人知识看成了我们需要通过竞争机制来加以调动和利用的人类资源。而且把对个人分散的知识的调动和利用，而不是指望获得充分的、完备的知识，看作是经济学真正需要加以理解的问题。对分散知识的优异性的理解让我们回到了真实生活。哈耶克“竞争的含义”一文的结尾毫无疑问是对作为发现过程的竞争机制的准确把握：“竞争主要是一个形成意见的过程：通过传播信息，它带来了经济体系的统一和连贯，而这是我们把它作为一个市场的先决条件：它创造出人们对于什么是最好的和最便宜的看法；而正是由于它，人们所了解的可能性和机会至少像现在了解的那样多。所以，竞争是一个涉及数据不断变化的过程，他的重要性也就必然完全被任何视这些数据为恒定的理论所忽视。”[③]

很明显，哈耶克对于分散的个人知识的处理完全依赖于对于一个竞争的市场程序的描述，因而在某种意义上把个人知识建立在市场效用的基础上，或者说，他所说的分散的个人知识需要高度地依赖于市场的交换来识别。这就形成了后来被人们所议论的“市场压制”，乃至形成了所谓的“市场崇拜”或“市场拜物教”。而这其实是带来了另外一个问题，即一

① 哈耶克：《个人主义与经济秩序》，贾湛、文跃然等译，北京经济学院出版社 1989 年版，第 96 页。

② 同上书，第 97 页。

③ 同上书，第 98—99 页。

个不依赖于市场效用的，乃至非交换的个人知识的重要性应该以什么方式来认识的问题。对于这个问题的传统解决是启用专家系统，依赖于专家和理论权威来作为判别标准。长期不被专家和理论所认可的个人知识就以一种消极晦暗的方式滞留于拥有这种知识的个人，并任其自生自灭。美学的、福柯式的权力分析的模式乃至后现代理论多少也都触及了这个问题。但是是否就应该把对这个问题没有解决的罪过归咎于哈耶克，这一点颇成疑问。与其说哈耶克没有能够很好地处理这个问题，不如说哈耶克对于相关问题的处理更加彰显了这个问题。

在“经济学与知识”之后，哈耶克开始有意识地拒绝完美信息的假设，而代之以他所说的分散的知识和主观信念。分散的知识观点的确立得益于他对古典均衡理论的批评，而主观信念说则得益于他对社会科学基本方法论的思考。后者包括他在“社会科学的事实”和《感觉秩序》中所做的工作。而一旦抛弃了完美信息的主张，哈耶克对于理性问题的看法也就发生了根本的逆转。因为远比人的理性更重要的是这样一个事实，“人类所能够知道的只是整个社会的极小部分，因此能给他们以激励的，只是他们在自己所了解的领域内活动的即期效应。”[①]

哈耶克对于知识的性质，心灵的结构等问题的思考提供了一个关于外间世界的逻辑构架。哈耶克从人的认识入手来描画他关于这个构架的基本设想。他不追问“世界是什么?”而是追问“我们认识到的世界是什么样的?”这是一种谦虚的追问方案。它一方面可以避免对世界的本原进行判断，另一方面也为别人的批评留下了空间。更为重要的是，这样一种探索依赖于社会科学具体问题的探索，因而更多的是对问题逻辑的归纳总结。尽管哈耶克在关于外间世界的根本问题的最终表述上是康德式的，他的问题发生与讨论本身则具有典型的科学归纳特征。这一点在他所呈现的理论框架中表现明显。

在《感觉秩序》前言中[②]，哈耶克承认，他对感觉秩序问题的相关心理学问题的关注“有利于处理社会科学的方法问题”，并“牵涉到社会理

---

① 哈耶克：《个人主义与经济秩序》，贾湛、文跃然等译，北京经济学院出版社 1989 年版，第 14 页。

② F. A. Hayek, *The Sensory Order*, University of Chicago Press, 1952.

论的逻辑特征”，而正是对社会科学基本方法论的关注促使他重新系统地检视其理论心理学主张。

在考察了哈耶克在整个50年代的工作后，考德威尔指出，“哈耶克从事的两项各自独立的研究计划，一项是考察促进自由、协调分散的知识的制度，另一项是研究理论心理学及其哲学含义，以不同方式结合在了一起。”①

考德威尔所说的这种结合，就是哈耶克开始以对复杂现象的解释来统一处理人类制度的问题。但是在他的这段表述中存在着两个问题。

第一，他所提到的哈耶克关于理论心理学及其哲学含义的考察更适合被看作是对社会科学方法论的探讨。从而，第二，他所提到的两个研究计划并非独立的，后一个计划是其前一个研究计划的理论依托。在哈耶克对古典均衡理论的批判中，同时蕴涵了他对这两个问题的关注。

作为奥地利经济学的当代传人，克兹纳在其“经济计划与知识问题”一文中把哈耶克关于分散的个人知识的基本主张称作“哈耶克的知识问题”。②克兹纳认为，企业家在作为发现过程的竞争中发挥着重要作用。与哈耶克一样，克兹纳对于中央计划保持着警惕。

赫尔维茨③则对哈耶克与克兹纳的基本主张提出了批评，认为部分的宏观目标和卷入游戏规则制定的政府干预是可能的。分散的知识支持市场机制对其充分的利用，也支持对以统一的中央计划来完成资源配置的主张的批评。但是它并不支持对有限的政府干预的批评，比如斯密所说的提供公共产品。赫尔维茨对于哈耶克中央计划不可能这一论断的系列批评奠定了“机制设计理论”的一系列基础原则，赫尔维茨本人也以“机制设计理论”之父的身份获得了2007年度诺贝尔经济学奖。

另外一些研究者已经注意到，任何一种分散知识都是在其相关的系统

---

① 布鲁斯·考德威尔：《哈耶克评传》，商务印书馆2007年版，第365页。

② I. M. Kirzner, “Economic Planning and the Knowledge Problem”, in *Friedrich A. Hayek*, *Critical Assessments*, Vol. Ⅳ, Routledge Press, 1991, pp. 72 – 82.

③ L. Hurwicz, “‘Economic Planning and the Knowledge Problem’: A Comment”, in *Friedrich A. Hayek*, *Critical Assessments*, Vol. Ⅳ, Routledge Press, 1991, pp. 83 – 88.

中才发挥其作用的（依赖秩序的知识[①]）。所以单纯的分散知识是否有益是一个伪问题，我们要问的是分散的知识在什么样的机制下才是有益的。并不是所有的分类系统都有助于形成一种秩序机制，杂乱的思考只能流于主观印象，形不成可被秩序化的东西。

当代博弈论与理性选择理论以理性行为者的理性计算及其相应对策行动作为研究的出发点，与博弈论相比较，哈耶克的知识分散说更多的具有知识分子的个人观察的性质。博特克曾援引经济史学家希各斯的话，批评哈耶克对于当代公共选择理论的忽视。“阅读哈耶克的作品，你永远也不会知道公共选择理论已经出现。无论是布坎南、图洛克还是其他理论同行，哈耶克都只字未提。而且他也没有表现出对于公共选择问题的任何觉知。”博特克指出，按照这个逻辑，哈耶克忽视的可远不止公共选择理论，产权理论、交易成本理论，法律经济学，货币主义，新古典宏观经济学等等，都没有被哈耶克所提及。[②]

利基奥在“布坎南论哈耶克”一文[③]中同样提供了几个重要的批评。哈耶克的自发秩序是不可批评，不可改革的。这就使得人为干预成为不可能。然而，这样一种结论是以“自发秩序”为前提的。但是我们知道，同样存在着“自发失序”。考虑到“囚徒困境”的存在，“自发失序”在道德上就必然要求干预。所以，我们必须面对干预主义与福利国家的问题。布坎南的批评要求哈耶克澄清其自发秩序的概念到底是规范的还是价值无涉的。利基奥认为，布坎南主张的是一种新霍布斯式的契约至上论。

因此，考虑到市场对信息利用的放大与自激功能，尤其考虑到囚徒困境问题的存在，以现代博弈论的视野，寻求超越于自发的市场参与者之上的权威的存在是必要的。这样的权威将对因自激而产生的市场危险进行调节和规避。调节的困难在于所实施政策的边界与限度，而不在于是否必要

---

① 拉齐恩·萨丽等：《哈耶克与古典自由主义》，秋风译，贵州人民出版社 2003 年版，第 259 页。

② P. J. Boettke, “Hayek's The Road to Serfdom Revisited: Government Failure in the Argument against Solism”, *The Legacy of Friedrich von Hayek*, Vol. Ⅰ: Politics, Routledge Press, 1991, pp. 561–580.

③ Leonard P. Liggio, “*James Buchanan on Hayek*”, *in* Literature of Liberty, Winter 1982, vol. 5, No. 4, 1982.

以及是否可能。超越于自发的市场参与者之上的权威可以是政府和大玩家（big player），也可以是政府政策和基本规则。人为的政策因为掺杂着政策制定者和实施者的个人利益乃至主观偏见。从演进的角度观之，经过演化而被证明为正当的政策可以避免掉个人的利益乃至主观的偏见。但是这只表明我们需要规避政策制定者和实施者的个人利益乃至主观偏见，从而达到一种普遍性的客观制度规则，并不表明只有演进的才是最可靠的。假如我们把想达到的制度规则的客观的普遍有效性称作“制度的正当性”的话，那么无论是演进的制度还是设计的制度，都同样面临着正当性的考验。现在的问题是，符合什么样的约束条件和检验标准，一种制度才能被证明为正当的。而哈耶克所表达的只有演进的制度才是最可欲的，这一点只能在逻辑上被包含在“制度的正当性”考察中。

用“制度的正当性”来考察问题，同样可以解释演进制度中何以也需要剔除坏制度的问题。并且给演进制度和设计制度以同等的被考察检验的地位。

考虑到市场参与者对外部环境的调整与适应能力，我们赋予市场参与者什么样的环境，市场参与者就会对什么样的环境做出调整和适应。所以对于诸如大企业，政策制定者等大玩家而言，他们的行为和政策为市场提供什么样的外部环境，市场参与者就会就这些外部环境做出相应地反应。所以问题的关键在于对这些大玩家的行为要作出反思。一个不要求大玩家改变玩儿法，而只要求分散的市场参与者遵守道德规则的社会要求是一种为虎作伥的要求。玩儿法规则首先是由大玩家所决定的，而不是由分散的市场参与者所决定的。为了生存，分散的市场参与者在面对既定的市场环境时，都会选择用尽制度红利的做法。也就是说，他们都会尽可能地在既定的制度约束下实现其效益的最大化。因此会形成畸形的商业行为。这些行为是由约束条件所决定的。改变坏的约束条件是人心所向，但是却首先只能够由至上权威来完成。

4. “机制演进理论”与“机制设计理论”

自亚当·斯密以来，哪些问题应该留待市场活动自发协调，哪些问题应该由政府或国家审慎解决，这个问题本身就一直是经济学家所关心的核心问题。在哈耶克那里，这个问题变得更加复杂。由于“自发秩序”等概念的提出，以及哈耶克对中央计划经济的批评，对理性建构缺陷的揭示，对市场自身实现分配正义的强调，使得我们不得不认真思考与哈耶克的核心观点相对应的“干预问题”。

当代宪政经济学的代表人物布坎南与哈耶克同属自由主义传统，并且二人都同意要尽可能发挥市场的作用，利用宪法大纲来对政府进行限制，不过布坎南却对哈耶克的“自发秩序”观念提出了强烈的质疑。已经有不少人谈及布坎南对哈耶克的质疑，但是目前为止的讨论或是从宪政的角度，或是从经济的角度，尚未发现有文章专门就二者的知识论基础进行哲学上的探讨。鉴于自发秩序与干预问题的长期敏感性，认真追究其哲学含义实属必要。在此前的章节，本书已经就个体理性与规则合理性的关系进行过探讨。本书此处仍然选择从规则理性与个体理性的区别入手探讨布坎南与哈耶克的差异。本人认为，布坎南追求从个体理性上行至规则层面，哈耶克认为从个体理性不可能上行至规则理性。考虑到布坎南的契约论与当代流行的建构论的不同，我们可以证明布坎南对哈耶克的质疑本身存在着矛盾，布坎南自己的路径也并不支持他所期望的从个体理性到规则理性的上行路线。

存在着两种不同的机制理论。一种机制理论认为社会运行的机制是通过人类的自发活动演化而来的，典型的如斯密以“无形的手”为代表的市场机制，道德生活领域的“合宜性”机制，曼德维尔“蜜蜂寓言”为代表的“私恶即公德”机制。哈耶克称这样的自发演进机制为“扩展秩序”。另外一种机制理论则主张通过人为设计，改变人们的活动环境。布坎南的“公共选择理论”就是这样一种机制理论的代表。我们可以分别称其为“机制演进理论”与“机制设计理论”。

两种机制理论的强调重点不同，以至于互不认同对方相应的政治主张。布坎南与哈耶克之间的分歧，可以被看作是两种机制理论互相对立的代表。不过两者却也共享着一个同样的社会假设：“人为社会所型塑”。这是苏格兰启蒙运动的典型主张。但是在这样的一个社会命题背后，有着消极的和积极的两个不同取向。尽管两者都会认为是人对环境做出反应的动物，但是消极取向认为人只对环境做出反应；积极取向则认为，既然如此，环境的改变就不可避免地带来人的反应模式的改变。积极取向典型地是说给社会治理者听的，强调社会的可能选择；而消极取向则强调社会的现实模式。

机制论并不奢求一套方案，但是认为有些机制是可以使得社会运行变得相对稳定和可预测，因此也不同于现实主义对于偶然与流变的过度强调。机制演进论强调习俗传承的重要性，对于理性的过度运用保持着警惕。而机制设计论则强调环境设置对于人的行为的影响，因而主张积极地运用理性去改变人的行动环境。

本书在机制论自由主义与理性论自由主义之间做出了区分。不过，如果机制设计理论成立，理性论自由主义会认可自己为机制设计理论的一种。根本原因，就在于自由主义本身就是倾向于通过制度或机制实现社会与政治稳定。代议制、选举、三权分立等，在不同程度上都可以说是一种政治机制。

除了把市场运行看作是一套机制，还有一种看法，就是把市场运行看作是一套规则约束。布坎南是这样一种看法的代表。后一种看法相容于前述苏格兰启蒙运动的“人为社会所型塑”的主张，并且有望让我们在演进机制之外，思考设计机制的可能性。

布坎南注意到，围绕“如何建立和维护社会秩序”这一问题，自古以来就存在着两条出路。一条是寄托于人的道德改善的能力，希望通过人的相互关隘实现秩序化。另一条路径主张以规则来代替道德。与第一条路径不同，第二条路径接受人就是其现实存在的样子，接受人存在着道德上的弱点。这两点限制了人通过第一条路径实现秩序化的可能性。然而，在布坎南等人看来：“即使在这些限制之下，人们仍然有望通过恰当的规则设计、制订和维护，获得可持续的社会秩序；这些规则限制着每个人对他人的行为可以采取的方式。”① 布坎南并且认为：“至少自亚当·斯密以来，规则可以替代道德的观点，即为经济学家和哲学家所熟悉。”② 布坎南所称颂的就是市场的自发秩序，支撑这一秩序的规则结构被斯密称作“法律和制度”，而被布坎南称作“宪政背景”（Constitutional Context）。在此概念背景基础上，布坎南展开了他的“宪政经济学”的系统阐述。

---

① 布坎南：《宪政经济学》，冯克利等译，中国社会科学出版社 2004 年版，第 2 页。

② 同上。

如果机制设计理论成立，理性论政治哲学现在就有了一个后退空间，因为，他们可以认可自己为机制设计理论的一种。需要说明的是，即便有此后退空间，我们仍然可以在机制论的政治哲学与理性论的政治哲学之间做出明确的区分。

正如李查德·劳（Richard Lau）指出的那样，人类受理性局限性的约束，但是人类发展出了一套认知机制，或者说是处理信息的规则，从而使得人类能够高效地作出决策。这样一个结论事实上已经为绝大多数的现代公共理论的研究者所接受。

利奥·赫尔维茨（Leonid Hurwicz）则对哈耶克的单纯强调自发秩序、反对政府干预的主张提出了批评，认为部分的宏观目标和卷入游戏规则制定的政府干预是可能的。分散的知识支持市场机制对其充分的利用，也支持对以统一的中央计划来完成资源配置的主张的批评。但是它并不支持对有限的政府干预的批评，比如斯密所说的提供公共产品。赫尔维茨对于哈耶克中央计划不可能这一论断的系列批评奠定了“机制设计理论”的一系列基础原则。

把市场看作机制与把市场看作规则约束，尽管这两个观点紧密相连，但是在二者之间仍然存在着细微差别。这种差异最终将在人与市场的关系这样一个问题上体现出来。

5. 布坎南与哈耶克：一个对比研究

在本书看来，从方法论上来看，哈耶克关于人类社会复杂现象的讨论超越了传统的哲学思考方式。本处先就何谓理性以及如何运用理性概念处理社会问题做一探讨，在这种分析的基础上，我们尝试展开对于哈耶克与布坎南分析方法的对比理解。

近代以来的理性主义传统把人看作是理性的，或者说是具有理性能力的。但是这种理性观把人的理性能力看作是抽象的和无差异的，并且要求能够满足可普遍化标准。它事实上是基于个人的，但是又要求是可普遍化的。很显然，这样的一个要求是一个外在的强制标准。这一标准让基于个人的理性活动能力有了裁撤的规范，但是它显然是一个判别标准。它将意味着，不符合这一标准的，将不被认为是合乎理性的。

哈耶克早期沿袭使用了关于理性人的基本观念，后来在探讨复杂的社会现象过程中逐步认识到了规则与秩序对于人类生活的正面作用。所以哈耶克逐步确立了规则理性的概念。如本书前文所分析的那样，此处讲到的“理性”事实上就是“合理性”的简便说法。只有能动者个体才能完成动词意义上的“理性（推理）”活动，离开了能动者个体，其他时候谈论的“理性”无非就是“合理性”。我们因而可以做出这样的区分：

（R1）规则合理性（Rationality of rule）

（R2）行为合理性（Rationality of action）

规则合理性只强调依照一定的规则体系来看，参与博弈的个人的行为是合理的，而不考虑具体的参与方在每一步的行为选择上是否是理性的。行为合理性要求参与博弈的行为者行为本身是理性的。

哈耶克是在 R1 的意义上进行讨论的，所以他会说人的行为本身并不必然是理性的，也即在行为层面上人并不表现为是理性的。但是哈耶克仍然是在 R1 的意义上谈论的，因而仍然是理性反思的范畴。某种意义上可以说哈耶克仍然是一种博弈，但并非强调 R1，而突出个体的人在行为层面上的理性不及。

当多元主义讨论冲突时，仍认为人可以是理性的，即便是有选择冲突。这时的理性是行为的合理性（R2），但多元主义认为在规则层面无统一的约束可以追寻，或规则层面注定是冲突的。与哈耶克相比较，伯林强调个体在行为层面上的理性活动，而突出不存在规则层面上可理性排序的统一算法。

不过，哈耶克与伯林所讨论的博弈主体都是嵌入式的，都承认先在的文化结构的约束。内嵌式博弈假定互动参与者是受到特定的文化结构和制度条件的约束的个人，而不是单纯的满足理性假设的个人，这时我们所考察的博弈行为属于内嵌式博弈。

在本书看来，哈耶克对规则理性的强调和对个体行为理性不及特性的描述，可以说部分地与当代博弈论关于理性概念的分析契合。在比较规则制度的理性作用和个体行为的理性不及特性时，我们可以认为哈耶克是以另外一种形式描述了“囚徒困境”及其解决之道。哈耶克本人可能会极为防范这样一种表述。不过他将规则理性与个人行为的理性不及因素区别开来的做法明显与我们对“囚徒困境”所常见可能的解决之道相一致。在一种合作的博弈中，规则理性在逻辑上是有可能通过个人行为的理性达成的。而基于对个人行为理性达成规则理性的不确定性的洞悉，以及对在策略博弈中个人理性行为被个人加以滥用的可能性的考虑，哈耶克以另外一种更为明确的方式表述该问题是完全可以理解的，也可以说这是一种十分经济的表述选择。但是这种表述将有可能以牺牲问题的复杂性为代价。

考虑到哈耶克关于规则理性与个体行为理性的区别，谁，怎样干预自发秩序就将成为一种新的考虑与选择。

布坎南的质疑富有技巧。他并不直接批评哈耶克关于自发秩序的基本陈述，而是要哈耶克就自发秩序的性质做出说明。从逻辑上说，假如哈耶克认为自发秩序是一规范概念，也就是认为自发秩序就是应当被我们所遵守的，这样他将需要对布坎南所提出的“自发失序”的现象做出解释。而假如哈耶克认为自发秩序是价值无涉的，则自发秩序的结果就并非一定需要为我们所遵守。假如是后一种情况，在我们认为自发秩序可不被遵守的时候，人为的介入就是可能的乃至是必要的。无论是这两种情况中的哪一种，布坎南的意图均在于为我们人为地介入自发秩序提供可能。

但是布坎南的技巧性质疑事实上可能把需要进一步澄清的问题掩盖起来。什么是需要进一步澄清的问题？让我们来看一看哈耶克和布坎南分别在强调什么，批评什么吧。

哈耶克的理论以复杂秩序的理性不及作为其理论基础，强调人类秩序自生自发的演进特征，批评人类过度迷信理性对于复杂秩序的干预。而布坎南的理论以人类的理性互动作为其研究的出发点，通过对理性互动复杂可能的分析，提醒人们，政府不一定能够纠正问题，反倒有可能使问题恶化。凡是有可能，决策都应该交由私营部门去完成。市场的缺陷并不意味着一定要把问题交由政府去处理。

在许多方面，两人的结论有可能是一样的。但是据以推导出结论的参考因素发生了分歧。中国话把这种情况称作“殊途同归”。然而理论的魅力在于其推导逻辑而不在于其可能结论。当两种理论的结论接近或者一致的时候，我们可能更应该关注其推导逻辑本身。

布坎南想要表明的是，理性互动的个人何以在公共机构的决策中出现了难以解决的问题，从而使得我们必须对理性的个人运用公共机构进行决策的能力表示怀疑，并且因为这种怀疑而对公共机构的决策程序本身加以限制。

哈耶克向我们揭示的是，复杂秩序的形成非我们个体的理性所能及，我们要对理性不及的自发秩序加以尊敬。市场秩序是哈耶克所说的我们需要加以尊敬的这种自发秩序的范例。

从上述的叙述来看，两人注意的焦点是不一样的。布坎南关注的是理性的行动者，以及由理性的行动者所参与完成的政治互动行为（公共决策）。在这样的一个决策过程中，充满了自利与算计。公共决策本身因为这种自利与算计因素的存在而变得不可靠。布坎南公共选择理论旨在解释这样一种过程，并为我们的政治决策提供参考。哈耶克关注的是一套社会运行秩序，当其良好运行时，个体表现出相对于这套良好秩序的理性不及特性。理性不及意味着，理性本身可能不能够理解这样一套良好的秩序，但是这样一套秩序以其良好的运作性能，使得我们尽管理性自身不能理解，但是生活本身却能够从中受惠。

哈耶克是在进行倒推。他是说，假如有这么一套良好秩序，这套秩序很好地组织了我们的生活，那么，相对于这样一套良好秩序而言，我们生活于其中的个人表现出如此这般的特点。这些特点就是：我们尽管有理性，但是我们的理性是无法企及这样一套良好秩序的。而尽管我们理性不能够明白这样一套秩序，但是我们是可能信赖这样一套秩序的。

从哈耶克在《个人主义与经济秩序》一书中的诸篇文章中，我们可以很清楚地追索到哈耶克的思考逻辑。如果上述的哈耶克的思维逻辑是清楚的话，我们就可以说，自发秩序就是哈耶克所说的良好秩序，而哈耶克的良好秩序是作为一个设定条件而谈论的。只有在有了这样一个设定条件后，才有哈耶克所说的理性不及的个人等等描述。

也就是说，假定有现象 x，则会有特征结果 y：

Px→ Cy

具体到哈耶克自己，也即假定存在了自发秩序（spontaneous order），则可认识到人的理性是无法企及（irrational）该自发秩序的：

Pso → Cir

如果是这样的话，“自发失序”问题就有可能落在了哈耶克所考虑问题的逻辑之外。而且，既然是一种逻辑的设定，则假定条件一旦不成立，则上述推导公式自然也就不再成立。

这样来考虑哈耶克考虑思路的好处是，不用人为地把哈耶克思路之外的因素强加给哈耶克。另外的一个好处则是，我们可以把一个新的假定加诸哈耶克，让哈耶克单就该新假定进行回答。也就是说，布坎南可以问哈耶克，假如存在着“自发失序”问题，你应该如何考虑人的理性与自发失序的关系问题。

但是这样的一种逻辑考虑将对布坎南的提问构成一种质疑。问题的关键在于，布坎南把哈耶克作为逻辑条件的叙述当成了一个经验的陈述，所以他提出需要哈耶克回答他的“自发秩序”到底是规范的还是价值无涉的。但是很显然，哈耶克可以接受把“自发秩序”的存在作为一个逻辑的设定，并在此设定下进行分析；哈耶克同样也可以接受把“自发失序”的存在作为一个逻辑的设定，并在此设定下进行另外的分析。但是哈耶克并不能够就秩序形成的过程中是形成了良好秩序还是出现了失序进行判定。根据哈耶克在《致命的自负》一书中的逻辑来看，哈耶克对于人类发展的秩序问题和目的问题均抱有非规范的要求与看法。

哈耶克向我们表述说，假如出现了一种自发秩序，这种秩序是我们的理性所无法企及的。我们可以从后果来推知这种秩序对于人类的好处，但是却并不能够运用个体的理性来构设出它所出现的大部分条件，尤其不能够试图运用人类个体的理性来创制出这样的一种秩序来。这样的一种秩序既然这样地有益于人类，并且这样地为我们人类的理性所不可完全理解，因此，我们需要珍视这样一种秩序。

这样一种逻辑完全适用于对于“自发失序”问题的描述。但是其反应完全可以是相反的。问题就在于，什么样的一种判断尺度和平衡点使得我们能够认识到一种秩序是失序的，是道德上值得谴责的，是我们需要加以改变的？

现在我们要反过来追问的是，当布坎南提出“自发失序”的问题，并认为对“自发失序”在道德上就必然要求干预时，其规范性要求来自何方？

假如考虑进奥曼等人关于规则理性与个体理性的区别，则哈耶克所说的规则与秩序典型地属于规则理性。哈耶克所说的个体相对于规则的理性不及特征就是个体理性相对于规则理性的不及。这一研究也完全可以从理性个体的互动行为出发去研究。在一种简化的意义上，“囚徒困境”揭示了追求效益最大化的理性个体无法达成同样理性的后果。要想走出“囚徒困境”，就需要一个最低限度的至上权力，或者是超越个体算计的排序规则。无论所需是什么，其实质都是一样的，也就是需要一个改变个体进行理性行为的约束条件。在一种新的约束条件下，行为者将有可能走出“囚徒困境”，实现从策略博弈到合作博弈的转化。在加进了“至上权力”或“排序规则”等约束条件后的状况中，相对于原来完全基于个体利益的理性算计，个体在新条件表现出一种“理性不及”的特征。

如果我们把哈耶克的问题进行了这样的转化，则哈耶克与布坎南的差别将会是分析工作的不同方向的差别。布坎南对于当代博弈论相当重视，哈耶克只字不提。我们看到，布坎南是在对理性互动的个人进行博弈分析。[①] 在以布坎南为代表的公共选择学派看来，既然政府的政策制定者同样是有理性的，谋求私利的个人，那么除非有良好的限制政策，否则，官僚机构本身倾向于自我扩大。因此，公共选择学派更多地把政府各部门的特殊利益集团看作是掠夺财富的合伙人，并把他们看作是潜在的滥用政府强制权力的人。为防止权力滥用，他们建议改变官僚所面临的利益诱因，必要时可以另外设立一个掠夺公署，该公署的收入以其对其他官僚部门预算削减的多寡而定。当然，最为重要的是，要尽可能地把政府职责下放乃至市场化。

个体的理性选择将导致政府部门决策的不可信任。由于“囚徒困境”的存在，政府决策将出现失序。公共选择理论旨在揭示这种政府决策的失序并致力于寻找走出这种失序的对策。从布坎南对哈耶克的质疑来看，他从这种政府失序中导出的结论将是：我们需要对政府运行的失序行为加以限制，从而实现秩序化。或者说，布坎南认为，改变这种失序的是一种宪政约束，而这种宪政约束是我们人为干预的结果。

但是，逻辑的一致点可能在于，走出“囚徒困境”需要一种超越于理性博弈者之上的至上权力或排序规则。在这一点上布坎南与哈耶克一致，与奥曼等博弈论者的研究结果一致。至于把这种对走出困境的至上权

---

① 布坎南对博弈理论的运用见其《同意的计算》一书。

力或排序规则的要求看作是自发产生的还是人类理性干预的结果，布坎南与其他人的表述与侧重点是不一样的。

现在的结论就是，在走出“囚徒困境”的逻辑要求上，布坎南、哈耶克以及现代博弈论者是一致的。（尽管我们也知道，哈耶克对现代博弈论是只字未提。）而在对该逻辑要件的经验来源的描述上，布坎南与哈耶克出现了分歧。哈耶克强调通过演进而形成规则秩序，布坎南强调通过我们的理性分析而诉诸宪政约束。

既然是经验描述的分歧，本书认为布坎南与哈耶克的分歧将不是一个重大分歧。我相信这样的推导有可能会违背我们对于该问题的直觉判断。但是由于逻辑上我们可以找到这样的一致性，所以我们完全可以在另外的合适场合再对这样的直觉判断进行重新表述。

布坎南与哈耶克经验描述不一致，逻辑要求则是一致的。布坎南是在经验描述层面上追问哈耶克能否从个体行动理性出发，追问出一规则来。但这一追问的满足应该是一逻辑条件，而非经验事实。因为经验事实有很多，从经验事实通达约束规则的方式也有很多。但是背后的逻辑要求却有可能是收敛的乃至是唯一的。

早期哈耶克从个体行为的合理性出发阐述市场均衡。后来，他在对市场活动的研究基础上引申出价格和市场机制，所以才有了基于对分散的个人知识进行拢集的市场机制与一系列相关制度。这些机制发挥着个体理性所不能够发挥的作用，相对于这些机制，个体行为是理性不及的。理性建构本身造成的结果反而是恶的。正如弗里德曼在《资本主义与自由》中所引用的那样：通往地狱的路是好心铺成的。

当哈耶克意识到从个体理性出发反而会导致结果的非理性时，他的表述可视同为对当代博弈论关于此问题的一种改写（性说法）。

假如此说成立，则：

1. 哈耶克的工作与博弈理论所要处理的问题的基本要素一致；
2. 哈耶克的工作就是当代博弈论关于该问题的另外一种表达。

类此，可以证明布坎南是在另外一个方向上对人类博弈行为进行分析。

从布坎南的《同意的计算——立宪民主的逻辑基础》一书来看，布坎南在书的开篇首先就是来澄清个体理性与社会选择的关系。布坎南下边的表述可以被认为是对于规则理性的赞成，而这样一种赞成态度直接决定了经济学立宪理论。“个人会发现，当预期到收益超过付出时，预先赞成某些规则是有利的（他也知道这些规则有时可能对他不利）。可以通过分析个体选择来建构的这种‘经济学’理论，为政治宪法在那种自由的个人进行的讨论过程中出现提供一个解释，这些自由的个人试图系统地提出在他们自己的长远利益中普遍可接受的规则。”①（这里称这些规则是经济的，视同为说它们是理性的）在这里需要马上指出的一点就是，布坎南显然混淆了对普遍规则的理性预期和个体行为理性。对普遍规则的可预期的经济效用是一个可能可以被观察到的现象，但是也有可能不被注意和理解。而且，注意到其经济效用完全可以是在部分从事反思工作者那里得到完成，而绝大多数理性行为的个人在大部分情况下既不需要，也极有可能是不可能完成这样的反思。既然是不需要的，也是不可能的，则哈耶克关于规则与秩序的理性不及特征是成立的，而且相对而言解释的涵盖力会更强。很显然，这样的涵盖是指对经验事实的涵盖。

而从逻辑的角度讲，布坎南指出了规则理性可被个体理性加以反思的可能性。也就是说，规则理性的经济特性是有可能被理性的个人反思到的。然而这样的可能是逻辑的可能，并非事实的可能。

不过，布坎南与哈耶克在这一点上是一致的，那就是，个体在社会合作中面临着个体理性自身的局限性。个体理性的局限性是生物性的，由于这种理性：

a. 基于从事理性思考的个人；

b. 服务于从事理性思考者的自身利益；

c. （无论是其理性思考能力，还是其对利益的关心程度均）以思考者为中心，由内而外递减。

我愿意把个体理性的这样一种基本特征称作其单子特征。它呈现出一种单子式的云状分布，内核紧密而外围稀薄。一个人对他人的理性关注和

---

① 布坎南、塔洛克：《同意的计算》，陈光金译，中国社会科学出版社2000年版，第6—7页。

利益关注随着空间的放大而渐趋稀薄。斯密和休谟对于人性的描述表达出的就是这样一种特征。在他们二人看来，这种特征是人性的表现。

所以，它在时间上可以自身延续，但是在空间上会出现与他者的交织。这种递减特性为苏格兰启蒙运动中坚人物斯密与休谟所刻画，但是被康德等人所抹杀。

既然它与他者是交织的，假定我们仍然坚持该观察模式的单子特征，则公共合作的难题必须在超越该单子特征的规则理性基础上来完成。规则本身所能发挥的作用可以被不同的人加以不同的理解，经济学家最为方便的理解就是“理性”概念，但是我们可以看到神学家会用“前定和谐”等概念来理解该特征。至于规则作为规范应当而被提出这一逻辑环节，则同样存在着各种不同解释的可能。霍布斯的“自然状态”是一种政治社会的观察，博弈论的“囚徒困境”是一种经济学家和数学家的假设。

相对于个体理性的单子特征，规则理性呈现出明显的规范特征。它的规范性指向对于个体理性局限性的克服（应当有一规则，克服个体理性的单子局限）。但是并不指向其来源的经验性可能。它是一种逻辑可能。因而当哈耶克从逻辑上描画出规则理性的个体理性不及的特征之后。我们需要萃取的是该逻辑模式，而不是规则本身的来源问题。

在经验层面上的规则本身的来源问题是一个文化人类学问题。当布坎南追问哈耶克规则失序后我们应当如何时，他是在追问一个经验问题。但是当他让哈耶克回答“自发秩序”是一规范问题还是一价值无涉的问题时，他的追问本身包含两个层面：经验的规范性和逻辑的规范性。经验的规范性是说，经验上来讲，“自发秩序”是否具有规范约束力。逻辑的规范性是说，逻辑上来讲，“秩序”本身是否是规范要求。布坎南以经验规范性来追问哈耶克，几乎掩盖了逻辑的规范性。而我们所尽力刻画的逻辑的规范性本身其实是一个具有更大约束力的问题。由于规则本身的逻辑规范性，哈耶克和布坎南才都从各自的着眼点出发，完成了各自对于政治问题的独特分析。

哈耶克会认为规则是演进的，而布坎南想说，在经过我们对于个体理性行为的分析之后，发觉经过宪政约束的政治将是更经济的。但是上边我也提到，布坎南想要得到的结论我们可以赞成，但是他关于人类对于规则的反思能力的描述是含混的，需要进一步澄清。

规则的确立意味着实现了秩序，而规则的正当性的确立则意味着实现了良好秩序。从个体理性出发，需要一定的规则来确立秩序，但是确立秩序的目的是为了突破个体理性单子特性的局限，突破由于个体理性的运用而出现的不合作的局面，所以，假如规则本身没有能够克服个体理性不合作的局限，则规则的确立缺乏正当性。一种可能的检验：只有规则约束下的个体行为的行动收益大于个体理性不受此约束的收益时，规则有时才能够显现出来。对于规则的收益预期就是对于规则的正当性约束。

在哈耶克那里，自发秩序的规范有效性源于对规则效用的反思性评价。在布坎南那里，规则的有效性源于个体行为者对不同规则的效用计算与比较。在哈耶克那里，某些秩序所发挥的规则效用是人类无法理解的，而且，人类有意通过个体计算，然后去建构，是不能达到这种效果的。某种意义上可以说，哈耶克更倾向于先生活，后思考。

布坎南认为，个人的审慎计算可能会引发他们对超个人规则的理解、尊重与建设。布坎南承认超个体理性的规则的作用，只是认为个体可通过理性反思和经济计算来同意规则的制定、完善、废止与变更。也就是说，个体自身可认识到这些规则的作用，并通过个体的理性思考来决定是否同意这些规则。

哈耶克指出，有些规则是个体理性意想不到的。在规则约束下，作为单子的理性个体将调整自己的理性预期，改变自己的理性行为方式，从而在规则的约束与指导下行事。规则的这种轨导作用是规则自身的基本功用特征。人类可通过功效评价来认识该功用。但是二者的作用是不同的，个体理性不同于规则理性。

布坎南无法解释某些规则机制何以人类未知其所以然，但是却可以运用之。他与哈耶克都不得不面对如下问题：

1. 理性能否干预秩序；
2. 自发失序；
3. 自发秩序是规范的还是价值无涉的。

经过了适当解释后，布坎南与哈耶克共享着几个基本的分析要素。但是在个体理性与规则理性的关系问题上，二人存在着分歧。本书认为，布坎南混淆了反思、效用评价与理性预期的关系。哈耶克对理性不及的描述是准确的，但人类可通过效用评价和反思思考来部分实现对于规则作用乃至规则制定可能的认识。理性（个体理性）是不能干预发挥理性作用的规则的。对于规则机制的效用评价多为 know - how 而不是 know - what。

哈耶克也并不清楚如何实现对于规则失序的剔除。但他对文化制度的相对保守的态度，以及他对个人行为的开放性态度，使得规则失序有可能被剔除，但是这绝对不是一种理性的剔除。

布坎南与哈耶克的差异可表述如下：

1. 布坎南：我们可以尽我们所能来达成规则的制定，但是却无法预知所制定的规则的效果，需要一调节机制（来不断修正）。该设定从个人出发，强调主动参与试错过程。

2. 哈耶克：我们知道规则与秩序的效果，但是却未必知道是如何达成的，因此要保持对这些机制的敬重态度。该方案从结果倒推，强调试错的结果。

3. 哈耶克会担心布坎南方案中达成的效果，布坎南则担心哈耶克方案的消极被动的一面。

讨论至此，我们已经发现，规则（rule）与机制（mechanism）是不同的。

布坎南从个体理性的不足推导出规则的必要性，并进一步指出通过个体的效用计算，可达成构建规则的一致意见。（从个体理性可上行至规则）哈耶克从规则理性的效用，指出规则理性与个体理性的区别，并认为个体理性不可能通达规则理性，我们应对规则保持尊敬。（从个体理性不可上行至规则）因此，哈耶克与布坎南的差异就在于个体理性与规则或规则理性的关系，而不是一般所说的理性与规则的关系。

布坎南的契约至上论追求的是碰巧达成的协议（happen to lead to an agreement），因此是契约论而不是建构论，因此也就不可能是通过运用理性的慎思而通达规则的建构意见，更不用说是通达规则本身。（契约至上论与建构论的区别见本书中篇的分析。）

如果这一推理正确，则布坎南对哈耶克的追问将是另外一种面貌。契约至上论有可能是现实的操作选择，而非内在的逻辑可能，逻辑上讲是不可能的。布坎南的契约至上论不同于建构论。虽然建构论也是操作方法，但是它强调理性具有这种通达功能。而如果是契约论，则意味着我们的理性参与的仅仅是达致解决现实问题的权宜之计，并不能构造出超越个体理性的规则本身。

需要指出的是，多元社会的公共规则只能通过契约的方式来达成，而单一社会的公共规则则可能通过建构来实现。因为多元社会不可能假设一具有同等道德地位的个人，更无法要求具有同等理性能力的个人。更为重要的是，建构论所要求的建构规则的时空无差异的运用，即其理论可普遍化的追求，在多元社会中是必然要落空的。所以奥尼尔才提出，当罗尔斯自以为是一个建构论者时，他事实上可能是一个契约论者。而斯坎伦反倒有可能是建构论，但麻烦在于，斯坎伦的建构规则只适用于人类的道德行为，根本无法通行于人类的政治行为。

一般来说，我们会认可布坎南是一个契约论者。他通常也接受这样的界定。不过，在回答中国学者汪丁丁的采访时，布坎南提出："我与哈耶克的差异主要在于，我在立宪层次上而言是一个建构主义者，而哈耶克则更倾向于是一个演进主义者，尽管有些时候他也是一个建构主义者。"①但是很显然，我们不能被他自己的表面表述所迷惑，关于建构论与契约论的差异，可见奥尼尔等人的分析。布坎南是契约论而不是建构论。当他把自己称作建构论时，他已经混淆了自己工作中的现实一致的可能与理性一致的可能。

在回答汪的提问时，布坎南还指出了他与哈贝马斯的差异："哈贝马斯似乎相信，通过恰当构架出来的对话，人们就能够达成（共识性）协议。而我在这一点上的看法是，通过恰当构架出来的规则，人们能够达到（一致性）协议，这协议本身就是结果，这结果并不存在于协议达成之前。换句话说，这结果是内生于我的模型里的；对哈贝马斯来说，这结果是已经存在于什么地方，对话则是达到这结果的手段。"②

假如个体理性只是用来达成碰巧一致的意见的手段，他就仍然停留在

① 高小勇、汪丁丁：《专访诺贝尔经济学奖得主》，朝华出版社2005年版。

② 同上。

理性的个体运用上，而不可能上行至规则。只有当个体理性能够以建构的方式形成一致的看法时，基于一致看法的规则才可能是基于个体理性而理性获得的。后者预设了建构论，但是它也同时需要满足成为一种建构方法的严格条件。

可以看出，在布坎南与哈耶克的对比研究中，本书所依赖的一些关键概念逐步被展开：规则、秩序、机制、理性、合理性、契约、建构……重要思想家对于我们的意义，并不在于他们为我们贡献了某些结论，而是在于他们为我们洞开了深入工作的广阔空间。

后记：你从远方来，我到远方去

本书作者从（二十世纪）八十年代后期开始，静观这个大地上理论思潮的风起云涌与风云变幻，九十年代起沉湎于某些具体的流派学说，为其精微透彻而折服。后又历经重要流派的纷讼争斗，于平心静气间见刀光剑影，于唇枪舌剑间嗅硝烟弥漫。见识过稳坐钓鱼船的城府大师，旁观过赤膊上阵的热血莽汉。有为意气而伤的，有为信仰而伤的，也有为历史的无可避免或茫然无着而伤的。“不是风动，不是幡动，仁者心动。”于是幡然悔悟，若此心不动，只任由风幡随意，又当何如？

有人说“我是打酱油的”，也有人说“我是做俯卧撑的”。本书作者意欲做这样一个价值无涉的旁观者，以显示公道与自在。同时也隐隐偏向一种与此关联的研究新路。大道为公，理在我在他者俱在。但是这样一种立论本身同样“压根就是有争议的”。所以在这样的努力过程中，不断有朋友追问：你的那些纯粹讨论跟现实到底有什么关系？道理这种事吧，骤突恣肆，聚散不定。因缘而起，因时而散。别人既然这么问你，自然就有可能关联着别人的一大堆理由。但是道理也可以与道理不搭，理由也可能够不着理由。有时我们只能够随其自然，让一个道理自己坦然自现，任不同道理以多样的姿态展露在那里。有时我们会奋力勾连道理，偶尔我们居然可以讲通道理。然而在多数时候，我们不过是在那里晾晒各自的道与各自的理。

走过的路径却依稀可辨。作者花了四年光阴把当代的一位大家威廉姆斯定位于“基于多元主义的现实主义的自由主义”，又耗去六载春秋去体会这个定位背后的概念与论断。“自由主义”决定着他对于启蒙以来成果的基调。但是这种基调又被他用前边两个概念进行了修饰与限制。大致说来，威廉姆斯是接受和承认现代文明的成果的。然而，果是这样一个果，但是对于硕果何来的解释就与其他诸家起了争执。威廉姆斯强烈地不满意康德，但也同样不满意洛克、边沁及密尔。在政治思想的线索上，他看见了韦伯、看见了霍布斯、看见了马基雅维里与修昔底德。对于后两个人的看法，他与尼采高度一致。但是考虑到他自己对于近代文明成果的态度，他与尼采到底能够合作走多远，现在看来也已经成为了一个值得重新审视的话题。他晚年用现实主义来定调自己的政治哲学，他看中的是现实主义将政治视为一种竞争状态，也看中的是这种主张本身的现实敏感性。因为这个定调，他赫然成为了上个世纪晚期以来政治现实主义中兴的一个代表。但是他的这个定调，必然需要一个多元主义的修饰。多元主义是他能够展开后边论证的一个基调。而这样一个基调也就意味着，他对伦理学与政治哲学的看法另有基础。他对自我、个人身份、自主、本真等的理解也自有其独特的理由。

本书作者一路追踪而来，一边赞美，一边质疑，一边构建，一边拆解。不知不觉之间，理也不是这个理了，事也不是这个事了。每每在关键的地方，作者就已经超脱出威廉姆斯的约束，说道出了一些属于自己的主张来。这些主张关联着威廉姆斯，未必远离威廉姆斯，但又不是威廉姆斯，有时还已经挣脱了威廉姆斯。赫然发现，自己所识虽为一位睿智而善辩的学者，但是自己也并没有忘记忙碌属于自己的特殊关切。作者自己总是有一种不满足，总是想把对于实践哲学（道德哲学、政治哲学与法哲学）问题的开拓踩踏出一条不同的通路来。既有的路径太过显豁，其本身的疏漏与局限也随之昭昭。被大路闪避开的荒野荆棘遍布，但勇猛地踩踏过去，数步开外，全新的地平线上，落英缤纷，浆果遍野。毫无疑问，这样的不满足同时也还意味着对于朋友观点的打量审视。自己想要做的，是把实践哲学诸问题拢到一起来思考，但是同时追问何以道德哲学不是政治哲学，政治哲学不是伦理学，而法哲学不是政治哲学或道德哲学。或者说，何以一门学问是这门学问而不是另外一门学问？是什么将他们限定成为了现在这个样子？支撑这些限定的背后理由是什么，这些理由充分吗？如果不够充分，我们能够找到什么样的新替代？看来，威廉姆斯一生关注“更加美好的自我形象”，而我关心理解我们人类实践的更多可能。我们共同对现代文明成果的诸种解释抱有怀疑，但是我们关注的旨趣真的大为不同。

因是之故，本书从对现代文明成果的另一种解释可能出发，与威廉姆斯一起对当代政治哲学中的诸多传统解释提出了质疑。但是本书作者旨在寻求理解的可能性，而不是像威廉姆斯那样寻求对于传统解释的系统破坏。本书作者一直在意着自己的事情，关切着自己的关切。“你从远方来，我到远方去。遥远的路程经过这里。天空一无所有，如何给我安慰。”这样的诗句展现了我们的相遇，展现了我们的擦肩而过，展现了我们的各自求索，展现了我们独自前行，也隐隐展现了我们求索时的迷惘与坚守。

此书写作与出版之际，我的两个女儿正沐浴在阳光之下茁壮成长，她们的到来让我平添了几分对于人世间生活的爱恋。未来注定是她们的！而我们的责任，就是为她们守护好这坚实稳固的大地，拓展出可供她们自由翱翔的广阔空间。当然，我还要特意向为她们的健康成长付出艰辛的妻子及家人表达我的感激与敬意！